莊子

장자

雜篇

잡편

장자 잡편

초판 1쇄 인쇄 2019년 5월 27일
초판 1쇄 발행 2019년 5월 31일

지은이 김정탁
펴낸이 신동렬
책임편집 신철호
외주디자인 아베꼬
편 집 현상철·구남희
마케팅 박정수·김지현

펴낸곳 성균관대학교 출판부
등록 1975년 5월 21일 제1975-9호
주소 03063 서울특별시 종로구 성균관로 25-2
대표전화 02)760-1253~4
팩시밀리 02)762-7452
홈페이지 press.skku.edu

ISBN   979-11-5550-332-4   93150
         979-11-5550-285-3   (세트)

잘못된 책은 구입한 곳에서 교환해 드립니다.

莊子 장자

雜篇 잡편

譯解疏 역해소

김정탁 지음

성균관대학교
출판부

머리말

『장자』해석은 어렵고 힘들다. 이건 비단 필자만의 느낌이 아니다.
책의 부피만 해도 동아시아의 다른 고전들과 비교해서 작지 않을뿐더
러 그 내용을 해석하는 데도 여간 까다롭지 않다. 그런 탓인지 『장자』
는 동아시아 고전 중에서 가장 난해하다는 평가를 받는다. 이런 줄 알
았더라면 진작 포기했을 텐데 필자는 10여 년의 준비기간을 거쳐 집필
에만 5년을 매달린 끝에 『장자』역·주·해·소를 힘들게 끝낼 수 있었
다. 원고지로 1만 5천 매에 달하는 분량이다. 이 중에서 역·주가 절반
을 차지하고, 해·소가 나머지 절반을 차지한다. 이 책은 잡편의 해·소
를 다룬다. 내편과 외편의 해·소는 이미 출간되었고 내편, 외편, 잡편
의 역·주는 곧이어 한 권의 책으로 출간될 예정이다.

　필자의 심정은 지금 한마디로 홀가분하다. 무엇보다도 양적으로 엄
청난 일을 무사히 끝냈다는 데서 오는 홀가분함이다. 다른 하나는 내용
적으로 어려운 작업을 다행히 마쳤다는 데서 오는 홀가분함이다. 학창
시절 '영어는 웃고 들어갔다 울고 나오는데 반해 독일어는 울고 들어갔
다 웃고 나온다.'라는 얘기를 듣고서 고개를 끄덕인 적이 있었는데 지
금 필자의 심정이 마치 독일어 학습을 마친 사람과 같다. 『장자』의 역·

주·해·소가 너무 힘들어 울고 들어갔는데 막상 끝내고 나니까 뭔가 분명히 잡혀서이다. 참고로 『도덕경』은 웃고 들어갔다 울고 나오기 십상이다.

『장자』에서 뭔가 분명히 잡았다고 필자가 어째서 감히 말할 수 있을까? 그건 설계도를 찾아내어 암호문 같은 장자 글을 체계적으로 정리해서 해석했다고 스스로 판단해서이다. 예를 들어 내편의 가장 큰 설계도는 전체가 하나의 논문 형식을 띠면서 「소요유」가 도입부라면 뒤이은 「제물론」은 이론적 틀이고, 나머지 「양생주」, 「인간세」, 「덕충부」, 「대종사」, 「응제왕」은 본론이라는 사실이다. 또 외편과 잡편은 내편과 달리 각 편마다 독립적인 형태로 구성되면서 각 편의 앞쪽이 도입부라면 뒤이은 나머지 부분은 본론이라는 형식을 취한다는 설계도이다.

물론 이런 형식은 외편에선 엄격히 지켜지는데 반해 잡편에선 그다지 엄격하게 지켜지지 않는다. 그렇더라도 이런 사실을 간과한 채 『장자』를 해석하면 장자가 말하고자 하는 바를 정확히 집어낼 수 없다. 물론 장자는 어렵게 작성한 내용들을 쉽게 풀어보려는 의도에서 책 곳곳에 재미난 우화들을 많이 동원한 게 사실이다. 그런데 여기에 함몰된 나머지 이 우화들을 중심으로 『장자』를 해석하는 경우 본말이 전도된 해석으로 변질될 우려가 크다. 불행히도 이런 식으로 해석한 『장자』 관련서가 시중에 적지 않아 안타까울 뿐이다.

그렇다면 필자는 『장자』의 설계도를 어떻게 발견할 수 있었을까? 그건 분석력과 상상력을 통해 이루어진 결과라고 본다. 필자는 분석력은 과학이 담당하므로 '과학적 분석력'으로, 상상력은 인문이 담당하므로 '인문적 상상력'이라고 규정하고자 한다. 그런데 『장자』를 해석하는 데 있어 과학적 분석력과 인문적 상상력을 적절히 동원하지 않으면 미궁 속에 빠져 헤맬 수밖에 없다. 그래서 과학적 분석력을 활용해서 글의 설계도인 전체 윤곽을 파악한 뒤 문장과 글의 구조 사이에 있는 행간을 인문적 상상력을 동원해서 읽어야 해석이 깔끔하고 체계적으로 이루어진다. 그만큼 장자 글은 겉으론 문학적 상상력으로 가득 찬 것처럼 보이지만 내면으론 논리적 체계성이 철저히 유지된다.

그리고 과학적 분석력과 인문적 상상력에 더해서 설계도 발견과 관련하여 한 가지 이유를 더 든다면 필자가 커뮤니케이션 및 미디어를 전공한 학자였다는 사실이다. 그건 어째서일까? 이에 대해선 설명이 좀 필요하다. 장자는 분명히 어떤 의도를 갖고 책을 직접 썼다고 본다. 외편과 잡편은 모르지만 최소한 내편은 그러하다. 이 점은 공자나 맹자와 비교된다. 『논어』는 '공자왈'로, 『맹자』는 '맹자왈'로 각각 시작하는데 이는 공자와 맹자가 책을 직접 쓴 게 아니라 제자들이 스승의 말을 인용해서 썼다는 사실을 말해준다. 『장자』에는 '장자왈'이란 말이 없으므로 장자가 직접 책을 썼음에 거의 분명하다.

그런데 장자는 왜 직접 책을 쓰려고 했을까? 그건 장자가 살았던 당시 유가와 묵가가 인애와 겸애를 두고 서로 치열하게 다툰 논쟁 때문이라고 본다. 장자의 눈에는 애(愛)로 서로 연결되는데 차이점만 서로 부각시킨 채 논쟁을 벌이므로 답답한 나머지 책을 기획했을 거라고 본다. 여기서 장자가 제시한 해법은 한 발짝 뒤로 물러서거나 한 단계 위로 올라가서 상대방을 보는 일이다. 그러면 서로간의 차이가 줄어들면서 소통의 가능성이 자연스럽게 열린다. 그래서 장자는 하늘 높이 날아오르는 대붕의 비상으로 책을 시작했다. 대붕처럼 하늘 높이 날아오르면 땅위의 모든 것들이 온통 푸르게 보이므로 대상들 간의 차이는 저절로 소멸된다.

게다가 우리는 커뮤니케이션하는 데 지나치게 언어에 의존한다. 언어는 처음부터 의미를 지니는 게 아니라 오로지 약속에 의해 그 의미가 결정된다. 그래서 언어의 의미는 고정된 게 아니라 늘 가변적이다. 그런데도 언어에 집착해서 커뮤니케이션하므로 불통의 가능성을 보다 높인다. 「제물론」이 강조하는 내용 중 하나도 이것이다. 그래서 미디어에 대한 이해 없이 『장자』를 읽어내기란 사실상 힘들다. 게다가 장자는 인간끼리의 소통을 넘어서서 인간과 자연과의 소통으로 논의의 범위를 확장한다. 인간끼리의 커뮤니케이션은 미디어를 전제로 해서 이루어지지만 인간과 자연 간의 커뮤니케이션은 미디어를 초월해야만 가능하다. 이 점도 『장자』 해석에 있어 미디어의 이해를 필요로 하는 이유이다.

그리고 장자는 소통을 넘어서서 궁극적으로 목표로 하는 바가 있다. 그건 사람으로서 순수함을 지니는 일이다. 『장자』 전반에 걸쳐서 자연스런 덕(德), 타고난 본성(性), 자연스런 모습(情) 등이 강조되는 것도 이 때문이다. 이 점이 같은 도가계열이어도 노자와 비교된다. 노자 『도덕경』은 글이 무겁게 전개된다. 이 점도 가능한 경쾌한 언어인 우언과 치언으로 포장된 『장자』와 비교된다. 노자의 노(老)는 물리적으론 늙는다는 의미이지만 정신적으론 원숙하다는 의미이다. 그래서 장자의 순수함과 노자의 원숙함이 서로 비교될 수 있는데 장자는 원숙함보다 자연 그대로의 모습인 순수함을 삶의 지향점으로 삼는다.

은퇴는 영어로 리타이어먼트(retirement)이다. '리타이어'란 타이어를 새로 갈아 낀다는 말이다. 만약 장자가 이 말을 들으면 '지금까지 살아온 삶을 되풀이하라고?' 하면서 깜짝 놀라 깨어날 거다. 삶의 은퇴인 죽음을 앞두고선 태어났을 때의 그 모습으로 되돌아가는 걸 장자는 정말로 원해서이다. 장자사상의 핵심인 「제물론」이 오상아(吾喪我), 즉 태어났을 때 본래의 내(吾)가 살면서 만들어진 나(我)를 초상 치러 없애는 내용으로 시작한 것도 이 때문이다. 오상아 상태에 이르려면 마음이 가벼워져야 한다. 마음이 가벼워지면 몸이 아무리 무거워도 훨훨 날 수가 있다. 그래서 대붕처럼 엄청나게 큰 새도 하늘을 날 수 있었던 거다. 그러면 어떻게 해야 마음을 가볍게 할 수 있을까? 아마도 원숙함이 아니라 순수함을 통할 때 비로소 가능할 거라고 본다.

　이런 점에 비추어보면 잡편에는 아쉬운 대목들이 많다. 마음을 비우지 못한 채 구성된 내용들이 산재해 있어서이다. 「도척」, 「설검」, 「어부」, 「열어구」가 특히 그러하다. 잡편이 11개 편으로 구성된다는 점을 감안하면 결코 적지 않은 분량이다. 그래서인지 시인 소동파(蘇東坡)도 이 편들의 격이 떨어진다고 평한 바 있다. 관련 학자들은 세상이 바뀌면서 사회적 우위를 점한 유가에 대한 적개심의 발로라고 변명하기도 한다. 그렇더라도 잡편을 구성한 장자 후학들의 생각이 장자의 원래 생각으로부터 작지 아니 멀어진 거라고 보인다. 그래서 여기를 외편의 연장으로 편집하지 않고 잡편이란 제목을 굳이 동원해서 편집한 것도 이런 이유 때문이라고 본다.

2019년 4월 7일
빙허서루(憑虛書樓)에서

머리말 • 5

경상초 　　　　　　　　庚桑楚

경상초 1 　신하가 군주를 죽이는 혼란은 요순시대부터 그 싹이 텄다 ········ 26

경상초 2 　재앙은 물론이고 행복도 찾아오지 않는 삶이 생명을 지키는
　　　　　　길(衛生之經)이다 ·· 37

경상초 3 　마음이 편안하고 안정되어야 안에서 천광(天光)을 내뿜는다 ····· 44

경상초 4 　알 수 없는 데서 앎이 그쳐야 지극한 앎(至知)이다 ············· 47

경상초 5 　영대(靈臺)를 보지 못하고서 일을 벌이면 벌인 일마다 매번 도와
　　　　　　어긋난다 ··· 51

경상초 6 　성인은 아무것도 없는 경지에서 몸과 마음을 간직한다 ········· 56

경상초 7 　태어나자 죽음이 있다는 걸 깨닫는 사람도 앎이 지극한 사람이다 ·· 61

경상초 8 　이시(移是), 즉 전체 상황을 파악해서 시비판단을 이루는 것도
　　　　　　작은 앎(小知)이다 ··· 66

경상초 9 　최고의 예의(至禮)는 상대방을 남으로 대하지 않는다 ·········· 70

경상초 10　덕이 자연스러움에, 다스림이 참됨을 따르면 자연에 순응하는 일이다 ·· 74

경상초 11　성인은 자연적인 일은 잘 하지만 인위적인 일에는 서툴다 ······· 78

경상초 12　천하를 새장으로 삼으면 천하가 사정권이어서 달아날 데가 없다 ···· 80

경상초 13　부득이(不得已)함을 따르는 것도 성인의 도이다 ··············· 82

서무귀 · 徐無鬼

서무귀 1 인위적인 배움보다 무위자연(無爲自然)에 입각한 깨달음이 더
실용적이다 · 93

서무귀 2 군주가 백성을 사랑한다는 자체가 백성을 해치는 일의 시작이다 · · · · 100

서무귀 3 어린 목동을 하늘과 같은 스승(天師)이라고 부른 황제(黃帝) · · · · · · · 105

서무귀 4 앎을 지닌 선비(知士)는 지모를 쓸 변고가 있어야 즐거워한다 · · · 111

서무귀 5 상식과 어긋난 도를 밝혀서 모든 학파와 원수가 된 혜자 · · · · 117

서무귀 6 친구 혜시에 대한 장자의 우정 어린 조사(弔詞) · · · · · · · · 121

서무귀 7 깨끗한 포숙아보다 겸손한 습붕이 관중(管仲)의 후계자로 적당하다 · 125

서무귀 8 오만함을 경계하고 교만하게 굴지 마라 · · · · · · · · · · 129

서무귀 9 스스로 자기를 잃은(自喪) 사람이 가장 행복하다 · · · · · · · 132

서무귀 10 도 아닌 도를 보여준 시남의료와 말 없는 말 잘함을 보여준 손숙오 · · 137

서무귀 11 참된 복은 하늘에서 즐거움을 맞이하고 땅에서 먹을거리를
찾는 일이다 · 143

서무귀 12 어짊(仁)의 경지를 잊은 사람만이 어짊이 천하를 그르칠 수
있음을 안다 · 148

서무귀 13 권루자(卷婁者)처럼 고달픈 삶을 살다간 순임금 · · · · · · · 153

서무귀 14

14-1 모든 능력을 다 지니더라도 그것 또한 위태롭다 · · · · · · · 157
14-2 사람의 앎으로 자연의 도를 깨닫는 건 깨닫지 못하는 것과 같다 · 161

칙양 · 則陽

칙양 1 공열휴 같은 성인에게 부탁해야 벼슬자리도 얻을 수 있다 · · · 173

칙양 2 성인이 사람을 사랑해도 이를 알지 못한다 · · · · · · · · · 177

칙양 3 모든 걸 알아야 기쁜 게 아닌 것처럼 모든 걸 보고 들어도
반가운 게 아니다 · 181

칙양 4 하루가 없으면 일 년이 없고, 안이 없으면 밖이 없다 · · · · · · · · · 185

칙양 5 달팽이의 왼쪽 뿔 촉씨와 오른쪽 뿔 만씨가 싸우자 죽은 시체만도
몇 만이다 · 192

칙양 6 몸은 뭍에 있어도 마음이 물에 가라앉은 초나라의 현자 시남의료 · · · 197

칙양 7 논을 깊이 갈거나 김을 철저히 매는 건 자연스런 농사법이 아니다 · · · 201

칙양 8 재물이 부족하면 훔치는 천하의 도둑질은 군주에게 그 원인이 있다 · · · 205

칙양 9 아는 것보다 알지 못하는 것에 기대야 진정으로 안다 · · · · · · · · · 208

칙양 10 영공(靈公)이란 시호도 이름에 합당한 뜻을 했기 때문이다 · · · · · · · 212

칙양 11 나무와 돌이 모여 산을 이루듯 많은 생각들이 모여 하나를
이루는 게 마을의 공론이다 · 218

칙양 12 말도 침묵도 아닌 경지에 이르러야 도를 제대로 논할 수 있다 · · · 226

외물 外物

외물 1 바깥 일이 이치에 꼭 들어맞는 건 아니다 · · · · · · · · · · · · · · · · 236

외물 2 자신의 모습을 외물로만 보여주면 죽는 경우가 생겨난다 · · · · · · · 240

외물 3 외물이 아니라 참모습인 풍격을 보아야 경륜을 쌓는다 · · · · · · · · · 245

외물 4 외물은 그럴듯해도 참모습은 악질 도둑인 유자(儒者) · · · · · · · · · 248

외물 5 공구는 인의(仁義)가 일으킬 만세(萬世)의 재앙을 소홀히 한다 · · · · · 252

외물 6 바르게 살아야 한다는 생각을 버려야 스스로 바르게 된다 · · · · · · · 257

외물 7 쓸모없음의 쓰임새(無用之爲用) · 261

외물 8 지인(至人)은 노닐 수 없어도 노니는 게 얼마든지 가능하다 · · · · · · 264

외물 9 마음에 있어 노닐 만한 공간이 마음의 참모습이다 · · · · · · · · · · · 268

외물 10 농부가 자연의 참모습을 보아야 농사를 잘한다 · · · · · · · · · · · · 271

외물 11 신인이 가장 훌륭하고, 그다음은 성인, 현인, 군자의 순이다 · · · · · 274

외물 12 외물만 보고 쭈그린 기타(紀他)와 강물에 빠져 죽은 신도적(申徒狄) · · · 277

외물 13 말은 뜻을 전하는 수단이므로 뜻을 전하면 말을 잊어야 한다 · · · 279

우언 寓言

우언 1 장자서의 문학성을 드높인 우언(寓言)·중언(重言)·치언(巵言) ······ 287

우언 2 호오(好惡)와 시비(是非)를 따지면 입만 수고로울 뿐이다 ············ 296

우언 3 효자이기에 잘못에 연루된 증자 ························· 299

우언 4 9년 만에 큰 깨달음에 이른 안성자유(顏成子游) ············· 302

우언 5 하고자 하는 앎(知)으로서 알 수 있는 건 별로 없다 ·········· 306

우언 6 옅은 그림자 망량(罔兩)과 짙은 그림자 경(景)의 대화 ········· 310

우언 7 정말로 깨끗한 사람은 때가 묻은 것 같다 ················ 314

양왕 讓王

양왕 1 임금 자리를 사양한 허유·자주지보·자주지백·선권·석호지농 ···· 323

양왕 2 생명을 존중하는 사람은 이득으로 몸에 누를 끼치지 않는다 ······· 328

양왕 3 나랏일로 생명을 다치지 않는 게 군주의 자격이다 ··········· 331

양왕 4 군주인 소희후를 깨우친 신하 자화자(子華子) ············· 335

양왕 5 소중한 수후(隨侯)의 구슬로 천길 위의 참새를 쏘는 군주 ······· 339

양왕 6 가난한데도 군주가 제공한 양식을 거절한 열자 ············ 343

양왕 7 삼공의 지위마저 거절한 양 백정 열(說) ················ 348

양왕 8 같은 공자 제자라도 서로 다른 길을 간 원헌과 자공 ·········· 352

양왕 9 가난해도 천자조차 함부로 대하지 못하는 증자(曾子) ········· 355

양왕 10 스승 공자를 감동케 한 제자 안회 ···················· 358

양왕 11 도를 행하기 어려워도 그 뜻만 있어도 훌륭하다 ············ 360

양왕 12 도를 터득한 사람은 궁함 뒤에 통함이, 통함 뒤에 궁함이 생겨남을 안다 · 365

양왕 13 푸르고 찬 못에 몸을 던져 죽은 북인무택 ··············· 369

양왕 14 주수에 몸을 던진 변수(卞隨)와 여수에 몸을 던진 무광(務光) ····· 372

양왕 15 백이와 숙제의 절개 ··························· 377

도척　盜跖

도척 1

1-1　도둑 도척(盜跖)을 덕을 모두 갖춘 사람이라 칭찬하는 공자 ···· 390
1-2　도둑답지 않은 도척(盜跖)의 수준 높은 언설 ··········· 400
1-3　호랑이 밥이 될 뻔한 공자 ···················· 408

도척 2

2-1　도둑이라도 성공하면 인의(仁義)를 지니게 된다 ········· 413
2-2　선비의 재앙과 환난은 자신의 말만 바르다고 고집한 결과이다 ·· 419

도척 3

3-1　지자(知者)가 천자 자리를 사양하는 건 명예를 구하자고
하는 게 아니다 ·························· 426
3-2　부자는 명예의 관점에서 드러나지 않고 이득의 차원에서도
얻는 게 없다 ··························· 431

설검　說劍

설검 1

1-1　칼싸움을 좋아하는 조나라 문왕 ················ 439
1-2　천자의 칼, 제후의 칼, 평민의 칼 ··············· 446

어부　漁父

어부 1

1-1　여덟 가지 흠과 네 가지 재앙 ················· 458
1-2　달릴수록 빨라져 그림자가 몸을 떠나지 못하는데 더디게
달린다고 여겨 더 빨리 달린다 ················· 468

열어구 列禦寇

열어구 1 재주가 많은 사람은 늘 수고롭고, 앎이 많은 사람은 늘 근심한다 · · · · 481

열어구 2 도를 알아도 말하지 않아야 자연스럽고(天), 도를 알아서 말하면
인위적(人)이다 · · · · · · · · · · 486

열어구 3 성인은 고집하지 않아 다른 사람과 말다툼하는 법이 없다 · · · · · · · 491

열어구 4 치료하는 데가 더러울수록 보상이 많아진다 · · · · · · · · · 494

열어구 5 스승 공자에 대한 안합의 비판 · · · · · · · · · · 496

열어구 6 자연이 사람에게 혜택을 베풀어도 이를 기억 못한다 · · · · · · · 499

열어구 7 진인(眞人)은 몸 안팎으로부터 형벌을 면죄받는다 · · · · · · · · 501

열어구 8 사람의 마음은 산천보다 더 험하고, 자연을 아는 것보다 더 어렵다 · · · 504

열어구 9 관직이 오를수록 겸손한 정고보(正考父) · · · · · · · · · 507

열어구 10 흉덕(凶德), 여덟 개 마룻대, 세 개의 필연, 여섯 개 곳간 · · · · · · 510

열어구 11 군주의 칭찬에 우쭐해하지 말고 군주의 변덕스러움을
경계해야 한다 · · · · · · · · · · · 513

열어구 12 제물로 쓰이는 소보다 부모 잃은 송아지 신세가 차라리 낫다 · · · 516

열어구 13 총명함(明)이 영험함(神)을 이기지 못한 건 이미 오래되었다 · · · · · 519

천하 天下

천하 1 제자백가는 어째서 자신의 도술이 옳다고 서로 경쟁하는가? · · · · · · · 534

천하 2 스스로에게 엄격해도 재주(才)가 많았던 묵적과 금활리 · · · · · · · 542

천하 3 남을 지나치게 많이 위하고, 자신을 지나치게 적게 위한 송견과 윤문 · · 548

천하 4 앎을 철저히 배격한 팽몽, 전병, 신도 · · · · · · · · · 554

천하 5 위대했던 진인(眞人)인 관윤과 노담 · · · · · · · · · · 559

천하 6 도(道)의 밑동까지 제대로 규명한 장주 · · · · · · · · · 563

천하 7 대표적인 변자(辯者)인 혜시 · · · · · · · · · · 569

경상초

庚桑楚

一 경상초 一

　「경상초」에는 여러 가지 주제들이 서로 섞여 있는데 먼저 무위에 따른 다스림, 즉 무위지치(無爲之治)에 관한 내용으로부터 시작한다. 경상초(庚桑楚)란 한 가공의 인물이 외루(畏壘) 지역을 무위에 입각해서 다스리니까 이 지역에 큰 풍년이 들었다. 이런 큰 성공을 거두자 외루 지역 사람들이 경상초를 시축이나 사직으로 높이 떠받들려고 하자 경상초는 이를 거절한다. 이에 경상초가 이를 못마땅하게 여기는 제자들을 설득하는 내용으로 얘기가 구성된다.

　경상초에 따르면 풍년이 든 건 자신의 공이 아니라 자연의 도가 작용한 탓이다. 그런데도 경상초의 현명함과 능력 탓으로 돌려 경상초에게 벼슬을 내리면 더 큰 부작용이 생겨난다. 왜냐하면 현명한 사람을 기용하면 백성도 현명해져서 서로 삐걱거리고, 지혜로운 사람에게 일을 맡기면 백성도 지혜로워져서 서로 도둑질을 해서이다. 그럼에도 요 순임금이 했던 것처럼 인재를 현명함과 능력으로만 등용하면 백성을 이익 추구하는 데 빠뜨려서 자식 중에 아버지를 죽이고, 신하 중에 군주를 죽이고, 대낮에 도둑질하는 일들이 벌어진다. 현명함과 능력으로 인재를 선발하는 게 곧 유위에 따른 다스림인데 그 폐해는 이처럼 작지 않다.

두 번째 글은 매우 긴 내용이지만 결국 무위(無爲)에 관한 내용이다. 장자는 무위를 어린애의 마음으로 설명한다. 경상초는 자신의 제자인 남영주를 깨우치는 데 능력이 부쳐 노자 선생을 찾아가도록 남영주를 설득했다. 이에 남영주는 노자 선생 앞에서 자신이 지금 어떤 마음의 병에 걸렸는지 모르지만 약을 먹어서 병을 키워도 이를 기꺼이 감수하겠으니 위생지경(衛生之經), 즉 생명을 지키는 길에 대해 듣길 원한다고 간절히 청했다. 이에 노자 선생은 어린애의 마음처럼 되는 게 결국 생명을 지키는 길이라고 밝힌다. 그러니 노자 선생도 '원숙함(老)'보다 어린애의 '순수함'이 도에 가까이 있음을 인정하는 셈이다.

세 번째 글은 자연스러움(天)이 주제이다. 그래서 천광(天光)은 자연 그대로의 빛이고, 천민(天民)은 자연의 이치를 따르는 사람이고, 천자(天子)는 자연의 아들로서 자연의 이치를 따르거나 자연스런 덕을 지녀 자연이 그를 돕는다. 네 번째 얘기는 앎(知)에 관한 내용인데 지극한 앎이라야 자연의 균형을 깨뜨리지 않는다면서 자연스러움을 강조한다.

다섯 번째 글은 영대(靈臺), 즉 마음속 깊은 곳에 자리한 순수한 마음을 소개하는 글이다. 영대는 마음속 깊은 곳에 자리해서 바깥에 의해 쉽게 흔들리지 않을뿐더러 나쁜 것의 침입도 좀체 허용하지 않는다. 그런데 영대는 흔들리지 않음을 이처럼 간직하고 있어도 그걸 간직하는 바를 모르고, 또 그걸 의식하면서 간직하지 못한다. 이런 순수한 마음의 영대를 보지 못하면 벌인 일마다 도와 매번 어긋난다. 또 벌인 일이 마음에 들어와서 잡다한 생각을 버리지 못하면 하는 일마다 매번 고치다가 결국 본연의 것을 잃고 만다. 그러니 영대를 굳게 믿고 일을 수행해야 도와 부합하고, 본연의 걸 잃지 않는다.

여섯 번째 글은 삶과 죽음에 관한 내용이다. 타고난 본성을 얻은 사람, 즉 도에 통달한 사람은 태어나면 자연스럽게 죽음을 맞이하지만 본성을 얻지 못한 사람, 즉 도에 통달하지 못한 사람은 자연스러운 죽음을 맞이하지 못하고 귀신으로 나타난다. 또 우리가 태어나서 비록 돌아갈 구멍이 없더라도 행적은 있게 마련이다. 행적이 있는데도 우리가 천지간에 머물지 않았다면 사방이 한없이 넓은 공간(宇)에 머물렀던 일이다. 또 머문 게 오래지만 시작과 끝이 없었으면 한없이 흐르는 영원한 시간(宙)에 머물렀던 일이다. 삶이 있고, 죽음이 있고, 들어옴이 있고, 나감이 분명히 있었는데도 들어오고 나가는 모습을 볼 수 없었다면 자연의 문(天門)을 들락거렸던 일이다. 한없이 넓은 공간과 영원한 시간인 우주(宇宙)에 머무는 일이 바로 그러하다.

일곱 번째 글은 지극한 앎(至知)에 관한 내용이다. 가장 지극한 앎은 사물의 존재를 의식하지 않는 앎이다. 다음으로 지극한 앎은 사물의 존재만 의식하는 앎이어서 삶을 잃음으로 여기고 죽음을 되돌아감으로 여긴다. 그 다음으로 지극한 앎은 태어남이 있자 곧 죽음이 있다는 걸 깨닫는 앎이다. 물론 세 부류의 이런 앎은 모두 훌륭하다. 여덟 번째 얘기는 시비판단의 기준에 관한 내용이다. 사람들은 흔히 이시(移是), 전체 상황을 파악한 후에 시비판단의 기준을 정하는 걸 이상으로 삼는다. 그렇지만 이것도 삶의 경험을 근본으로 삼고, 앎을 스승으로 삼아 시비를 가리는 것이므로 결코 바람직스럽지 못하다. 그래서 시비를 해소하는 데 중요한 건 스스로가 만든 기준, 즉 성심(成心)을 자신의 스승으로 삼지 않는 일이다.

아홉 번째 글은 자연스러움에 관한 내용이다. 번잡한 곳에서 낯선 사람의 발을 밟으면 용서를 빌어야 하지만 형이 동생의 발을 밟으면 미안하다면서 어루만지기만 하면 된다. 또 부모가 자식의 발을 밟으면 미안하다는 말조차 할 필요도 없다. 그래서 최고의 예절(至禮)은 상대방을 남으로 대하지 않는 자연스러운 예절이다.

열 번째 글은 무위(無爲), 또는 무위자연(無爲自然)에 관한 내용이다. 귀함, 부유함, 저명함, 존경받음, 명예, 이익에 눈이 멀어 우리의 뜻이 발끈하고 일어난다. 용모, 동작, 낯빛, 거동, 생기, 생각에 눈이 멀어 우리의 마음을 속박한다. 미움, 의욕, 기쁨, 성냄, 슬픔, 즐거움에 눈이 멀어 덕의 자연스러움을 깨뜨린다. 버림, 이룸, 취함, 따름, 앎, 능력에 눈이 멀어 도와 통하지 못한다. 이것들이 마음을 동요하게 하지 않으면 태도가 올바르고, 태도가 올바르면 행동이 고요해지고, 행동이 고요해지면 정신이 밝아지고, 정신이 밝아지면 마음을 텅 비우고, 마음을 텅 비우면 무위(無爲)의 상태에 이른다. 무위에 상태에 이르면 우리는 모든 걸 다할 수 있는데 앎(知)이 가장 큰 훼방꾼 역할을 한다.

열한 번째와 열두 번째 글은 활쏘기의 명인 예(羿)를 소개하는데 인위적인 것과 자연적인 걸 비교하면서 자연적인 것의 우월함을 증명한다. 먼저 열한 번째 글에선 예를 통해 전인(全人), 즉 온전한 사람을 소개하는데 전인은 자연적인 일에도 뛰어나고 인위적인 일도 잘하는 사람이다. 그러나 전인보다 훌륭한 성인(聖人)은 자연적인 일에는 뛰어나지만 인위적인 일에는 서툴다. 열두 번째 글에선 인위적인 미끼보다 자연인 미끼가 사람을 가두는 데 훨씬 더 효과적이라는 걸 강조한다.

마지막 글은 천인(天人), 즉 자연의 사람과 성인(聖人)의 도에 관한 내용이다. 먼저 천인은 자연의 조화와 합치된 사람이다. 그래서 천인이 무언가 해도 하고자 함이 없는(無爲) 건 하고자 함이 없는 데서 곧 하려는 게 나타나서이다. 반면 무언가 해도 그 하고자 함(有爲)이 합당하게 되기를 원한다면 부득이(不得已)함을 따라야 한다. 이 부득이함의 부류가 바로 성인(聖人)의 도이다.

노담의 제자 중 경상초(庚桑楚)란 사람이

오로지 노담 선생의 도를 터득해서 외루(畏壘) 지역을 다스렸다.

그는 아는 걸 분명히 말하는 똑똑한 신하를 물리치고,

어짊을 뽐내는 아내도 멀리했다.

그런데 법도를 반드시 따르지 않는 사람과는 함께 하고,

자신의 외형은 상관 않고 열심히 일하는 사람을 신하로 부렸다.

이렇게 삼 년이 지나자 외루 지역에 큰 풍년이 들었다.

외루 지역 백성들이 서로 함께 얘기를 나누었다.

"경상초 선생이 처음 왔을 때 우리는 놀라서 그를 이상히 여겼다.

지금 우리가 그동안 해온 일을 날마다 헤아리면 별게 아닌데

일 년을 두고 헤아리니까 넉넉함이 있다.

그는 거의 성인(聖人)이다!

그러니 우리가 그분을 제사를 주관하는 시축(尸祝)이나 사직(社稷)으로

떠받들지 않아서야 어찌 되겠는가?"

경상초는 이 얘기를 듣고 석연치 않아 제자들과 대화를 나누기 위해

남쪽을 향해 앉았다.

제자들이 이에 대해 이상하다고 여기니까 경상초가 말했다.

"너희들은 내가 무엇이 이상하다는 거냐?

봄기운이 일어나면 온갖 풀이 생겨나고, 가을이 되면 열매가 열리는데

봄과 가을이 어찌 안 그럴 수 있느냐?

큰 풍년이 든 건 이미 자연의 도가 그렇게 작용하고 있어서이다!

내가 듣건대 지인(至人)이 아주 작은 방에 조용히 숨어서 지내면
백성은 어디로 가야 할지 몰라 미쳐서 날뛴다.
지금 외루 지역의 빈천한 백성들도 내가 모르는 사이에
나를 현인(賢人) 사이에 두고 떠받들려고 한다.
그런데 나는 다른 사람의 표본이 될 만한 사람이 되지 못하지 않는가!
그리고 시축이나 사직으로 떠받들어지는 건
노담 선생의 말씀과도 어긋나므로 나는 전혀 기쁘지 않다."
경상초 제자가 말했다. "그렇지 않습니다.
큰 물고기는 보통의 도랑에선 몸을 제대로 돌릴 수 없지만
송사리나 미꾸라지는 거기서도 잘 움직입니다.
큰 짐승은 한 길 높이 낮은 언덕에선 자신의 몸을 숨길 만한 곳이 없지만
교활한 여우는 오히려 그런 곳을 좋아합니다.
현인을 높이 받들고, 능력 있는 사람에게 벼슬을 주며
착함과 이익을 앞세우는 건 자고로 요순시절에도 그랬습니다.
하물며 외루 지역 백성이야 선생님을 그렇게 떠받들지 않을 수 없지요!
선생님께선 그들의 요구를 들어주십시오!"
경상초가 말했다. "제자들은 와서 들어라!
수레를 한 입에 삼킬 만한 큰 짐승도 홀로 떨어져서 산을 이탈하면
그물과 올가미의 재앙을 피하지 못한다.
배를 삼킬 만한 큰 물고기도 펄떡 뛰어서 물 밖으로 나오면
개미가 그를 괴롭힌다.
때문에 새와 짐승은 높은 데를 마다하지 않고,
물고기와 자라는 깊은 데를 마다하지 않는다.
이처럼 몸과 생명을 온전히 지키려는 사람이 몸을 감출 때는

물고기와 자라처럼 깊거나 먼 걸 마다하지 않는다."

경상초가 계속해 말했다.

"요순(堯舜) 두 임금은 또 어찌 칭찬할 점이 있을 수 있겠는가!

이들이 사람을 분별해서 기용한 건 남의 집 담장을 함부로 파

거기에 쑥을 심어 무성하게 자라도록 한 일에 해당한다.

이들은 머리카락을 골라서 빗질하고, 쌀을 세어서 밥을 지었으니

이런 작은 데 얽매이면 또 어찌 세상을 구제할 수 있겠는가!

현명한 사람을 기용하면 백성은 서로 삐걱거리고,

지혜로운 사람에게 일을 맡기면 백성은 서로 도둑질을 한다.

이렇게 사람을 기용하면 백성의 생활을 도탑게 하는 데 충분치 않다.

또 이런 식의 인재 선발은 백성을 이익 추구하는 데 빠뜨려서

자식은 애비를, 신하는 군주를 죽이고, 또 도둑질이 대낮에 이루어지고,

한낮에 구멍을 뚫어 남의 집 담장을 뚫고 들어가는 일이 생겨난다.

내가 너희에게 이르노니 큰 혼란의 근본은 분명히 요순시대에 생겨났다.

그 폐해는 천세(千世) 후에도 여전히 남을 것이다.

그래서 천세 후엔 틀림없이 사람끼리 잡아먹는 사태가 벌어질 거다!"

• • •

老聃之役, 有庚桑楚者, 偏得老聃之道, 以北居畏壘之山,

其臣之畫然知者去之, 其妾之挈然仁者遠之..

擁腫之與居, 鞅掌之爲使. 居三年, 畏壘大壤.

畏壘之民相與言曰:「庚桑子之始來, 吾洒然異之. 今吾日計之而不足, 歲計之而有餘. 庶幾其聖人乎! 子胡不相與尸而祝之, 社而稷之乎?」

庚桑子聞之, 南面而不釋然.

弟子異之. 庚桑子曰:「弟子何異乎子? 夫春氣發而百草生, 正得秋而萬寶成.

夫春與秋, 豈無得而然哉? 天道已行矣!

吾聞至人, 尸居環堵之室, 而百姓猖狂不知所如往.

今以畏壘之細民而竊竊焉欲俎豆予于賢人之間, 我其杓之人邪!

吾是以不釋於老聃之言.」

弟子曰:「不然. 夫尋常之溝, 巨魚無所還其體, 而鯢鰍爲之制.,

步仞之丘, 巨獸無所隱其軀, 而孽狐爲之祥.

且夫尊賢授能, 先善與利. 自古堯舜以然, 而況畏壘之民乎! 夫子亦聽矣!」

庚桑子曰:「小子來! 夫函車之獸, 介而離山, 則不免於罔罟之患.,

吞舟之魚, 碭而失水, 則蟻能苦之.

故鳥獸不厭高, 魚鼈不厭深. 夫全其形生之人, 藏其身也, 不厭深眇而已矣.」

「且夫二子者, 又何足以稱揚哉! 是其於辯也, 將妄鑿垣牆而殖蓬蒿也.

簡髮而櫛, 數米而炊, 竊竊乎又何足以濟世哉!

舉賢則民相軋, 任知則民相盜. 之數物者, 不足以厚民.

民之於利甚勤, 子有殺父, 臣有殺君, 正晝爲盜, 日中穴阫.

吾語女, 大亂之本, 必生於堯舜之間, 其末存乎千世之後.

千世之後, 其必有人與人相食者也!」

신하가 군주를 죽이는 혼란은
요순시대부터 그 싹이 텄다

———

　노담의 제자 중에 경상초(庚桑楚)란 사람이 있었다. 그는 오로지 노담 선생의 도를 터득하고 외루(畏壘) 산을 북쪽으로 해서 거주했다. 외루 산을 북쪽으로 해서 거주한다는 말은 왕이 나라를 다스리는 걸 남면(南面), 즉 남쪽으로 향한다고 하므로 곧 외루 지역을 다스린다는 의미이다. 또 오로지 노담 선생의 도를 터득한다는 건 도가의 도만 진리로 받아들인다는 뜻이다. 그래서인지 경상초는 아는 걸 분명히 말하는 똑똑한 신하를 물리치고, 어짊을 뽐내는 아내를 멀리했다. 뿐만 아니라 법도를 반드시 따르지 않는 유연한 사고를 지닌 사람들과 함께 지내면서 자신의 외형은 상관하지 않고 열심히 일하는 사람들을 신하로 부렸다.

　경상초가 이런 식으로 삼 년을 다스리자 외루 지역에 큰 풍년이 들었다. 이에 외루 지역 사람들이 경상초를 높이 받들었다. 처음에 경상초가 도가의 도에 따라 이 지역을 다스릴 때는 사람들이 이상하다고 여겼다. 그런데 지금 외루 지역 사람들은 그를 성인에 가까운 분이라고 여긴다. 경상초가 외루 지역에 와서 한 일을 날마다 헤아려 보면 사실 별게 아니다. 그런데 일 년을 두고 헤아려 보니까 풍년이 들 정도로 넉넉함이 많은 것으로 나타났다. 이에 외루 지역 사람들은 경상초를 제사를 주관하는 시축(尸祝)이나 사직(社稷)으로 높이 떠받들어야 한다고 생각했다. 그런데 경상초는 이런 얘기를 듣고 미심쩍은 모습으로 남쪽을 향해 앉으니까 제자들은 스승의 이런 모습을 보고 의아하게 여겼다. 외루 지역 사람들의 이런 받듦을 스승이 당연히 받아들여야 한다고 생각해서이다.

그러자 경상초는 봄기운이 일어나면 온갖 풀이 저절로 자라나고, 가을이 되면 온갖 열매가 저절로 열리듯이 큰 풍년이 든 건 자신의 공 때문이 아니라 자연의 도가 이미 그렇게 작용하고 있었던 탓이라고 말했다. 물론 세상 사람들은 지인(至人)이 조용히 숨어 지내면 백성은 어디로 가야 할지 몰라 미처 날뛴다고 하면서 지인이 제발 세상에 나와 활동하기를 바란다. 외루 지역의 빈천한 백성들도 세상 사람들의 이런 바람처럼 경상초를 현인(賢人) 사이에 두고 지금 떠받들려고 한다. 그럼에도 경상초는 조용히 숨어 지내고 싶어 한다. 게다가 경상초 자신은 도저히 다른 사람의 표본이 되지 못한다고 여겨 시축이나 사직으로까지 떠받들어지면 이는 노담 스승의 말씀과도 어긋난다고 생각한다.

그런데 경상초 제자들은 스승의 이런 생각이 온당치 않다면서 그 이유를 다음과 같이 설명했다. 보통 크기의 도랑에선 송사리나 미꾸라지는 잘 움직이지만 큰 물고기는 자신의 몸을 제대로 가누질 못한다. 또한 길 높이의 낮은 언덕에선 교활한 여우는 좋아서 날뛰지만 큰 짐승은 자신의 몸을 숨길 만한 곳이 없다고 여긴다. 그러니 경상초처럼 큰 인물도 세상에 숨고 싶어도 숨을 만한 곳이 마땅치 않다. 게다가 경상초처럼 큰 인물은 현인처럼 떠받들어져야 하고, 또 경상초처럼 능력 있는 사람에게는 벼슬이 주어져야 마땅하다. 현명함 같은 착함(善)과 능력 같은 이득(利)이 앞세워졌던 건 요순임금 시절에도 그러했다. 이에 제자들은 백성에게 큰 혜택을 가져다준 자신들의 스승이 시축과 사직으로 떠받들어지는 건 당연하다고 여겼다. 또 시축과 사직으로 떠받들어지는 이득은 요순시절에도 마찬가지였으므로 하물며 외루 지역 백성들이야 경상초 스승을 떠받들지 않을 수 없다고 말했다.

그러자 경상초는 수레를 한 입에 삼킬 정도로 큰 짐승도 홀로 떨어져서 산을 이탈하면 그물과 올가미의 재앙을 피하지 못하고, 배를 삼킬 정도로 큰 물고기도 물 밖으로 나오면 개미가 자신을 괴롭힌다는 걸 안다. 그래서 새와 짐승은 높은 걸 마다하지 않고, 또 물고기와 자라도 깊은 걸 마다하지 않는다고 말했다. 이 말은 새와 짐승이나 물고기와 자라가 그들의 몸을 감출 때 깊고 먼 걸 마다하지 않듯이 경상초도 자신의 몸을 감출 때 어떤 장소든 마다하지 않는다는 의미이다. 또 경상초는 요순임금이 사람을 분별해서 기용한 걸 두고 남의 집 담장을 마구 파서 거기에 쑥을 심어 무성하게 자라나도록 한 일에 비유했다. 쑥은 저절로 무성하게 자라나므로 담장을 파면서까지 쑥을 심을 일이 없다는 뜻이다. 게다가 요순임금은 머리카락을 골라서 빗질하고, 쌀을 세어서 밥을 지었는데 이런 작은 데에 얽매인다면 세상을 결코 구제한 게 아니라고 말했다.

경상초에 따르면 현명한 사람을 기용하면 백성도 현명해져서 서로 삐걱거리고, 지혜로운 사람에게 일을 맡기면 백성도 지혜로워져서 서로 도둑질을 한다. 그러니 현명한 사람을 굳이 기용할 필요가 없고, 지혜로운 사람에게 일을 굳이 맡길 필요가 없다. 그럼에도 현명한 사람을 골라서 기용하고, 지혜로운 사람을 골라서 그에게 일을 맡기면 백성의 생활을 도탑게 하는 데 충분치 못하다. 게다가 이런 식의 인재 등용은 백성으로 하여금 이익을 추구하는 데 골몰토록 해 자식 중에 아버지를 죽이고, 신하 중에 군주를 죽이고, 대낮에 도둑질이 이루어지고, 한낮에 남의 집 담을 뚫고 들어가는 일이 생겨난다.

그런데 이런 큰 혼란의 원인은 현명함과 같은 착함(善)과 능력과 같은 이득(利)을 앞세웠던 요순임금이 사실상 제공했다. 그런데 이런 혼란의 폐해는 천세(千世) 후에도 여전히 남아 경상초는 사람과 사람이 서로 잡아먹는 사태가 천세 후에 벌어질 거라고 예측했다. 사람과 사람이 잡아먹는 사태를 권력과 재물을 두고 치열하게 다투는 지금의 상황을 염두에 두면 「경상초」를 통해 장자가 전망했던 예측이 그다지 틀리지 않았음을 알 수 있다. 어쩌면 장자가 전망했던 예측보다 더 심하게 벌어지고 있는지도 모른다. 요순시절에 현명함(賢)과 능력(能)에 의존했던 유위(有爲)에 따른 다스림이 가져다준 폐해가 이처럼 크다. 그래서 장자는 경상초란 인물을 동원해서 무위(無爲)에 입각한 다스림이 얼마나 좋은지를 보여주고 있다.

경상초 제자 남영주(南榮趎)가 움찔해 자세를 고친 뒤 똑바로 앉아 말했다.

"저는 나이가 들 만큼 들었는데 어떻게 학업에 정진해야

선생님이 말씀하신 그런 경지에 이를 수 있나요?"

경상초가 말했다.

"자네의 몸을 온전히 유지하고, 자네의 목숨을 잘 부지하고,

자네의 생각을 이리저리 굴리지 말게.

이렇게 삼 년을 하면 내가 말한 경지에 이를 수 있네."

남영주가 말했다.

"눈 생김새가 보통사람과 다를 바 없어도 맹인은 원래 보지 못하고,

귀 생김새가 보통사람과 다를 바 없어도 귀머거리는 원래 듣지 못하고,

심장 생김새가 보통사람과 다를 바 없어도 광인은 원래 깨닫지 못합니다.

제 생김새도 선생님 생김새와 비슷한데 깨우침에서 차이가 나는 건

혹 외물이 저를 가로막고 있어서가 아닌가요.

그러니 가르침을 서로 주고받으려고 해도 무언가가 가로막아서

가르침을 서로 주고받을 수 없도록 하는 거겠지요?

지금 선생님은 제게 말씀하셨습니다.

'자네의 몸을 온전히 유지하고, 자네의 목숨을 잘 부지하고,

자네의 생각을 이리저리 굴리지 말라.'

저는 선생님에게서 도(道)에 대해 힘써 들어왔어도

겨우 귀에 들릴 뿐 제대로 깨닫지 못하고 있습니다!"

경상초가 말했다.

"내가 자네에게 할 수 있는 말은 다 했는데 이를 어떡하나.

작은 벌은 콩잎을 갉아먹는 큰 벌레를 자기 새끼로 부화할 수 없네.

월(越)나라의 작은 닭은 큰 고니의 알을 품을 수 없어도

노(魯)나라의 큰 닭은 큰 고니의 알을 부화할 수 있네.

그런데 월나라의 작은 닭과 노나라의 큰 닭을 서로 비교하면

이들이 지닌 덕은 결코 다르지가 않네.

이처럼 큰 닭은 부화가 가능하지만, 작은 닭은 불가능한 건

재능이 본디부터 크고 작음에서 차이가 있어서이네.

지금 나의 타고난 재능은 작은 벌과 월나라의 작은 닭처럼 작아서

자네를 감화시키는 데 부족하네.

그러니 자네는 남쪽으로 가 노자(老子) 선생을 어째서 찾아뵙지 않는가!"

남영주는 그 말을 좇아 자신이 먹을 양식을 등에 짊어지고

칠 일 밤낮을 걸려 노자가 있는 곳에 이르렀다.

노자가 말했다. "자네는 경상초가 보내서 왔는가?"

남영주가 대답했다. "예, 그렇습니다."

노자가 물었다.

"그런데 자네는 어째서 사람들과 함께 무리를 지어 왔는가?"

남영주가 놀라서 뒤를 돌아보았다.

노자가 물었다. "자네는 묻는 바를 어찌 제대로 이해하지 못하나?"

남영주가 고개를 숙여 부끄러워하다가 하늘을 우러러 탄식하며 말했다.

"지금 저는 어떤 대답을 해야 할지 잊었는데

그로 인해 제가 무얼 물어야 할지도 잃었습니다."

노자가 물었다. "그게 무슨 말인가?"

남영주가 말했다.

"제가 아는(知) 게 없지요? 그러면 사람들은 저를 우둔하다고 합니다.

제가 아는 게 있지요? 그러면 제 몸이 오히려 괴로워집니다.

제가 어질지(仁) 못하면 남을 해칩니다.

반대로 제가 어질면 제 몸이 오히려 괴로워집니다.

제가 의롭지(義) 못하면 남을 다치게 합니다.

반대로 제가 의로우면 제 몸이 오히려 괴로워집니다.

저는 어찌해야 이런 모순에서 벗어날 수 있을까요?

이 셋, 즉 앎(知), 어짊(仁), 의로움(義)은 제가 걱정하는 바입니다.

경상초 선생과의 인연을 빌려 이 점을 여쭈고자 합니다."

노자가 말했다.

"조금 전 자네 눈썹 사이를 보고 자네가 어떤 사람인지 알았는데

지금 자네의 말을 듣고 보니까 내 추측이 맞은 것 같네.

자네의 노심초사하는 모습이 마치 부모를 잃은 듯

긴 장대 하나만 달랑 들고서 모든 바다의 깊이를 재려고 하네.

그러니 자네는 본심을 잃어 정신을 놓은 채 멍한 모습을 하고 있네!

자네는 참 모습(情)으로 돌아가려고 하지만

오히려 그 모습으로 돌아가지 못하니 실로 가련하네!"

남영주는 자청해서 즉시 노자 선생의 학사(舍)로 들어가

거기에서 좋다는 걸 추구하고 나쁘다는 걸 버렸다.

이렇게 열흘을 수행했는데 스스로 시름에 빠졌다.

그래서 다시 노자 선생을 뵈었더니 노자가 말했다.

"자넨 묵은 때를 씻어 기가 성한 상태에서 분명 많은 걸 깨달았을 거네!

그런데도 자네 마음에는 여전히 나쁜 생각이 흘러넘치고 있어.

만약 밖(外)에 매이면 생각이 번거로워져 마음을 잡을 수 없으니

안에서 마음을 닫아야 하네.

또 안(內)에 매이면 생각이 동여매어져 마음을 잡을 수 없으니

밖에서 마음을 닫아야 하네.

그런데 안팎의 것에 모두 매이면 도덕(道德)을 지닐 수 없으니

이런 사람이 어떻게 도(道)를 따라 행동하겠는가!"

남영주가 말했다.

"마을사람 한 사람이 병들어서 다른 사람이 병문안 갔을 때

환자가 병에 대해 이것저것 말하면 당연히 앓는 병은 큰 병이 아닙니다.

선생에게서 큰 도를 듣는 건 어떤 병에 걸렸는지 모르면서

제가 약을 먹고 병을 키우는 데 비유할 수 있습니다.

그래서 저는 생명을 지키는 길(衛生之經)을 듣길 원할 뿐입니다."

노자가 말했다.

"생명을 지키는 길이 도를 능히 끌어안을 수 있는가?

생명을 지키는 길이 도를 능히 잃지 않게끔 할 수 있는가?

생명을 지키는 길이 점을 치지 않아도 길흉을 능히 미리 알 수 있는가?

능히 생명을 지키는 길이 멈출 수 있는가? 또 능히 그칠 수 있는가?

생명을 지키는 길이 다른 사람에게서 찾는 걸 그만두고

자기에게서 능히 찾게끔 할 수 있는가?

생명을 지키는 길이 능히 모든 걸 자연에 홀연히 맡기게 할 수 있는가?

생명을 지키는 길이 미련할 정도로 능히 성실하게 할 수 있는가?

생명을 지키는 길이 능히 어린아이가 되게끔 할 수 있는가?

어린애가 종일 울어도 목이 잠기지 않는 건

자연스런 도(道)와 화합에 이르기 때문이네.

어린애가 종일 주먹을 쥐어도 손이 저리지 않는 건

자연스런 덕(德)과 함께 하기 때문이네.

어린애가 종일 눈뜬 채로 있어도 눈을 깜빡거리지 않는 건

집착하는 대상이 바깥에 있지 않아서이네.

어린애가 가더라도 가는 곳을 모르고, 멈추어도 무얼 하는지 모르는 건

다른 사물과 변화를 순순히 따르면서 자연의 물결대로 흘러가서이네.

이것이 생명을 지키는 길(衛生之經), 즉 양생의 도이네."

남영주가 물었다. "그러면 이것이 지인(至人)의 덕(德)인가요?"

노자가 말했다. "아직은 아니네.

이른바 얼음을 녹이듯이 마음속에 언 걸 풀 수 있는 사람이라야

지인이 될 수 있지 않을까?

지인은 서로 함께 땅을 일구면서 먹고, 자연의 운행을 벗하면서 즐기고,

사람과 사물이 이해(利害) 따위로 서로를 어지럽히지 않고,

남과 서로 의심스러운 짓을 하지 않고, 남과 서로 모의를 하지 않고,

남과 서로 일을 만들지 않네.

또 홀연히 떠난 뒤 힘들어도 미련할 정도로 다시 찾아오네.

이것이 생명을 지키는 길(衛生之經)이네."

남영주가 물었다. "그러면 이것이 지극함(至)인가요?"

노자가 말했다.

"아직 아니네. 내가 자네에게 이미 '능히 어린애가 될 수 있는가?' 물었네.

어린애가 움직여도 하는 바를 모르고, 가도 가는 곳을 몰라

몸은 말라 죽은(橋木) 나뭇가지와 같고, 마음은 죽은 재(死灰)와 같네.

이런 사람은 재앙(禍)에도 이르지 않고, 행복(福)도 찾아오지 않네.

재앙과 행복이 있지 않은데 어찌 사람의 재해(人災)가 있을 수 있겠나!"

· · ·

南榮趎蹴然正坐曰:「若趎之年者已長矣, 將惡乎託業以及此言邪?」

庚桑子曰:「全汝形, 抱汝生無使汝思慮營營. 若此三年, 則可以及此言矣.」

南榮趎曰:「目之與形, 吾不知其異也, 而盲者不能自見., 耳之與形, 吾不知其異也,

而聾者不能自聞., 心之與形, 吾不知其異也, 而狂者不能自得.

形之與形亦辟矣, 而物或間之邪, 欲相求而不能相得?

今謂趎曰:『全汝形, 抱汝生, 勿使汝思慮營營.』趎勉聞道耳矣!」

庚桑子曰:「辭盡矣. 奔蜂不能化藿蠋, 越鷄不能伏鵠卵, 魯鷄固能矣.

鷄之與鷄, 其德非不同也, 有能與不能者, 其才固有巨小也. 今吾才小, 不足以化子.

子胡不南見老子!」

南榮趎贏糧, 七日七夜至老子之所.

老子曰:「子自楚之所來乎?」

南榮趎曰:『唯.』

老子曰:「子何與人偕來之衆也?」

南榮趎懼然顧其後.

老子曰:「子不知吾所謂乎?」

南榮趎俯而慙, 仰而歎曰:「今者吾忘吾答, 因失吾問.」

老子曰:「何謂也?」

南榮趎曰:「不知乎? 人謂我朱愚. 知乎? 反愁我軀. 不仁則害人, 仁則反愁我身.,

不義則傷彼, 義則反愁我己.

我安逃此而可? 此三言者, 趎之所患也, 顧因楚而問之.」

老子曰:「向吾見若眉睫之間, 吾因以得汝矣, 今汝又言而信之.

若規規然若喪父母, 揭竿而求諸海也. 女亡人哉, 惘惘乎!

汝欲反汝情性而無由入, 可憐哉!」

南榮趎請入就舍, 召其所好, 去其所惡, 十日自愁, 復見老子.

老子曰:「汝自洒濯, 熟哉鬱鬱乎! 然而其中津津乎猶有惡也.

夫外韄者不可繁而捉, 將內揵., 內韄者不可繆而捉, 將外揵.

外內韄者, 道德不能持, 而況放道而行者乎!」

南榮趎曰:「里人有病, 里人問之, 病者能言其病, 然其病病者, 猶未病也.

若趎之聞大道, 譬猶飲藥以加病也, 趎願聞衛生之經而已矣.」

老子曰:「衛生之經, 能抱一乎? 能勿失乎? 能無卜筮而知吉凶乎? 能止乎? 能已乎?

能舍諸人而求諸己乎? 能翛然乎? 能侗然乎? 能兒子乎?

兒子終日嗥而嗌不嗄, 和之至也., 終日握而手不掜, 共其德也., 終日視而目不瞚,

偏不在外也. 行不知所之, 居不知所爲, 與物委蛇, 而同其波. 是衛生之經已.」

南榮趎曰:「然則是至人之德已乎?」

曰:「非也. 是乃所謂氷解凍釋者, 能乎?

夫至人者, 相與交食乎地而交樂乎天, 不以人物利害相攖, 不相與爲怪, 不相與爲謀,

不相與爲事, 翛然而往, 侗然而來. 是謂衛生之經已.」

曰:「然則是至乎?」

曰:「未也. 吾固告汝曰:『能兒子乎?』兒子動不知所爲, 行不知所之, 身若槁木之枝而

心若死灰. 若是者, 禍亦不至, 福亦不來. 禍福無有, 惡有人災也!」

재앙은 물론이고 행복도 찾아오지 않는 삶이 생명을 지키는 길(衛生之經)이다

———

경상초의 제자 중 한 사람인 남영주(南榮趎)가 스승의 말에 움찔해서 자세를 고쳐 똑바로 앉았다. 그런 뒤 나이가 들 만큼 들었는데 어떻게 정진해야 스승이 말하는 경지에 이를 수 있는지에 대해 물었다. 이에 경상초는 몸을 온전히 유지하고, 목숨을 잘 부지하고, 생각을 이리저리 굴리지 않은 채 삼 년 정도 수행하면 스승의 경지에 이를 수 있다고 말했다.

그러자 남영주는 눈의 생김새로 말하면 장님은 우리와 다를 바 없는데도 보지 못하고, 귀의 생김새로 말하면 귀머거리는 우리와 다를 바 없는데도 듣지 못하고, 심장의 생김새로 말하면 광인(狂者)[1]은 우리와 다를 바 없는데도 깨달을 수 없다고 말했다. 마찬가지로 제자 남영주의 생김새도 스승 경상초의 생김새와 다를 바 없는데도 깨우침에서 차이가 나는 건 외물이 남영주를 가로막고 있어서라는 생각이 든다고 말했다. 그래서 남영주는 스승이 자신에게 가르침을 주려고 해도 외물이 가

---

1) 내편 「인간세」 5에서 광인 접여(接如)를 장자가 이상적으로 그리는 인물로 설명한 바 있다. 여기선 어쩐 일인지 광인을 부정적으로 묘사한다.

로막아서 가르침을 얻을 수 없다고 스스로 진단했다. 그래서 도(道)에 이른 스승의 가르침, 즉 몸을 온전히 유지하고, 목숨을 잘 부지하고, 생각을 이리저리 굴리지 말라는 가르침을 힘써 들어왔지만 귀에 들릴 뿐 제대로 깨닫지 못한다고 고백했다.

이에 경상초는 남영주에게 스승으로서 할 말을 다 해주었는데 이젠 어떡해야 하느냐며 안타까워했다. 그러면서 작은 벌은 콩잎을 갉아먹는 큰 벌레를 자기 새끼로 부화할 수 없듯이 월(越)나라의 작은 닭도 큰 고니의 알을 품을 수 없다고 말했다. 그렇지만 노(魯)나라의 큰 닭이라면 큰 고니의 알을 부화할 수 있다고 말했다. 여기서 월나라의 작은 닭은 경상초를 의미하고, 노나라의 큰 닭은 노자를 의미한다. 그런데 큰 닭인 노자는 부화가 가능한데 반해 작은 닭인 경상초는 부화가 불가능한 건 이들이 지닌 덕의 차이라기보다는 재능의 차이 때문이라고 말했다. 그래서 경상초의 타고난 재능은 월나라의 작은 닭처럼 작아서 제자인 남영주를 감화시키는 데 부족하다며 남쪽으로 가서 노자(老子) 선생을 찾아가도록 제안했다. 남영주는 그 말을 좇아 먹을 양식을 등에 짊어지고서 칠 일 밤낮을 걸려 노자가 있는 곳에 이르렀다.

노자가 남영주에게 경상초가 보내서 왔는가라고 묻자 남영주는 그렇다고 대답했다. 그러자 노자는 남영주에게 어째서 사람들과 함께 무리를 지어서 왔는가라고 물었다. 남영주는 분명 다른 사람들과 함께 오지 않았는데 노자가 그렇게 물은 것에 대해 이내 두려워져 뒤를 돌아다보았다. 이에 노자는 남영주에게 자신의 묻는 바를 어째서 제대로 이해하지 못하느냐고 핀잔을 주었다. 그러자 남영주는 고개를 숙여 부끄러워하다가 하늘을 우러러 탄식하면서 지금 자신이 노자 선생의 질문에 대해 어떤 대답을 해야 할는지 잊었는데 그로 인해 무엇을 물어야 할지도 잃었다고 고백했다. 노자가 그게 무슨 말이냐고 묻자 남영주는 다음과 같이 말했다.

남영주가 아는 게 없으면 사람들이 자신을 가리켜서 우둔하다고 말하지만 아는 게 있으면 남영주 자신의 몸이 오히려 괴로워진다고 말했다. 또 남영주가 어진 성품을 지니지 않으면 다른 사람을 해치지만 어진 성품을 지니면 자신의 몸이 오히려 괴로워진다고 말했다. 또 남영주가 의롭지 못하면 다른 사람을 다치게 하지만 만약 의로우면 자신의 몸이 오히려 괴로워진다고 말했다. 그러니 어찌해야 이런 모순에서 벗어날 수 있는지에 대해 노자 선생에게 물었다. 이 셋, 즉 앎(知), 어짊(仁), 의로움(義)은 남영주가 걱정하는 바인데 경상초 선생과의 인연을 빌려 노자 선생의 생각을 여쭈겠다고 간곡히 청했다.

그러자 노자는 조금 전 남영주의 눈썹 사이를 보고 그가 어떤 사람인지 미리 알았는데 지금 남영주의 말을 듣고 보니까 자신의 추측이 맞았다는 걸 확신한다고 말했다. 오로지 도를 얻기 위해 노심초사하는 남영주의 모습이 마치 부모를 잃은 듯 긴 장대 하나만 달랑 들고 모든 바다의 깊이를 재려고 하는 무모함을 보여주어서이다. 그래서 노자의 눈에는 남영주가 본심을 잃어 정신을 놓은 뒤에 나타나는 멍한 모습을 하고 있을 뿐 아니라 원래의 모습인 참 모습으로 돌아가려고 애쓰지만 그 모습으로 돌아가지 못하는 가련한 모습을 하고 있을 뿐이다. 이에 남영주는 느낀 바가 있어 즉시 자청해서 노자 선생의 학사로 들어가 거기에서 좋다는 걸 추구하고 나쁘다는 걸 버리면서 수행했다. 이렇게 열흘을 수행했음에도 여전히 시름에서 벗어나지 못했다.

이에 남영주가 노자 선생을 다시 뵈었더니 노자는 남영주에게 스스로 묵은 때를 씻어 기가 성한 상태에서 많은 걸 깨달은 건 분명하지만 마음에 여전히 나쁜 생각이 흘러넘치고 있다고 말했다. 그래서 남영주의 마음이 바깥에 매이면 생각이 번거로워져 마음을 잡을 수 없으니 안에서 마음을 닫아야 한다고 말하고, 또 남영주의 마음이 안으로 매이면 생각이 동여매어져 마음을 잡을 수 없으니 바깥에서 마음을 닫아야 한다고 말했다. 그런데 안과 바깥 모두에 매이면 자연스런 도덕(道德)을 지닐 수 없어서 도(道)에 따라 행동할 수 없다고 말했다. 노자 선생이 볼 때 지금 남영주는 안과 바깥 모두에 매여 있어서 자연스런 도와 덕을 지니기 힘든 상태이다.

그러자 남영주는 환자의 예를 들어 자신의 절실한 심정을 밝혔다. 마을사람 하나가 병이 들어 다른 마을사람이 병문안 갔을 때 환자가 자신의 병에 대해 이것저것 말하면 큰 병을 앓는 게 아니다. 그럼에도 남영주는 지금 자신이 어떤 큰 병에 걸렸는지 모르는 상태일지라도 큰 도만 들을 수 있다면 약을 먹어 병을 키우더라도 이를 기꺼이 감내하겠다고 말했다. 그러면서 남영주는 위생지경(衛生之經), 즉 생명을 지키는 길에 대해 듣기를 간절히 원한다고 노자에게 청했다.

그러자 노자는 남영주에게 몇 가지 질문을 던졌다. 생명을 지키는 길이 도를 능히 끌어안을 수 있는가? 또 생명을 지키는 길이 도를 잃지 않도록 능히 할 수 있는가? 또 생명을 지키는 길이 점을 치지 않아도 길흉을 미리 알 수 있게끔 능히 하는가? 또 생명을 지키는 길이 능히 멈출 수 있는가? 또 생명을 지키는 길이 능히 그칠 수 있는가? 또 생명을 지키는 길이 다른 사람에게서 찾는 걸 그만두게 하고 자기에게서 찾을 수 있게끔 능히 하는가? 또 생명을 지키는 길이 모든 걸 자연에 홀연히 맡기도록 능히 할 수 있는가? 또 생명을 지키는 길이 미련할 정도로 능히 성실할 수 있는가? 이 질문은 생명을 지키는 길을 찾는데 남영주가 마땅히 준수해야 할 도리를 확인하는 절차에 해당한다.

이런 식 확인 절차는 남영주가 어린아이처럼 될 수 있는지의 여부와 긴밀히 연결된다. 이는 어린애와 같은 마음을 지녀야만 생명의 길을 찾을 수 있어서이다. 왜 그러한가? 어린애가 종일 울어도 목이 잠기지 않는 건 자연의 도(道)와 화합에 이를 수 있어서이다. 또 어린애가 주먹을 종일 쥐어도 손이 저리지 않는 건 자연의 덕(德)과 함께 할 수 있어서이다. 또 어린애가 눈뜬 채로 종일 있어도 눈을 깜빡거리지 않는 건 집착하는 대상이 바깥에 있지 않아서이다. 또 어린애가 가더라도 자기가 가는 곳을 모르고, 멈추더라도 무얼 하는지 모르는 건 다른 사물과 함께 변화를 순순히 따르면서 자연의 물결대로 흘러가서이다. 따라서 어린애와 같은 마음을 지니는 게 결국 생명을 지키는 길(衛生之經)에 이르는 길이다.

남영주는 이렇게 하는 게 과연 지인(至人)의 덕(德)인지에 대해 묻자 노자는 아직 아니라고 대답했다. 그러면서 노자는 얼음을 녹이듯이 마음속에 언 걸 풀 수 있는 사람이라야 비로소 지인이 되지 않겠느냐고 반문했다. 마음속에 얼어 있는 거란 아마도 감관작용과 심관작용의 결과로 나타난 희로애락(喜怒哀樂)의 감정, 여탄변집(慮嘆變慹)의 생각, 요일계태(姚佚啓態)의 행동[2]이 아니겠는가. 또 노자에 따르면 지인은 서로 함께 땅을 일구면서 먹고, 자연의 운행을 벗하면서 즐기고, 사람과 사물이 이해관계 따위로 서로 어지럽히지 않고, 서로 의심스러운 짓을 하지 않고, 남과 서로 모의를 하지 않고, 남과 서로 일을 만들지 않는다. 결국 지인은 무위자연(無爲自然)에 따라 살아가는 사람이다. 또 지인은 홀연히 떠난 뒤 돌아오는 게 힘들어도 미련할 정도로 다시 찾아온다. 이것도 생명을 지키는 길이다.

---

[2] 희로애락은 기쁨·노여움·슬픔·즐거움의 감정을, 여탄변집은 걱정·한탄·변덕·고집의 생각을, 요일계태는 아첨·방자·솔직·꾸밈의 행동을 말한다. 내편 「제물론」 2-2를 참조하길.

남영주는 이렇게 할 수 있는 게 지극함(至)인지에 대해 묻자 노자는 아직 아니라고 대답했다. 그러면서 노자는 앞서 어린애가 능히 될 수 있느냐고 물은 걸 남영주에게 환기시켰다. 그건 어린애가 움직여도 자기가 하는 바를 모르고, 어디론가 가도 가는 곳을 모르기 때문이다. 또 몸은 말라 죽은(槁木) 나뭇가지와 같고, 마음은 죽은 재(死灰)와 같아서이다. 이 표현은 내편 「제물론」을 시작하면서 오상아(吾喪我), 즉 본래면목의 내가 만들어진 나를 초상 치른다는 걸 설명할 때 이미 등장한 바 있다. 이런 어린애와 같은 사람은 재앙에도 이르지 않지만 행복도 찾아오지 않아 인재(人災), 즉 사람으로서의 재해가 생겨나지 않는다. 이처럼 재앙도 사람의 인재로 나타나고, 행복도 사람의 인재로 나타난다. 그러니 장자에 따르면 재앙은 물론이고, 행복도 찾아오지 않는 삶이 가장 바람직하다고 할 수 있다.

마음이 편안하고 안정되어 있으면 안에서부터 천광(天光),

즉 자연 그대로의 빛을 내뿜는다.

자연 그대로의 빛을 내뿜으면 사람은 사람으로 본연의 참 모습을 드러내고,

사물은 사물로 본연의 참 모습을 드러낸다.

사람이 마음의 수양을 이루면 그때부터 늘 변하지 않는 마음을 지닌다.

늘 변하지 않는 마음을 지녀야 사람들은 그에게 와서 머물고,

자연은 그를 돕는다.

사람들이 와서 머무는 사람을 가리켜서 천민(天民),

즉 자연의 이치를 따르는 사람이라고 말하고,

자연이 돕는 사람을 가리켜서 천자(天子), 즉 자연의 아들이라고 말한다.

• • •

宇泰定者, 發乎天光.
發乎天光者, 人見其人, 物見其物.
人有修者, 乃今有恒., 有恒者, 人舍之天助之.
人之所舍, 謂之天民., 天之所助, 謂之天子.

마음이 편안하고 안정되어야
안에서 천광(天光)을 내뿜는다

———

    마음이 편안하고 안정되어야 안에서부터 천광(天光), 즉 자연 그대로
의 빛을 내뿜는다. 천광은 내편 「제물론」에서 소개된 바 있는 보광(葆
光)[3]과도 흡사하다. 보광은 천부(天府), 즉 자연의 곳집을 안에서 은은
하게 빛나게 하는 빛이다. 그래서 보광은 '있는 듯 없는 듯한(葆)' 빛인
데 이는 빛이 풀 더미에 가려져서이다. 그러니 보광을 통해 나오는 빛
은 무언가에 가려져 환히 드러나지 않는다. 그래서 이 빛은 밝음과 어
둠 같은 구분과 경계를 만들어내지 않는데 천광, 즉 자연 그대로의 빛
도 그러하다.

    그래서 자연 그대로의 빛을 내뿜으면 사람은 본연의 참 모습을 드러
내고, 사물도 본연의 참 모습을 드러낸다. 참고로 사람에게 본연의 참
모습은 오상아(吾喪我)의 오(吾), 즉 본래면목의 나를 의미한다. 마찬가
지로 사물에게 본연의 참 모습은 다듬어지지 않는 자연 그대로의 모습
이다. 그런데 사람이 마음의 수양을 이루면 그때부터 늘 변하지 않는

---

3)   보광(葆光)에 대해선 내편 「제물론」 5 참조하길.

그대로의 마음을 지닌다. 만들어진 나(我)를 버리고, 이를 본래면목의 나(吾)로 대체해서이다. 내편 「덕충부」에선 이를 "사람은 흐르는 물(流水)에선 자신을 비춰보지 못하지만 멈춘 물(止水)에선 자신을 비춰볼 수 있다"[4]라고 표현한 바 있다. 여기서 흐르는 물이 변하는 마음이라면 멈춘 물은 변하지 않는 마음이다.

이런 늘 변하지 않는 그대로의 마음을 지니면 사람들은 그에게 와서 머물고, 또 자연은 그를 돕는다. 이 역시 「덕충부」에선 "오로지 멈춘 물에서 덕이 멈출 수 있다."[5]라고 표현한 바 있다. 여기서 변하지 않는 그대로의 마음이 멈춘 물이다. 또 사람들이 와서 머무는 사람을 가리켜서 천민(天民), 즉 자연의 이치를 따르는 사람이라고 말한다. 이 또한 「덕충부」에서 많은 사람들이 멈춘 덕을 보기 위해서 걸음을 멈춘다."[6]라고 표현한 바 있다. 여기서 자연의 이치를 따르는 사람이 덕을 지닌 사람이다. 그래서 자연이 돕는 사람을 가리켜서 천자(天子), 즉 자연의 아들이라고 말한다. 이처럼 천광, 천민, 천자를 통해 자연적인 것의 훌륭함에 대해 설명하고 있다.

---

4) 내편 「덕충부」 1 참조하길.
5) 내편 「덕충부」 1 참조하길.
6) 내편 「덕충부」 1 참조하길.

학자(學者), 즉 배우는 사람은 배울 수 없는 바를 배우고,

행자(行者), 즉 배운 걸 실천하는 사람은 실천할 수 없는 바를 실천하고,

변자(辯者), 즉 배운 바를 말로 전하는 사람은 말할 수 없는 바를 말한다.

알 수 없는 데서 앎(知)이 그치는 게 지극한(至) 앎이다.

만약 이것들에 의지해서 지극한 앎을 따르지 않으면

천균(天鈞), 즉 자연의 균형이 이들을 망가뜨린다.

· · ·

學者, 學其所不能學也., 行者, 行其所不能行也., 辯者, 辯其所不能辯也.
知止乎其所不能知, 至矣., 若有不卽是者, 天鈞敗之.

알 수 없는 데서 앎이 그쳐야
지극한 앎(至知)이다

학자(學者), 즉 배우는 사람은 배울 수 없는 바를 배운다. 이는 인위적인 배움으로 깨우칠 수 없는 바가 있는데 이를 억지로 배우려고 해서이다. 학자가 도에 통하고자 노력하는 일이 단적인 예다. 도에 통하는 건 인위적인 배움으로 되는 게 아니라 오로지 자연적인 깨달음으로만 가능하다. 또 여기에는 아무리 배워도 배울 수 없는 바가 있다는 뜻도 함께 포함된다. 이는 인위적인 노력을 아무리 기울여도 불가능하다는 의미이다. 이에 대해선 내편 「양생주」에 "우리의 삶은 끝이 있어 유한하지만 우리의 앎은 끝이 없어 무한하다. 끝이 있는 삶으로 끝이 없는 앎을 추구하는 건 피곤할 뿐인데 끝이 없는 앎을 계속 추구하는 건 더욱 피곤할 뿐이다."[7]라고 적절히 언급된 바 있다.

그렇다면 행자(行者), 즉 배운 바를 실천에 옮기는 사람은 실천할 수 없는 바를 실천하고, 변자(辯者), 즉 배운 바를 말로 전하는 사람은 말할 수 없는 바를 말하는 사람에 각각 해당한다. 그래서 알 수 없는 데서 앎

----

7) 내편 「양생주」 1 참조하길.

(知)이 그치는 게 지극한 앎(至知)이다. 만약 배움과 실천과 말함에 의지해서 지극한 앎을 따르지 않으면 천균(天鈞),[8] 즉 자연의 균형이 이들을 망가뜨린다. 그러니 지극한 앎이라야 자연의 균형을 깨뜨리지 않는다. 이 글 역시 지극한 앎이 자연스러움을 따른다며 자연스러움을 강조하는 내용이다.

---

8) 내편 「제물론」 4에 천균(天鈞)이란 개념이 등장한 바 있다.

적절한 환경을 갖춰서 몸을 기르고, 물러나 쉬면서 마음을 살리고,

몸 안을 신중히 해서 바깥과 막힘없이 통하게 한다.

이처럼 하는데도 온갖 나쁜 것들이 몰려오면

이는 자연(天)의 탓이지 사람(人)이 어찌할 수 있는 게 아니다.

그런데 어떤 나쁜 것도 안정된 마음을 어지럽힐 수 없어

이것들이 영대(靈臺), 즉 마음속 깊은 데까지 들어오지 못한다.

이런 영대는 흔들리지 않음을 간직해도 그걸 간직하는 줄 모르고,

또 그걸 의식해서 간직하지 않는다.

그런데 이런 순수한 마음의 자신을 보지 못하고 일을 벌이면

벌인 일마다 매번 도와 어긋난다.

또 벌인 일이 마음에 들어와서 잡다한 생각을 버리지 못하면

하는 일마다 매번 고치다가 결국 본연의 것을 잃는다.

밝음 속에서 좋지 못한 짓을 하면 사람이 그걸 보아서 그에게 벌을 주고,

어둠 속에서 좋지 못한 짓을 하면 귀신이 그걸 보아서 그에게 벌을 준다.

그러니 사람에게 떳떳하고, 귀신에게 떳떳한 후라야

남의 힘을 빌리지 않고 혼자서 제 갈 길을 갈 수 있다.

사람이 안으로 힘쓰면 이름이 나지 않게 행동하지만

밖으로 힘쓰면 이름을 빛내려는 데 뜻이 있다.

이름이 나지 않게 행동하면 평범하게 행동해도 빛이 나지만

이름을 빛내는 데 뜻이 있으면 그건 장사아치에 불과할 뿐이다.

발돋움을 해서 스스로 크게 보이려는 걸 다른 사람들이 아는데도

장사아치는 그렇게 된 자신을 오히려 크다고 여긴다.

재물에 무심하면 재물이 자연스레 모여들지만

재물에 구차하면 자신도 받아들이지 못하니

이런 사람이 어찌 다른 사람을 받아들일 수 있겠는가!

다른 사람을 받아들이지 못하면 친한 사람이 없고,

친한 사람이 없으면 다른 사람과의 관계도 끊어진다.

무기 중에 싸우려는 의지보다 상대방을 더 비통케 하는 게 없으므로

명검으로 소문난 막야(鎭鎁)도 이에 미치지 못한다.

남을 해치는 것 중에 음양(陰陽)의 기운보다 더 큰 게 없으므로

천지 사이에 있는 음양의 기운으로부터 달아날 데가 없다.

그러니 음양 기운이 사람을 해치는 게 아니라 사람 마음이 사람을 해친다.

. . .

備物以將形, 藏不虞以生心, 敬中以達彼, 若是而萬惡至者, 皆天也, 而非人也, 不足
以滑成, 不可內於靈臺.

靈臺者有持, 而不知其所持, 而不可持者也.

不見其誠己而發, 每發而不當, 業入而不舍, 每更爲失.

爲不善乎顯明之中者, 人得而誅之., 爲不善乎幽闇之中者, 鬼得而誅之.

明乎人, 明乎鬼者, 然後能獨行.

券內者, 行乎無名., 券外者, 志乎期費.

行乎無名者, 唯庸有光., 志乎期費者, 唯賈人也,

人見其跂, 猶之魁然.

與物窮者, 物入焉., 與物且者, 其身之不能容, 焉能容人!

不能容人者無親, 無親者盡人.

兵莫憯於志, 鎭鎁爲下., 寇莫大於陰陽, 無所逃於天地之間.

非陰陽賊之, 心則使之也.

영대(靈臺)를 보지 못하고서 일을 벌이면
벌인 일마다 매번 도와 어긋난다

———

적절한 환경이 갖추어지면 몸을 길러서 입신양명해야 하고, 또 물러나 쉬며 마음을 편하게 해서 마음을 살리도록 해야 한다. 또 몸 안을 신중히 해서 바깥과 막힘없이 통하게 해야 한다. 이런 자세가 훌륭한 처신이다. 이렇게 처신하는데도 온갖 나쁜 것들이 몰려오면 그건 자연(天)의 탓이지 인간(人)으로서 어찌할 수 있는 게 아니다. 그런데 우리 마음이 안정되어 있으면 어떤 나쁜 거라도 우리 마음을 어지럽히지 못한다. 그래서 영대(靈臺), 즉 마음속 깊은 데까지 나쁜 게 도저히 들어올 수 없다. 그만큼 영대는 바깥의 것에 의해 쉽게 흔들리지 않을뿐더러 나쁜 것의 침입도 좀체로 허용하지 않는다.

게다가 영대는 흔들리지 않음을 간직하고 있어도 그걸 간직하는 걸 모르고, 또 그걸 의식하면서 간직하지도 않는다. 우리가 이런 순수한 마음의 자신을 보지 못한 채 일을 벌이면 벌인 일마다 도와 매번 어긋나게 마련이다. 즉 우리가 벌인 일이 도에 입각해서 이루어지지 못한다. 또 벌인 일이 마음에 들어와서 잡다한 생각을 끝내 버리지 못하면 우리는 하는 일마다 매번 고치다가 결국 본연의 것을 잃고 만다. 그러니 우리는 영대를 굳게 믿고 일을 수행해야 도와 부합하고, 또 본연의 것을 잃지 않는다.

밝음(顯明) 속에서 좋지 못한 짓을 하면 사람들이 좋지 못한 짓을 볼 수 있어 그에게 벌을 주게 마련이다. 또 어둠(幽闇) 속에서 좋지 못한 짓을 하면 귀신이 좋지 못한 짓을 볼 수 있어 그에게 벌을 주게 마련이다. 이처럼 밝은 상황이면 사람이 벌을 주고, 어두운 상황이면 귀신이 우리에게 벌을 준다. 따라서 사람에게 떳떳하고 귀신에게 떳떳한 후라야 남의 힘을 빌리지 않고 혼자서 제 갈 길을 갈 수 있다. 그만큼 마음이 떳떳해야 아무런 거리낌도 없이 우리의 길을 올바로 갈 수 있다.

또 사람이 안으로 힘을 쓰면 이름이 나지 않게 행동하지만 밖으로 힘을 쓰면 이름을 빛내려는 데 그 뜻이 있다. 그런데 이름이 나지 않게 행동하면 평범하게 행동해도 빛이 나지만 이름을 빛내는 데 뜻이 있으면 그건 단지 장사아치가 하는 처신일 뿐이다. 이런 장사아치 같은 사람은 발돋음 해서 자신을 크게 보이려는 데 익숙하다. 게다가 사람들이 이런 사실을 아는데도 장사아치 같은 사람은 그렇게 된 자신을 정말로 크다고 여기는 어리석음을 보인다. 또 재물에 무심하면 재물이 자연스럽게 모여들지만 재물에 구차하면 자신도 받아들이지 못한다. 그러니 이런 사람은 다른 사람을 도저히 받아들일 수 없다. 이처럼 다른 사람을 받아들이지 못하면 친한 사람이 없고, 친한 사람이 없으면 다른 사람과의 관계도 자연 끊어진다. 그러니 안으로 힘쓰면서 자신의 이름을 가능한 드러나지 않게끔 행동해야 한다.

싸우려는 투지(志)가 상대방 마음을 가장 비통하게 만든다. 즉 싸우는 사람은 상대방의 싸우려는 투지를 가장 두려워하게 마련이다. 그래서 명검으로 소문난 막야(鏌鎁)도 싸우려는 투지에 비하면 결코 훌륭한 무기라고 할 수 없다. 마찬가지로 음양(陰陽)의 기운도 남을 해치는 데 있어 가장 큰 영향력을 행사한다. 게다가 우리는 천지 사이에서 음양의 기운을 피해 달아날 데가 없다. 그러니 음양의 기운 자체가 사람을 해치는 게 아니라 사람의 마음이 사람을 해친다. 즉 희로애락(喜怒哀樂)의 감정, 여탄변집(慮嘆變熱)의 생각, 요일계태(姚佚啓態)의 행동이 우리 마음을 다치게 해서 우리를 해치고 만다. 이에 우리 마음에 나쁜 게 들어오게 해선 안 된다. 물론 마음속 깊은 곳에 위치한 영대는 바깥의 것에 의해 쉽게 흔들리지 않을뿐더러 나쁜 것의 침입도 좀체 허용하지 않아서 그나마 다행이다. 그러니 영대를 보고서 일을 벌어야만 도와 어긋나지 않는다. 그렇지만 영대를 보지 못하고 일을 벌이면 벌인 일마다 도와 매번 어긋나게 마련이다.

도(道) 안에선 모든 게 하나로 통한다.

그래서 이편에서의 나누어짐(分)은 저편에서의 이루어짐(成)이고,

이편에서의 이루어짐은 저편에서의 허물어짐(毁)이다.

나누어지는(分) 걸 미워하는 건 나누어질 때마다 갖춰지길 바라서이다.

또 갖추어지는(備) 걸 미워하는 건 갖추어짐을 끊임없이 바라서이다.

그래서 태어나서 본성으로 되돌아오지 못하면 귀신으로 나타나고,

태어나서 본성을 얻으면 죽음을 맞이한다고 말한다.

그러니 없어져야 하는데도 여전히 행적이 있으면 그건 귀신과 같다.

형체가 있는 몸은 형체가 없는 도를 본받아야 안정이 된다.

태어날 때도 근원(本)이 없고, 죽을 때도 되돌아갈 구멍(竅)이 없다.

행적이 있어도 머물지 않고, 오래 머물러도 시작과 끝이 없고,

태어난 바가 있는데 되돌아갈 구멍이 없어도 행적은 있는 거다.

이처럼 행적이 있는데도 머물지 않았다면

그건 사방이 한없이 넓은 공간(宇)에 머문 일이다.

이처럼 오래 머물렀는데도 시작과 끝이 없었다면

그건 한없이 흐르는 영원한 시간(宙)에 머문 일이다.

삶(生)이 있고, 죽음(死)이 있고, 들어옴(出)이 있고, 나감(入)이 있다.

이처럼 들어오고 나감이 있는데 모습을 볼 수 없다면

이를 가리켜서 자연의 문(天門)을 들락거리는 거라고 말한다.

자연의 문에는 아무것도 없고, 만물도 아무것도 없는 상태에서 나온다.

만물이 있는 건 본래 있어서가 아니라 필히 아무것도 없는 데서 나온다.

그런데 아무것도 없는 데란 하나같이 아무것도 있지 않는 경지이다.
성인은 이런 아무것도 없는 경지에서 몸과 마음을 간직한다.

. . .

道通.

其分也成也, 其成也毁也.

所惡乎分者, 其分也以備., 所以惡乎備者, 其有以備.

故出而不反, 見其鬼., 出而得, 是謂得死.

滅而有實, 鬼之一也.

以有形者象無形者而定矣.

出無本, 入無竅.

有實而無乎處, 有長而無乎本剽, 有所出而無竅者有實.

有實而無乎處者, 宇也. 有長而無本剽者, 宙也.

有乎生, 有乎死, 有乎出, 有乎入, 入出而無見其形, 是謂天門.

天門者, 無有也, 萬物出乎無有.

有不能以有爲有, 必出乎無有, 而無有一無有.

聖人藏乎是.

성인은 아무것도 없는 경지에서
몸과 마음을 간직한다

　도(道) 안에선 모든 게 하나로 통한다. 이편에서의 나누어짐(分)은 저편에서의 이루어짐(成)이고, 이편에서의 이루어짐은 저편에서의 허물어짐(毀)이기 때문이다. 이와 똑같은 표현이 내편 「제물론」에 등장한 바있다. 즉 "이편에서 나누어짐은 저편에서 이루어짐이고, 이편에서 이루어짐은 저편에서 허물어짐이다. 따라서 천지간의 모든 사물은 이루어짐과 허물어짐의 구분 없이 도 안에선 다시 하나로 모두 통해 같다."[9]이다. 그런데 우리는 나누어짐(分)을 싫어해서 나누어질 때마다 갖춰지길 바란다. 또 갖추어지는(備) 것도 싫어하는데 그건 갖추어짐을 끊임없이 바라기 때문이다. 이처럼 우리는 나누어짐과 갖추어짐이 도 안에서 서로 통해 하나란 사실을 잊고 나누어지거나 갖추어질 때마다 일희일비하는 데 익숙하다.

　그래서 「제물론」은 "오로지 달자(達者), 즉 통달한 사람만이 모든 게하나로 통해 같다는 사실을 알아서 통달한 사람은 쓰이지 않음(不用)

---

9)　其分也 成也. 其成也 毀也. 凡物無成與毀 復通爲一. (「제물론」 4-2)

을 옳다고 여기고 평상시 한결같은 상태(庸)에 머문다."[10]라고 말한다. 여기서 통달한 사람은 곧 본성을 얻은 사람을 뜻한다. 본성을 얻은 사람은 태어나면 언젠가 자연스럽게 죽음을 맞이한다. 반면 본성을 얻지 못한 사람, 즉 통달하지 못한 사람은 자연스러운 죽음을 맞이하지 못하고서 귀신으로 나타난다. 사람이 귀신의 형태로 나타나는 건 죽으면 사라져야 마땅한데도 여전히 행적을 지니고 있어서이다. 세간에서도 사람이 죽어 한이 많으면 저승으로 가지 못하고 이승에 남아 귀신이 된다고 말하는데 같은 맥락이라고 본다. 그래서 형체가 있는 몸은 형체가 없는 도를 본받아야 안정이 되어서 귀신과 같은 형태로 나타나지 않는다.

사람이 태어나거나 사물이 만들어질 때 어떤 근원(本)으로 인해서 생겨나지 않는다. 서양철학에서 말하는 이데아(idea)와 같은 근원이 있어서 만들어지는 게 아니라 그냥 자연스럽게 만들어진다. 또 사람이나 사물이 죽을 때도 원래 위치로 되돌아가는 구멍(竅)이 따로 존재하지 않는다. 또 사람이나 사물은 행적이 있어도 머물지 않고, 또 오래 머물더라도 그 시작과 끝이 없기에 행적을 발견하기가 힘들다. 물론 태어났는데 자신이 돌아갈 구멍이 없더라도 행적은 있게 마련이다. 이처럼 행적이 있는데도 천지간에 머물지 않았다면 그건 사방이 한없이 넓은 공간(宇)에 머문 일에 해당한다. 또 머문 게 오래이지만 시작과 끝이 없었다면 그건 한없이 흐르는 영원한 시간(宙)에 머문 일에 해당한다.

또 삶(生)이 있고 죽음(死)이 있고 들어옴(出)이 있고 나감(入)이 있는데도 들어오고 나가면서 그 모습을 볼 수 없다면 이를 가리켜서 자연

---

10) 唯達者知通爲一 爲是不用而寓諸庸. (「제물론」 4-2)

의 문(天門)을 들락거리는 거라고 말한다. 그러니 자연의 문에선 아무것도 들락거리는 걸 볼 수 없다. 이 때문에 자연의 문은 아무것도 없으며, 만물도 아무것도 없는 상태에서 만들어진다. 또 만물이 실재하는 건 본래부터 실재해서가 아니라 필히 아무것도 없는데서 나오게 마련이어서이다. 그런데 아무것도 없는 데란 하나같이 아무것도 있지 않는 경지인데 성인은 이런 아무것도 없는 경지에서 자신의 몸과 마음을 간직한다. 그런 경지가 바로 도의 단계에 이른 경지이다.

옛날 사람 중에 앎(知)이 지극한 사람이 있다.

어째서 그의 앎이 지극한가?

사물의 존재를 처음부터 의식하지 않아서인데

너무나 지극하고 최고인지라 그의 앎에 더 이상 보탤 게 없다.

그 다음으로 앎이 지극한 사람은 사물의 존재만 의식해서

삶을 잃음으로, 죽음을 되돌아감 정도로 여긴다.

삶과 죽음의 분별이 이런 식으로 있을 뿐

사물을 처음부터 이것/저것으로 구분하지 않는다.

그 다음으로 앎이 지극한 사람은 처음엔 삶과 죽음이 단절되지 않았다고

말하지만 얼마 안 있어 태어남이 있고,

또 태어남이 있자 곧 죽음이 있다는 걸 깨닫는다.

그러면서 아무것도 없는 걸 머리(首)로, 태어남을 몸통(體)으로,

죽음을 엉덩이(尻)이라고 여긴다.

이렇게 있음/없음, 죽음/태어남을 구분하지 않고 하나로 지키는 걸

과연 누가 아는가. 나는 그와 벗이 되련다.

이 셋의 상태, 즉 사물의 존재 자체를 아예 의식하지 않는 상태,

사물의 존재를 의식해도 삶을 잃음으로, 죽음을 되돌아감으로 여기는 상태,

태어남이 있자 곧 죽음이 있다고 여기는 상태가 서로 다를지라도

이것들은 다 같이 제후의 일족(公族)이다. 즉 다 같이 훌륭한 앎의 상태이다.

초나라 소(昭)씨와 경(景)씨의 성은 사람들이 떠받드는 직책을 나타내고,

갑(甲)씨 성은 소유한 봉지를 나타내지만

이들은 하나같이 제후의 일족(公族)이 아닌가.

. . .

古之人, 其知有所至矣. 惡乎至?

有以爲未始有物者, 至矣, 盡矣, 弗可以加矣.

其次, 以爲有物矣, 將以生爲喪也, 以死爲反也, 是以分已.

其次, 曰始無有, 旣而有生, 生俄而死., 以無有爲首, 以生爲體, 以死爲尻, 孰知有無

死生之一守者, 吾與之爲友.

是三者雖異, 公族也.

昭景也, 著戴也, 甲氏也, 著封也, 非一也.

태어나자 죽음이 있다는 걸 깨닫는 사람도
앎이 지극한 사람이다

———

  옛날 사람 중에 그 앎(知)이 지극한 사람이 있다. 그들의 앎이 어째서 지극한가? 사물의 존재를 처음부터 의식하지 않아서이다. 즉 사물과 마주해도 아무런 느낌을 받지 않아서이다. 이는 마음을 완전히 비웠기에 가능한 일이다. 그래서 너무나 지극하고 최고인지라 그의 앎에 더 이상 보탤 게 없다. 「경상초」의 이런 내용은 내편 「제물론」에 "옛날 사람 중에 앎(知)이 지극한 바가 있다. 어째서 앎이 지극한가? 사물의 존재를 처음부터 의식하지 않아서이다. 그 앎이 너무나 지극하고 최고인지라 더 이상 보탤 게 없다."[11]라는 내용과 똑같다.

  「경상초」에서는 그 다음으로 앎이 지극한 사람을 두고 사물의 존재만 의식해서 삶을 잃음으로 죽음을 되돌아감으로 여긴다고 말한다. 앎이 지극한 사람에게 있어 삶과 죽음이란 단지 잃음과 되돌아감의 구분 정도에 불과하다. 삶과 죽음에 대한 태도가 이러하므로 사물에 대해선 처음부터 이것/저것으로 구분하지 않는다. 이와 관련해서 「제물론」

---

11) 古之人 其知有所至矣. 惡乎至? 有以爲未始有物者 至矣 盡矣 不可以加矣. (「제물론」
    4-4)

은 "그 다음으로 지극한 앎은 사물의 존재만 의식할 뿐 사물을 처음부터 이것/저것으로 구분하지 않는 앎이다."[12]라고 말한다. 그러니 두 번째로 앎이 지극한 사람에 대한 설명도 「경상초」에서와 거의 똑같다. 단 「제물론」에선 삶을 잃음으로 죽음을 되돌아감으로 규정해 앎이 두 번째로 지극한 사람에게 있어 삶과 죽음은 단절되지 않고 서로 연결된다는 점을 추가로 밝힌다.

「경상초」에선 세 번째로 앎이 지극한 사람을 두고 처음에는 삶과 죽음이 단절되지 않다고 말하지만 얼마 안 있어 태어남이 있고, 또 태어남이 있자 곧 죽음이 있다는 걸 깨달은 사람이라고 말한다. 즉 삶이 영원하지 않아 곧이어 죽음이 온다는 걸 깨달은 사람이다. 이와 관련해서 「제물론」에선 "그 다음으로 지극한 앎은 사물을 이것/저것으로 구분할 뿐 처음부터 옳음/그름으로 구분하지 않는 앎이다."[13]라고 말한다. 즉 이것/저것으로 구분할지언정 이것은 옳은데 저것은 그르다거나, 이것은 선한데 저것은 악하다는 식으로 구분하지 않는다. 이 단계에 머물더라도 앎이 지극한 단계에 이른 사람에 속한다. 여기에서 더 나아가 옳음/그름이나 선함/악함 등의 구분이 선명해지면 도(道)가 이지러져서 훼손되는 일이다. 이를 삶과 죽음에 적용하면 삶은 좋은데 죽음은 싫다는 식의 태도를 보이는 일이다.

「경상초」에서도 「제물론」에서와 마찬가지로 앎이 지극한 단계에 이른 세 부류의 사람 모두에 대해 높이 평가한다. 물론 첫 번째 단계의 앎에 이른 사람이 가장 훌륭하지만 세 번째 단계의 앎에 이른 사람이라도 여전히 훌륭하다. 그래서 이 세 단계의 앎에 이른 모든 사람을 두고

---

12) 其次 以爲有物矣 而未始有封也. (「제물론」 4-4)

13) 其次 以爲有封焉 而未始有是非也. (「제물론」 4-4)

「경상초」는 아무것도 없는 걸 머리(首)로 여기고, 태어남을 몸통(體)으로 여기고, 죽음을 엉덩이(尻)로 삼는다고 말한다. 즉 머리를 아무것도 없는 상태에 비유해서 중요하지 않은 거라고 여기고, 죽음도 엉덩이에 비유해서 하찮은 거라고 여긴다. 이에 비해 삶은 상대적으로 중요한 몸통에 비유한다. 이에 「경상초」에선 있음/없음, 죽음/태어남 등을 구분하지 않고 하나로 지키는 사람과 벗이 되겠다고 말한다.

세 단계의 앎의 상태, 즉 ① 사물의 존재 자체를 의식하지 않는 상태, ② 사물의 존재를 의식하지만 태어남을 잃음으로 죽는 걸 되돌아감 정도로 여기는 상태, ③ 태어남과 죽음을 의식하지 않지만 태어남이 있으면 곧 죽음이 있다는 걸 깨닫는 상태는 서로 깨닫는 정도가 다를지라도 이것들은 다 같이 제후의 일족(公族)에 해당한다. 그만큼 서로 간에 깨달음에 있어 차이가 있더라도 그 차이가 중요하지 않다는 말이다. 마치 초나라 소(昭)씨와 경(景)씨의 성이 달라도 사람들이 똑같이 떠받드는 직책인 것처럼 말이다. 또 갑(甲)씨 성이 소유한 봉지를 나타내도 이들이 하나같이 제후의 일족(公族)인 것처럼 말이다.

사람은 구분과 차별이 없는 어둠 속에서 태어났어도

자라나면서 전체 상황을 파악해 시비판단의 기준을 바꾼다고 말한다.

전체 상황을 파악해서 시비판단의 기준을 바꾸는 것,

즉 이시(移是)에 대해 말을 꺼내더라도 그건 말할 수 있는 게 아니다.

그렇더라도 정말로 말할 수 있는건지도 모른다.

연말 섣달 납일에 지내는 제사에 천엽과 엄지발가락이 그대로 붙어 있는

소를 통째로 잡아서 제물로 쓴다.

이때 먹지 못할 천엽과 엄지발가락을 떼어내도 상관없지만

소의 모양이 온전하지 않다고 해서 이를 떼어내지 않는다.

집구경하는 사람은 거실과 묘당을 살펴보고 심지어 뒷간까지 가서 본다.

이렇게 하는 게 이시(移是), 즉 전체 상황을 파악해

시비판단의 수준을 높이는 거라고 착각한다.

이시(移是)에 대해 제대로 한 번 말해보자.

이시는 삶의 경험을 근본으로 삼고, 앎을 스승으로 삼아 시비를 가린다.

그래서 명목과 실질이 본래 하나로 있어도 자신을 실질이라고 여긴다.

또 자신을 절개 있는 자로 여기도록 해 죽음으로써 그 절개에 보답한다.

이시를 따르는 사람은 쓸모있음을 지혜롭다고, 쓸모없음을 어리석다고,

세상이 자신을 알아주는 걸 명예로, 알아주지 않는 걸 치욕으로 여긴다.

그러니 이시(移是)는 지금 사람들에게 매미와 어린 비둘기가

대붕을 비웃는 것과 같은 수준이다.

. . .

有生, 黬也, 披然曰移是.

嘗言移是, 非所言也. 雖然, 不可知者也.

臘者之有膍胲, 可散而不可散也., 觀室者周於寢廟, 又適其偃焉, 爲是擧移是.

請常言移是.

是以生爲本, 以知爲師, 因以乘是非.,

果有名實, 因以己爲質, 使人以爲己節, 因以死償節.

若然者, 以用爲知, 以不用爲愚, 以徹爲名, 以窮爲辱.

移是, 今之人也, 是蜩與學鳩同於同也.

이시(移是), 즉 전체 상황을 파악해서
시비판단을 이루는 것도 작은 앎(小知)이다

 사람은 구분과 차별이 없는 어둠 속에서 함께 태어난다. 그래서 시비판단의 기준이 서로 다르지 않다. 그런데도 사람은 자라나면서 전체 상황을 파악한 뒤 시비판단의 기준을 바꾼다. 전체 상황을 파악한 뒤에 시비판단의 기준을 바꾸는 것, 즉 이시(移是)에 대해 말을 꺼낸다고 해도 말할 수 있는 게 아니다. 그렇지만 정말로 말할 수 있는 건지도 모른다. 그러니 제대로 말을 한 번 꺼내보자.

 연말 섣달 납일에 지내는 제사에 천엽과 엄지발가락이 그대로 붙은 소를 통째로 잡아서 제물로 쓴다. 이때 먹지도 못하는 천엽과 엄지발가락을 떼어내도 상관이 없지만 소의 모양이 온전하지 않다고 해서 이를 떼어내지 않는다. 그만큼 전체 상황을 중요시한다. 또 집을 구경하는 사람은 거실과 묘당을 두루 살펴본 뒤 심지어 그 집 뒷간까지 가서 본다. 이것 역시 전체 모습을 중요시해서이다. 마찬가지로 시비판단도 전체 상황이나 모습을 파악하는 게 그 수준을 높이는 거라고 착각한다.

 정말로 그러할까? 이시(移是), 즉 전체 상황을 파악한 뒤 시비판단의 기준을 바꾸는 건 삶의 경험을 근본으로 삼고, 자신의 앎을 스승으로 삼아 시비를 가리는 일이다. 그런데 자신의 삶의 경험을 근본으로 삼고, 자신의 앎을 스승으로 삼는 일에 관한 내용이 내편 「제물론」에서 극적으로 등장한 바 있다. "성심, 즉 나름대로 정한 마음을 따르면서 이 마음을 스승으로 삼으면 어느 누군들 스승이 없겠는가? 사물의 변화를 훤히 꿰뚫어서 알아 마음을 스스로 취하는 현자만 어찌 스승이 있겠는가? 어리석은 사람에게도 스승이 있다. 성심을 스승으로 삼지 않는데도 시비(是非)가 생겨나는 건 오늘 월나라로 떠났는데 어제 도착했다는 일이다. 이는 있을 수 없는 일을 있다고 하는 거다."[14]라는 내용이 그것이다.

「경상초」에서 말하는 삶의 경험과 앎이 「제물론」에서 말하는 성심(成心)에 해당한다. 그렇다면 삶의 경험을 근본으로 삼고, 자신의 앎을 스승으로 삼는 일이 바로 성심을 스승으로 모시는 일이다. 「제물론」에 따르면 삶의 경험을 근본으로 삼고, 자신의 앎을 스승으로 삼으면 현자(賢者)만 스승이 있는 게 아니라 어리석은 사람(愚者)에게도 스승이 있다. 문제는 모든 사람들이 자신들의 삶의 경험만 근본으로 삼고, 자신들의 앎만 스승으로 삼기에 온갖 시비가 벌어지게 마련이다. 그래서 「제물론」은 삶의 경험과 자신의 앎을 스승으로 삼지 않는데도 시비가 벌어진다면 그건 오늘 월나라로 떠났는데 어제 도착했다는 도저히 있을 수 없는 일에 해당한다고 말한다. 그러니 삶의 경험과 자신의 앎을 스승으로 삼지 않으면 시비는 결코 생겨나지 않는다.

그럼에도 사람들은 자신의 삶의 경험과 앎을 스승으로 삼기에 명목과 실질이 본래 하나인데도 자신을 실질이라고 여긴다. 그러니 자신은 늘 옳고, 상대방은 늘 그르다고 착각한다. 그뿐만이 아니다. 자신을 실

---

14) 夫隨其成心而師之 誰獨且無師乎? 奚必知代而心自取者有之? 愚者與有焉. 未成乎心而有是非 是今日適越而昔至也. (「제물론」3)

질이라고 여기도록 함으로써 자신을 절개 있는 사람으로 착각케 해서 결국 죽음으로써 그 절개에 보답하는 일마저 생겨난다. 중국을 대표하는 초나라의 애국 시인 굴원(屈原)도 장자의 이런 비판으로부터 자유롭지 못하다고 말할 수 있다. 몸을 스스로 강에 던져 애국의 길을 택했기 때문이다.

또 이시(移是)에 입각해서 살아가는 사람은 쓸모있는 걸 지혜롭다고 여기고, 쓸모없는 걸 어리석다고 여긴다. 그래서 유용지용(有用之用), 즉 쓸모있음의 쓸모만 알지 무용지용(無用之用), 즉 쓸모없음의 쓸모를 알지 못한다. 또 이시에 입각해서 살아가는 사람은 세상이 자신을 알아주는 걸 명예로 여기고, 알아주지 않는 걸 치욕으로 여긴다. 이것 역시 무용지용을 우습게 보는 반면 유용지용을 받들기 때문에 생겨나는 일이다. 그래서 「경상초」에선 이시(移是)를 매미와 어린 비둘기가 대붕(大鵬)을 비웃던 수준으로 낮게 평가한다. 왜 이렇게까지 평가할까? 이를 위해 대붕과 매미 및 어린 비둘기의 관계를 보여준 내편 「소요유」로 돌아갈 필요가 있다.

「소요유」가 시작되면서 구만리나 높게 날아가는 대붕을 가리켜서 기껏 날아봐야 느릅나무 높이에 머물고 마는 매미나 어린 비둘기와 비교한 바 있다. 이 때문에 매미와 어린 비둘기가 아래를 내려다보면 온갖 것들이 세세하게 보이지만 대붕이 아래를 내려다보면 온갖 것들이 구분되지 않은 채 오로지 푸른색으로만 보일 뿐이다. 장자가 「소요유」를 통해 말하려고 하는 큰 앎(大知)이란 대붕이 아래를 내려다보면서 경험했던 온통 푸른색으로만 보이는 앎이다. 이에 반해 작은 앎(小知)은 매미와 어린 비둘기가 아래를 내려다보며 세상을 일일이 구분했던 앎이다. 장자가 볼 때 전체 상황을 파악한 뒤 시비판단의 기준을 바꾸는 건 결국 매미와 어린 비둘기의 수준을 벗어나지 못하는 일이다.

시장에서 낯선 누군가 사람의 발을 밟으면 무례한 행위를 사과하고,

형이 동생의 발을 밟으면 미안하다며 동생을 어루만지고,

부모가 자식의 발을 밟으면 그뿐이다.

그래서 말한다.

'최고의 예의(至禮)는 상대방을 남으로 대하지 않고,

최고의 의로움(至義)은 죽음으로부터 자유롭고,

최고의 앎(至知)은 무언가를 도모하지 않고,

최고의 어짊(至仁)은 새삼스레 친근함이 없고,

최고의 신용(至信)은 금을 저당 잡히지 않는 일이다.

• • •

蹍市人之足, 則辭以放鶩, 兄則以嫗, 大親則已矣.
故曰, 至禮有不人, 至義不物, 至知不謀, 至仁無親, 至信辟金.

최고의 예의(至禮)는
상대방을 남으로 대하지 않는다

———

이 글은 재미난 내용이어서 자주 언급되어진다. 시장처럼 번잡한 곳에서 낯선 사람의 발을 밟기 쉬운데 이때 발을 밟은 사람은 상대방에게 자신의 무례한 행위에 대해 용서를 빌게 마련이다. 이것이 일반적인 예의이다. 그런데 형이 동생의 발을 밟으면 이 정도까지 예의를 차리지 않아도 된다. 그저 미안하다며 동생의 발을 어루만져주면 된다. 부모가 자식의 발을 밟으면 미안하다는 말조차 필요 없다. 아무 말을 하지 않아도 자식은 부모가 미안해할 거라고 충분히 이해해서이다. 이는 부모를 남으로 여기지 않는 태도이다. 그래서 세상 사람들은 '최고의 예절(至禮)은 상대방을 남으로 대하지 않는 거'라고 말한다.

마찬가지로 세상 사람들은 '최고의 의로움(至義)은 죽음으로부터 자유로운 거'라고 말한다. 무슨 말인가? 이는 자신의 절개를 두고 반드시 죽음으로써 보답하지 말라는 의미이다. 흔히 사람들은 죽어야만 자신의 지조와 절개를 제대로 지키는 거라고 여기는데 「경상초」는 꼭 그런 게 아니라는 입장을 보인다. 요즘 들어서 죽지 않아도 될 일을 두고 자신의 지조와 절개를 위해 죽음을 택하는 일이 점점 많아진다.

또 세상 사람들은 '최고의 앎(至知)은 무언가를 도모하지 않는 거'라

고 말한다. 이 역시 무언가를 도모하는 건 일종의 유위(有爲)에 해당한
다. 그런데 유위는 하고자 함이 없이 이루어지는 무위(無爲)에 비해 분
명히 낮은 수준의 일처리 방식이다. 그러니 최고의 앎이란 무위로서 이
루어지는 앎이다. 또 '최고의 어짊(至仁)은 새삼스레 친근함이 없는 거'
라고 말한다. 이에 대해선 내편 「제물론」에서 '큰 어짊은 사소한 어짊
이 아니다(大仁不仁)'라고 밝히면서 "어짊은 원통자재 한 건데 모난 데를
깎아서 둥글게 하다보면 모가 나기 싫다."[15]라고 말한 바 있다. 최고의
신용(至信)은 금을 저당 잡히지 않는 거라는 것도 마찬가지 방식으로
설명이 가능하다.

---

15) 五者刓而幾向方矣 (「제물론」 5-4)

뜻이 발끈하고 일어나는 걸 버리고, 마음의 속박을 풀고,

덕에 누를 끼치는 행위를 버리고, 도를 막는 걸 뚫는다.

귀함(貴), 부유함(富), 저명함(顯), 존경받음(嚴), 명예(名), 이익(利)의

여섯 가지는 뜻이 발끈하고 일어나도록 한다.

용모(容), 동작(動), 낯빛(色), 거동(理), 생기(氣), 생각(意)의 여섯 가지는

마음을 속박한다.

미움(惡), 의욕(欲), 기쁨(喜), 성냄(怒), 슬픔(哀), 즐거움(樂)의 여섯 가지는

덕에 누를 끼친다.

버림(去), 이룸(就), 취함(取), 따름(如), 앎(知), 능력(能)의 여섯 가지는

도를 막는다.

이 네 종류의 여섯 가지가 사람의 마음을 동요케 하지 않으면

사람 태도가 올바르게 되고, 사람 태도가 올바르면 행동이 고요해지고,

행동이 고요하면 정신이 밝아지고, 정신이 밝아지면 마음을 텅 비우고,

마음을 텅 비우면 무위(無爲)에 이르는데 그러면 모든 걸 다할 수 있다.

도(道)는 덕(德)이 숭상하는 바이고 생명(生)은 덕의 빛(光)이다.

그리고 타고난 본성(性)이 생명(生)의 바탕(質)이다.

타고난 본성(性)이 움직이면 무언가 하는(爲) 거라고 말한다.

그러나 무언가 하는 일이 거짓되면 본성을 잃는 거라고 말한다.

앎(知)은 사물과의 접촉을 통해 생겨나는데 앎은 계책을 세우는 일이다.

앎을 통해 알지 못하면 사물을 흘겨보아 전체를 보지 못하는 것이다.

본성이 부득이하게 움직이는 걸 덕(德)이라고 말하고,

움직이지만 내 뜻이 담겨 있지 않은 걸 참 다스림(治)이라고 말한다.
덕과 참 다스림은 이름으론 서로 반대여도 실상은 자연에 서로 순응한다.

. . .

徹志之勃, 解心之謬, 去德之累, 達道之塞.

貴富顯嚴名利六者, 勃志也.

容動色理氣意六者, 謬心也.

惡欲喜怒哀樂六者, 累德也.

去就取如知能六者, 塞道也.

此四六者不盪胸中則正, 正則靜, 靜則明, 明則虛, 虛則無爲而無不爲也.

道者, 德之欽也., 生者, 德之光也.

性者, 生之質也. 性之動, 謂之爲., 爲之僞, 謂之失.

知者, 接也., 知者, 謨也., 知者之所不知, 猶睨也.

動以不得已之謂德, 動而非我之謂治, 名相反而實相順也.

덕이 자연스러움에, 다스림이 참됨을 따르면 자연에 순응하는 일이다

———

뜻(志)이 발끈하고 일어나는 걸 버리고, 마음(心)의 속박을 풀고, 덕 (德)에 누를 끼치는 행위를 버리고, 도(道)를 막는 것들을 뚫어야만 이를 바람직한 삶이라고 여긴다. 물론 이런 일들을 하는 건 쉽지 않다. 이런 뜻과 마음을 지닐지라도 우리 주위에 훼방꾼들이 너무 많아서이다. 그렇다면 그 훼방꾼들이 누구일까? 「경상초」는 이를 체계적으로 구분해서 설명하는 친절을 우리에게 베푼다.

먼저 뜻(志)이 발끈하고 일어나도록 하는 훼방꾼은 귀함(貴), 부유함(富), 저명함(顯), 존경받음(嚴), 명예(名), 이익(利)의 여섯 가지이다. 우리는 이런 세속의 이득에 눈이 멀어 뜻이 발끈하고 일어나는 게 사실이다. 또 마음을 속박하는 훼방꾼은 용모(容), 동작(動), 낯빛(色), 거동(理), 생기(氣), 생각(意)의 여섯 가지이다. 본래면목의 나(吾)를 챙기지 못하고 이 자리를 만들어진 나(我)로 채우는 건 마음을 속박하는 이런 훼방꾼들 때문이다. 또 덕에 누를 끼치는 훼방꾼은 미움(惡), 의욕(欲), 기쁨(喜), 성냄(怒), 슬픔(哀), 즐거움(樂)의 여섯 가지이다. 덕은 자연스러워야 하는데 이것들은 덕의 자연스러움을 깨뜨린다. 또 도를 막는 훼방꾼은 버림(去), 이룸(就), 취함(取), 따름(如), 앎(知), 능력(能)의 여섯 가지이다.

도는 무위자연(無爲自然)에 입각해야 하는데 이것들은 너무나 유위부자연(有爲不自然)하다.

뜻(志)·마음(心)·덕(德)·도(道)에 있어 각각의 여섯 가지가 사람의 마음을 동요케 하지 않으면 사람의 태도는 자연히 올바르게 된다. 또 사람의 태도가 올바르면 행동이 고요해지고, 행동이 고요해지면 정신이 밝아지고, 정신이 밝아지면 마음을 텅 비우고, 마음을 텅 비우면 무위(無爲)의 상태에 이른다. 무위의 상태에 이르면 우리들은 모든 걸 다할 수 있다. 이와 비슷한 내용이 『도덕경』에도 등장하는데 "무위의 방식으로 하면 다스려지지 않는 바가 없다."[16]가 그것이다. 『도덕경』에는 또 비슷한 내용이 등장하는데 그 내용은 다음과 같다.

성인은 무위(無爲)로 일을 처리하며, 말없는 행동으로 가르친다.
만물을 일으켜도 말하지 않고,
만물을 낳고도 그걸 지니려 하지 않고,
만물을 위해 하고도 거기에 믿고 의지하지 않으며,
만물이 공을 이루고도 이를 차지하지 않는다.
이처럼 공을 차지하지 않음으로써 공은 떠나가지 않는다.[17]

도는 덕이 숭상하는 바이다. 이는 자연스런 덕은 도의 원리에 따라 이루어진다는 걸 의미한다. 그런데 덕의 빛은 생명이다. 생명은 덕의 소중한 빛에 의해 만들어지기 때문이다. 그리고 타고난 본성(性)은 생

---

16) 爲無爲 則無不治. (『道德經』3장)

17) 是以聖人 處無爲之事 行不言之教. 萬物作焉而不辭 生而不有. 爲而不恃 功成而不居. (『道德經』2장)

명의 바탕이다. 이는 생명의 바탕이 곧 타고난 본성을 의미하기 때문이다. 그런데 타고난 본성이 움직이면 뭔가 하는 거라고 말한다. 타고난 본성이 움직여서 하는 걸 무위(無爲)에 따라 해야 하는 걸 뜻한다. 반면하는 일이 거짓되면, 즉 유위에 따라 일이 이루어지면 본성을 잃는 거라고 말한다. 우리의 뜻을 발끈하게 만들고, 마음에 속박을 지우고, 덕에 누를 끼치고, 도를 막는 훼방꾼들은 모두 유위에 따라 일을 행한다.

그런데 무위로 이루어지는 걸 막고 유위로 이루어지도록 하는 게 앎(知)이다. 이 앎이 사물과의 접촉을 통해 생겨나는 건 결국 계책을 세우는 일에 해당한다. 그런데 앎을 통해 제대로 알지 못하면 이는 사물을 흘겨보아 사물의 전체를 다 보지 못하는 일이다. 타고난 본성이 부득이하게 움직이는 걸 자연스런 덕이라고 하고, 또 움직여도 인위적인 뜻이 담겨 있지 않은 걸 참 다스림(治)이라고 말한다. 덕과 다스림은 이름상으론 서로 어울리지 않는 반대 개념처럼 보이지만 덕이 자연스러움에 입각해 있고, 다스림이 참됨에 입각해 있으면 그건 자연에 서로 순응하는 일이다.

활쏘기 명인인 예(羿)는 작은 과녁을 맞히는 데는 뛰어났지만

사람들이 자신을 칭찬하지 않도록 하는 데는 서툴렀다.

성인은 자연스런(天) 일에는 뛰어나지만 인위적인(人) 일에는 서툴다.

자연스런 일에도 뛰어나고 인위적인 일도 잘하면

그건 오로지 온전한 사람(全人)만이 할 수 있다.

동물은 오로지 동물 노릇만 하므로 동물만 오로지 자연스러울 수 있다.

온전한 사람(全人)이 어찌 자연적인 걸 싫어하는가?

하물며 자연적인 것과 인위적인 것을 구별하는 우리들이야

더 말해서 무슨 소용이 있겠는가!

· · ·

羿工乎中微而拙乎使人無己譽.

聖人工乎天而拙乎人.

夫工乎天而俍乎人者, 唯全人能之.

唯蟲能蟲, 唯蟲能天.

全人惡天? 而況吾天乎人乎!

성인은 자연적인 일은 잘 하지만
인위적인 일에는 서툴다

———

예(羿)는 아무리 작은 과녁이라도 이를 정확히 맞히는 활쏘기의 전설적인 명인이다. 예가 세상의 이런 평을 얻을 수 있었던 건 과녁을 맞힐 때마다 이를 사람들에게 자랑했기 때문이다. 그래서 예는 사람들에게 자신을 칭찬하지 않도록 하는 겸손함을 내보이는 데선 서툴렀다. 예처럼 자신의 활 솜씨를 뽐내는 건 인위적인 일인데 반해 겸손함을 내보이는 건 자연적인 일이다. 그러니 예는 인위적인 일은 잘 했어도 자연적인 일은 잘 하지 못한 셈이다. 자연스런 일에도 뛰어나고 인위적인 일도 잘하는 사람이 전인(全人), 즉 온전한 사람이다. 성인은 자연스런 일에는 뛰어나지만 인위적인 일에는 서툴다. 또 동물은 동물 노릇만 하므로 저절로 자연스러워질 수 있다. 그런데 인위적인 일은 서툴더라도 자연적인 일을 잘할 수 있는 건 인간이라도 쉽지 않다.

한 마리 새가 활쏘기 명인 예(羿)에게 날아들면 예는 새를 반드시 잡는데
그건 활의 사정권 안에 들어와서이다.

그런데 천하를 새장으로 삼으면 사람도 더 이상 달아날 데가 없다.

이 때문에 탕(湯)임금은 이윤(伊尹)을 요리사 관직으로 새장에 가두었고,

진목공(秦穆公)은 백리해(百里奚)를 다섯 장 양가죽으로 새장에 가두었다.

사람들이 좋아하는 걸 미끼로 삼지 않으면 그들을 새장에 가둘 수 없다.

· · ·

一雀適羿, 羿必得之, 威也., 以天下爲之籠, 則雀無所逃.
是故湯以胞人籠伊尹, 秦穆公以五羊之皮籠百里奚.
是故非以其所好籠之而可得者, 無有也.

천하를 새장으로 삼으면
천하가 사정권이어서
달아날 데가 없다

한 마리 새가 활쏘기 명인 예(羿)에게 날아들면 예는 반드시 그 새를 잡는다. 그건 예의 사정권 안에 새가 들어와서이다. 그런데 누군가 천하를 새장으로 삼으면 천하가 사정권이므로 사람도 더 이상 달아날 데가 없다. 그러니 상나라 탕(湯)임금이 이윤(伊尹)에게 요리사란 관직을 내린 건 그를 새장에 가두기 위한 일이고, 진(秦)나라 목공(穆公)이 백리해(百里奚)에게 다섯 장 양가죽을 내린 건 그를 새장에 가두기 위한 일이다. 이처럼 사람들이 좋아하는 걸 미끼로 삼아야 누군가를 새장에 가둘 수 있다. 이윤과 백리해가 궁궐이란 새장에 갇힌 것도 요리사란 관직과 다섯 장 양가죽 때문이다. 그런데 천하를 미끼로 삼으면 천하 전체가 사정권이어서 누구든지 가둘 수 있다. 그러니 군주도 천하란 새장에 갇힌 건 왕이라는 자리 때문이다.

형벌로 발뒤꿈치가 잘린 사람이 몸치장에 신경 쓰지 않는 건

비난과 칭찬으로부터 자유로워서이고,

사역하는 종이 높은 곳에 올라가도 두려워하지 않는 건

죽음과 삶을 잊어서이다.

음식과 선물을 보내어 남에게 관심을 보이지 않는 데 익숙해지는 건

남과 자기와의 구별을 잊어서이다.

이처럼 남과 자기와의 구별을 잊어야 천인(天人), 즉 자연의 사람이 된다.

그래서 그를 공경해도 기뻐하지 않고, 업신여겨도 성내지 않는 건

오로지 자연의 조화와 합치되어서이다.

천인이 성낼 경우를 당해도 성내지 않는 건

성내지 않음에서 곧 성냄이 나타나서이다.

또 무언가 하는 경우를 당해도 하고자 함이 없는(無爲) 건

하고자 함이 없는 데서 곧 하려는 게 나타나서이다.

고요하고 싶으면 기(氣)를 평온히 지녀야 하고,

정신이 상쾌해지고 싶으면 마음에 순응해야 하듯이

하고자 함이 합당하게 되기를 원하면 부득이(不得已)함을 따라야 한다.

그런데 부득이함의 부류가 곧 성인(聖人)의 도이다.

• • •

兀者扸畫, 外非譽也., 胥靡登高而不懼, 遺死生也.

夫復謵不餽而忘人, 忘人, 因以爲天人矣.

故敬之而不喜, 侮之而不怒者, 唯同乎天和者爲然.

出怒不怒, 則怒出於不怒矣., 出爲無爲, 則爲出於無爲矣.

欲靜則平氣, 欲神則順心, 有爲也欲當, 則緣於不得已, 不得已之類, 聖人之道.

부득이(不得已)함을 따르는 것도
성인의 도이다

━━━

형벌로 발뒤꿈치가 잘린 사람이 몸치장에 신경을 쓰지 않아도 되는 건 비난과 칭찬으로부터 자유로워서이다. 즉 발뒤꿈치가 잘린 사람이 몸치장에 신경을 써도 잘린 발뒤꿈치로 인해 몸치장 효과가 나지 않아서이다. 반면 신체가 온전한 사람이 몸치장을 하면 몸치장이 잘 되었느니 못 되었느니 하는 사람들의 구설수에 당연히 오르게 마련이다. 그래서 신체가 온전한 사람은 늘 몸치장에 신경을 써야 한다.

또 사역하는 종이 높은 곳에 올라가도 두려워하지 않는 건 죽음과 삶을 잊어서이다. 사역하는 종의 운명은 오로지 주인의 마음에 달려 있으므로 언제든지 죽을 운명에 처해 있다고 말할 수 있다. 마찬가지로 음식과 선물 따위를 보내어서 남에게 관심을 보이는 일에 있어 소홀해지는 건 남과 자신과의 구별을 잊어서이다. 즉 남과 자신이 그만큼 가깝다고 여기기에 따로 예의를 지킬 필요가 없어서이다. 이처럼 남과 자신의 구별을 잊을 수 있다면 그는 천인(天人), 즉 자연의 사람으로 저절로 바뀐다.

그래서 천인은 누군가 그를 공경해도 기뻐하지 않고, 업신여겨도 성내지 않는다. 천인이 이렇게 할 수 있는 건 오로지 자연의 조화와 합치

되어서이다. 그러니 천인이 성낼 경우를 당해도 성내지 않는 건 성내지 않는 데서 성냄이 나타나서이다. 또 천인이 무언가 하려고 해도 하고자 함이 없는(無爲) 건 하고자 함이 없는 데서 하려는 게 나타나서이다.

그런데 하고자 함(有爲)이 있으면 어떻게 해야 할까? 사실 우리는 하고자 함이 없을 때보다 하고자 함이 있을 때를 더 많이 경험하지 않는가? 이런 경우에는 부득이(不得已), 즉 어찌 할 수 없음을 따라야 한다. 고요하고 싶으면 기(氣)를 평온히 지녀야 하고, 정신이 상쾌해지고 싶으면 마음에 순응해야 하는 것처럼 하고자 함이 합당하게 되기를 원한다면 부득이함을 따라야 한다. 이 부득이함의 부류도 성인(聖人)의 도에 속한다.

서무귀

徐無鬼

서무귀

서무귀(徐無鬼)의 귀(鬼)는 귀신인데 귀신으로 해석하면 서씨 성을 가진 귀신 아닌 사람을 뜻한다. 이렇게 해석하면 글의 흐름과 어울리지 않는다. 그런데 귀(鬼)는 영리하다는 의미도 있으므로 이렇게 해석하면 서씨 성을 가진 영리하지(鬼) 않은(無) 사람을 뜻하므로 글의 흐름과 자연스러워진다. 서무귀는 위나라 군주에게 자신의 영리하지 않음을 보여주기 위해 말 감정하는 법을 보여준다. 영리한 사람은 말이 똑바로 가면 먹줄에 들어맞고, 구부러지게 가면 갈고리처럼 굽어지고, 각이 지게 가면 곱자에 들어맞고, 둥글게 돌면 그림쇠에 들어맞아야 최고의 말이라고 여긴다. 그렇지만 서무귀처럼 영리하지 않은 사람은 말이 완성된 재질을 지녀도 가련한 채 뭔가 잃은 듯하며, 또 스스로를 잃어서 정신이 움직이지 않은 듯해야 최고의 말로 친다. 이는 인위적인 배움보다 자연스러운 깨달음을 소중히 여겨서이다.

두 번째 글도 서무귀와 무후의 대담으로 구성되는데 말하고자 하는 바는 앞의 글과 비슷하다. 앞의 글이 인위적인 배움을 배척하는 내용이라면 여기선 인위적인 의로움(義)을 배척하는 내용이다. 서무귀에 따르면 백성을 사랑하는 군주의 몸가짐은 백성을 해치는 일의 시작이고, 의로움을 위해 싸움을 그치는 태도는 싸움에 이르는 근본이다. 그건 군주가 인의(仁義)를 위해 행동해도 명성에 구애되므로 대부분 위선으로 끝나서이다.

세 번째 글은 황제(黃帝)가 어린 목동을 통해 천하 다스리는 방법을 깨닫는다는 내용이다. 어린 목동에 따르면 황제의 천하 다스리는 일은 눈이 침침해지는 병을 고치는 것과 같다. 어린 목동은 한때 눈이 침침해진 적이 있었는데 그건 육합지내, 즉 천지 안에서 살면서 이것은 옳고 저것은 그르다고 판단했기 때문이다. 그런데 양성의 들판에서 노닐 때는 그 병이 깨끗이 사라졌다. 양성의 들판에선 이것은 옳고, 저것은 그르다는 판단을 하지 않은 채 세상사를 이것/저것으로만 구분해서이다. 천하도 이것/저것으로만 구분해도 저절로 잘 다스려진다. 이것이 무위자연에 따른 천하 다스림이다.

네 번째 글은 유위에 따라 살아가는 사람들의 모습을 보여준다. 먼저 유위에 따라 살아가는 선비는 앎을 지니고, 말을 잘하고, 일을 잘 살피는 능력을 지닌다. 소위 능력 있다는 선비들의 모습이 바로 이와 같다. 보통사람도 이들 선비처럼 유위의 행동을 자주 보여주는데 이는 선비나 보통사람이나 모두 마음이 사물에 매여 있어서이다.

다섯 번째 글은 상식과 벗어난 도를 옹호한 나머지 유가, 묵가, 양주, 공손룡 등 모든 학파와 원수가 된 혜자에 관한 글이다. 여섯 번째 글은 장자가 죽은 친구 혜자에 대해 진정한 우정을 보여주는 내용이다. 이는 혜자란 상대가 있었기에 장자도 그동안 자신의 능력을 유감없이 발휘할 수 있었다는 장자의 반성문에 해당한다. 이 내용은 혜자에 대한 우정 어린 조사쯤에 해당한다.

일곱 번째 글은 제나라 대부 관중의 후계자로 누가 괜찮은지를 통해 바람직한 지도자상이 어떤지를 보여준다. 관중은 제환공에게 습붕을 추천했는데 그 이유는 타고난 본성을 잘 지켜 백성의 생각을 최고로 여기면서 늘 겸손한 자세를 유지해서이다. 그러니 깨끗한 포숙아보다 겸손한 습붕을 자신의 후계자로 추천한 셈이다. 겸손함에 대한 강조는 다음 장에서도 펼쳐지는데 원숭이가 겸손하지 못해 자신의 재주를 자랑하다가 화살에 맞아서 죽었다는 내용이다.

아홉 번째 글은 스스로 자기를 잃은 사람, 즉 자상(自喪)에 관한 내용이다. 이 글은 내편 「제물론」 도입부에서 소개된 오상아(吾喪我)와 그 내용이 거의 같고 또 형식도 비슷하다. 그래서 「제물론」 도입부 내용의 재판이라고 할 수 있다. 열 번째 글은 대인(大人), 즉 큰 사람에 관한 글이다. 큰 사람은 자연스런 덕을 통해 부도지도(不道之道)를 보여주거나 말 없는 행동을 통해 불언지변(不言之辯)을 보여주는 사람이다. 시남의료와 손숙오를 그 대표적인 인물로 들었다. 시남의료와 손숙오처럼 큰 사람은 흐르는 모든 강들의 물을 한곳으로 받아들이지만 그 크기에 있어 변함이 없어 마치 바다와 같은 사람이다. 이에 반해 유가와 묵가의 얕은 바다처럼 한 곳에 모이질 못한다. 이는 인애니 겸애니 하면서 명분(名)을 두고 서로 다퉈 덕스럽지 못해서이다.

열한 번째 글은 참된 복은 하늘에서 즐거움을 맞이하고, 땅에서 먹을거리를 찾는 데서 비롯되는 것이지 맛있는 걸 먹거나 비싼 옷을 걸치는 등 세속에서 높이 받드는 게 아니라는 내용이다. 구방인이란 관상가는 관상을 보면서 세속적인 복을 강조하는데 반해 남백자기는 천지(天地)에서 복을 찾는다. 그래서 남백자기는 하늘에서 즐거움을 맞이하고 땅에서 먹을거리를 구하는 걸 최고의 복이라고 여긴다.

열두 번째 글은 공자가 강조하는 어짊(仁)에 관한 내용이다. 요임금은 어짊을 베풀었던 임금으로 유명한데 그의 어짊은 백성을 모으기 위한 수단일 뿐 제대로 된 어짊이 아니다. 허유가 볼 때 요임금이 그러하다. 그래서 요임금은 어진 사람이 천하를 이롭게 하는 것만 알지 천하를 그르친다는 걸 모른다. 이에 어짊의 경지를 잊은 사람, 즉 허유만이 어짊이 천하를 그르칠 수 있음까지 안다.

열세 번째 글은 앞에서와 마찬가지로 어짊에 관한 내용인데 순(舜)을 통해 어짊의 한계를 보여준다. 권루자(卷婁者)는 세상일에 애쓰면서 자신의 심신을 고달프게 하는 사람인데 순도 그런 권루자 중 하나이다. 왜 그러한가? 순은 자신이 머무는 곳을 세 번씩 옮겼는데 옮길 때마다 백성들이 모여들어 큰 도읍을 이루었다. 그건 순이 인위적인 어짊을 베풀어서이다.

열네 번째 글은 모든 능력을 다 지녀도 그것 또한 위태롭다는 내용이다. 약초에는 쏨바귀, 도라지 가시연, 저령 따위가 있는데 이것들은 그때그때 병세에 따라 알맞게 쓰여야 최고의 약효를 발휘한다. 그래서 어떤 게 최고의 약초라는 말이 성립될 수 없다. 사람도 마찬가지여서 한 사람이 모든 능력을 다 지닐 수 없다. 그래서 사람이 모든 능력을 다 지닌다는 취지로 눈귀의 총명함과 앎에 집착해선 안 되고, 마음도 그걸 꼭 이루겠다고 탐닉해선 안 된다.

열다섯 번째 글은 눈귀의 총명함과 앎에 집착해서 안 되는 이유를 밝히는 내용이다. 발이 땅을 밟는 공간이 비록 비좁아도 밟지 않는 넓은 공간이 있다는 걸 믿고 안심하고 걷는다. 마찬가지로 앎이 비록 부족해도 드넓은 앎이 있다는 걸 믿고 우리는 자연의 도가 뭔지 대충 안다. 그 자연의 도란 만물의 근원이 하나라는 대일(大一), 만물의 상태가 크게 고요해 움직임이 없는 대음(大陰), 만물을 분별 없이 하나로 보는 대목(大目), 자연의 조화가 차별 없이 균등하게 작용하는 대균(大均), 세상을 거스를 수 없는 일정한 법도인 대방(大方), 근원적인 큰 믿음인 대신(大信), 흔들림이 없는 대정(大定)이다. 이것들이 다하는 곳에 자연의 도가 있고, 또 이 자연의 도를 따르면 앎이 저절로 밝아진다.

서무귀(徐無鬼)가 여상(女商)의 소개로 위(魏)나라 무후(武侯)를 만났을 때

무후가 서무귀를 위로하며 말했다.

"선생은 지쳤다! 얼굴에 드리운 고통이 산속의 힘든 생활을

여실히 말해주는데 그 때문에 선생은 과인을 만나려고 하는 거지요."

서무귀가 말했다. "제가 군주를 위로해드려야지

어찌 군주께선 저를 위로하게끔 해서 되겠습니까!

지금 군주는 기호(嗜欲)에 탐닉하고, 호오(好惡) 감정을 키워서

타고난 본성의 참 모습이 병들어 가고 있습니다.

그런데 기호의 편견을 물리치고, 호오의 감정을 버리면

귀와 눈에 생긴 병이 나을 겁니다.

그러니 제가 군주를 위로해야지 군주께서 어찌 저를 위로하겠습니까!"

무후는 못 들은 척한 체 서무귀 말에 대꾸조차 하지 않았다.

잠시 후 서무귀가 말했다.

"제가 군주께 개를 감정하는 방법에 대해 말씀드리지요.

바탕이 낮은 개는 배불러야만 먹는 걸 그치는데

이는 여우가 쥐 한 마리를 잡은 것처럼 별다른 의미가 없지요.

바탕이 중간인 개는 해를 쳐다보면서 뜻이 충만한 듯하지요.

바탕이 높은 개는 스스로를 잃어 정신이 움직이지 않는 듯하지요.

그런데 저의 개 감정하는 능력은 말 감정하는 능력에 미치지 못합니다.

제가 말을 감정하건대 앞으로 똑바로 가면 먹줄에 들어맞고,

구부러지게 가면 갈고리처럼 굽어지고, 각 지게 가면 곱자에 들어맞고,

둥글게 돌면 그림쇠에 들어맞는 말은 나라에서 치는 국마(國馬)일지언정

온 천하를 대표하는 천하마(天下馬)가 되지 못합니다.

천하마는 훌륭한 재질을 지니더라도 가련한 채 뭔가를 잃은 듯하며,

스스로를 잃어서 정신이 움직이지 않는 듯하지요.

이런 말이 빨리 달리면 나는 듯 질주해서 어디로 사라졌는지 모릅니다."

무후가 크게 기뻐하며 웃었다.

서무귀가 나오자 여상이 그에게 물었다.

"선생은 혼자서 무슨 말로 제 군주를 웃게 만들었습니까?

저는 횡설(橫說)이라면 시경(詩經), 서경(書經), 예경(禮經), 악경(樂經)을,

종설(從說)이라면 금판(金板)과 육도(六弢)를 군주에게 줄곧 말해 왔습니다.

또 일을 받들면서 큰 공을 세운 건 이루 다 헤아릴 수 없는데

제 군주는 이를 드러내어 환히 웃은 적이 없습니다.

지금 선생은 무슨 말로 군주를 설득해서 이처럼 기쁘게 만들었습니까?"

서무귀가 대답했다.

"저는 군주에게 개와 말을 감정했던 제 경험을 직접 설명했을 뿐입니다."

여상이 물었다. "그랬군요?"

서무귀가 말했다.

"그대는 월(越)나라로 귀양 간 사람(流人) 얘기를 들은 적이 없나요?

나라를 떠난 지 며칠이 되면 전에 알고 지내던 사람만 만나도 기뻐하고,

한 달이 되면 전에 나라 안에서 만난 적이 있는 사람만 만나도 기뻐하고,

일 년에 이르면 귀양길에 비슷한 사람만 만나도 기뻐합니다.

이 또한 사람들과 떠난 지 점점 더 오래되면

사람을 점점 더 깊이 그리워하기 때문이 아닌가요?

인적이 끊긴 곳으로 달아나 사는 사람은 족제비가 다닐 만한 좁은 길에

잡초가 무성해져 사람의 통행을 막을지라도,

또 빈 골짜기를 비슬비슬 걸으면서 외롭게 자리할지라도

사람의 발자국 소리가 저벅저벅 들리기만 해도 기뻐합니다.

하물며 형제나 일가친척의 기침소리가 옆에서 들리면

얼마나 기뻐하겠습니까!

진인(眞人)의 말이 기침소리가 될 수 있게끔

제가 군주 곁에 없었던 시간이 너무 오래 되었습니다!

· · ·

徐無鬼因女商見魏武侯, 武侯勞之曰: 「先生病矣! 苦語山林之勞, 故乃肯見於寡人.」

徐無鬼曰: 「我則勞於君, 君有何勞於我! 君將盈嗜欲, 長好惡, 則性命之情病矣.,

君將黜嗜欲, 掔好惡, 則耳目病矣. 我將勞君, 君有何勞於我!」

武侯超然不對. 少焉, 徐無鬼曰: 「嘗語君, 吾相狗也. 下之質執飽而止, 是狸德也.,

中之質若視日, 上之質若亡其一. 吾相狗, 又不若吾相馬也.

吾相馬, 直者中繩, 曲者中鉤, 方者中矩, 圓者中規, 是國馬也, 而未若天下馬也.

天下馬有成材, 若卹若失, 若喪其一, 若是者, 超軼, 絶塵, 不知其所.」

武侯大悅而笑.

徐無鬼出, 女商曰: 「先生獨何以說吾君乎?

吾所以說吾君者, 橫說之則以詩書禮樂, 從說之則以金板六弢, 奉事而大有功者不可

爲數, 而吾君未嘗啓齒. 今先生何以說吾君, 使吾君說若此乎?」

徐無鬼曰: 「吾直告之吾相狗馬耳.」

女商曰: 「若是乎?」

曰: 「子不聞夫越之流人乎? 去國數日, 見其所知而喜., 去國旬月, 見所嘗見於國中

者喜., 及期年也, 見似人者而喜矣., 不亦去人滋久, 思人滋深乎?

夫逃虛空者, 藜藋柱乎鼪鼬之逕, 踉位其空, 聞人足音跫然而喜矣, 又況乎昆弟親戚

之謦欬其側者乎! 久矣夫, 莫以眞人之言謦欬吾君之側乎!」

인위적인 배움보다
무위자연(無爲自然)에 입각한 깨달음이
더 실용적이다

———

서무귀(徐無鬼)는 오랫동안 산속에서 살았다. 어느 날 여상(女商)의 소개로 위(魏)나라 군주인 무후(武侯)를 만났다. 그때 무후는 대뜸 서무귀에게 자신을 만나려는 게 산속의 힘든 생활에서 벗어나고 싶어서 그런 게 아니냐고 물었다. 그러면서 서무귀의 얼굴에 드리운 고통이 이를 여실히 보여준다고 말했다. 그런데 서무귀는 오히려 자신이 무후를 위로해드려야지 어찌 무후가 자신을 위로하게끔 해서 되겠느냐고 대답했다. 서무귀는 군주가 민망할 정도로 왜 이렇게까지 대답했을까? 서무귀가 볼 때 무후는 기호(耆欲)에 탐닉하고, 호오(好惡)의 감정을 키운 탓에 타고난 본성의 참 모습(性命之情)이 병들어가고 있다. 그렇다고 무후가 기호의 편견을 물리치고 호오의 감정을 버려도 오히려 그의 귀와 눈에는 병이 난다. 그러니 무후는 이러지도 못하고 저러지도 못하는 그야말로 곤란한 처지에 빠져 있다. 이것이 서무귀 입장에서 무후를 위로해드려야 하는 이유이다.

서무귀의 말에 마음이 언짢아졌는지 무후는 못 들은 체하고 아무런 대꾸도 하지 않았다. 서무귀는 무후의 이런 마음을 눈치 채고 화제를 바꾸어서 개 감정하는 방법에 대해 말을 꺼냈다. 서무귀에 따르면 바탕이 낮은 개는 배가 불러야만 잡아먹는 걸 그치는데 이는 여우가 쥐 한 마리를 잡는 것처럼 별다른 의미가 없다. 또 바탕이 중간인 개는 해를 쳐다보면서 뜻이 충만한 것 같고, 바탕이 높은 개는 스스로를 잃어서 정신이 움직이지 않은 것 같다. 이처럼 바탕이 높을수록 개도 자신을 잃어간다. 「제물론」에서 언급된 것처럼 최상의 인간도 몸이 마른 나무(枯木)처럼, 또 마음이 불 꺼진 재(死灰)처럼[18] 됨으로써 오상아(吾喪我), 즉 본래면목의 내가 만들어진 나를 없애는데 개도 이와 마찬가지이다.

그런데 서무귀는 무후에게 개보다 말을 더 잘 감정한다고 말했다. 예를 들어 똑바로 가면 먹줄에 들어맞고, 구부러지게 가면 갈고리처럼 굽어지고, 각이 지게 가면 곱자에 들어맞고, 둥글게 돌아가면 그림쇠에 들어맞는 이런 말은 나라 안에서 최고로 치는 국마(國馬)는 될지언정 천하를 대표하는 천하마(天下馬)는 될 수 없다고 감정했다. 천하마는 완성된 재질을 지녀도 가련한 채 뭔가를 잃은 듯하며, 또 스스로를 잃어 정신이 움직이지 않은 듯해서이다. 그래서 천리마는 바탕이 높은 개와 모습을 똑같이 한다. 이런 천하마는 똑바로 가도 먹줄에 들어맞지 않고, 구부러지게 가도 갈고리처럼 굽지 못하고, 각이 지게 가도 곱자에 들어맞지 않고, 둥글게 돌아가도 그림쇠에 들어맞지 않는다. 그렇지만 일단 달리면 나는 듯 질주해서 어디로 사라졌는지 아무도 모른다.

무후는 서무귀의 말 감정하는 법을 듣고서야 크게 기뻐하며 웃었다. 여상은 자신의 군주가 이토록 크게 웃은 적이 한 번도 없었으므로 깜짝 놀라 서무귀가 방에서 나오자마자 무슨 말을 했기에 이렇게 되었느냐고 궁금해서 물었다. 그러면서 자신은 군주에게 횡설(橫說)이라면

---

18) 形固可使如槁木, 而心固可使如死灰. (「제물론」 1)

『시경(詩經)』, 『서경(書經)』, 『예경(禮經)』, 『악경(樂經)』을 줄곧 말해 왔고, 또 종설(從說)이라면 『금판(金板)』과 『육도(六弢)』를 줄곧 말해 왔다고 했다. 이럴 정도로 옛 성현들의 훌륭한 말씀을 군주에게 많이 전한 셈이다. 게다가 군주의 일을 받들면서 큰 공을 세운 건 이루 다 헤아릴 수 없다고 말했다. 그런데도 무후는 자신의 이를 드러내면서까지 환히 웃은 적이 한번도 없었는데 서무귀의 말에 무후가 이처럼 기뻐하니까 좀체 이해되지 않았다.

이에 서무귀는 여상에게 개와 말을 감정했던 자신의 경험을 군주에게 설명했다고 말했다. 그러면서 여상에게 먼 남쪽에 있는 월(越)나라로 귀양간 사람이 귀양길에 경험했던 얘기를 전해 주었다. 귀양 가는 사람이 나라를 떠난 지 며칠만 되어도 전에 알고 지내던 사람을 도중에 만나기만 해도 기뻐하고, 나라를 떠난 지 한 달이 되면 이전에 나라 안에서 만난 적이 있는 사람을 도중에 만나기만 해도 기뻐하고, 나라를 떠난 지 일 년이 되면 귀양길에 비슷하게 생긴 사람을 만나기만 해도 기뻐한다. 이는 사람들과 떠난 지 점점 더 오래될수록 사람을 점점 더 깊이 그리워하기 때문이다.

그래서 인적이 끊긴 조용한 곳으로 달아나서 산속에 숨어 사는 사람도 족제비가 다닐 만한 좁은 길에 잡초가 무성해져 사람의 통행을 가로막아도, 또 빈 골짜기를 비슬비슬 걸으면서 외롭게 자리하는 사람도 모르는 사람의 발자국 소리가 저벅저벅 들리기만 해도 기뻐한다. 그러니 이런 깊은 산속에서 가까운 관계인 형제나 일가친척의 기침소리가 곁에서 들리기만 하면 얼마나 기뻐하겠느냐고 여상에게 반문해 물었다. 서무귀가 볼 때 무후는 진인(眞人)의 말을 들어보지 못한 지 너무 오래되어서 자신의 말을 듣고 기뻐한 거라고 말했다. 그렇다면 무후는 왜 진인의 말을 여태 듣지 못했을까? 그건 유가가 깍듯이 받드는 『시경』,

『서경』, 『예경』, 『악경』은 물론이고 『금판』과 『육도』만 익혀와서이다.

　그래서 서무귀와 같은 진인이 말을 꺼내자 이 말이 무후에게 기침소리로 들려 무후가 이를 반갑게 받아들인 거다. 그러니 진인의 말은 천리마처럼 훌륭한 재질을 지녀도 가련한 채 뭔가 잃은 듯하며, 또 진인은 스스로를 잃어 정신이 움직이지 않은 듯한 어리석은 모습을 한다. 그래서 인위적이지 않고 자연스럽다. 반면 유가가 받드는 경전인 『시경』, 『서경』, 『예경』, 『악경』은 똑바로 가면 먹줄에 들어맞고, 구부러지게 가면 갈고리처럼 굽어지고, 각이 지게 가면 곱자에 들어맞고, 둥글게 돌아가면 그림쇠에 들어맞는 내용을 담는다. 이를 말에 비유하면 국마(國馬)는 될지언정 천하를 대표하는 천하마(天下馬)는 될 수 없다. 그래서 자연스런 깨달음이 세상에서 달린다면 인위적인 배움과 비교할 수 없을 정도로 빠르다. 그만큼 무위자연에 입각해서 얻은 깨달음은 그 울림이 클 뿐 아니라 또 실용적이다.

서무귀(徐無鬼)가 무후(武侯)를 만나자 무후가 서무귀에게 말했다.

"선생은 산림 속에 살면서 도토리와 밤을 먹고,

파와 부추를 물리도록 먹으면서 과인을 내친 지 오래되었소!

지금 나를 찾아왔으니 그대가 늙어선가? 술과 고기 맛을 보려는 건가?

아니면 과인이 사직(社稷)을 일으킬 복이 아직 있어서인가?"

서무귀가 말했다.

"저는 빈천하게 태어났기에 군주가 드시는 술과 고기를 마시고 먹는다는

생각을 감히 해본 적이 없고, 군주를 위로해드리려고 찾아온 겁니다."

무후가 말했다. "과인을 어떻게 위로하겠다는 건가?"

서무귀가 대답했다. "군주의 정신과 육체를 위로해드리려고 합니다."

무후가 말했다. "그게 무슨 말인가?"

서무귀가 대답했다.

"천지가 만물을 키울 땐 한결같아 높은 데 있다고 길게 자라게 하거나

낮은 데 있다고 짧게 자라게 하진 않지요.

그러니 군주만 천자 자리에 올라 백성을 괴롭혀 자신의 귀, 눈, 코, 입의

욕망만 만족하려고 들면 군주 본연의 믿음도 용납하지 않을 겁니다.

본연의 믿음은 사물과 조화를 이루는 걸 좋아할 뿐

자기 입장만 고집하는 걸 싫어합니다.

자기 입장만 고집하는 건 병이므로 군주의 이 점을 위로해드리려 합니다.

그런데 군주만 이런 병을 지니는 건 어째서일까요?"

무후가 말했다. "선생을 오래 전부터 만나보고 싶어 했소.

난 백성을 사랑하는 의로움(義) 때문에 싸움을 그만두려는데 괜찮겠소?"

서무귀가 대답했다. "안 됩니다.

백성을 사랑하는 건 백성을 해치는 일의 근원이고,

의로움 때문에 싸움을 쉬는 건 싸움에 이르는 근본입니다.

그러니 군주께서 스스로 백성을 사랑하거나 싸움을 쉬거나 하면

거의 성공하지 못할 겁니다.

대개 아름다움을 이루는 것 자체가 추함을 담는 그릇(器)입니다.

군주가 인의(仁義)를 위해도 명성에 구애되어서 거의 위선으로 끝납니다!

형식은 본디 거짓된 형식을 지어내고, 성공은 본디 공적을 자랑하고,

재앙은 본디 나라밖에서 싸움을 불러들입니다.

군주도 문루 사이에서 군대의 성대한 학렬(鶴列)진을 사열해선 안 되고,

제사 지내는 치단의 궁궐(錙壇之宮)에 병사를 몰래 배치해선 안 됩니다.

이처럼 자연스런 덕(得)에 거스르는 생각을 품어선 안 되고,

재주(巧)로 남을 이겨선 안 되고, 계략(謀)으로 남을 이겨선 안 되고,

싸움(戰)으로 남을 이겨선 안 됩니다.

군주께서 다른 나라의 선비와 백성을 죽이고,

다른 나라의 땅을 빼앗아 차지해 자신의 사욕과 정신을 키우면

싸움이 인의를 위한다고 해도 상처받고 괴로워하는 백성을 생각하면

어느 쪽이 옳은지 왜 알지 못하나요?

이때 승리가 무슨 의미가 있겠습니까?

그런데도 군주가 백성을 위한다는 마음을 포기하지 않으면

마음의 순수함을 잘 닦아 자연의 참 모습에 순응해야 하며,

자연의 참 모습을 어지럽히지 말아야 합니다.

그래야 백성은 죽음의 공포로부터 벗어날 테니

군주께서 싸움을 멈추려고 새삼스레 애쓸 일이 어찌 있겠습니까!"

. . .

徐無鬼見武侯曰:「先生居山林, 食杼栗厭葱韭, 以賓寡人, 久矣夫!
今老邪? 其欲干酒肉之味邪? 其寡人亦有社稷之福邪?」
徐無鬼曰:「無鬼生於貧賤, 未嘗敢飮食君之酒肉, 將來勞君也.」
君曰:「何哉, 奚勞寡人?」
曰:「勞君之神與形.」
武侯曰:「何謂邪?」
徐無鬼曰:「天地之養也一, 登高不可以爲長, 居下不可以爲短.
吾獨爲萬乘之主, 以苦一國之民, 以養耳目鼻口, 夫信者不自許也.
夫神者, 好和而惡姦., 夫姦, 病也, 故勞之. 唯君所病之, 何也?」
武侯曰:「欲見先生久矣. 吾欲愛民而爲義偃兵, 其可乎?」
徐無鬼曰:「不可. 愛民, 害民之始也., 爲義偃兵, 造兵之本也., 君自此爲之, 則殆不成.
凡成美, 惡器也., 君雖爲仁義, 幾且僞哉! 形固造形, 成固有伐, 變固外戰.
君亦必無盛鶴列於麗譙之間, 無徒驥於錙壇之宮, 無藏逆於得, 無以巧勝人, 無以謀
勝人, 無以戰勝人.
夫殺人之士民, 兼人之土地, 以養吾私與吾神者, 其戰不知孰善? 勝之惡乎在?
君若勿已矣, 修胸中之誠, 以應天之情而勿攖. 夫民死已脫矣, 吾將惡乎用夫偃兵哉!」

군주가 백성을 사랑한다는 자체가
백성을 해치는 일의 시작이다

　서무귀(徐無鬼)와 무후(武侯)의 대담이 앞 장에 이어서 계속된다. 물론 말하려는 내용도 비슷하다. 앞 장에선 인위적인 배움(學)을 배척하는 내용이라면 여기선 인위적인 의로움(義)을 배척하는 내용이다. 무후는 서무귀가 혼자 산속에 들어가서 도토리와 밤을 먹고, 파와 부추를 물리도록 먹으면서 여태 한 번도 나타나지 않은 걸 두고 자신을 내친 거라고 못마땅하게 여겨 왔다. 그래서 자신을 찾아온 게 서무귀가 늙어서인가, 아니면 술과 고기 맛을 보려고 해서인가 하며 조롱하듯 물었다. 그러면서도 서무귀가 반가웠는지 무후 자신이 아직 사직(社稷)을 일으킬 만한 복이 있어서인가 하고 물었다. 그러자 서무귀는 자신은 가난하게 태어나서 고기와 술을 먹고 마신다는 생각을 감히 해본 적이 없고 그냥 군주를 위로해드리려고 찾아온 거라고 대답했다.

　이에 무후는 무엇으로 자신을 위로하겠느냐고 물었다. 서무귀는 군주의 정신과 육체를 위로해드리려고 한다고 대답하자 언뜻 이해가 되지 않아서 그게 무슨 말이냐고 되물었다. 그러자 서무귀는 천지가 만물을 키울 때는 그 마음이 한결같아 어떤 게 높은 데 있다고 길게 자라게 하지 않고, 또 어떤 게 낮은 데 있다고 짧게 자라게 하지 않는다고 대답했다. 마찬가지로 군주만 천자 자리에 혼자 올라가 백성을 괴롭혀서 자신의 귀, 눈, 코, 입의 욕망만 만족시키려고 들면 군주 본연의 믿음도 이를 용납하지 않을 거라고 말했다. 그러면서 군주 본연의 믿음은 사물과 조화를 이루는 걸 좋아할 뿐 자신의 입장을 고집하는 걸 싫어한다고 말했다. 그럼에도 무후가 지금 자신의 입장만 고집한다면 이건 일종의 병이기 때문에 이 점을 위로해드리려고 하는데 어째서 무후만 이런 병을 지니느냐고 의아해하면서 물었다.

그러자 무후는 서무귀에게 조금 아까 함부로 대했던 자세를 이내 고친 뒤 자신은 서무귀 선생을 오래 전부터 만나고 싶어 했다고 환대하며 말했다. 그러면서 자신은 백성을 사랑하므로 백성을 사랑하는 이런 의로움(義) 때문에 전쟁을 그만두려는데 괜찮겠느냐고 조심스레 물었다. 그러자 서무귀는 안 된다고 하는 뜻밖의 말을 했다. 어째서 이렇게 말했을까? 서무귀에 따르면 백성을 사랑하는 게 백성을 해치는 일의 근원이고, 또 의로움 때문에 싸움을 쉰다는 게 싸움에 이르는 근본이기 때문이다. 그러니 백성을 사랑한다는 생각이나 의로움을 위한다는 생각을 염두에 두어선 안 된다. 대개 아름다움을 이루는 게 추함을 담는 그릇(器)이어서이다. 즉 그럴듯한 명분을 실현하려는 게 모든 악행의 도구여서이다.

서무귀는 어째서 이런 파격적인 생각에까지 이르게 되었을까? 서무귀에 따르면 대체로 아름다움을 이루는 것 자체가 추함을 담는 그릇(器)이다. 그래서 군주가 인의(仁義)를 위해 행동한다고 해도 결국 명성에 구애받으므로 대부분 위선으로 끝나기 십상이다. 사실 형식은 본디 거짓된 형식을 지어내고, 성공은 본디 공적을 자랑하게 되고, 재앙은 본디 나라 밖으로부터 싸움을 불러들이게 마련이다. 그래서 군주는 화려한 문루 사이에서 군대의 성대한 학렬(鶴列)진을 사열해선 안 되고,

제사를 지내는 치단의 궁궐(錙壇之宮)에 보병과 기병을 몰래 배치해선 안 된다. 군주가 화려한 문루 사이에서 군대의 성대한 학렬진을 사열하거나, 치단의 궁궐에 보병과 기병을 몰래 배치하는 건 기본적으로 싸움을 일으키려는 마음이 있어서이다.

그래서 자연스런 덕(得)에 거스르는 생각을 품어선 안 되고, 재주(巧)로 남을 이기려 해선 안 되고, 계략(謀)으로 남을 이기려 해선 안 되고, 싸움(戰)으로 남을 이기려 해선 안 된다. 군주가 다른 나라의 선비와 백성을 죽이거나 다른 나라의 땅을 빼앗아 차지해서 자신의 사욕과 정신을 키운다면 전쟁이 아무리 인의를 위한다고 해도 상처 입고 괴로워하는 백성을 생각하면 절대로 그렇게 해선 안 된다. 이는 무엇보다 자연스런 덕을 거스르는 행위이다. 그러니 승리의 의미도 줄어들게 마련이다. 그런데도 군주가 백성을 위한다는 마음을 포기하지 않는다면 마음의 순수함을 잘 닦아 자연의 참 모습에 순응하거나 자연의 참 모습을 어지럽히지 말아야 한다. 그래야 백성이 죽음의 공포로부터 벗어날 수 있어 군주는 전쟁을 멈추려고 굳이 애쓸 일이 없다.

황제가 대외(大隗)를 만나고자 구자산(具茨山)을 오를 때

방명(方明)이 수레를 몰고, 창우(昌寓)가 옆에 따라 붙고,

장약(張若)과 습붕(諿朋)이 앞에서 말을 인도하고,

곤혼(昆閽)과 골계(滑稽)가 수레의 뒤를 따랐다.

이윽고 양성의 들판에 이르자 일곱 명 성인(聖)들이 모두 길을 잃었는데

길을 물을 데가 마땅치 않았다.

마침 말을 치는 사내아이를 만나 길을 물었다. "너는 구자산을 아느냐?"

어린 목동이 대답했다. "예."

황제가 말했다. "그러면 너는 대외가 계신 곳도 아느냐?"

목동이 대답했다 "예. 알고 있습니다."

황제가 말했다.

"이상한 어린 목동이로구나!

구자산만 아는 게 아니라 대외가 계신 곳까지 알다니.

그렇다면 천하를 다스리는 방법도 물어보자꾸나."

어린 목동이 말했다.

"천하를 다스리는 일도 이와 같을 텐데 새삼스러울 게 어찌 있겠습니까!

저는 어려서 세상 안(六合之內)에서 스스로 유유히 노닐다가

그만 눈이 침침해지는 병에 걸렸습니다.

그때 나이 드신 어떤 분이 제게 '해의 수레를 타고 양성의 들판(襄城之野)

에서 노닐라.'고 가르쳐주었습니다.

그 덕에 제 병이 지금은 조금 나아져 저도 이제는 세상 밖(六合之外)에서

다시 노닐려고 합니다.

천하를 다스리는 일도 눈이 침침해지는 병을 고치는 것과 같아

저도 달리 새삼스러울 게 어찌 있겠습니까!"

이 말을 들은 황제가 말했다.

"천하를 다스리는 일이 정녕 자네의 일은 아닐지라도

천하를 다스리는 방법에 대해 묻고 싶구나."

어린 목동이 아무 말도 하지 않자 황제가 또다시 물었다.

어린 목동이 말했다.

"천하를 다스리는 일도 말을 기르는 것과 어찌 다를 게 있겠습니까!

이 역시 말의 본성을 해치는 걸 내던지는 일입니다!"

이에 황제는 두 번 절하고서 머리를 조아린 뒤

어린 목동을 하늘과 같은 스승(天師)이라고 부르면서 물러갔다.

• • •

黃帝將見大隗乎具茨之山, 方明爲御, 昌寓驂乘, 張若謵朋前馬, 昆閽滑稽後車.,
至於襄城之野, 七聖皆迷, 無所問塗.
適遇牧馬童子, 問塗焉, 曰:「若知具茨之山乎?」
曰:「然.」
「若知大隗之所存乎?」曰:「然.」
黃帝曰:「異哉小童! 非徒知具茨之山, 又知大隗之所存. 請問爲天下.」
小童曰:「夫爲天下者, 亦若此而已矣, 又奚事焉!
予少而自遊於六合之內, 予適有瞀病, 有長者敎予曰:『若乘日之車而遊於襄城之野.』
今予病少痊, 予又且復遊於六合之外. 夫爲天下亦若此而已. 予又奚事焉!」
黃帝曰:「夫爲天下者, 則誠非吾子之事. 雖然, 請問爲天下.」
小童辭. 黃帝又問.
小童曰:「夫爲天下者, 亦奚以異乎牧馬者哉! 亦去其害馬者而已矣!」
黃帝再拜稽首, 稱天師而退.

어린 목동을 하늘과 같은
스승(天師)이라고 부른 황제(黃帝)

———

황제(黃帝)가 대외(大隗)를 만나기 위해 구자산(具茨山)으로 행차했다. 방명(方明)이 수레를 몰고, 창우(昌寓)가 옆에 따라 붙고, 장약(張若)과 습붕(謵朋)이 앞에서 말을 인도하고, 곤혼(昆閽)과 골계(滑稽)가 수레의 뒤를 따랐다. 방명, 창우, 장약, 습붕, 곤혼, 골계 모두가 성인급에 해당하는 인물이므로 거창한 행차임에 분명하다. 이윽고 양성(襄城)의 들판에 이르자 일곱 명 성인 모두가 길을 잃었는데도 길을 물을 데가 마땅치 않았다.

마침 일행이 말을 치는 어린 목동을 만나자 황제는 구자산에 오르는 길을 물었는데 다행히 어린 목동은 안다고 대답했다. 그러자 황제가 대외가 있는 곳도 아느냐고 물었더니 역시 안다고 대답했다. 어린 목동이 구자산에 오르는 길뿐 아니라 대외가 있는 곳까지 아는 걸 이상하게 여겨 황제는 내침 김에 천하를 다스리는 방법에 대해서도 물었다. 그러자 천하를 다스리는 일이 새삼스러울 게 어찌 있겠느냐고 반문하면서 자신이 경험한 얘기를 황제에게 전했다. 목동이 어렸을 때 육합지내(六合之內), 즉 동서남북 및 앞뒤의 세상 안에서 노닐다가 눈이 침침해지는 병에 걸린 적이 있었다. 그때 나이 드신 어떤 분이 해의 수레를 타고 양

성의 들판(襄城之野)에서 노닐라고 가르쳐주었다. 지금 그 덕에 자신의
병이 나아져서 이제는 육합지외(六合之外), 즉 세상 밖에서 다시 노닐려
고 한다고 말했다. 그러면서 황제가 자신에게 물었던 천하 다스리는 일
도 눈이 침침해지는 병을 고치는 것과 같아 달리 새삼스러울 게 어찌
있겠느냐고 반문했다.

여기서 몇 가지 짚고 넘어가야 할 사안이 있다. 첫째, 눈이 침침해지
는 병이 어째서 세상 안에서 노닐다가 생겨났을까? 둘째, 양성의 들판
에서 노닐면 어째서 눈이 침침해지는 병이 고쳐질 수 있을까? 셋째, 눈
이 침침해지는 병이 나았는데 세상 안이 아니라 세상 바깥으로 다시
나아가서 왜 노닐려고 할까? 이 세 가지 질문을 제대로 대답하기 위해
선 『장자』에서 육합지내(六合之內)와 육합지외(六合之外)를 처음으로 구
분했던 내편 「제물론」 5로 돌아갈 필요가 있다. 「제물론」 5는 다음과
같이 말한다.

> 성인(聖人)은 육합지외(六合之外)에 대해선 그대로 둔 채
> 그 질서와 조리에 대해 말하지(論) 않고,
> 육합지내(六合之內)에 대해선 그 질서와 조리를 말해도(論)
> 이것/저것으로 판단하면서 논하지(議) 않는다.
> 『춘추(春秋)』는 세상을 다스린 선왕들의 뜻을 기록한 책인데
> 성인(聖人)은 이런 세상사에 대해서 이것/저것으로 논해도(議)
> 옳음/그름으로 구분하지(辯) 않는다.[19]

---

19) 六合之外 聖人存而不論 六合之內 聖人論而不議. 春秋經世先王之志 聖人議而不辯.
　　(「제물론」 5-3)

「제물론」 5에 따르면 성인(聖人)은 육합지외(六合之外)에 대해선 그 대로 둔 채 그 질서와 조리에 대해 말하지(論) 않고, 육합지내(六合之內)에 대해선 그 질서와 조리를 말해도(論) 이것/저것으로 판단하며 논하지(議) 않는다. 그렇다면 '그대로 둔 채 그 질서와 조리에 대해 말하지(論) 않는다'는 건 무슨 의미인가? 그건 육합지외, 즉 천지 바깥은 인간의 힘이 미칠 수 없는 곳이므로 무위자연의 원리에 따를 뿐 언급 자체를 하지 않는다는 뜻이다. 반면 육합지내, 천지 안은 인간의 힘이 조금이나마 미치지만 그렇더라도 천지자연의 원리와 조리만 말할 뿐 이것은 옳고 저것은 그르다는 식 시비판단을 해선 안 된다. 그래서 성인은 세상사에 대해 기록한 『춘추(春秋)』라도 그 내용에 대해서 이것/저것으로 논해도(議) 이것은 옳고 저것은 그르다는 식 구분(辯)을 하지 않는다.

먼저 어린 목동이 세상 안에서 노닐다가 눈이 침침해지는 병이 생겨난 건 세상사를 '이것=옳음', '저것=그름'으로 구분한 탓이다. 즉 성인처럼 이것/저것 정도는 구분할지라도 '이것=옳음', '저것=그름' 식으로 구분하지 말았어야 하는데 그렇지 못해서이다. 그래서 온갖 것들에 대해 시비를 일일이 가린 탓에 결국 눈이 침침해지는 병이 나고 말았다. 그렇다면 눈이 침침해지는 병이 어째서 양성의 들판에서 노닐면서 고쳐졌을까? 양성의 들판은 「소요유」 4에 등장했던 광막지야(廣莫之野)와 비교가 된다. 「소요유」 4에 따르면 광막지야란 한없이 넓어서 끝이 없는 들판이다. 그러면서 큰 나무를 무하유지향(無何有之鄕)이나 광막지야에 심어서 무위(無爲)의 마음으로 나무 곁을 방황하거나 나무 밑에 엎드려 자면서 소요하도록 권한다.[20] 이런 곳에서 방황하거나 소요

---

20) 今子有大樹 患其無用 何不樹之於無何有之鄕 廣莫之野 彷徨乎無爲其側 逍遙乎寢臥其下.(「소요유」 4-2)

한다면 시시비비는 저절로 그친다.

　마지막으로 눈이 침침해지는 병이 나은 뒤에 어린 목동은 어째서 육합지내가 아니라 육합지외에서 노닐려고 할까? 이에 대한 설명은 천하를 다스리는 일이 목동의 일이 아닌데도 천하를 다스리는 방법을 물은 황제의 질문에 대한 어린 목동의 대답을 통해 나온다. 먼저 어린 목동은 황제의 질문에 대해 아무런 대꾸도 하지 않았다. 천하를 다스린다는 말 자체가 인위적이기 때문이다. 그래서 황제가 재차 물은 뒤에야 어린 목동은 천하를 다스리는 일이나 말을 기르는 일이나 서로 다르지 않다고 대답했다. 즉 말을 제대로 기르려면 말의 본성을 해치질 말아야 한다. 예를 들어 말이 바로 가면 먹줄에 들어맞고, 구부러지게 가면 갈고리처럼 굽어지고, 각이 지게 가면 곱자에 들어맞고, 둥글게 돌아가면 그림쇠에 들어맞게끔 말을 길러선 안 된다. 말을 이렇게 키우면 말의 자연스런 본성을 해친다. 이처럼 육합지외는 자연스런 본성이 저절로 유지되는 곳이다. 그래서 육합지외에선 천하를 다스리지 않아도 저절로 잘 다스려진다.

　육합지내에서도 나라를 제대로 다스리려면 천지의 본성을 해치지 말아야 한다. 그래서 세상을 이것/저것 정도로는 논해도 '이것＝옳음', '저것＝그름'으로 구분해선 안 된다. '이것＝옳음', '저것＝그름'으로 구분하면 천지의 본성을 해치고 만다. 만약 육합지내에서 지내다가 세상사를 '이것＝옳음', '저것＝그름'으로 구분하면 눈이 침침해지는 병이 다시 생겨난다. 황제는 비로소 어린 목동의 말을 깨달았는지 두 번 절하고서 머리를 조아린 뒤 어린 목동을 하늘과 같은 스승(天師)이라고 칭하면서 물러갔다. 그렇다면 어린 목동이 바로 구자산에 사는 대외가 아닐까? 또 황제도 그 어린 목동이 대외임을 알아 구자산에 굳이 오르지 않고 되돌아간 게 아닐까?

앎을 지닌 선비(知士)는 자신의 지모를 쓸 변고가 없으면 즐겁지 않고,

말 잘하는 선비(辯士)는 말할 기회가 없으면 즐겁지 않고,

일을 잘 살피는 선비(察士)는 남의 잘못을 따질 일이 없으면 즐겁지 않다.

이건 모두 사물에 얽매여서이다.

또 세상에서 환영받는 선비는 조정에서 일하고,

백성을 잘 다스리는 선비는 벼슬로서 영화로운 생활을 누리고,

힘센 선비는 어려운 일을 당해야 실력을 뽐내고,

용감한 선비는 재앙을 당해야 기운을 떨치고,

병법에 밝은 선비는 싸움을 즐기고,

자기주장을 굽히지 않는 선비는 명분에 머물며,

법률에 밝은 선비는 치세의 법망을 넓히고,

예교(禮敎)를 받드는 선비는 용모를 높이 받들고,

인의를 숭상하는 선비는 사람과의 만남을 제각각 귀하게 여긴다.

그리고 농부는 잡초를 뽑을 일이 있어야 즐겁고,

상인은 장사할 일이 있어야 즐겁다.

서민은 아침저녁으로 할 일이 있어야 부지런해지고,

온갖 장인(百工)은 기계에 관한 재주가 있어야 늠름히 일한다.

그리고 탐욕스런 자는 돈과 재물이 쌓이지 않으면 근심하며,

뽐내기 좋아하는 자는 권세가 높지 않으면 슬퍼한다.

시세의 변화를 틈타 이득을 쫓는 무리는 변고를 즐기는데

이들은 때를 만나야 쓰일 데가 있어 무위(無爲)한 채,

즉 하고자 함이 없는 채로 가만히 있지를 못한다.

이 모두는 세월의 추이를 따르지 못하거나

사물의 변화에 스스로의 생각과 태도를 바꾸지 못하는 사람들이다.

자기의 몸(形)과 타고난 본성(性)을 고달프게 하고, 바깥의 만물에 몰두해

평생토록 본성으로 되돌아가지 못하니 슬플 뿐이다!

· · ·

知士無思慮之變則不樂, 辯士無談說之序則不樂, 察士無凌誶之事則不樂,

皆囿於物者也.

招世之士興朝, 中民之士榮官, 筋力之士矜難, 勇敢之士奮患, 兵革之士樂戰,

枯槁之士宿名, 法律之士廣治, 禮敎之士敬容, 仁義之士貴際.

農夫無草萊之事則不比, 商賈無市井之事則不比.

庶人有旦暮之業則勸, 百工有器械之巧則壯.

錢財不積則貪者憂, 權勢不無則夸者悲.

勢物之徒樂變, 遭時有所用, 不能無爲也.

此皆順比於歲, 不易於物者也.

馳其形性, 潛之萬物, 終身不反, 悲夫!

앎을 지닌 선비(知士)는
지모를 쓸 변고가 있어야 즐거워한다

———

하고자 함이 있는 유위(有爲)로 살아가는 게 좋을까, 아니면 하고자
함이 없는 무위(無爲)로 살아가는 게 좋을까? 가장 바람직한 건 하고자
함이 없는데도 일이 잘 풀리는 경우이다. 물론 이런 경우는 드물다. 그
래서인지 대부분의 사람들은 일이 잘 풀리기를 고대하면서 하고자 함
이 있는 길을 택한다. 이런 길을 택했는데도 일이 잘 풀리지 않으면 결
과적으로 가장 나쁜 선택이 되고 만다. 사실 이런 경우가 대부분이다.
이처럼 가장 나쁜 선택이 될 확률이 높은데도 사람들은 하고자 함이
있는 유위의 길을 쉽게 포기하지 못한다. 이는 혹시 일이 잘 풀리지 않
을까 하는 막역한 기대감 때문이다. 그런데 이 기대감이 좌절로 바뀌
는 경우를 자주 본다. 그런데 유위, 즉 하고자 함이 있음으로 살아가는
사람들에게 더 큰 비극은 또 다른 데 있다. 자기의 몸과 타고난 본성을
고달프게 하고, 바깥의 만물에 몰두해서 평생 타고난 본성으로 되돌아
가지 못하는 경우이다. 어쩌면 선비가 이런 길을 선택하는 대표적 인
물에 해당한다.

선비(士)는 몇 가지 특징을 지닌다. 첫째로 앎을 지니고, 둘째로 말을
잘하고, 셋째로 일을 잘 살핀다. 그래서 앎을 지닌 선비를 지사(知士), 말

잘하는 선비를 변사(辯士), 일을 잘 살피는 선비를 찰사(察士)라고 말한다. 이런 지사는 자신의 지모를 쓸 갑작스런 재앙이나 사고가 있지 않으면 즐거워하지 않고, 변사는 말할 기회가 있지 않으면 즐거워하지 않고, 찰사는 남의 잘못을 따질 일이 없으면 즐거워하지 않는다. 이들이 즐거워하지 않는 건 모두 사물과 사람에 얽매여서이다. 즉 혹시나 하고 지모를 쓸 기회, 말할 기회, 남의 잘못을 따질 기회를 자신들이 출세할 수 있는 좋은 여건이라고 보아서이다.

마찬가지로 세상에서 환영받는 선비(招世之士)는 조정에서 일하는 걸 귀히 여기고, 백성을 잘 다스리는 선비(中民之士)는 벼슬로서 영화로운 생활을 누리는 걸 귀히 여기고, 힘이 센 선비(筋力之士)는 어려운 일을 당해 실력을 뽐내는 걸 귀히 여기고, 용감한 선비(勇敢之士)는 재앙을 당해 기운을 떨치는 걸 귀히 여기고, 병법에 밝은 선비(兵革之士)는 싸움을 즐기는 걸 귀히 여기고, 자기주장을 굽히지 않는 선비(枯槁之士)는 명분에 머무는 걸 귀히 여기고, 법률에 밝은 선비(法律之士)는 치세의 법망을 넓히는 걸 귀히 여기고, 예교를 받드는 선비(禮敎之士)는 용모를 높이 받드는 걸 귀히 여기고, 인의를 숭상하는 선비(仁義之士)는 사람들과의 만남을 귀히 여긴다. 이 역시 사물과 사람에 얽매여서이다.

선비뿐만이 아니다. 농부, 상인, 서민, 장인도 마찬가지이다. 농부는 잡초를 뽑을 일이 있어야 즐거워하고, 상인은 장사할 일이 있어야 즐거워한다. 서민은 아침저녁으로 할 일이 있어야 부지런해지고, 온갖 장인은 기계에 관한 재주가 있어야 늠름하게 일한다. 또한 탐욕스런 자는 돈과 재물이 쌓이지 않으면 근심하고, 뽐내기 좋아하는 자는 권세가 높아지지 않으면 슬퍼한다. 시세의 변화를 틈타 이득을 좇는 무리는 변고(變故)를 즐기는데 이들은 때를 만나야 쓰일 데가 있어 무위(無爲)한 채로, 즉 하고자 함이 없는 채로 가만히 있질 못한다. 이들 모두는 세월의

추이를 자연스럽게 따르지 못하거나 아니면 사물의 변화에 스스로의
생각과 태도를 바꾸지 못하는 사람들이다. 그래서 자신의 몸과 타고난
본성을 고달프게 하고, 또 바깥의 만물에 몰두해서 평생토록 본성으로
되돌아가지 못한다. 이것이 이들의 진정한 비극일 것이다.

장자가 말했다.

"활 쏘는 사람이 마음 먹지 않았는데 활이 과녁에 우연히 적중한 걸 두고
활 잘 쏘는 사람이라 하면 모든 사람은 천하 명궁인 예(羿)와 같을 텐데
가능한 말인가?"

혜자가 말했다. "가능한 말이네."

장자가 말했다.

"천하에 공인된 옳음이 없는데 각자 옳은 바를 옳다고 하면
모든 사람은 요임금처럼 성인이 될 텐데 가능한 말인가?

혜자가 말했다. "가능한 말이네."

장자가 말했다.

"그러면 유가(儒家), 묵가(墨家), 양주(楊朱), 공손룡(公孫龍) 학파 넷이 있고,
여기에 혜자까지 더해지면 다섯인데 누구의 주장이 과연 옳은가?
아니면 이것은 노거(魯遽)가 보여주었던 경우와 같은 건가?

노거의 제자가 노거에게 말했다.

'저는 스승의 도를 터득해 겨울에 나무가 없어도 솥에 불을 땔 수 있고,
여름에 얼음을 만들 수 있습니다.'

노거가 말했다.

'그건 양(陽)으로 양 기운인 불을 부르고,
음(陰)으로 음 기운인 얼음을 부르는 거지 내가 말하는 도가 아니네.
내가 자네에게 나의 도를 보여주겠네.'

이에 거문고를 조율한 뒤 하나는 대청에 놓고, 다른 하나는 방에 놓았네.

대청에서 궁음(宮) 현을 튕기니까 방에서 궁음 현이 움직이고,

대청에서 각음(角) 현을 튕기니까 방에서 각음 현이 움직이면서

거문고의 음률이 모두 같아졌네.

다시 한 현의 음조를 고쳐 궁상각치우 다섯 음 중 어느 하나에 해당되지

않게끔 하고 현을 뜯으니까 25개 현 모두가 움직이면서 소리를 냈네.

25개 현 소리가 달라진 게 아닌데도 이런 소리가 나는 건

조정한 한 개 현이 내는 소리가 모든 음을 지배해서이네.

자네도 이런 식으로 모든 학파의 주장을 압도하려는 게 아닌가?"

혜자가 말했다.

"지금 유가, 묵가, 양주, 공손룡은 나와 논쟁을 벌여서

말로 서로를 흔들고, 소리쳐서 서로를 압박했는데도

그들은 내가 그르다는 걸 여태 밝혀내지 못하고 있네.

그러니 이런 경우와 어찌 같을 수 있는가?"

장자가 말했다.

"제(齊)나라 사람이 자기 자식을 송나라로 내쫓았는데

자식을 관대히 대하지 말도록 문지기에게 엄하게 명령했고,

목이 긴 작은 종을 구해 자식을 신체적으로까지 속박했네.

또 잃은 자식을 찾을 때도 사는 지역 바깥으로 한 번도 나가지 않았네.

이런 처신은 일반적 상식에서 크게 벗어난 일이네!

또 초(楚)나라 사람은 남의 집에 묵으면서 그 집 문지기와 싸웠네.

이에 아무도 없는 한밤중에 도망치다가 이번에는 사공과 싸웠는데

건너편 물가에 닿기도 전에 사공과는 원수가 되었네."

· · ·

莊子曰:「射者非前期而中, 謂之善射, 天下皆羿也, 可乎?」

惠子曰:「可.」

莊子曰:「天下非有公是也, 而各是其所是, 天下皆堯也, 可乎?」

惠子曰:「可.」

莊子曰:「然則儒墨楊秉四, 與夫子爲五, 果孰是邪? 或者若魯遽者邪?

其弟子曰:『我得夫子之道矣, 吾能冬爨鼎而夏造氷矣.』

魯遽曰:『是直以陽召陽, 以陰召陰, 非吾所謂道也. 吾示子乎吾道.』

於是爲之調瑟, 廢一於堂, 廢一於室, 故宮宮動, 故角角動, 音律同矣.

夫或改調一弦, 於五音無當也, 鼓之, 二十五弦皆動, 未始異於聲, 而音之君已.

且若是者邪?」

惠子曰:「今夫儒墨楊秉, 且方與我以辯, 相拂以辭, 相鎭以聲, 而未始吾非也,

則奚若矣?」

莊子曰:「齊人蹢子於宋者, 其命閽也不以完, 其求鈃鍾也以束縛, 其求唐子也而未始

出域, 有遺類矣! 夫楚人寄而蹢閽者., 夜半於無人之時而與舟人鬪, 未始離於岑而足

以造於怨也.」

상식과 어긋난 도를 밝혀서
모든 학파와 원수가 된 혜자

———

이 글은 장자와 혜자의 논쟁으로 구성된다. 혜자는 혜시(惠施)를 높인 표현이다. 장자와 혜자가 직접 대화하면서 충돌하는 장면은 『장자』 전편에 걸쳐 모두 여섯 곳이다. 내편 「소요유」와 「덕충부」에서 각 한 번씩, 외편 「추수」에서 두 번, 그리고 잡편 「서무귀」와 「외물」에서 각 한 번씩 등장한다. 잘 알다시피 혜자는 장자와 둘도 없이 친한 친구 사이이다. 그런데도 혜자는 『장자』에선 늘 장자의 조롱거리 대상으로 등장한다. 여기서도 예외가 아니다.

장자는 활이 우연히 과녁에 적중한 걸 두고 그를 명궁이라고 칭하면 세상사람 모두는 전설상의 명궁인 예(羿)가 될 텐데 이게 가능한 일이냐고 묻자 혜자는 가능한 일이라고 대답했다. 그러자 장자는 세상에는 모든 사람이 똑같이 옳다고 인정하는 바가 있을 수 없는데 각자 옳다고 여기는 바를 옳다고 주장하면 세상사람 모두는 요임금 같은 성인이 될 텐데 이게 가능한 일이냐고 묻자 혜자는 또한 가능한 일이라고 대답했다. 그러자 장자는 기다렸다는 듯이 혜자가 대답하기 곤란한 질문을 던졌다. 세상에는 지금 유가, 묵가, 양주(楊朱), 공손룡(公孫龍) 등 네 개의 학파가 있고, 여기에 혜자까지 더하면 모두 다섯 개의 학파가 있는데 이 중에서 누구의 주장이 정말로 옳은가라는 질문이다. 그러면서 만약 혜자의 주장만이 옳다면 노거(魯遽)가 자신의 제자에게 보여주었던 연주 소리와 같은 거냐고 따져 물었다.

그렇다면 노거가 제자에게 보여준 행동은 무엇일까? 노거의 제자는 스승의 도를 터득해서 겨울에 나무가 없어도 솥에 불을 땔 수 있고, 여름에도 얼음을 만들 수 있다고 말했다. 그러자 노거는 그건 양(陽)으로 불을 부르고 음(陰)으로 얼음을 부르는 도여서 자신이 추구하는 도가 아니라고 말했다. 이에 노거는 자신의 도를 직접 보여주기 위해 거문고 두 개를 조율한 뒤 하나는 대청에 놓고 다른 하나는 방에 놓았다. 노거가 대청에서 거문고 궁음 현을 튕기니까 방에 있는 거문고 궁음 현이 움직이고, 대청에서 거문고 각음 현을 튕기니까 방에 있는 거문고 각음 현이 움직이면서 음률이 모두 같아졌다. 다시 현의 음조를 고쳐서 궁상각치우 다섯 음 중 어느 하나에 해당되지 않게끔 한 뒤 현을 뜯으니까 25개 현 모두가 움직여서 소리를 냈다. 25개 현 소리가 달라진 게 아닌데도 이런 소리가 나는 건 조정한 한 개 현이 내는 소리가 다른 모든 음들을 지배해서이다. 노거가 추구하는 도는 이처럼 모든 도를 압도하는데 장자는 혜자의 도가 과연 이런 거냐고 물은 것이다.

그러자 혜자는 유가, 묵가, 양주, 공손룡 학파의 사람들이 지금 나와 논쟁을 벌여 말로 자신을 흔들거나 소리쳐서 자신을 압박해 왔어도 혜자가 그르다는 걸 처음부터 밝혀낼 수 없었다고 자신있게 말했다. 물론 반대의 경우도 성립한다. 혜자도 유가, 묵가, 양주, 공손룡 학파 사람들과 논쟁을 벌여 말로 상대방을 흔들거나 소리쳐서 상대방을 압박해왔어도 이들이 그르다는 걸 밝혀내기는 쉽지 않았다. 그럼에도 이런 언급을 하지 않은 건 아마도 지금 장자와의 논쟁에서 유가, 묵가, 양주, 공손룡 학파의 사람은 없고, 혜자만 있어서라고 본다. 게다가 혜자 딴에는 유가, 묵가, 양주, 공손룡 학파 사람들이 그르다는 걸 얼마든지 밝혀 낼 수 있다고 자신에 차 있어서라고 본다. 그래서 자신의 경우는 노거가 제자에게 보여주었던 경우와 다르다고 당당하게 말했던 것이다.

그러자 장자는 부모의 말을 안 듣는 못된 자식을 송나라에 내쫓은 제나라 사람의 예를 들었다. 제나라 사람은 문지기에게 자신의 자식을 너그러이 대하지 말도록 엄히 명령하고, 심지어 목이 긴 작은 종을 구해 자식의 몸에 매달아서 신체적으로까지 자식을 속박했다. 그리고 버린 자식을 찾을 때도 자신이 사는 지역을 단 한 번도 벗어난 적이 없다. 자식에 대한 부모의 이런 냉정한 처신은 일반적인 상식에서도 크게 벗어나는 일이다. 지금 장자의 눈에도 혜자가 엄격하고 예리한 논리를 동원해서 다른 학파의 사람들을 압도하려고 하므로 상식에서 벗어난 일을 자행한다고 본다. 그러면서 장자는 초나라 사람의 예를 하나 더 들었다. 그는 남의 집에 묵으면서 그 집 문지기와 싸운 적이 있어 아무도 없는 한밤중에 몰래 도망을 치다가 이번에는 뱃사공과 다투었다. 아니나 다를까 건너편 물가에 닿기도 전에 사공과는 원수가 되었는데 지금 혜자의 처지가 바로 그러하다. 혜자가 논쟁을 좋아해서 모든 학파의 사람들과 지금 사이가 좋지 않은 상황에 처하고 있어서이다.

장자가 혜자의 장례식에 가서 고인을 전송하고 돌아오는 길에

혜자(惠子)의 무덤 앞을 지나면서 뒤돌아보며 따르는 사람들에게 말했다.

"초나라 영(郢)의 한 미장이가 백회를 자신의 코끝에 파리 날개처럼

얇게 바르고서 장석(匠石)에게 이를 깎게 했네.

장석이 바람 소리가 일도록 도끼를 휘두르자

미장이는 이 소리를 들으면서

코끝의 백회가 깎여지는 걸 직접 보았네.

백회가 깨끗이 깎였는데도 미장이 코는 조금도 다치지 않았고,

미장이도 얼굴을 세우고서 낯빛을 전혀 잃지 않았네.

송(宋)나라 원군(元君)이 이 얘기를 전해 듣고 장석을 불러다가 말했네.

'과인을 상대로 그처럼 해봐라.'

장석이 말하길 '신은 예전엔 그렇게 깎을 수 있었지만 지금은 아닙니다.

신과 짝이 되어 줄 상대가 이미 오래 전에 죽어서입니다.'

나도 혜시가 죽었으니 짝이 되어 줄 상대가 없어

이제는 함께 말할 사람이 없어졌네."

· · ·

莊子送葬, 過惠子之墓, 顧謂從者曰:「郢人堊漫其鼻端, 若蠅翼, 使匠石斲之.

匠石運斤成風, 聽而斲之, 盡堊而鼻不傷, 郢人立不失容.

宋元君聞之, 召匠石曰:『嘗試爲寡人爲之.』

匠石曰:『臣則嘗能斲之. 雖然, 臣之質死久矣.』

自夫子之死也, 吾無以爲質矣, 吾無與言之矣.」

친구 혜시에 대한
장자의 우정 어린 조사(弔詞)

장자가 혜자(惠子)의 장례식에 가서 고인을 전송하고 돌아오는 길에 혜자 무덤 앞을 지날 때 자신을 따르는 사람들을 뒤돌아보면서 초나라 영(郢) 지역의 한 미장이에 대해 말했다. 그 미장이는 백회를 자신의 코끝에 파리 날개만큼 얇게 바른 뒤 도끼를 잘 휘두르는 장석(匠石)에게 이를 깎게 하자 장석은 바람 소리가 일도록 도끼를 크게 휘둘렀다. 미장이는 도끼 휘두르는 소리를 들으면서 눈 하나 깜빡하지 않고 코끝의 백회가 깎여지는 걸 끝까지 지켜보았다. 코끝의 백회가 깨끗이 깎여졌음에도 미장이 코에는 조금도 상처가 나지 않았을 뿐 아니라 미장이도 얼굴을 세우고서 낯빛을 전혀 바꾸지 않았다. 장석도 도끼를 잘 휘두르는 장인임에 분명하지만 미장이도 그 담력이 보통이 아닌 사람임에 틀림없다.

송(宋)나라 군주인 원군(元君)이 이 얘기를 전해 듣고 장석을 불러다가 자신의 코끝에 백회를 파리 날개처럼 얇게 바르고서 자신을 상대로 도끼를 휘두르도록 요청했다. 그러자 장석은 예전에는 도끼로 그렇게 깎을 수 있었지만 지금은 자신과 짝이 되어 줄 상대인 미장이가 죽은 탓에 그렇게 할 수 없다고 곤란해했다. 아무리 훌륭한 솜씨라도 이를 상대할 사람이 있어야만 그 솜씨가 빛날 수 있음을 말해주는 대목이다. 장자도 마찬가지이다. 혜자란 상대가 있었기에 지금까지 자신의 능력을 유감없이 발휘할 수 있었다. 지금 짝이 되어 줄 혜자란 상대가 죽어 저 무덤 안에 있으니 이제는 함께 논쟁할 사람이 없어져서 자신의 능력도 빛이 바랠 수밖에 없다.

『장자』 전체에 걸쳐서 장자와 혜자와의 논쟁은 모두 여섯 차례 나온다. 이때마다 혜자는 장자의 조롱거리 대상으로 등장하는데 이럼으로써 장자의 훌륭함은 더욱 크게 드러난다. 앞 장에서의 글도 마찬가지였다. 그렇지만 이 글을 통해 볼 때 장자는 혜자를 단지 조롱거리 대상으로만 여기지 않는다. 장자 자신의 훌륭함도 혜자란 경쟁자가 있었기에 가능한 일이었음을 장자가 혜자의 무덤 앞을 지나면서 새삼 깨달아서이다. 그렇다면 이 글은 장자가 친구 혜자에 대한 우정 어린 조사(弔詞) 쯤에 해당하지 않을까?

관중(管仲)이 병이 나자 제(齊)나라 환공(桓公)은 그를 찾아가서 물었다.

"중부(仲父)의 병이 중할 뿐이오.

이제 무슨 일이 생겨날지 모르니 속마음을 털어놓지 않을 수 없구려!

그대 병이 몹시 위급해지면 과인은 누구에게 나라를 맡겨야 괜찮겠소?"

관중이 말했다. "환공께선 누구에게 맡기려고 하십니까?"

환공이 대답했다. "포숙아(鮑叔牙)가 어떨까 하오."

관중이 말했다.

"그건 안 됩니다. 포숙아의 사람됨은 깨끗하고 청렴하고 착한 선비이지만

자기보다 못한 사람과는 친하게 지내려고 하지 않을뿐더러

남의 잘못을 한 번 들으면 평생 잊지 않습니다.

그래서 그가 나라를 다스리면 위론 군주를 거역하고, 아래론 백성의 뜻을

거스를 겁니다. 그러면 포숙아가 군주의 미움을 살 날이 멀지 않겠지요!

환공이 물었다. "그러면 누가 좋겠소?"

관중이 대답했다.

"굳이 찾는다면 습붕(隰朋)이 괜찮을 겁니다.

습붕의 사람됨은 위론 군주를 잊으면서 아래론 백성과 함께 행동하고,

자신이 황제(黃帝)만 못하다는 걸 늘 부끄러워하며

자기보다 못한 사람을 늘 불쌍히 여깁니다.

덕(德)을 남에게 나누어주면 거룩함(聖)이라고,

재물(財)을 남에게 나누어주면 어짊(賢)이라고 말합니다.

그런데 어질다고 해서 군림하려고 들면 사람들이 따르지 않지만

어질더라도 남의 밑에 들어가면 사람들이 저절로 따릅니다.

또 그러면 나라 일에 대해서도 못 들은 척하고 넘어가고,

집안일에 대해서도 못 본 척하고 넘어갑니다.

그러니 굳이 사람을 쓴다면 습붕이 괜찮습니다.

· · ·

管仲有病, 桓公問之曰:「仲父之病病矣, 可不諱云! 至於大病, 則寡人惡乎屬國而可?」

管仲曰:「公誰欲與?」

公曰:「鮑叔牙.」

曰:「不可. 其爲人, 潔廉善士也, 其於不己若者不比之, 又一聞人之過, 終身不忘.
使之治國, 上且鉤乎君, 下且逆乎民. 其得罪於君也, 將弗久矣!」

公曰:「然則孰可?」

對曰:「勿已, 則隰朋可. 其爲人也, 上忘而下不畔, 愧不若黃帝而哀不己若者.
以德分人謂之聖, 以財分人謂之賢. 以賢臨人, 未有得人者也.,
以賢下人, 未有不得人者也.
其於國有不聞也, 其於家有不見也. 勿已, 則隰朋可.」

깨끗한 포숙아보다 겸손한 습붕이
관중(管仲)의 후계자로 적당하다

———

관중(管仲)은 제(齊)나라 환공(桓公)을 도와서 그를 전국시대 첫 번째 패자로 만들었던 유능한 재상이다. 그래서 제환공은 관중을 중부(仲父)라고 부르면서 크게 떠받들었다. 그런 관중이 곧 죽을지도 모르는 큰 병에 들었으니 환공으로선 여간 큰 걱정거리가 아니다. 이에 환공은 병 문안차 관중을 찾아가서 관중의 후계자로 누가 괜찮은지에 대해 툭 터놓고 물었다. 그런데 이 문제는 보통 민감한 사안이 아닌지라 관중이라도 함부로 대답할 수 없었다.

이에 답답해진 환공은 포숙아(鮑叔牙)가 관중의 후계자로 어떤지에 대해 물었다. 보통사람이라면 이 제안을 기다렸다는 듯이 당장에 받아들였을 거다. 왜냐하면 관중이 포숙아에게 크게 신세를 진 일이 있었기 때문이다. 관중은 환공 소백과 공자 규 사이에 군주 다툼이 벌어졌을 때 공자 규 편을 들었을 뿐 아니라 활까지 쏘아 소백을 죽이려고 했던 사람이다. 그런데 환공 편에 서 있었던 포숙아가 관중을 환공에게 추천해서 지금의 관중이 있게끔 만들었던 주역에 해당한다. 여기에서 유명한 관포지교(管鮑之交)라는 말이 유래되었다. 그럼에도 관중은 포숙아를 추천하지 않았다. 관중은 어째서 이런 태도를 보였을까?

관중에 따르면 포숙아의 사람됨은 깨끗하고, 청렴하고, 착하다. 그렇지만 자기보다 못난 사람과는 친하게 지내려고 하지 않을뿐더러 남의 잘못을 한 번 들으면 이를 평생 잊지 못한다. 그만큼 포숙아는 깨끗하고 청렴한 마음의 소유자여서이다. 그런데 이는 지도자로선 큰 결격사유에 해당한다. 지도자는 잘난 사람은 물론이고 못난 사람과도 함께 어울릴 수 있어야 하고, 또 남의 잘못을 보더라도 적당히 눈감아줄 수 있는 아량을 지녀야 한다. 이런 어울림과 아량은 사람의 자연스런 본성에서 비롯된다. 만약 포숙아가 나라를 경영한다면 위로는 군주의 뜻을 거역하고, 아래로는 백성의 뜻을 거스르게 되기 십상이다. 그러면 포숙아는 곧 군주의 미움을 사서 자리에서 쫓겨나게 될 것이다.

당황스러워진 환공이 그러면 누가 좋겠냐고 간절히 묻자 관중은 습붕(隰朋)을 추천했다. 습붕의 사람됨이 위로는 군주를 잊고, 아래로는 백성과 함께 행동하고, 자신의 능력이 황제(黃帝)만 못하다는 걸 부끄러워하고, 자기보다 못한 사람을 불쌍히 여겨서이다. 여기서 위로는 군주를 잊고 아래로는 백성과 함께 행동한다는 건 군주를 의식하지 않고 백성의 생각에 따라 나라를 경영한다는 말이다. 또 능력이 황제만 못한 걸 부끄러워하고 자기보다 못한 사람을 불쌍히 여긴다는 건 겸손한 자세로 임한다는 말이다. 이처럼 습붕은 사람의 자연스런 본성을 잘 지켜서 백성의 생각을 최고로 여기며 늘 겸손한 자세를 유지한다.

게다가 습붕은 남에게 덕(德)을 베푸는 걸 거룩함(聖)이라고 말하고, 남에게 재물(財)을 나누어주는 걸 어짊(賢)이라고 말한다. 물론 이런 어짊을 베풀고도 남을 깔보면 사람들이 따르지 않지만 이런 어짊을 베풀고도 남의 밑으로 들어가면 사람들이 저절로 따른다. 습붕은 어짊을 베풀고도 남에 밑에 들어갈 수 있는 정도의 겸손함을 지닌 사람이다. 이런 겸손함으로 일을 처리하면 나라 일에 대해 못 들은 척하고 넘어가고, 집안일에 대해 못 본 척하고 넘어간다. 습붕의 이런 겸손함 때문에 관중은 자신의 후계자로 습붕을 환공에게 추천했다.

이와 비슷한 얘기는 사마천(司馬遷) 『사기』에서도 나온다. 실제로 환공 41년에 관중이 병으로 쓰러졌다. 이에 환공이 관중을 찾아가서 역아(易牙)가 관중의 후계자로 어떠냐고 물었다. 그러자 관중은 역아가 군주를 위해 자기 아들을 죽이면서 아첨한 인물이기에 안 된다고 말했다. 또 개방(開方)이 어떠냐고 묻자 개방은 위나라 공자이면서 환공에게 잘 보이기 위해 자기 가족을 버린 인물이기에 안 된다고 말했다. 또 수조가 어떠냐고 묻자 그는 스스로 거세하여 군주에게 아부한 인물이기에 안 된다고 말했다. 『장자』에 나온 이 내용도 겸손함을 강조하는 글로 각색했기에 실제 내용과는 거리가 멀어진 셈이다.

오(吳)나라 왕이 강을 헤엄쳐 건너 원숭이가 많이 사는 산으로 올라갔다.
원숭이 무리가 오왕을 보자 갑자기 하던 일을 내던지고 달려 깊은 숲으로
달아났다. 한 마리만 나뭇가지를 움켜쥐고 이리저리 왔다갔다 하며
왕에게 온갖 재주를 내보였다.
오왕이 활을 쏘자 그 원숭이는 왕이 쏜 빠른 화살을 재빨리 잡았다.
왕이 시종에게 명령해 활을 계속 쏘게 하자 마침내 화살에 맞아 죽었다.
오왕은 뒤돌아보며 동행한 그의 친구 안불의(顔不疑)에게 말했다.
"저 원숭이는 자기 재주를 자랑하며 날램을 믿고 내게 오만하게 굴다
이런 죽음에 이르렀네!
그러니 오만함을 경계해야 하네!
아, 자네도 잘난 얼굴을 하고서 남에게 교만하게 굴어선 안 될 거네!
안불의는 돌아와서 동오(董梧)를 스승으로 모시고 장대한 낯빛을 없애고,
풍류를 버리고 높은 지위를 사퇴했다.
이렇게 삼 년이 지나자 온 나라 사람들이 그를 칭송했다.

. . .

吳王浮於江, 登乎狙之山.
衆狙見之, 恂然棄而走, 逃於深蓁.
有一狙焉, 委蛇攫抓, 見巧乎王.
王射之, 敏給搏捷矢.
王命相者趨射之, 狙執死.
王顧謂其友顔不疑曰:「之狙也, 伐其巧, 恃其便以敖予, 以至此殛也! 戒之哉!
嗟乎, 無以汝色驕人哉!」
顔不疑歸而師董梧以鋤其色, 去樂辭顯, 三年而國人稱之.

오만함을 경계하고
교만하게 굴지 마라

———

이 글은 앞 장에 이어 교만하지 말고 겸손하라는 내용에 관한 것이다. 해석을 특별히 덧붙이지 않아도 이 내용이 글에 잘 나타난다. 오(吳)나라 왕이 강을 헤엄쳐 건너가서 원숭이가 많이 사는 산으로 올라갔다. 원숭이 무리가 오왕을 보자 갑자기 하던 일을 내팽겨치고 달려서 깊은 숲 속으로 그대로 달아났다. 그런데 한 마리만 나뭇가지를 움켜쥔 채 이리저리 왔다갔다 하며 오왕에게 온갖 재주를 자랑해 보였다. 오왕은 이때다 싶어 활을 쏘았는데 그 원숭이는 오히려 왕이 쏜 빠른 화살을 재빨리 잡았다. 속이 좀 상하게 된 왕은 시종에게 명령을 내려 활을 계속 쏘도록 하자 원숭이는 결국 화살에 맞아 죽었다.

오왕은 뒤돌아보며 동행한 그의 친구 안불의(顏不疑)에게 저 원숭이는 자기 재주를 자랑하면서 그의 날램을 믿고 오만하게 굴다가 이런 죽음에 이르게 되었다고 말했다. 오왕은 안불의에게도 잘난 얼굴을 하고 남에게 교만하게 굴어선 안 된다고 충고했다. 이에 안불의는 느낀 바가 있어 집으로 돌아와 동오(董梧)를 스승으로 모시고, 장대한 낮빛을 없애고, 풍류를 버리고, 높은 지위까지 사퇴했는데 삼 년이 지나자 온 나라 사람들이 그를 칭송했다. 실제로 안불의는 훌륭한 인품의 소유자였는데 이 일이 계기가 되어 그랬는지 모른다.

남백자기(南伯子綦)가 탁자에 기대어 앉아 하늘을 우러르며
한숨을 길게 내쉬었다.
안성자(顏成子)가 들어와서 이를 보고 말했다.
"선생님은 다른 사람들보다 더 훌륭하신 분입니다.
형체는 정말로 마른 몸(槁骸)처럼, 마음은 정말로 불 꺼진 재(死灰)처럼
어찌 이렇게 될 수 있나요?"
남백자기가 말했다.
"나는 일찍이 산속의 굴 안에서 살았네.
그때 제나라 군주인 전화(田禾)가 나를 한 번 만나자
제나라 사람은 이 일을 두고 전화를 세 번씩이나 축하했네.
이건 분명히 내가 세상에 명성이 났기에 전화가 먼저 나를 알아본 걸세.
아니면 이건 분명히 내 능력을 팔려고 해서 전화가 나를 사려고 한 걸세.
만약 내가 팔 생각이 없었다면 전화가 나를 사겠다는 생각을
내 어찌 알 수 있겠는가?
만약 내가 팔 생각이 없었다면 전화가 어찌 알아 나를 사겠다는 생각을
할 수 있겠는가?
아아! 나는 스스로 자기를 잃은(自喪) 사람을 불쌍히 여겨 왔다.
또 스스로 자기를 잃은 사람을 불쌍히 여기는 사람도 불쌍히 여겨 왔다.
또 스스로 자기를 잃은 사람을 불쌍히 여기는 걸 불쌍히 여기는 사람도
불쌍히 여겨왔다.
그런데 막상 자기를 잃으니까 이런 생각의 굴레에서 나날이 멀어졌다."

． ． ．

南伯子綦隱几而坐, 仰天而噓.

顏成子入見曰:「夫子, 物之尤也. 形固可使若槁骸, 心固可使若死灰乎?」

曰:「吾嘗居山穴之中矣. 當是時也, 田禾一覩我, 而齊國之眾三賀之.

我必先之, 彼故知之., 我必賣之, 彼故鬻之.

若我而不有之, 彼惡得而知之? 若我而不賣之, 彼惡得而鬻之?

嗟乎! 我悲人之自喪者, 吾又悲夫悲人者, 吾又悲夫悲人之悲者, 其後而日遠矣.」

스스로 자기를 잃은(自喪) 사람이
가장 행복하다

———

남백자기(南伯子綦)가 탁자에 기대어 앉아 하늘을 우러르면서 길게 한숨을 내쉬었다. 안성자(顔成子)가 들어와서 이를 보고 말했다. "선생님은 다른 사람들보다 훌륭하신 분입니다. 형체는 정말로 마른 몸(槁骸)과 같고, 마음은 정말로 불 꺼진 재(死灰)와 같은데 어찌하면 이렇게 될 수 있나요?" 이 내용은 내편「제물론」1의 도입부와 비슷하다. 남백자기는「제물론」에서 남곽자기로, 안성자는「제물론」에서 안성자유로, 마른 몸 고해(槁骸)는「제물론」에서 마른나무 고목(槁木)으로 제각각 등장한 바 있고, 그리고 불 꺼진 재 사회(死灰)는「제물론」과 똑같이 사용된다. 더욱이「제물론」에서 몸을 마른나무인 고목에 비유하고, 마음을 불 꺼진 재인 사회로 비유한 건 오상아(吾喪我), 즉 타고난 내가 살면서 만들어진 나를 초상 치러 없앴기 때문이라고 본다. 그런데 여기서도 이를 자상(自喪), 즉 스스로를 잃은 거라고 설명하고 있다.

남백자기는 제자 안성자에게 자신은 일찍부터 산속의 굴 안에서 살았는데 어느 날 제나라 군주 전화(田禾)가 자신을 한 번 만나고 나서부터 제나라 사람들은 이 일을 두고 전화를 세 번씩이나 축하했다고 말했다. 그건 자신들의 군주가 남백자기와 같은 훌륭한 사람을 제대로 알아본 걸 두고 기뻐해서이다. 그러니 남백자기는 정말로 훌륭한 인물임에 틀림없다. 그럼에도 불구하고 남백자기는 본의 아니게 자신의 명성을 세상에 드러냄으로써 전화가 자신을 먼저 알아본 거라고 여겨 부끄러워했다. 아니면 남백자기는 본의 아니게 자신의 능력을 세상에 내다 팔려는 사람으로 알려지게 함으로써 전화가 자신을 사려고 한 거라고 여겨 부끄러워했다. 세상에 자신을 내다팔 생각이 조금도 없었다면 전화가 어찌해서 남백자기의 훌륭함을 알 수 있었으며, 또 전화가 남백자기를 사겠다는 생각을 어찌해서 할 수 있겠느냐고 남백자기는 스스로에게 물었던 거다.

그동안 남백자기는 스스로 자기를 잃은(自喪) 사람을 불쌍히 여겨 왔다. 또 스스로 자기를 잃은 사람을 불쌍히 여기는 사람도 불쌍하다고 여겨 왔다. 또 스스로 자기를 잃은 사람을 불쌍히 여기는 걸 불쌍히 여기는 사람도 불쌍하다고 여겨왔다. 그런데 막상 남백자기가 자기를 잃고 나니까 자기를 잃은 사람을 불쌍히 여기는 잘못된 생각의 굴레에서부터 나날이 멀어져 갔다. 오히려 이제는 스스로 자기를 잃은 사람을 두고 가장 행복하다고 여긴다. 그러니 스스로 자기를 잃은 자상(自喪)이나 「제물론」에서 말하는 타고난 내가 살면서 만들어진 나를 초상 치른 오상아(吾喪我)나 똑같은 표현인 셈이다.

공자가 초(楚)나라를 방문했을 때 초왕은 공자를 위해 주연을 베풀었다.

그때 손숙오(孫叔敖)는 술잔을 들고 서 있었고,

시남의료(市南宜僚)는 술을 받아 땅에 부으면서 고수레를 지냈는데

초나라 왕이 말했다. "옛날 사람이라면! 이런 경우에 한 말씀 합니다."

공자가 말했다.

"저는 말 없는 말(不言之言)의 가르침을 들어서 여태 말한 적이 없지만

이번 기회에 한번 말해보겠습니다.

시남의료는 적의 군대 앞에 홀로 나아가 구슬 놀이를 재미있게 하면서

송나라와의 전쟁을 해결했고,

손숙오는 영(郢) 지역 사람들이 반란을 일으켰을 때

오히려 늘어지게 잠자며, 깃 부채를 들어 춤추는 여유까지 보여주면서

이들 스스로 무기를 버리도록 했습니다.

초왕의 수하에는 이런 훌륭한 신하들이 있어 국난을 무난히 해결했는데

저는 그저 석 자 주둥이만 놀려보겠습니다!"

공자가 계속해 말했다.

"저 시남의료의 행동을 두고 도 아닌 도(不道之道)라고 말하고,

이 손숙오의 말을 두고 말 없는 말(不言之辯)이라고 합니다.

그래서 덕(德)은 도와 하나 된 곳에 모여야 지극하고,

말(言)은 앎이 미치지 않는 곳에 머물러야 최고입니다.

도(道)는 하나 된 곳에 모이지만 덕(德)은 하나 된 곳에 모이지 못합니다.

또 제대로 된 앎(知)은 알 수 없는 곳에 머무르기에

말을 통해 이를 거론할 수 없습니다.

그러니 유가(儒)와 묵가(墨)처럼 인애니 겸애니 하면서

명분(名)을 두고 다투는 건 보기에도 흉합니다.

바다는 동쪽으로 흐르는 모든 강들의 물을 받아들이지만

전혀 변함이 없으므로 이런 게 정말로 큰 겁니다.

성인(聖人)도 바다처럼 천지를 아우르며 감싸며,

또 그의 은덕이 천하에 미치지만 사람들은 그가 누구인지 모릅니다.

이 때문에 성인은 살아선 아무런 벼슬(爵)이 없고,

죽어서도 어떤 시호(諡)가 내려지지 않습니다.

또 재물(實)을 모으지도 않고, 명예(名)를 추구하지도 않는데

이런 사람을 가리켜 대인(大人)이라고 합니다.

개는 잘 짖는다고 좋은 개가 되는 건 아니고,

사람은 말을 잘한다고 현명한 사람이 되는 건 아닙니다.

그런데 하물며 말 잘하는 게 대인(大人)이 되는 것과 무슨 상관이 있나요!

대인이 되려고 하면 대인이 될 수 없는데

하물며 덕이 충만한 사람이 되려고 하면 더 말할 나위가 없겠지요!

큰 것치고 천지(天地)보다 더 큰 건 천하에 없는데

천지가 무얼 탐내어 굳이 크게 갖추려고 하겠습니까?

큰 갖춤을 알면 탐낼 것도 없고, 잃는 것도 없고, 버릴 것도 없어

사물에 이끌려서 자기의 본성을 바꾸지 않습니다.

또 자기의 본성으로 돌아가는데도 다하지 않고, 옛 방법을 따르는데도

이를 가까이하지 않는 게 대인(大人)의 진실된 모습입니다.”

. . .

仲尼之楚, 楚王觴之, 孫叔敖執爵而立, 市南宜僚受酒而祭曰:

「古之人乎! 於此言已.」

曰:「丘也聞不言之言矣, 未之嘗言, 於此乎言之.

市南宜僚弄丸而兩家之難解, 孫叔敖甘寢秉羽而郢人投兵. 丘願有喙三尺!」

「彼之謂不道之道, 此之謂不言之辯, 故德總乎道之所一. 而言休乎知之所不知, 至矣.

道之所一者, 德不能同也., 知之所不能知者, 辯不能舉也., 名若儒墨而凶矣.

故海不辭東流, 大之至也., 聖人并包天地, 澤及天下, 而不知其誰氏.

是故生無爵, 死無諡, 實不聚, 名不立, 此之謂大人.

狗不以善吠爲良, 人不以善言爲賢, 而況爲大乎!

夫爲大不足以爲大, 而況爲德乎!

夫大莫若天地, 然奚求焉而大備矣.

知大備者, 無求, 無失, 無棄, 不以物易己也.

反己而不窮, 循古而不摩, 大人之誠.」

도 아닌 도를 보여준 시남의료와
말 없는 말 잘함을 보여준 손숙오

———

공자가 초(楚)나라를 방문했을 때 초나라 왕이 공자를 위해 주연을 베풀었다. 그때 재상이었던 손숙오(孫叔敖)가 술잔을 들고 서 있었고, 시남의료(市南宜僚)는 술을 받아 땅에 부으면서 고수레를 지냈다. 이때 초나라 왕은 옛날 사람이라면 이런 좋은 날에 한 말씀을 하므로 공자에게도 한 말씀을 하도록 권했다. 그러자 공자는 불언지언(不言之言), 즉 말 없는 말의 가르침을 들은 뒤부터 여태 말한 적이 없었지만 이번 기회에 한번 말해보겠다고 나섰다. 그러면서 시남의료는 적의 군대 앞으로 홀로 나아가 어린애처럼 구슬 놀이를 해서 송나라와의 전쟁을 쉽게 해결했고, 또 손숙오는 영(郢) 지역 사람들이 반란을 일으켰을 때 늘어지게 잠자고 깃 부채를 들어서 춤추는 여유까지 보여주며 반란인들이 스스로 무기를 버리게 했음을 강조했다. 이처럼 초나라 왕의 수하에는 훌륭한 신하들이 있어 국난을 무난히 해결했음을 상기시키면서 공자는 자신의 석 자 주둥이를 놀리겠다는 겸손함을 보이고 말을 꺼냈다.

공자가 볼 때 적의 군대 앞에 홀로 나아가 어린애처럼 구슬 놀이를 해서 전쟁을 해결한 시남의료의 행동은 바로 도 아닌 도(不道之道)에 따른 행동이다. 또 늘어지게 잠자고서 깃 부채를 들어 춤추는 여유까지 보여주며 반란군이 스스로 무기를 버리게 한 손숙오의 말은 바로 말없는 말 잘함(不言之辯)이다. 그래서 시남의료의 천진난만한 행동과 같이 덕(德)이 도(道)와 하나 된 곳에 모여야 지극한 덕이 되고, 또 손숙오의 말(言)이 없는 행동과 같이 앎이 미치지 않는 곳에 머물러야 최고의 앎이 된다.

그런데 도는 하나 된 곳에 쉽게 모이지만 덕(德)은 하나 된 곳에 쉽게 모이지 못한다. 또 제대로 된 앎(知)은 알 수 없는 곳에 머무르기에 말을 통해 이를 제대로 거론할 수 없다. 지금 유가와 묵가는 인애니 겸애니 하면서 명분(名)을 두고 서로 다투는데 이건 덕이 하나 된 곳에 모이지 못한다는 증거이다. 만약 이들의 덕이 한 곳에 모이면 시시비비를 가리지 않고 모두를 수용하게 마련이다. 게다가 이들이 말로 다툰다는 건 이들의 앎이 제대로 된 앎이 아니라는 증거이다. 만약 이들의 앎이 제대로 된 앎이라면 말을 통해 이를 거론할 수 없다. 그래서 유가와 묵가의 시비다툼은 보기에도 흉할 뿐이다.

바다는 동쪽으로 흐르는 모든 강들의 물을 받아들이지만 물의 크기에는 전혀 변함이 없는데 이것이 정말로 큰 것이다. 실제 황하(黃河)나 장강(長江)은 동쪽으로 흘러서 황해로 모두 모여든다. 바다가 이처럼 모든 강들을 아우르고 감싸는 것처럼 성인(聖人)도 천지를 아우르며 감싼다. 그러면서 그의 은덕이 천하에 미치는데 사람들은 성인이 누군지를 모른다. 이 때문에 성인은 살아선 아무런 벼슬이 없고, 죽어서도 어떤 시호가 주어지지 않는다. 또 재물을 모으지도 않고, 명예도 추구하지 않는데 이런 사람을 가리켜 대인(大人), 즉 큰 사람이라고 말한다. 개가 잘 짖는다고 좋은 개가 되는 게 아닌 것처럼 사람도 말을 잘한다고 해서 현명한 사람이 되는 게 아니다. 하물며 말 잘하는 건 큰 사람이 되는 것과 아무런 관련이 없다. 그러니 유가와 묵가가 말로 시시비비를 계속

가린다면 이들은 큰 사람이 결코 될 수 없다.

게다가 막상 큰 사람이 되려고 마음먹으면 큰 사람이 되지 못한다. 하물며 덕이 충만한 사람이 되려고 마음먹으면 그렇게 되지 못하는 건 더 말할 나위 없다. 큰 것치고 천지(天地)보다 더 큰 건 천하에 없으므로 천지도 무얼 탐내어 굳이 크게 갖추려고 하지 않는다. 그러니 천지처럼 큰 갖춤을 알고 나면 천하에 탐낼 것도, 잃을 것도, 버릴 것도 없어 사물에 이끌려서 자기의 본성을 바꾸지 않는다. 이것이 큰 사람의 진실된 모습이다. 또 자신의 타고난 본성으로 돌아가는데도 다하지 않고, 또 옛 방법을 따르는데도 가까이하지 않는 게 큰 사람의 진실된 모습이다. 그런데 공자가 이런 말을 했다는 게 어째 좀 이상하다. 그러니 이 글 역시 공자의 입을 빌려 장자가 하고자 하는 바를 말하는 형식이다.

남백자기는 여덟 명 자식을 두었는데 어느 날 이들을 앞에 늘어세운 뒤 구방인(九方歅)을 불러서 물었다.

"나를 위해 내 자식들 관상을 봐주시오. 누가 복을 갖고 태어났는지요?"

구방인이 말했다. "곤(梱)이 복을 갖고 태어났습니다."

남백자기는 놀라 기뻐하면서 물었다. "어떤 복인가요?"

구방인이 말했다.

"곤은 나라의 군주와 함께 식사를 하면서 일생을 마칠 겁니다."

남백자기는 두려워서 눈물을 흘리며 물었다.

"내 자식이 어째서 이런 참혹한 경지에 이릅니까!"

구방인이 말했다.

"군주와 함께 식사를 할 수 있다면 그 은덕이 온 집안에 미칠 텐데 하물며 부모님이야 더 말할 나위 있겠습니까!

지금 제 얘기를 듣고서 눈물을 흘리며 우는 건 복을 차는 일입니다.

자식이 복을 타고 태어났는데 아버지는 그걸 복이 아니라고 여기니까 안타깝습니다."

남백자기가 말했다.

"구방인, 그대가 무얼 안다고 곤이 복을 갖고 태어났다고 말하는 거요? 술과 고기를 실컷 먹으면 그 향내와 맛이 코와 입으로 들어가는데 그 음식이 어디에서 왔는지 알고 있습니까?

가축을 기르지 않아도 암컷 양은 집 서남쪽 구석에 저절로 생겨나고, 사냥을 즐기지 않아도 메추라기가 집 동남쪽 구석에 생겨나는 걸 그대는 기이하게 여기지 않으니까 어째선가요?

내가 자식들과 노닐려는(遊) 복은 천지 사이에서 노니는 복이지요.

그건 자식과 하늘에서 즐거움을 맞이하고 땅에서 먹거리를 찾는 복이지요.

그건 자식과 인위적으로 일을 하지 않고, 일을 꾸미지 않고,

또 기이한 짓을 하지 않는 복이지요.

그건 자식과 천지의 진실함에 올라타서

사물로 인해 마음이 흔들리는 일이 없도록 하는 복이지요.

그건 자식과 한결같이 자연스러움을 순순히 좇거나

일의 옳고 그른 바를 따지지 않는 복이지요.

그런데 지금 내 자식의 운세에 세속의 보상(世俗之償) 따위가 있다니!

대개 기이한 징조가 있으면 반드시 기이한 행동이 나타나 위태롭지요.

그건 나와 내 자식의 죄는 아니고 하늘이 준 죄일 거요!

그래서 나는 울었던 겁니다."

얼마 안 되어 곤이 연(燕)나라에 사신으로 갔는데 도적들이 그를 길에서

붙잡았다. 온전한 몸으로 팔면 도망칠 우려가 있어 발꿈치를 베어

파는 게 좋을 거라고 여겨 발꿈치를 베고 제나라에 팔았다.

곤은 우연히 제나라 왕가의 우두머리 하인이 되어 평생 고기를 먹으면서

삶을 마칠 수 있었다.

. . .

子綦有八子, 陳諸前, 召九方歅曰:「爲我相吾子, 孰爲祥?」

九方歅曰:「梱也爲祥.」

子綦瞿然喜曰:「奚若?」

曰:「梱也將與國君同食以終其身.」

子綦索然出涕曰:「吾子何爲以至於是極也!」

九方歅曰:「夫與國君同食, 澤及三族, 而況父母乎! 今夫子聞之而泣, 是禦福也.

子則祥矣, 父則不祥.」

子綦曰:「歆, 汝何足以識之, 而梱祥邪? 盡於酒肉入於鼻口矣, 而何足以知其所自來?

吾未嘗爲牧而牂生於奧, 未嘗好田而鶉生於宎, 若勿怪, 何邪?

吾所與吾子遊者, 遊於天地.

吾與之邀樂於天, 吾與之邀食於地., 吾不與之爲事, 不與之爲謀, 不與之爲怪.,

吾與之乘天地之誠而不以物與之相攖, 吾與之一委蛇而不與之爲事所宜.

今也然有世俗之償焉!

凡有怪徵者, 必有怪行, 殆乎, 非我與吾子之罪, 幾天與之也! 吾是以泣也.」

無幾何而使梱之於燕, 盜得之於道, 全而鬻之則難, 不若刖之則易, 於是乎刖而鬻之於齊, 適當渠公之街, 然身食肉而終.

참된 복은 하늘에서 즐거움을 맞이하고 땅에서 먹을거리를 찾는 일이다

———

남백자기는 여덟 명의 자식을 두었는데 어느 날 자식들을 앞에 늘어서게 한 뒤 구방인(九方歅)을 불러서 이들의 관상을 봐달라고 부탁했다. 구방인이 곤(梱)이 복을 갖고 태어났다고 하자 남백자기는 어떤 복이냐고 기뻐하며 물었다. 그러자 구방인은 곤이 군주와 함께 식사하면서 일생을 마칠 거라고 말했다. 남백자기는 갑자기 두려워져 눈물을 흘리면서 곤이 어째서 이런 참혹한 경지에 이르게 되느냐고 따져 물었다. 구방인은 군주와 함께 식사할 수 있다면 그 은덕이 온 집안에 미칠 텐데 부모님이야 더 말할 나위 있겠느냐고 매우 의아해하며 말했다. 게다가 지금 남백자기가 우는 건 들어오는 복을 차는 일이라고 못마땅하게 여겼다. 또 자식이 복을 갖고 태어났는데 아버지는 그걸 복이 아니라고 여기니까 안타깝다고 말했다.

그러자 남백자기는 구방인이 무얼 안다고 자신의 자식이 복을 갖고 태어났다고 말하느냐고 항의하듯 따졌다. 술과 고기를 실컷 먹으면 그 달콤한 향내와 맛이 코와 입으로 들어가는데 남백자기가 볼 때 이건 복에 속하는 게 아니어서이다. 사실 술과 고기는 마음만 먹으면 얼마든지 구할 수 있다. 집에서 가축을 기르지 않아도 암컷 양은 집의 서남쪽 모퉁이에 다가오게 마련이고, 또 사냥을 즐기지 않아도 메추라기는 집 동남쪽 모퉁이에 날아들게 마련이어서이다. 이처럼 술과 고기는 저절로 생겨나므로 남백자기가 볼 때 술과 고기를 실컷 먹는 일 따위는 복에 속하지 않는다. 남백자기가 자식과 함께 노닐려는(遊) 복은 천지 사이에서 노니는 일이다.

그래서 남백자기가 추구하는 복은 자식과 하늘에서 즐거움을 맞이하고, 땅에서 먹을거리를 찾는 일이다. 또 그 복은 자식과 인위적으로 일하지 않고, 일을 꾸미지 않고, 기이한 짓을 하지 않는 일이다. 또 그 복은 자식과 천지의 진실함에 올라타서 사물로 인해 마음이 흔들리지 않도록 하는 일이다. 또 그 복은 자식과 자연스러움을 한결같이 순순히 좋으면서 일의 옳고 그른 바를 따지지 않는 일이다. 그런데 지금 자식의 운세에 세속적인 보상이 있으니까 남백자기는 이 점을 크게 걱정하는 바다. 대개 기이한 징조가 있으면 필히 기이한 행동이 나타나서 위태로워진다. 그래서 남백자기 자식도 곧 위태로워질 텐데 이런 위태로움은 남백자기 자신이나 자식의 죄가 아니고 자연이 준 죄이므로 남백자기가 울 수밖에 없었다.

얼마 안 있어 남백자기 자식인 곤이 연(燕)나라에 사신으로 가게 되었는데 도적들이 길에서 그를 붙잡았다. 도적들이 볼 때 온전한 몸으로 팔면 도망칠 우려가 있어 발꿈치를 베어서 파는 게 좋을 거라고 여겨 곤의 발꿈치를 베고서 제나라에 팔았다. 우연히 제나라 왕가의 우두머리 하인이 되어 곤은 평생 고기를 먹으면서 삶을 마칠 수 있었다. 곤의 아버지 남백자기가 예측한 게 사실로 맞아 떨어졌다. "늪에 사는 꿩은 열 걸음을 걸어야 한 번 쪼아 먹을 먹이를 만나고, 백 걸음을 걸어야 한 번 마실 물을 만난다. 그렇지만 새 장 안에 갇혀서 길러지기를 바라지 않는다. 새장 속에는 먹이가 충분해 기력은 왕성하겠지만 마음은 즐겁지 않아서이다."[21]라는 내편 「양생주」의 글이 자연스레 떠올라진다.

---

21) 澤雉十步一啄 百步一食 不蘄畜乎樊中. 神雖王 不善也. (「양생주」3-1)

설결(齧缺)이 허유(許由)를 우연히 길에서 만나자 말했다.

"선생은 지금 어디로 갑니까?"

허유가 말했다. "요(堯)임금으로부터 달아나려고 합니다."

설결이 말했다. "무슨 말인지요?"

허유가 말했다.

"요임금은 애써 어짊(仁)을 행하지만 저는 요임금이 하는 일이
천하의 웃음거리가 될까 두렵습니다.

이대로 가면 후세에는 사람끼리 서로 잡아먹는 사태가 벌어질 겁니다!

백성이 모여드는 건 결코 어려운 일이 아닙니다.

백성을 사랑하면 친해지고, 이익을 주면 모여들고,

칭찬하면 일에 힘쓰고, 싫어하는 일을 맡기면 흩어집니다.

백성을 사랑하고 이롭게 하는 마음은 인의(仁義)에서 나옵니다.

그런데 인의를 버리는 사람은 적은데 인의를 활용하는 사람은 많지요.

이 때문에 인의에 따른 행동에 전혀 진실성이 없고,

날짐승처럼 탐욕스런 자에게 오히려 무기가 됩니다.

이는 한 사람이 판단한 것으로 천하를 이롭게 하는 거로 규정한 일인데
사물의 한 면만 얼핏 본 것에 비유할 수 있지요.

그러니 요임금은 어진 사람이 천하를 이롭게 하는 것만 알지
그들이 천하를 그르치게 하는 걸 알지 못합니다.

그런데 오로지 어짊(賢)의 경지를 잊은 사람만이 그런 사실을 압니다!"

· · ·

齧缺遇許由, 曰:「子將奚之?」

曰:「將逃堯.」

曰:「奚謂邪?」

曰:「夫堯畜畜然仁, 吾恐其爲天下笑. 後世其人與人相食與!

夫民, 不難聚也., 愛之則親, 利之則至, 譽之則勸, 致其所惡則散.

愛利出乎仁義, 損仁義者寡, 利仁義者衆.

夫仁義之行, 唯且無誠, 且假夫禽貪者器.

是以一人之斷制利天下, 譬之猶一覕也.

夫堯知賢人之利天下也, 而不知其賊天下也, 夫唯外乎賢者知之矣!」

어짊(仁)의 경지를 잊은 사람만이
어짊이 천하를 그르칠 수 있음을 안다

———

설결(齧缺)이 허유(許由)를 우연히 만나서 지금 어디로 가느냐고 묻자 허유는 요(堯)임금으로부터 달아나고 있다고 대답했다. 허유는 요임금이 천하를 맡아달라고 부탁하자 못 들을 얘기를 들었다고 당장 냇가로 달려가서 귀를 씻었던 사람으로 유명하다. 설결이 의아해서 그게 무슨 말이냐고 되물었다. 그러자 허유는 요임금이 애써 어짊(仁)을 행하지만 요임금이 지금 하는 일이 천하의 웃음거리가 될까 두렵다고 말했다. 그래서 이대로 가다간 후세에는 사람과 사람이 서로 잡아먹는 상황이 벌어질 거라는 우울한 전망까지 내놓았다.

요임금이 애써 어짊을 행하는 건 오로지 백성을 모여들게 하기 위해서이다. 그런데 백성을 모여들게 하는 일은 허유가 볼 때 그다지 어려운 일이 아니다. 백성을 사랑하면 친해지고, 백성에게 이익을 주면 모여들고, 백성을 칭찬하면 일에 힘쓰고, 백성에게 싫어하는 일을 맡기면 흩어지므로 오로지 백성을 사랑하고 이익을 주면 모여들게 마련이다. 그런데 백성을 사랑하고 이익을 주는 건 기본적으로 인의(仁義)의 마음에서 비롯된다. 그래서 지금 세상에는 인의를 버리려는 사람은 적은데 인의를 활용하려는 사람은 넘쳐난다. 이 때문에 인의에 따른 행동에 진실성이 없을뿐더러 심지어 날짐승처럼 탐욕스런 자에겐 오히려 남을 해치는 무기가 되기도 한다.

　그러니 한 사람, 즉 요임금 한 사람이 어짊에 대해 긍정적으로 판단한 걸 두고 어짊만이 천하를 이롭게 하는 거라고 규정하면 이는 사물의 한 면만을 얼핏 보고 사물 전체를 파악하는 것에 비유할 수 있다. 그러니 허유가 볼 때 요임금은 어진(賢) 사람이 천하를 이롭게 하는 것만 알지 어진 사람이 천하를 그르친다는 사실을 모른다. 어쩌면 어짊의 경지를 깡그리 잊은 사람만이 어짊이 천하를 그르치게 할 수 있다는 걸 안다. 허유는 어짊의 경지를 잊은 사람이므로 어짊이 천하를 그르친다는 사실을 알아 요임금의 후계자 제안을 거부하고 달아나는 거다.

흰주자(暖姝者), 유수자(濡需者), 권루자(卷婁者)가 있다.

소위 흰주자는 한 스승의 이론(言)을 배우면 그걸 얌전히 따라

자기 이론으로 기쁘게 받아들이면서 만족한다.

그렇지만 사물이 애당초 존재하지 않는다는 사실을 모르고서

남의 말에 사로잡혀 거기에 만족하는 사람이라고 말한다.

유수자는 돼지 몸에 붙은 이(蝨)와 같아 거칠고 긴 털 난 데만을 골라서

거기를 자신의 넓은 집과 큰 동산이라고 여긴다.

또 가랑이와 발굽이 갈라져서 후미진 곳이나 젖 사이와 사타구니를

자신의 편안한 집과 좋은 거처라고 여긴다.

그런데 어느 날 백정이 팔로 마른 풀을 두드려 펴서 불로 연기를 피우면

이를 알지 못해 돼지와 함께 타 버린다.

이는 한정된 곳만 들락거려서인데 다른 사람 권위의 그늘에 머물러

잠깐 동안의 안일에 만족하는 사람이라고 말한다.

마지막으로 권루자는 순(舜)임금과 같은 인물이다.

양고기는 개미를 그리워하지 않아 모여들지 않지만

개미는 양고기를 그리워해 모여드는데 이는 양고기의 누린내 탓이다.

순(舜)도 누린내 나는 행동이 있어 백성이 그를 기뻐하면서 따른다.

이에 순이 세 번씩 옮겨 다닐 때마다 백성이 모여들어 도읍을 이루었다.

심지어 등(鄧)이란 허허벌판에서도 십여만 호의 민가(家)를 형성했다.

요임금은 순이 어질다는 얘기를 듣고 그를 등용해 불모의 땅(童土之地)을

맡기면서 말했다. '이 불모의 땅에 와서 은덕을 베풀길 바란다.'

순이 불모의 땅을 일으킬 땐 나이도 늙고 눈귀의 총명함도 쇠했지만

더 이상 돌아가서 쉴 수 없었다.

이를 두고 세상일에 애쓰면서 심신을 고달프게 하는 권루자라고 말한다.

신인(神人)이 많은 사람들이 모여드는 걸 싫어하는 이유가 이것이다.

그래서 신인은 많은 사람들이 모여들어도 이들과 친하지 않고,

이들과 친하지 않아 이득(利)도 얻지 못한다.

때문에 사람들과 새삼스레 친하지도 않고 새삼스레 소원하지도 않다.

또 타고난 덕(德)을 잘 껴않아 이를 자연의 조화로움에 활활 태워

천하를 따르는 사람을 두고 진인(眞人)이라고 부른다.

진인은 개미를 보면서 양고기를 찾는 식의 앎을 버려도

물고기를 보면서 자유로이 헤엄치는 꾀는 배운다.

또 양을 보면서 노린내를 풍겨 개미를 모으는 것과 같이

다른 걸 유혹하려는 생각을 버린다.

또 진인은 눈에 비치는 대로 보고, 귀에 들리는 대로 듣고,

마음으로 움직이는 대로 하지만 결국 본심으로 돌아온다.

이런 진인은 마음이 먹줄처럼 평평해도 자연 변화처럼 자연스레 변한다.

옛날 진인은 자연(天)으로 사람을 대하면서

자연적인(天) 것에 인위적인(人) 것을 끼워넣지 않았다.

옛날 진인은 자연의 도를 얻으면 살아나고 그걸 잃으면 죽는 반면

인위의 도를 얻으면 죽고 그걸 잃으면 살았다.

. . .

有暖姝者, 有濡需者, 有卷婁者,.
所謂暖姝者, 學一先生之言, 則暖暖姝姝而私自說也, 自以爲足矣, 而未知未始有物
也, 是以謂暖姝者也.

濡需者, 豕蝨是也, 擇疏鬣者以爲廣宮大囿, 奎蹏曲隈, 乳間股脚, 此以爲安室利處, 不知屠者之一旦鼓臂布草操煙火, 而己與豕俱焦也.

此以域進, 此以域退, 此其所謂濡需者也.

卷婁者, 舜也. 羊肉不慕蟻, 蟻慕羊肉, 羊肉羶也.

舜有羶行, 百姓悅之, 故三徙成都, 至鄧之虛而十有萬家.

堯聞舜之賢, 擧之童土之地, 曰冀得其來之澤.

舜擧乎童土之地, 年齒長矣, 聰明衰矣, 而不得休歸, 所謂卷婁者也.

是以神人惡衆至, 衆至則不比, 不比則不利也.

故無所甚親, 無所甚疏, 拘德煬和以順天下, 此謂眞人.

於魚棄知, 於魚得計, 於羊棄意.

以目視目, 以耳聽耳, 以心復心.

若然者, 其平也繩, 其變也循.

古之眞人, 以天待人, 不以人入天.

古之眞人, 得之也生, 失之也死., 得之也死, 失之也生.

권루자(卷婁者)처럼
고달픈 삶을 살다간 순임금

———

세상에는 훤주자(暖姝者), 유수자(濡需者), 권루자(卷婁者)라는 세 종류의 지자(知者), 즉 아는 사람이 있다. 먼저 훤주자는 한 스승의 이론을 배우면 그걸 얌전히 따라 자기 이론으로 기쁘게 받아들이면서 만족하는 사람이다. 그러나 사물이 애초부터 존재하지 않는다는 사실을 모르고 남의 말에 사로잡혀 거기에 만족하며 산다.

유수자는 다른 사람의 그늘에 의지해 자기를 자랑하면서 잠깐 동안의 안일에 만족하는 사람이다. 이런 사람은 돼지 몸에 붙은 이(蝨)와 같아 거칠고 긴 털 난 데만을 골라 거기를 자신의 넓은 집과 큰 동산으로 여긴다. 그뿐만이 아니다. 가랑이와 발굽이 갈라져서 후미진 곳이나 젖사이와 사타구니처럼 잘 드러나지 않은 곳을 자신의 편안한 집과 좋은 거처로 여긴다. 그런데 어느 날 백정이 팔로 마른 풀을 두드려 펴서 불로 연기를 피울 경우 이를 눈치 채지 못해 결국 돼지와 함께 타 죽고 만다. 이는 제한된 공간만 들락거려서, 즉 제한된 지식만 알고 있어서이다.

권루자는 애써 세상일을 하므로 자신의 심신을 고달프게 만드는 사람이다. 순(舜)임금 같은 사람이 바로 이런 권루자에 속한다. 예를 들어 양고기는 개미를 그리워하지 않아 모여들지 않는데 개미가 양고기를 그리워해 모여드는 건 양고기의 누린내 때문이다. 순도 누린내 나는 행동이 있어 백성이 그를 기뻐하면서 따랐다. 그래서 순이 세 번씩이나 옮겨 다닐 때마다 백성이 모여들어 큰 도읍을 이루었다. 심지어 등(鄧)이란 허허벌판에 십여만 호의 민가가 형성된 적도 있었다. 요임금은 순이 어질다는 소문을 듣고 그를 기용해서 불모의 땅을 맡기며 이 불모의 땅에 순의 은덕이 베풀어지길 바란다고 주문했다.

순이 요임금의 바람대로 불모의 땅을 일으킬 때는 이미 나이도 늙고 눈귀의 총명함도 쇠해졌다. 그런데도 순은 돌아가서 쉴 수가 없었다. 세상에선 이런 사람을 두고 세상일에 애쓰면서 심신을 고달프게 하는 권루자라고 말한다. 신인(神人)이 자신의 주위에 사람들이 많이 모여드는 걸 꺼려하는 건 순처럼 권루자가 되지 않으려고 해서이다. 그래서 많은 사람들이 신인 주위에 모여들어도 신인은 이들과 친하지 않으며, 또 이들과 친하지 않아서 이들로부터 이득을 얻지도 않는다. 그 결과 신인은 사람들과 새삼스레 친하지도 않으며 새삼스레 소원하지도 않다.

또 타고난 덕(德)을 잘 껴안아 이를 자연의 조화로움(和)에 활활 태워 천하를 따르는 사람을 두고 진인(眞人)이라고 말한다. 진인은 개미를 보면서 양고기를 찾는 식의 앎을 버려도 물고기를 보면서 자유로이 헤엄치는 꾀는 배운다. 또 진인은 노린내를 풍겨 개미를 모으는 양처럼 다른 것을 유혹하려는 생각조차 하지 않는다. 그리고 눈이 비치는 대로 보고, 귀가 들리는 대로 듣고, 마음이 움직이는 대로 움직여도 늘 본심으로 돌아온다. 그래서 진인은 마음이 먹줄처럼 평평하지만 자연의 변화처럼 자연스레 변화한다. 그래서 옛날 진인은 사람을 자연스럽게 대했으며, 또 자연적인 것에 인위적인 걸 끼워넣지 않았다. 또 옛날 진인은 자연의 도를 얻으면 살아나고 그걸 잃으면 죽었다. 반면 인위의 도를 얻으면 죽고, 그걸 잃으면 살아났다. 그러니 진인은 권루자와 반대되는 사람이다.

서무귀 14-1

약초에는 씀바귀, 도라지, 가시연, 저령이 있는데
그것들은 그때그때의 병세에 따라 쓰여야만 최고의 약효를 발휘한다.
그러니 어느 게 다른 것보다 약효가 낫다고 어찌 말할 수 있겠는가!
월왕 구천(句踐)은 전투에서 패해 병사 3천 명을 뽑아서
회계(會稽)산으로 들어가 살았다.
이때 대부 문종(種)만이 망한 구천이 다시 일어나리란 걸 알았지만
자기 몸을 보존하는 바를 몰라 구천이 다시 일어났을 때 억울하게 죽었다.
그래서 말하길 올빼미 눈은 낮에는 못 보지만 밤에는 잘 보고,
또 학의 다리는 길어야 알맞지 그걸 자르면 슬퍼한다.
그래서 바람이 황하(河)를 지날 때 황하 물이 줄고,
햇볕이 황하를 쬐면 황하 물이 준다고 말한다.
그러니 바람과 해에게 물을 지켜달라고 청할 수 있지만
황하가 거기에 매달리지 않는 건 자신의 수원을 믿고 흘러서이다.
그래서 물은 흙을 떠나지 않고, 그림자는 사람을 떠나지 않고,
사물과 사물은 떨어지지 않고 서로 밀착되어 있다.
그래서 눈의 시력이 밝으면 위태롭고, 귀의 청력이 밝으면 위태롭고,
마음이 무언가에 탐닉하면 위태롭다.
마찬가지로 사람이 모든 능력을 지니면 위태로운데

위태로움이 성하면 고치려고 해도 고쳐지지 않는다.

화(禍)가 커지면 무성해지므로 본래로 돌아가려면 공을 쌓아야 하고,

성과를 얻으려면 오래 기다려야 한다.

그런데 사람들은 눈귀의 총명함과 앎을 자신의 보물이라고 여기니

이 또한 슬프지 아니한가!

그래서 나라를 망하게 하고 백성을 죽이는 일이 그치지 않는데

그 원인이 어디에 있는지도 물으려고 하지 않는다.

• • •

藥也, 其實菫也, 桔梗也, 鷄癰也, 豕零也, 是時爲帝者也, 何可勝言!

句踐也以甲楯三千棲於會稽.

唯種也能知亡之所以存, 唯種也不知其身之所以愁.

故曰, 鴟目有所適, 鶴脛有所節, 解之也悲.

故曰, 風之過河也有損焉, 日之過河也有損焉.

請只風與日相與守河, 而河以爲未始其攖也, 恃源而往者也.

故水之守土也審, 影之守人也審, 物之守物也審.

故目之於明也殆, 耳之於聰也殆, 心之於殉也殆.

凡能其於府也殆, 殆之成也不給改.

禍之長也茲萃, 其反也緣功, 其果也待久.

而人以爲己寶, 不亦悲乎!

故有亡國戮民無已, 不知問是也.

모든 능력을 다 지니더라도
그것 또한 위태롭다

———

　약초에는 씀바귀, 도라지, 가시연, 저령 등이 있는데 이것들은 그때그때의 병세에 맞게끔 쓰여야 최고의 약효를 발휘한다. 그래서 어느 약초가 다른 약초보다 약효가 더 낫다고 말할 수 없다. 사람도 약초와 마찬가지여서 모든 능력을 다 함께 지닐 수 없다. 월나라 대부(大夫)였던 문종(種)만 해도 그러하다. 월나라 왕 구천(句踐)이 전투에서 패해 정예 병사 3천 명을 뽑아 회계(會稽)산으로 숨어들었을 때 문종(種)은 구천이 다시 일어나리란 통찰력을 지녔다. 막상 구천이 다시 일어났을 때 문종은 자기 몸을 보존하는 데 소홀히 해 결국 토사구팽으로 억울한 죽음을 당했다.

　마찬가지로 올빼미 눈은 낮에는 못 보지만 밤에는 잘 보고, 또 학 다리는 길어야 마땅한데 그걸 자르면 슬퍼한다고 말한다. 그리고 바람이 황하(河)를 지날 때 황하의 물이 줄어들고, 또 햇볕이 황하를 쬐면 황하의 물이 줄어든다고 말한다. 바람과 햇볕이 다른 곳에는 아무리 유용한 존재이지만 황하에게는 피해를 주는 존재일 뿐이다. 물론 황하가 바람과 해에게 자신의 흐르는 물을 지켜달라고 청할 수 있지만 굳이 그런 청을 하지 않는 건 황하가 자신의 수원을 믿고 흘러서이다. 그래서 물은 흙을 떠날 수 없듯이 그림자는 사람을 떠나지 못하고, 또 사물과 사물은 떨어지지 못해 서로 밀착되게 마련이다.

그래서 눈의 시력이 밝으면 오히려 위태롭고, 귀의 청력이 밝으면 오히려 위태롭듯이 마음도 무언가에 탐닉하면 위태롭게 마련이다. 마찬가지로 사람이 모든 능력을 다 지녀도 위태로운데 위태로움이 성하면 고치려 해도 쉽게 고치질 못한다. 또 화(禍)가 커지면 그 화가 무성해지므로 본래의 모습으로 돌아가려면 공을 많이 쌓아야 하고, 또 그 공의 성과를 얻으려고 하면 오래 기다려야 한다. 그런데 사람들은 위태로움의 위험성을 제대로 알지 못해 정말로 슬프다. 또 공을 쌓더라도 기다리지 않고 오로지 눈귀의 총명함과 자신의 앎을 보물이라고 여기므로 또한 슬프다. 그래서 나라를 망하게 하고 백성을 죽이는 일이 끊이지 않는데 사람들은 이것의 원인이 어디에 있는지조차 물으려 하지 않는다. 그 원인은 사람들이 눈귀의 총명함과 자신의 앎에 집착하고, 또 그들의 마음도 무언가에 탐닉하는 데 있다.

그래서 발이 땅을 밟고 있는 면적이 비록 좁더라도

밟지 않는 넓은 면적이 있음을 믿고 난 후에 사람들은 안심하고 걷는다.

사람의 앎도 비록 모자라도 알지 못하는 넓은 앎이 있음을 믿고 난 후에

사람들은 자연의 도를 안다.

그러니 만물의 근원이 하나란 대일(大一)을 알고,

만물의 상태가 크게 고요해서 움직임이 없다는 대음(大陰)을 알고,

만물을 분별없이 하나로 보는 대목(大目)을 알고,

자연의 조화가 차별 없이 균등하게 작용하는 대균(大均)을 알고,

세상에서 거스를 수 없는 일정한 법도인 대방(大方)을 알고,

근원적인 믿음인 대신(大信)을 알고,

흔들림이 없는 대정(大定)을 알아야 우리는 지극한 앎에 이른다.

대일(大一)은 만물과 통하게 하고, 대음(大陰)은 모든 대립을 풀게 하고,

대목(大目)은 사물을 보게 하고, 대균(大均)은 있는 그대로 따르게 하고,

대방(大方)은 천하를 체득하도록 하고, 대신(大信)은 천하를 헤아리게 하고,

대정(大定)은 천하를 간직케 한다.

이 일곱 개가 다하는 곳에 자연(天)의 도가 있고,

또 이 자연의 도를 따라야 앎이 저절로 밝아진다.

그윽한 어둠 속에 만물을 주관하는 작용인 추(樞)가 있고,

아득한 태초에 만물을 생성케 하는 자연의 도가 있다.

그런즉 사람의 앎으로 자연의 도를 깨닫는 건 깨닫지 못하는 것과 같고,

사람의 앎으로 자연의 도를 아는 건 알지 못하는 것과 같다.

그러니 자신의 앎이 없어진 후라야 자연의 도를 비로소 안다.

누군가 자연의 도를 물으면 무어라고 한정지을 수 없지만

자연의 도에 아무런 한정이 없을 수 없다.

자연의 도는 어지럽고 어수선해도 실재하며,

옛날부터 지금까지 시간이 흘러도 바뀌지 않지만 이지러지지 않는다.

그러니 대체적인 윤곽이 있다고 말하지 않을 수 없지 않겠는가!

이에 대해 어찌 아니 묻지 않을 뿐이다.

어찌 미혹(惑)에 그렇게 빠져드는가!

미혹되지 않는 앎으로 미혹을 풀고 미혹되지 않은 상태로 돌아오는 게
크게 미혹되지 않음을 높이 받드는 일이다.

· · ·

故足之於地也踐, 雖踐, 恃其所不蹍而後善博也., 人之於知也少, 雖少, 恃其所不知
而後知天之所謂也.

知大一, 知大陰, 知大目, 知大均, 知大方, 知大信, 知大定, 至矣.

大一通之, 大陰解之, 大目視之, 大均緣之, 大方體之, 大信稽之, 大定持之.

盡有天循有照, 冥有樞, 始有彼.

則其解之也似不解之者, 其知之也似不知之也, 不知而後知之.

其問之也, 不可以有崖, 而不可以無崖.

頡滑有實, 古今不代, 而不可以虧, 則可不謂有大揚推乎!

闔不亦問是已. 奚惑然爲!

以不惑解惑, 復於不惑, 是尙大不惑.

사람의 앎으로 자연의 도를 깨닫는 건
깨닫지 못하는 것과 같다

———

　발이 땅을 밟는 공간이 아무리 비좁더라도 밟지 않는 넓은 공간이 있다는 걸 알면 우리는 안심하고 걷는다. 사람의 앎도 마찬가지이다. 앎이 비록 모자라도 알 수 없는 드넓은 앎이 있다는 걸 믿으면 우리는 자연의 도를 알 수 있다. 그러니 만물의 근원이 하나라는 대일(大一)을 알고, 만물의 상태가 크게 고요해서 움직임이 없다는 대음(大陰)을 알고, 만물을 분별없이 하나로 보는 대목(大目)을 알고, 자연의 조화가 차별 없이 균등하게 작용한다는 대균(大均)을 알고, 세상은 거스를 수 없는 일정한 법도인 대방(大方)을 알고, 근원적인 큰 믿음인 대신(大信)을 알고, 흔들림이 없는 대정(大定)을 알아야 우리는 지극한 앎에 이를 수 있다.

　그런데 혼돈의 상태에 해당하는 대일(大一)은 만물과 통하고, 대일 이후에 찾아오는 고요한 상태인 대음(大陰)은 모든 대립을 풀어나가고, 대음이 있은 후 만물이 움직여서 여러 명칭이 생겨나는 대목(大目)은 우리로 하여금 천하를 보도록 하고, 대목이 있은 후 천지가 만물을 고르게 화육하는 대균(大均)은 우리로 하여금 천하가 있는 그대로 따르도록 하고, 대균이 있은 후 천지에 만물이 가득 차는 대방(大方)은 우리로 하여금 천하를 체득케 하고, 대방이 있은 후 만물에 구체적인 실질을 주는 대신(大信)은 우리로 하여금 천하를 헤아리게 하고, 대신이 있은 후 만물에 제각각 올바른 위치와 분수를 갖추게 하는 대정(大定)은 우리로 하여금 천하를 간직케 한다.

이 일곱 개, 즉 대일·대음·대목·대균·대방·대신·대정이 다하는 곳에 자연(天)의 도가 있다. 또 이 자연의 도를 따르면 앎이 저절로 밝아진다. 그리고 그윽한 어둠 속에는 만물을 주관하는 작용인 도추(樞)[22]가 있고, 아득한 태초에는 만물을 생성케 하는 자연의 도가 있다. 그런즉 사람의 앎으로 자연의 도를 깨닫는 건 실은 깨닫지 못하는 것과 같고, 또 사람의 앎으로 자연의 도를 아는 건 실은 알지 못하는 것과 같다. 그만큼 사람의 앎은 자연의 도를 깨닫거나 아는 데 매우 제한적이므로 도저히 도를 깨닫거나 알 수 없다. 반면 자연(天)의 도를 따르면 앎이 저절로 밝아진다. 그런데 그윽한 어둠 속에 만물을 주관하는 작용인 도추가 있고, 아득한 태초에 만물을 생성케 하는 자연의 도가 있다. 그런즉 사람의 앎으로 자연의 도를 깨닫는 건 실은 깨닫지 못하는 것과 같고, 사람의 앎으로 자연의 도를 아는 건 실은 알지 못하는 것과 같다.

그러니 자신의 앎이 없어진 뒤라야 비로소 자연의 도를 알 수 있다. 누군가 자연의 도를 물으면 무어라고 한정지어 말할 수 없지만 자연의 도에도 한정은 있다. 그래서 자연의 도는 어지럽고 어수선해도 실재한

---

22) 도추에 대한 언급은 내편 「제물론」에 처음 나온다. 관련 부분을 인용하면 다음과 같다. "추(樞)는 물레의 추처럼 환중(環中), 즉 빈 상태에서 한 가운데를 유지함으로써 무궁한 변화에 대응한다. 그러면 옳음도 무궁한 변화 중의 하나이고, 그름도 무궁한 변화 중의 하나이다(彼是莫得其偶 謂之道樞. 樞始得其環中 以應無窮. 是亦一無窮 非亦一無窮也.) (「제물론」 3-3)

다. 또 옛날부터 지금까지 오랜 시간이 흘렀어도 자연의 도의 모습은
바뀌지 않는다. 그러니 자연의 도에도 대체적인 윤곽이 있다. 단지 이
에 대해 사람들이 묻지 않을 뿐이다. 자연의 도에도 이런 대체적인 윤
곽이 있는데 어째서 우리는 앎이란 미혹(惑)에 그렇게 깊이 빠져 있는
가? 그래서 미혹되지 않는 앎으로 미혹을 풀고, 또 미혹되지 않은 상태
로 돌아오는 게 크게 미혹되지 않음을 높이 받드는 일이다.

칙양

則陽

칙양

칙양은 노나라의 선비 팽칙양(彭則陽)을 말한다. 팽칙양이 벼슬을 구하기 위해 초나라에 온 것으로 글이 시작해서 편명이 칙양이다. 「칙양」이 다루는 전체적인 주제는 성인(聖人)에 관한 내용인데 이 내용이 처음부터 펼쳐진다. 첫 번째는 벼슬자리 부탁도 성인을 통해야 잘 이루어진다면서 칙양의 벼슬자리 부탁을 들어줄 성인으로 공열휴를 든다. 공열휴와 같은 성인은 다른 사람에게 마음을 쓰는 게 보통사람들과 비교가 되지 않을 정도로 크기 때문이다. 단지 그가 은둔해 살고 있어서 이런 덕을 사용할 기회가 없을 뿐이다.

두 번째 글은 성인은 앎(知)에 있어선 둔하다는 내용이다. 성인은 세상사에 통달하고 사물을 두루 꿰뚫어보며 사물과 일체가 되더라도 자신이 그렇다는 사실을 알지 못한다. 그뿐만이 아니다. 성인은 사람을 사랑하는데 이를 스스로 알지 못하고 사람들이 그렇다는 사실을 말해줘야 비로소 안다. 그렇더라도 성인은 자신이 사람을 사랑한다는 사실을 굳이 알려고 하지 않고, 또 들으려고 하지 않는다. 성인은 아는 것으로 인해 생겨나는 근심걱정에서 해방되고 싶어서이다. 그래서 성인은 앎에 둔하다.

세 번째는 두 번째와 연결되는 내용의 글이다. 앞 장에서 아는(知) 건 여기선 보고(見) 듣는(聞) 거로 바뀌고, 앞 장에서 근심걱정(憂)은 여기선 반가운(暢然) 거로 바뀐다. 그렇지만 말하고자 하는 내용은 앞의 글과 크게 다르지 않다. 사람 중에는 모든 걸 보거나 듣지 않고, 아니면 일부만 보거나 들어도 반가워하는 사람이 있다. 고향을 떠난 사람이 바로 그러하다. 고향을 떠난 사람이 고향을 찾아와서 자신이 살았던 곳과 마주하면 그곳이 설령 폐허가 되었을지라도 여전히 반갑다는 사실을 통해 이를 밝힌다. 이런 사실을 보여줌으로써 모든 걸 알려고 애쓰는 사람들의 태도를 꼬집는다.

네 번째 글은 성인은 자연의 원리에 따라 살아간다는 내용이다. 자연의 원리를 터득하면 만물과 시작도 없고 끝도 없이 지내는데 그러면 만물과 매일 변화해도 하나도 변화하지 않는다. 사람들이 이런 경지에 머물지 못하는 건 사물의 외면에 빠져서이다. 반면 성인은 외물에 빠지지 않아 애당초 자연이란 의식도 없고, 사람이란 의식도 없다. 또 처음이란 의식도 없고, 사물이란 의식도 없다. 탕임금이 단적인 예다. 그래서 탕임금은 자연의 원리에 따른 원칙적 사안만 다룰 뿐 세부적이고 실무적인 건 아랫사람에게 과감히 떠맡겼다.

다섯 번째 글은 군주로서 성인의 자세에 관한 내용이다. 여기서 '달팽이의 왼쪽 뿔 촉씨와 오른쪽 뿔 만씨가 싸워서 죽은 시체만도 몇 만이다'라는 재미난 글이 등장한다. 이 재미난 글은 군주가 성인의 자질을 지니려면 국가 간 분쟁을 전쟁으로 치르느냐 마느냐의 여부로 접근해선 안 된다는 내용을 다룬다. 전쟁 차원에서 접근하면 보잘 것 없는 분쟁이라도 엄청난 피해를 만들어내기 때문이다.

여섯 번째 글은 시남의료(市南宜僚)라는 성인에 관한 내용이다. 공자가 초나라로 가는 길에 시남의료가 사는 집 옆 여관에 묵자 시남의료는 공자를 피해 식구들과 함께 집 용마루에 올라갔다. 공자가 자신을 알아보고 세상에 천거하거나 아니면 초나라 왕으로 하여금 자신을 필히 부르도록 할 거라는 걸 알아서이다. 이런 사실을 눈치 챈 공자는 시남의료의 이런 자세를 가리켜서 육침(陸沈)이라고 표현한다. 육침이란 몸은 뭍에 있어도 마음은 물에 가라앉은 상태이다. 그래서 시남의료는 명성에 구애받지 않는, 즉 무명(無名)에 해당하는 성인인 셈이다.

일곱 번째 글은 치도(治道), 즉 나라의 다스림을 농사법과 비교해서 설명하는 내용이다. 논을 인위적으로 깊이 갈거나 김을 철저히 매면 농사의 수확량은 늘어나지만 자연스럽지 못하다. 나라를 다스리는 것도 이와 같다. 군주가 부지런하면 나라 안에 생산량이 늘어나서 풍족하고 여유롭지만 잃는 것도 적지 않다. 그건 욕심과 증오의 재앙이 싹트기 때문이다.

여덟 번째 글도 치도와 관련한 내용인데 치도의 차원은 좀 다르다. 즉 바람직한 치도를 위해 '군주가 ~해야 한다'가 아니라 '군주가 ~하지 말아야 한다'는 내용이다. 구체적으로 영광과 치욕의 구분을 명확히 하지 말아야 하고, 재화를 소중히 여기지 말아야 한다. 영광과 치욕의 구분을 명확히 하는 건 신상필벌을 확립하는 건데 이것이 지나치면 신하도 살아남기 위해 거짓말을 한다. 또 나라의 재정을 튼튼히 하기 위해 군주가 재화를 소중히 여기면 백성도 살아남기 위해 거짓말을 한다.

아홉 번째 글은 앎(知)에 관한 내용이다. 모든 사람은 자신의 앎으로 아는 걸 높이 받든다. 그렇지만 자신의 앎으로 알지 못하는 것에 기대야 비로소 안다는 사실을 알지 못한다. 어째서 그런가? 그건 우리가 아는 앎에 비해 모르는 앎이 훨씬 많은데도 이런 사실을 애써 무시하거나, 아니면 이런 사실에 대해 무지(無知)해서이다.

열 번째 글은 사람을 평가하는데 공자의 잘못된 판단에 관한 내용이다. 공자는 사람을 평가할 때 예의바름, 겸손함 따위를 중요시 여겼다.

그래서 위영공(衛靈公)에 대해 매우 부정적인 평가를 내렸다. 그렇지만 위영공도 나름 영공(靈公)이란 이름에 합당한 몫을 충분히 했다. 단 합당한 몫에 대한 평가가 공자의 평가 리스트에 없었을 뿐이다.

열한 번째 글은 성인(聖人)에 관한 내용인데 마을의 공론을 실마리로 해서 얘기를 풀어나간다. 마을의 공론은 같은 생각을 흩뜨려서 달라지게 하는 게 아니라 서로 다른 생각들을 합해서 하나로 같아지게 하는 것이다. 대인(大人)도 이런 자세를 취한다. 그래서 그는 수많은 사사로운 걸 하나로 묶어 공평무사함에 이른다. 성인(聖人)도 대인처럼 공평무사함을 이루고자 애쓴다. 이런 마을의 공론을 큰 못에 비유하면 수백 종류의 물고기가 각자 타고난 소질에 맞추어 사는 일이다. 이런 마을의 공론은 도에 입각해 있지만 도의 상태에까지 이른 건 아니다.

열두 번째 글은 마을의 공론이 도에 입각해도 어째서 도의 상태에 이르지 못하는지에 대해 설명하는 내용이다. 만물의 변화는 대충 적거나 아니면 자세히 서술할 수 있다. 마찬가지로 만물의 운명도 말로 표현할 수 있거나 앎으로 이를 수 있다. 그렇지만 말로 하는 표현과 앎으로 이해하는 건 만물의 운명을 두루 알 뿐이다. 게다가 도는 말할수록 도에서 점점 멀어진다. 그러니 말도 아니고 침묵도 아닌 경지에 이르러야 궁극의 경지인 도를 제대로 논할 수 있다. 혹사설(或使)과 막위설(莫爲)은 말을 근본으로 한다. 그래서 이 두 설은 만물과 함께 부침하기에 만물과 함께 끝나고 만물과 함께 시작한다. 그러니 혹사설과 막위설은 올바른 도에 입각해 있다고 말할 수 없다.

팽칙양(則陽)이 초(楚)나라에 놀러갔다.

이절(夷節)은 초나라 왕에게 칙양이 왔다는 사실을 말했지만

왕이 그를 만나볼 생각이 없자 빈손으로 돌아왔다.

칙양이 어느 날 초나라 현인인 왕과(王果)를 만나서 물었다.

"선생은 어째서 나를 초나라 왕에게 추천하지 않나요?"

왕과가 말했다. "나보다 공열휴(公閱休)가 추천하는 게 나을 거요."

칙양이 물었다. "대체 공열휴는 어떤 사람인가요?"

왕과가 말했다.

"그는 겨울엔 강에서 작살로 자라를 잡아먹고 여름엔 산자락서 쉬지요.

누군가 공열휴 곁을 지나다가 물으면 '여기가 내 집이요.' 하고 말합니다.

이절도 왕을 설득시키지 못했는데 내가 어찌 왕을 설득시킬 수 있나요!

나 또한 이절보다 못합니다.

이절의 인간됨은 자신의 덕이 부족해도 앎이 있고,

스스로를 내세우지 않아 사람과의 사귐을 소중히 여깁니다.

그렇더라도 이절은 부귀를 누리는 데는 원래부터 정말 어둡습니다.

그래서 이절은 은혜를 베풀어서 서로 돕는 정도가 아니라

서로 돕는다는 생각 자체를 사라지게 만들지요.

추위에 몸이 언 사람은 봄이란 옷을 입으려고 하고,

더위를 먹은 사람은 겨울로 돌아가서 찬바람을 그리워합니다.

또 초나라 왕의 인간됨은 몸은 존귀해도 마음은 엄격해서

죄를 다스리는 데는 호랑이처럼 사정없이 처리합니다.

그러니 아첨하는 사람이나 올바른 덕을 지닌 사람이 아니면

누가 감히 초왕의 생각을 꺾을 수 있겠습니까!"

왕과가 계속해 말했다.

"그래서 성인이 곤궁할 때는 식구들에게 가난하다는 사실을 잊게 하고,

성인이 잘 나갈 때는 왕과 귀족들에게 자신들의 벼슬과 봉록을 잊게 해

스스로를 낮추도록 변화시킵니다.

또 성인이 사물을 대할 땐 사물과 즐거워하고,

사람을 대할 땐 사람과 소통하는 걸 즐기지만 자신의 본성을 지킵니다.

그래서 성인은 혹 아무 말도 하지 않아도 화합으로써 사람을 품으며,

사람들과 나란히 서 있어도 그들에게 부자(父子) 간에 합당한 친밀감을

느끼게끔 변화시키지요.

공열휴는 이런 성인의 덕을 지니고 있음에도 은둔해서 살고 있어서

이런 능력을 거의 쓰지 못하지요.

그런데 그가 다른 사람에게 마음을 쓰는 건 보통사람이 마음을 쓰는 것과

크게 달라 그에게 부탁하라고 한 겁니다."

. . .

則陽游於楚, 夷節言之於王, 王未之見, 夷節歸.

彭陽見王果曰:「夫子何不譚我於王?」

王果曰:「我不若公閲休.」

彭陽曰:「公閲休奚爲者邪?」

曰:「冬則擉鼈於江, 夏則休乎山樊. 有過而問者, 曰:『此子宅也.』

夫夷節已不能, 而況我乎! 吾又不若夷節.

夫夷節之爲人也, 無德而有知, 不自許, 以之神其交, 固顚冥乎富貴之地,

非相助以德, 相助消也.

夫凍者假衣於春, 暍者反冬乎冷風.

夫楚王之爲人也, 形尊而嚴., 其於罪也, 無赦如虎., 非夫佞人正德, 其孰能橈焉!」

「故聖人, 其窮也使家人忘其貧, 其達也使王公忘爵祿而化卑.

其於物也, 與之爲娛矣., 其於人也, 樂物之通而保己焉.,

故或不言而飮人以和, 與人竝立而使人化, 父子之宜.

彼其乎歸居, 而一閒其所施. 其於人心者, 若是其遠也. 故曰待公閱休.」

공열휴 같은 성인에게 부탁해야
벼슬자리도 얻을 수 있다

———

노(魯)나라 선비 팽칙양(則陽)이 초(楚)나라에 벼슬을 구하러 간 적이 있었다. 이때 이절(夷節)은 초나라 왕에게 칙양이란 인물이 왔다는 사실을 알려주었는데 왕이 만날 의향이 없자 칙양을 빈 손으로 되돌려 보내야 했다. 칙양은 어느 날 초나라 현인 왕과(王果)를 우연히 만나서 초나라 왕에게 자신을 추천했으면 하는 의향을 넌지시 내보였다. 그러자 왕과는 자신보다 공열휴(公閱休)가 추천하는 게 나을 거라고 말했다. 그러자 칙양은 공열휴가 어떤 사람인지 궁금해서 왕과에게 그가 누구인지 물어보았다. 왕과에 따르면 공열휴는 겨울에는 강에서 작살로 자라를 찔러서 잡아먹고, 여름에는 산자락에서 쉬는데 누군가가 그의 곁을 지나다가 물으면 여기가 내 집이라면서 아무런 거리낌 없이 산다.

그러면서 왕과는 자신은 이절보다 여러 모로 부족한데 이절조차 칙양을 위해 왕을 설득시키지 못했으니 어떻게 자신이 왕을 설득시킬 수 있겠느냐고 오히려 하소연했다. 왕과에 따르면 이절은 덕이 조금 부족해도 앎을 잘 갖추고 있고, 사람과의 사귐을 소중히 여겨 스스로를 내세우지 않으며, 게다가 부귀를 누리는 데도 원래부터 어두운 사람이다. 그래서 이절은 은혜를 베풀어서 상대방을 돕는 정도가 아니라 상대방으로 하여금 자신이 돕는다는 생각 자체를 하지 못하게끔 할 정도로 매우 겸손한 사람이다.

추위에 몸이 언 사람은 봄이란 옷을 입으려고 하고, 또 더위를 먹은 사람은 겨울의 찬바람을 그리워한다. 칙양은 지금 이런 처지에 빠져 있다. 그래서 누군가에 의해 천거되어서 벼슬자리에 오르고자 간절히 원한다. 그런데 초나라 왕은 몸은 존귀하지만 마음이 엄격해서 죄를 다스리는 데 호랑이처럼 무섭다. 그러니 아첨을 아주 잘하는 사람이나 아니면 올바른 덕을 지닌 사람이 추천하지 않으면 초왕의 생각을 누구도 꺾을 수 없다. 왕과가 초왕에게 칙양을 추천하는 걸 꺼리는 건 그가 아첨도 잘하지 못해서이지만 올바른 덕도 제대로 지니지 못해서이다. 이에 반해 공열휴는 올바른 덕을 제대로 지니고 있어 그가 추천하면 초왕의 생각을 꺾을 수 있다. 그러니 공열휴는 성인(聖人)에 해당하는 인물이다.

공열휴와 같은 성인은 곤궁할 때는 식구들에게 가난하다는 사실을 잊게 한다. 그래서 성인의 식구들이 설령 곤궁해도 자신들이 가난한지를 모른다. 반면 성인이 잘 나갈 때는 왕과 귀족들에게 그들의 높은 벼슬과 많은 봉록을 잊게끔 해 스스로를 낮추도록 감화시킨다. 또 성인이 사물을 대할 때는 사물과 즐거워하고 사람을 대할 때는 사람과 소통하는 걸 즐기면서 자신의 본성도 잘 지킨다. 그래서 성인이 혹 아무 말을 하지 않아도 화합으로써 사람을 품는다. 또 성인이 사람들과 나란히 서 있어도 그들로 하여금 부자(父子) 간에 합당할 정도의 깊은 친밀감을 느끼도록 한다. 공열휴는 이런 성인의 덕을 지니고 있으므로 다른 사람에게 마음을 쓰는 건 보통사람과 비교되지 않을 정도로 크다. 단지 공열휴는 은둔해서 살고 있어 이런 덕을 사용할 기회가 없을 뿐이다.

성인은 복잡하게 얽혀 있는 세상사에 통달해 있고,

사물을 두루 꿰뚫어보며 그것과 일체가 된다.

그럼에도 성인은 자신이 그렇다는 사실을 알지 못하는데

이것이 성인의 타고난 본성(性)이다.

그래서 성인은 조용히 움직이거나 크게 움직이거나

늘 자연의 뜻(命)으로 돌아가서 자연(天)을 스승으로 삼는다.

그런데 사람들은 그를 따르면서 성인이라고 운운하며 이름을 붙인다.

뭔가를 아는 건 근심에 속하고, 또 사람이 아는 바에 따라 행동하면

얼마 가지 못해서 멈추고 만다. 이런 멈춤을 어찌하겠는가!

누군가 태어날 때부터 아름다우면 사람들은 그에게 거울을 줘서

비춰보도록 해 스스로 아름답다는 걸 깨닫게 한다.

이처럼 다른 사람이 자신의 아름다움을 알려주지 않으면

자신이 남보다 더 아름답다는 걸 깨닫지 못한다.

만약 자신이 더 아름답다는 사실을 알든 모르든,

또 자신이 더 아름답다는 사실을 듣든 듣지 못하든 관계없이

사람들은 자신의 아름다움에 대해 기뻐하는 걸 멈추지 않고,

또 자신의 아름다움을 좋아하는 건 어쩔 수 없다고 하는데

이것은 사람의 타고난 본성(性)이다.

성인(聖人)이 사람을 사랑하는 사실도 사람들이 그렇게 명명한 일이다.

그래서 사람들이 성인에게 이런 사실을 알려주지 않으면

성인도 자신이 사람을 사랑한다는 사실을 알지 못한다.

만약 성인이 사람을 사랑한다는 사실을 알든 모르든,

성인이 사람을 사랑한다는 말을 듣든 듣지 못하든 관계없이

사람에 대한 성인의 사랑은 끝나지 않으며,

또 사람들이 그의 사랑함을 좋아하는 것도 그치질 않는데

이것은 성인의 타고난 본성(性)이다.

• • •

聖人達綢繆, 周盡一體矣, 而不知其然, 性也.

復命搖作而以天爲師, 人則從而命之也.

憂乎知, 而所行恒無幾時, 其有止也, 若之何!

生而美者, 人與之鑑, 不告則不知其美於人也.

若知之, 若不知之, 若聞之, 若不聞之, 其可喜也終無已, 人之好之亦無已, 性也.

聖人之愛人也, 人與之名, 不告則不知其愛人也.

若知之, 若不知之, 若聞之, 若不聞之, 其愛人也終無已, 人之安之亦無已, 性也.

성인이 사람을 사랑해도
이를 알지 못한다

———

성인은 복잡하게 얽힌 세상사에 통달해 있을 뿐 아니라 사물을 두루 꿰뚫어보면서 사물과도 일체가 된다. 성인은 세상만물과 세상만사에 이 정도로 정통해 있다. 그렇더라도 성인은 자신이 뛰어나다는 사실을 알지 못하는데 그건 성인의 타고난 본성(性) 탓이다. 그런 탓인지 성인은 조용히 움직일 때나 크게 움직일 때나 늘 자연의 뜻(命)으로 돌아가서 자연(天)을 스승으로 삼는다. 이에 사람들은 그를 성인이라고 운운하면서 떠받들며 따른다.

사람들은 매사 알려고 하지만 아는 게 기쁨이 아니라 근심일 때가 많다. 그래서 식자우환(識者憂患)이란 말도 생겨나지 않는가. 게다가 아는 바에 따라 행동하면 얼마 가지 않아 행동을 멈춰야 하는 일도 발생한다. 사람들이 자신의 아름다움에 대해 아는지의 여부만 해도 그러하다. 사람들이 아름다우면 거울을 통해 자신이 아름답다는 사실을 아는데 이럴 때는 기뻐한다. 그렇지만 자신의 모습이 추하다는 걸 알면 이럴 때는 근심한다. 그러니 추한 경우라면 아름다운지 여부를 알기 위해 거울을 들여다보지 않는 게 차라리 나을 뻔하다. 「칙양」은 이와 관련해서 다음의 예를 든다.

태어날 때 혹 아름다우면 사람들은 그에게 거울을 비춰보도록 해 아름답다는 사실을 스스로 깨닫게 한다. 미인에게도 아름다운 걸 이런 식으로 알려주지 않으면 자신이 아름답다는 사실을 알 턱이 없다. 이제 거울을 보면서 자신이 아름답다는 사실을 알면 미인은 끊임없이 기뻐하거나 좋아하는데 이건 어쩔 수가 없다. 사람의 타고난 본성 탓이기에 그렇다. 이런 본성으로 인해 자신이 아름답다는 걸 알면 끊임없이 기뻐하거나 좋아한다. 이건 자신이 다른 사람들보다 더 아름다운 사실을 알든 모르든, 또 아름다운 사실을 듣든 듣지 못하든 그 여부와 아무런 상관이 없다.

그런데 성인(聖人)의 타고난 본성은 사람의 타고난 본성과는 다르다. 사람은 자신이 아름답다는 사실을 알면 기뻐하는데 이것은 사람의 타고난 본성 탓이다. 반면 성인은 자신이 사람을 사랑한다는 사실을 알든 모르든 이에 개의치 않는데 이것은 성인의 타고난 본성 때문이다. 그래서 성인에게는 근심걱정이 생겨나지 않는다. 그런데 사람은 자신이 혹시 추하다는 걸 알면 그때부터 근심하게 마련이다. 그러니 사람의 근심걱정은 뭔가 아는 데서 비롯된다고 말할 수 있다. 그럼에도 불구하고 사람들은 뭔가 아는 것에 집착한다. 반면 성인은 뭔가 아는 일에 연연해하지 않는다. 이에 대해 「칙양」의 설명을 한번 들어보자.

성인이 사람을 사랑하는 건 분명하지만 이것도 사람들이 그렇게 말해야 비로소 안다. 그러니 성인에게 이런 사실을 알려주지 않으면 성인도 그가 사람을 사랑한다는 사실을 알 턱이 없다. 물론 성인은 이런 사실을 알고 모르고 하는 따위에 구애를 받지 않는다. 그래서 성인은 자신이 사람을 사랑한다는 사실을 알든 모르든 상관하지 않고 사람에 대한 사랑을 자연스럽게 이룬다. 또 사람들이 성인의 사랑함을 좋아하는 것도 자연스럽게 이룬다. 이는 성인의 타고난 본성 탓이다. 그러니 성인은 자신이 사람을 사랑한다는 사실을 굳이 알려고 하지 않고, 또 굳이 들으려고 하지 않는다. 이 때문에 성인에게는 아는 것으로 인해 근심걱정이 생겨나지 않는다.

고향을 떠난 사람은 고국의 옛 도읍을 멀리서 바라만 보아도 반갑다.

구릉과 초목의 무성함으로 가려진 탓에

옛 도읍의 십분의 일만 멀리서 바라만 보아도 여전히 반갑다.

하물며 전에 자주 보고 자주 들었던 열 길 높이의 누대가

폐허가 된 채 공중에 매달려서 뭇 사람들 사이로 간신히 보일지라도

반갑기는 매한가지이다!

• • •

舊國舊都, 望之暢然., 雖使丘陵草木之緡, 入之者十九, 猶之暢然.
況見見聞聞者也, 以十仭之臺縣衆閒者也!

모든 걸 알아야 기쁜 게 아닌 것처럼
모든 걸 보고 들어도 반가운 게 아니다

———

이 글은 앞의 글과 내용이 서로 연결된다. 앞의 글에선 성인(聖人)은 자신이 사람을 사랑한다는 사실을 알든 모르든 상관하지 않고 살아가지만 보통 사람은 자신이 아름답다는 사실을 알아야 기뻐한다고 말한 바 있다. 물론 추하다는 사실을 알면 이때부터 근심걱정이 생겨나는 건 어쩔 수가 없다. 그러니 사람에게 뭔가 아는 게 오히려 탈이 될 수 있다. 반면 성인은 알려는 바가 없어서 근심걱정이란 게 있을 수 없다. 여기선 이제 아는(知) 게 보고(見) 듣는(聞) 거로 바뀌고, 근심걱정(憂)이 창연(暢然), 즉 반가운 마음으로 바뀐다. 그렇지만 말하고자 하는 내용은 앞의 글과 크게 다르지 않다.

사람도 상황에 따라 모든 걸 보거나 듣거나 하지 않고 일부만 보거나 들어도 반가워하기는 매한가지이다. 실제 고향을 떠난 사람이 고향을 멀리서 희미하게 보거나 아니면 극히 일부만 보아도 반가워하고, 심지어 고향이 폐허가 되었을지라도 여전히 반가워한다는 사실을 통해서 볼 때 이런 추측이 얼마든지 가능하다.

그래서 고향을 떠난 사람은 멀리서나마 옛 도읍을 희미하게 바라만 볼 수 있어도 반가워서 마음이 저절로 밝아진다. 심지어 멀리서 바라볼 때 그 사이에 놓여 있는 높은 구릉과 초목의 무성함으로 인해 옛 도읍이 크게 가리어져 십분의 일만 보이더라도 반가운 마음은 매한가지이다. 그러니 옛 도읍을 완전하게 보지 못해도 반가운 마음에 있어선 변함이 없다. 하물며 어렸을 적에 자주 보거나 자주 들었던 열 길 높이의 누대가 폐허가 된 채 덩그러니 드리워져 있어도 반갑기는 똑같다. 심지어 그것조차 많은 사람들 사이로 간신히 보일지라도 여전히 반가워서 마음이 저절로 밝아진다. 그러니 굳이 다 보거나 굳이 다 듣지 않아도 반갑기는 마찬가지이듯 다 안다고 꼭 기쁜 건 아니다. 오히려 다 알면 기쁨은커녕 근심과 걱정으로 이어질 때가 많다.

옛 성왕이었던 염상씨(冉相氏)는 환중(環中)을 얻어

사물의 변화를 그대로 따르면서 도를 이루어내

사물과 시작도 없고 끝도 없이 지냈고, 나이도 없고 시간도 없이 지냈다.

이처럼 사물의 변화를 매일 따르는 사람은 하나도 변하지 않는 사람이다.

그런데 사람들은 어째서 이런 경지에 머물려고 하지 않을까!

사람이 자연을 스승으로 삼고자 하지만 못하는 건 외물에 사로잡혀서다.

그런데도 사람들이 외물에 사로잡히는 일을 일삼는 건 어째서인가?

성인은 애초부터 자연에 대한 의식도 없고, 인간에 대한 의식도 없고,

처음에 대한 의식도 없고, 사물에 대한 의식도 없다.

또 성인은 세상 안에서 행동해도 아무런 거리낌이 없고,

또 행동이 제대로 갖추어져도 분수에 넘치지 않는다.

그런데 성인의 행동이 자연과 일치하는 건 어째서인가?

상나라 탕(湯)임금은 사어(司御)이자 문윤(門尹)의 관직에 있었던

등향(登恒)을 얻어 그를 스승으로 삼았다.

탕은 스승을 따르지만 스승에 얽매이지 않았고,

또 환중을 얻어 사물의 변화를 그대로 따르면서 도를 이루어냈다.

등향은 탕임금을 위해 세부적이고 실무적 일(名)을 담당했는데

이건 군더더기 법도(法)에 해당한다.

이에 탕은 원칙적인 일은 자신에게서 의견을 얻고,

세부적이고 실무적인 일은 스승에게서 의견을 얻었다.

그런데 공자는 원칙적 일은 물론이고, 세부적이고 실무적 일까지

자신에게서 얻는 걸 극진히 여겨 다른 사람들의 스승이 되었다.

이를 두고 옛 성왕이었던 용성씨(容成氏)가 말한다.

"하루가 없으면 일 년이 없고, 안(內)이 없으면 밖(外)이 없다."

. . .

冉相氏得其環中以隨成, 與物無終無始, 無幾無時.

日與物化者, 一不化者也, 闔嘗舍之!

夫師天而不得師天, 與物皆殉, 其以爲事也若之何?

夫聖人未始有天, 未始有人, 未始有始, 未始有物, 與世偕行而不替, 所行之備而不
洫, 其合之也若之何?

湯得其司御門尹登恒爲之傅之, 從師而不囿, 得其隨成.

〈爲之司其名, 之名嬴法,. 得其兩見, 仲尼之盡慮, 爲之傅之.〉

容成氏曰: 「除日無歲, 無內無外.」

하루가 없으면 일 년이 없고,
안이 없으면 밖이 없다

　염상씨(冉相氏)는 삼황오제(三皇五帝) 이전의 옛 임금으로 무위(無爲)로써 백성을 다스렸다. 그래서 무위지치(無爲之治)를 실현한 임금을 상징한다. 염상씨는 환중(環中)을 얻어 사물의 변화를 그대로 따름으로써 도를 이루어 냈다. 환중은 빈 상태로 있는 동그란 원(環)의 한 가운데(中)를 의미하는데 내편 「제물론」에 처음 등장한 용어이다. 「제물론」에서 "만약 저편과 이편이 서로 대립된 짝이 아니라면 이를 도추(道樞)라고 말하는데 추는 환중을 유지함으로써 무궁한 변화에 대응한다. 그러면 옳음도 무궁한 변화 중 하나이고, 그름도 무궁한 변화 중 하나이다."[23] 라고 말한 바 있다. 즉 환중을 얻으면 시시비비를 가리지 않고 어떤 사물의 변화라도 그대로 따를 수 있는 마음의 여유가 생겨난다는 의미이다. 그래서 슬프거나 기쁘거나 즐겁거나 괴로워도 이를 담담히 받아들일 수 있다. 이것이 바로 도에 이른 상태이다.

　이런 환중의 상태를 얻어 도(道)의 상태에 이른 염상씨는 사물과 시

---

23)　彼是莫得其偶 謂之道樞. 樞始得其環中 以應無窮. 是亦一無窮 非亦一無窮也. (「제물론」3)

작도 없고 끝도 없이 지냈고, 또 나이도 없고 시간도 없이 지냈다. 사물과 시작도 없고 끝도 없이 지낸다는 건 사물이 소생하면 자신도 소생하고, 사물이 시들면 자신도 시든다는 말이다. 그래서 소생과 시듦을 반드시 시작과 끝이라고 여기지 않는데 이는 소생을 시작이라고, 시듦을 끝이라고 여기는 보통사람들의 생각과는 크게 다르다. 또 나이도 없고 시간도 없다는 말은 나이도 잊고 시간도 잊으면서 산다는 말이다. 그래서 사물의 변화를 그대로 따르는 건 사물과 매일매일 변화한다는 걸 의미한다. 이런 식으로 사물과 매일매일 변화하면 이는 하나도 변화하지 않는 일에 해당한다. 그런데 사람들이 이런 경지에 머물지 못하는 건 사물의 외면에 빠져서이다. 그래서 사람이 자연을 스승으로 삼으려고 하지만 삼지 못한다.

성인(聖人)에게는 처음부터 자연이란 의식도 없고 인간이란 의식도 없다. 또 처음부터 처음이란 의식도 없고 사물이란 의식도 없다. 또 성인은 세상 안에서 살아가면서 어떤 거리낌도 없이 행동한다. 또 성인의 행동이 제대로 갖추어져도 분수에 넘쳐나는 일이 있지 않다. 그런데도 성인의 행동은 자연과 반드시 일치한다. 어째서 그러할까? 이를 설명하기 위해 「칙양」은 상나라 탕(湯)임금의 예를 동원한다.

상나라 탕임금은 사어(司御)이자 문윤(門尹)의 관직에 있었던 등항(登恒)을 모셔와서 자신의 스승으로 삼았다. 탕임금이 스승을 따르는 건 분명하지만 스승에게 얽매이지 않고 환중을 유지해 만물의 변화를 그대로 따르면서 도를 이루었다. 등항은 탕임금을 위해 세부적이고 실무적 일(名)을 담당했는데 이 일은 군더더기 법도쯤에 해당한다. 이에 탕임금은 원칙적 일은 자신이 환중을 유지해서 스스로 얻었고, 또 세부적이고 실무적 일은 등항으로부터 얻었다. 그러니 탕임금과 스승 등항 사이에는 역할분담이 제대로 이루어진 셈이다.

반면 공자는 누구의 도움을 받지 않았다. 그래서 원칙적인 일은 물론이고 세부적이고 실무적인 일까지 스스로 관장했다. 또 이렇게 하는 게 옳다고 믿어 다른 사람들의 스승까지 되었다. 그러나 이는 자연스럽지 못한 태도이다. 옛 성왕이었던 용성씨(容成氏)는 "하루가 없으면 일 년이 없고, 안(內)이 없으면 밖(外)이 없다."라고 말한 적이 있는데 공자가 이 말의 의미를 제대로 깨달았으면 한다. 공자가 원칙적인 일과 세부적인 일 모두를 스스로 관장했던 건 원칙적인 일과 세부적인 일이 서로 관련이 없이 구분된 거라고 보아서이다. 공자의 이런 태도는 하루와 일 년이 서로 관련이 없는 거라로 여기고, 또 안과 밖이 서로 다른 거라고 여기는 것과 같다. 탕임금은 하루와 일 년이 함께 하고, 안과 밖이 연결된 것으로 보았기에 스승과 역할을 서로 분담했어도 똑같은 일을 한 셈이다.

위(魏)나라 혜왕(瑩)과 제나라 위왕(田侯牟)이 서로 동맹을 약속했는데
제나라 위왕이 이 약속을 어겼다.

위혜왕이 화가 나서 자객을 동원해 제 위왕을 찔러 죽이고자 했다.

이름이 서수(犀首)인 장수 공손연(公孫衍)이 이 말을 듣고 부끄러워서
군주에게 말했다.

"군주는 만승의 군왕인데 필부가 사용하는 방법으로 복수하다니요!
제게 무장한 군사 20만 명을 주시면 주군을 위해 제나라를 쳐서
백성을 사로잡고 우마를 끌고 오겠습니다.

또 제나라 군주를 화병이 나게 해 등에서 내열(內熱)이 터지도록 한 뒤
제나라를 송두리째 뽑아버리겠습니다.

또 제나라 장수인 전기(忌)가 도성을 나와 달아나게끔 한 뒤 쫓아가
그의 등을 매질해서 등뼈를 부러뜨리겠습니다."

신하인 계자(季子)가 이 말을 듣고 부끄러워서 말했다.

"열 길 높이의 성을 쌓는 데 있어 이미 열 길 높이까지 올라갔는데
이를 다시 헐어버린다면 헛고생을 했을 뿐입니다.

지금 군주께서 군사를 일으키지 않은 지 어언 7년이나 되었는데
이것은 군주가 왕업을 이루는 밑거름(基)에 해당합니다.

전쟁을 주장하는 공손연은 나라를 어지럽히는 사람이므로
그의 말을 들어선 안 됩니다."

다른 신하 화자(華子)가 이 말을 듣고 부끄러워서 말했다.

"번드러운 말로 제나라를 쳐야 한다는 공손연도 나라를 어지럽히고,

번드러운 말로 제나라를 쳐서 안 된다고 말하는 계자도

나라를 어지럽히는 사람입니다.

또 제나라를 쳐야 한다는 사람과 쳐서 안 된다는 사람을 싸잡아서 나라를

어지럽히는 사람이라고 말하는 저도 나라를 어지럽히는 사람입니다."

위혜왕이 의아해 물었다. "그러면 어찌해야 하나?"

화자가 대답했다. "군주는 도(道)를 구할 뿐입니다!"

재상으로 있던 혜자(惠子)가 이 얘기를 듣고

위혜왕에게 도인인 대진인(戴晉人)을 만나게끔 주선했다.

대진인이 말했다. "군주께선 달팽이를 아십니까?"

위혜왕이 말했다. "아네."

대진인이 말했다.

"달팽이 왼쪽 뿔에 나라가 있는데 촉씨(觸氏)라고 하고,

달팽이 오른쪽 뿔에 나라가 있는데 만씨(蠻氏)라고 합니다.

이들은 때때로 땅을 두고 다투다가 싸우면 죽은 시체가 몇 만이고,

또 달아난 군대를 추격하면 보름 후에 돌아옵니다."

위혜왕이 물었다. "흠! 그건 허황된 말이 아닌가?"

대진인이 말했다.

"그럼 신(臣)이 군주를 위해 한 가지 사실을 예로 들어 말해보겠습니다.

군주께선 우주의 사방과 천지의 위아래에 끝이 있다고 생각합니까?"

위혜왕이 말했다. "끝이 없네."

대진인이 말했다.

"그러면 군주께선 마음을 무궁한 경지에 풀어서 노닐 줄을 아니까

사람의 흔적이 미치는 나라(通達之國)에서 돌아오면

혜왕께선 있는 듯 없는 듯한 미미한 존재가 되어 있지 않을까요?"

위혜왕이 말했다. "그러하네."

대진인이 말했다.

"사람의 흔적이 미치는 곳 한 가운데에 위나라가 있고,

위나라 한 가운데에 양나라가 있고, 양나라 한 가운데에 왕이 있습니다.

그렇다면 왕과 만씨(蠻氏)의 구분이 있는 건가요?"

위혜왕이 말했다. "구분이 없네."

손님인 대진인이 나가는데도 위혜왕은 창연한 모습을 한 채 멍하니

넋이 빠진 것 같았다. 대진인이 나가자마자 혜자(惠子)는 위혜왕을 만났다.

위혜왕이 말했다.

"그 손님은 대인(大人)이다. 성인(聖人)도 그를 당해내지 못할 것이다."

혜자가 말했다.

"피리를 불면 피리소리가 나듯 검수(劍首)를 휘두르면 바람소리가 납니다.

사람들이 요순을 기리지만 대진인 앞에서 요순을 기리는 건

검수에서 휙 하고 한 번 휘두르는 바람소리와 같습니다."

• • •

魏瑩與田侯牟約, 田侯牟背之.

魏瑩怒, 將使人刺之.

犀首公孫衍聞而恥之曰:「君爲萬乘之君也, 而以匹夫從讐!

衍請受甲二十萬, 爲君 攻之, 虜其人民, 係其牛馬, 使其君內熱發於背.

然後拔其國. 忌也出走, 然後抶其背, 折其脊.」

季子聞而恥之曰:「築十仞之城, 城者旣十仞矣, 則又壞之, 此胥靡之所苦也.

今兵不起七年矣, 此王之基也. 衍亂人, 不可聽也.」

華子聞而醜之曰:「善言伐齊者, 亂人也., 善言勿伐者, 亦亂人也., 謂伐之與不伐亂

人也者, 又亂人也.」

君曰:「然則若何?」曰:「君求其道而已矣!」

惠子聞之而見戴晉人.

戴晉人曰:「有所謂蝸者, 君知之乎?」

曰:「然.」

「有國於蝸之左角者曰觸氏, 有國於蝸之右角者曰蠻氏, 時相與爭地而戰, 伏尸數萬,

逐北旬有五日而後反.」

君曰:「噫! 其虛言與?」

曰:「臣請爲君實之. 君以意在四方上下有窮乎?」

君曰:「無窮.」

曰:「知遊心於無窮, 而反在通達之國, 若存若亡乎?」

君曰:「然.」

曰:「通達之中有魏, 於魏中有梁, 於梁中有王. 王與蠻氏有辨乎」

君曰:「無辯.」

客出而君惝然若有亡也.

客出, 惠子見.

君曰:「客, 大人也, 聖人不足以當之.」

惠子曰:「夫吹筦也, 猶有嗃也., 吹劍首者, 吷而已矣.

堯舜, 人之所譽也., 道堯舜於戴晉人之前, 譬猶一吷也.」

달팽이의 왼쪽 뿔 촉씨와
오른쪽 뿔 만씨가 싸우자
죽은 시체만도 몇 만이다

———

위(魏)나라 혜왕(罃)과 제나라 위왕(田侯牟)이 서로 약속을 했는데 위왕이 이 약속을 먼저 어겼다. 혜왕이 화가 나서 자객을 동원해 위왕을 찔러 죽이고자 마음먹었다. 으뜸가는 무소란 특이한 이름을 지닌 서수(犀首), 즉 위나라 장수 공손연(公孫衍)이 이 말을 듣고 부끄러워서 군주는 만승의 군왕인데 어째서 필부가 사용하는 방법으로 복수하느냐고 따져 물었다. 그러면서 자신에게 무장한 군사 20만 명을 주면 제나라를 쳐서 백성을 사로잡고 우마를 끌고 오겠다고 떵떵거리며 말했다. 또 제나라 군주에게 화병이 나게 해 등에서 내열이 터지게 한 뒤 제나라를 송두리째 뽑아버리겠다고 큰소리쳤다. 또 제나라 장수 전기(忌)가 도성을 나와 달아나게끔 한 뒤 그를 뒤쫓아가 그의 등을 매질해 등뼈를 부러뜨리겠다고 큰소리쳤다.

위나라 신하인 계자(季子)가 공손연의 이 말을 듣고 부끄러워서 군주가 군사를 일으키지 않은 지 어언 7년이나 된 게 왕업을 이루는 밑거름이 되었다는 걸 새삼스레 강조했다. 그런데도 공손연의 말을 듣고 군사를 일으키면 열 길 높이의 성을 쌓는 데 있어 이미 열 길 높이까지 다 올라갔는데 이를 헐고 다시 짓는 것에 비유해서 설명했다. 그러면서 전쟁을 주장하는 공손연은 나라를 어지럽히는 신하이므로 그의 말을 들어선 안 된다고 강조했다.

위나라 신하인 화자(華子)가 공손연과 계자의 이 말을 듣고 부끄러워서 번드러운 말로 제나라를 쳐야 한다는 공손연도 나라를 어지럽히는 신하이고, 또 번드러운 말로 제나라를 쳐선 안 된다고 주장하는 계자도 나라를 어지럽히는 신하라고 규정했다. 나아가 제나라를 쳐야 한다는 신하와 제나라를 쳐선 안 된다는 신하를 싸잡아서 나라를 어지럽히는 신하라고 주장하는 본인도 나라를 어지럽히는 신하라고 말했다. 위혜왕이 그럼 어찌해야 하느냐고 의아해하며 묻자 화자는 군주는 도(道)만 구해야 한다고 강조했다.

장자의 친구이자 위나라 재상으로 있던 혜자(惠子)가 이 얘기를 듣고 군주인 혜왕을 위해 대진인(戴晉人)이란 도인을 만나게끔 주선했다. 위혜왕과 마주한 대진인이 달팽이란 걸 아느냐고 묻자 위혜왕은 안다고 대답했다. 그러자 대진인은 달팽이 왼쪽 뿔에 촉씨(觸氏)란 나라가 있고 달팽이 오른쪽 뿔에 만씨(蠻氏)란 나라가 있는데 때때로 이 두 나라가 땅을 두고 서로 다투다 보면 싸워서 죽은 시체만 해도 몇 만이나 된다고 말했다. 또 달아난 군대를 추격하다 보면 보름이 지나서야 돌아온다고 말했다.

위혜왕이 그런 허황된 말이 어디 있느냐고 따지자 대진인은 우주의 사방과 천지의 위아래에 끝이 있다고 여기느냐는 질문을 위혜왕에게 뜬금없이 던졌다. 위혜왕이 끝이 없다고 자신있게 대답하자 대진인은 혜왕에게 마음을 무궁한 경지에 풀어 노닐게 한 뒤 사람의 흔적이 미치는 않는 통달지국(通達之國)에서 돌아오면 혜왕 자신은 있는 듯 없는 듯 그 존재가 이미 미미해져 있는 게 아니냐고 물었다. 이에 위혜왕은 자신의 존재가 미미해져 있을 거라고 힘없이 대답하자 대진인은 기다렸다는 듯이 사람의 흔적이 미치는 곳 한 가운데에 위나라가, 그 위나라 한 가운데에 양나라가, 그 양나라 한 가운데에 왕이 있는데 이때 왕과 만씨(蠻氏)의 구분이 어찌 있을 수 있겠느냐고 물었다. 위혜왕은 당연히 구별이 없다고 대답했는데 그제야 자신의 존재가 만씨 정도밖에 되지 않음을 비로소 깨달았다. 그러니 전쟁을 하고 안 하고 하는 논쟁은 아무런 의미가 없다.

이에 손님인 대진인이 방 바깥으로 나가는데도 위혜왕은 창연한 모습을 지니면서 멍한 채로 있어 마치 넋이 빠진 사람과 같았다. 대진인이 나가자마자 재상인 혜자가 위혜왕을 만났는데 위혜왕은 그 손님을 대인(大人)이라고 여기고 성인(聖人)도 그를 감히 감당하지 못할 거라고 감격해하며 말했다. 이에 혜자는 피리를 불면 피리소리가 나듯이 검수(劍首)를 휘두르면 획 하는 바람소리가 나는데 지금 많은 사람들이 요순임금을 기리지만 대진인 앞에서 요순임금의 도를 말하는 건 검수를 휘두를 때 한 번 획 하고서 부는 바람소리와 같다고 말했다.

공자(孔子)가 초(楚)나라로 가는 도중 의구산(蟻丘) 옆 주막에 숙박했다.

그때 주막의 이웃 집 주인이 처첩과 함께 용마루에 오르고 있었는데

공자 제자인 자로(子路)가 물었다.

"저기 용마루에 올라가서 모여 있는 사람들은 뭣 하는 사람일까요?"

공자(仲尼)가 말했다. "그들은 성인(聖人)의 무리이네.

그들은 자신의 몸을 민간에 파묻고 농사일을 하며 자신들을 감추며 사네.

그렇지만 그들의 명성이 줄어들어도 뜻은 다함이 없고,

그들의 입이 말하더라도 마음은 한 번도 말한 적이 없네.

그들은 이제 막 세속을 등지고서 살아가려고 하므로

그들의 마음이 세속과 함께 하는 걸 그리 달가워하질 않을 거네.

이 사람들은 육침(陸沈), 즉 몸은 뭍에 있어도 마음은 물에 가라앉아 있네.

저 이웃집 주인은 초나라 현자인 시남의료(市南宜僚)가 아닐까?"

자로가 가서 그를 불러오겠다고 하자 공자가 말했다. "그만두게!

그는 내가 자기를 세상에 천거하려는 걸 알고,

또 내가 초나라에 가서 초왕에게 반드시 그를 불러서 청한다는 걸 아네.

그러니 그는 나를 아첨이나 하는 사람(佞人)으로 여길 거네.

이런 사람은 아첨꾼으로부터 어떤 말을 듣는 걸 수치스러워할 텐데

하물며 직접 만나는 걸 반길 리가 있겠는가!

또한 찾아간들 그가 어째서 집에 있겠는가?"

자로가 그를 찾아가 보았지만 이미 그의 집은 텅 비어 있었다.

· · ·

孔子之楚, 舍於蟻丘之漿.

其隣有夫妻臣妾登極者, 子路曰:「是稷稷何爲者邪?」

仲尼曰:「是聖人僕也. 是自埋於民, 自藏於畔.

其聲銷, 其志無窮, 其口雖言, 其心未嘗言, 方且與世違而心不屑與之俱.

是陸沈者也, 是其市南宜僚邪?」

子路請往召之.

孔子曰:「已矣! 彼知丘之著於己也, 知丘之適楚也, 以丘爲必使楚王之召己也,

彼且以丘爲佞人也.

夫若然者, 其於佞人也羞聞其言, 而況親見其身乎! 而何以爲存?」

子路往視之, 其室虛矣.

몸은 뭍에 있어도 마음이 물에 가라앉은
초나라의 현자 시남의료

———

공자가 초(楚)나라로 가는 도중 의구산(蟻丘) 옆 주막에 숙박한 적이 있었다. 그때 주막의 이웃 집 주인이 공자 일행과 마주할까 두려워 자신의 처첩과 함께 지붕 위 마루인 용마루에 올랐다. 자로(子路)가 스승 공자에게 저 용마루에 모인 사람들이 어떤 사람이냐고 묻자 공자는 성인(聖人)의 무리라고 대답했다. 그래서 이들은 몸을 민간에 파묻고 농사일을 하면서 자신들을 감추고 살지만 그들의 명성이 줄어들어도 그들의 뜻은 다함이 없고, 그들의 입이 말해도 마음은 한 번도 말한 적이 없다고 말했다. 또 그들은 이제 막 세속을 등지고서 살아가려 하므로 그들의 마음이 세속과 함께 하는 걸 그리 달가워하지 않을 거라고 말했다. 그리고 공자는 이 사람들을 가리켜서 육침(陸沈), 즉 몸은 뭍에 있어도 마음은 물에 가라앉은 사람이라고 규정했다. 그러면서 저 이웃 집 주인은 분명 초나라의 현자인 시남의료(市南宜僚)일 거라고 추측했다.

시남의료는 잡편 「서무귀」에 등장한 바 있다. 초나라 왕이 공자를 위해 주연을 베풀었을 때 시남의료는 왕의 술을 받아 땅에 부으면서 고수레를 지낸 초나라의 훌륭한 신하이다.[24] 그는 홀로 적의 군대 앞에 나아가 어린애처럼 구슬 놀이를 하면서 송나라와의 전쟁을 무난히 해

결한 사람이다.

자로는 공자에게 이웃 집으로 달려가 시남의료를 당장 불러오겠다고 말하자 공자는 그만두라고 말렸다. 왜냐하면 시남의료는 공자가 자기를 세상에 천거하거나 아니면 초나라에 가서 초왕으로 하여금 반드시 자신을 부르게 할 거라는 걸 이미 알고 있기에 공자를 아첨하는 사람쯤으로 여겨서이다. 시남의료와 같은 사람은 아첨꾼으로부터 어떤 말을 듣는 걸 가장 수치스러워하므로 공자와 같은 아첨꾼을 직접 만나는 일을 그다지 반가워하지 않는다. 그러면서 공자는 시남의료가 이런 사실을 이미 꿰뚫고 있어 어째서 그가 집에 있겠느냐고 반문했다. 자로가 실제로 시남의료를 찾아갔지만 그의 집은 이미 텅 비어 있었다.

---

24) 「서무귀」 10 참조

장오(長梧) 땅을 담당하는 영주가 찾아와 공자 제자 자뢰(子牢)에게 말했다.

"군주가 정사(政)를 펴면 대충대충 해선 안 되고,

백성을 다스리면 건성건성 해선 안 되지요.

제가 예전에 벼농사를 위해 논을 대충 갈았더니 수확이 시원치 않았어요.

김매는 걸 조잡하게 했더니 마찬가지로 수확이 시원치 않았어요.

그래서 저는 다음해에 그간 계속 해왔던 방법을 바꾸었습니다.

논을 가는 걸 깊이 하고, 김매는 걸 철저히 했더니

벼이삭이 무성히 달려 한 해가 다가도록 배불리 먹었지요."

장자(莊子)가 이 얘기를 듣고 말했다.

"요즘 사람들이 자신의 몸과 마음을 다스리는 게

그 영주가 말한 바와 비슷한 게 많네.

자신의 몸과 마음을 다스리는 데 있어 자연(天)으로부터 달아나고,

타고난 본성(性)으로부터 떨어지고, 참 모습(情)을 없애고,

자연의 신령스러움(神)을 잃게 하는데 이는 하고자 함이 많아서이다.

사람이 타고난 본성(性)을 대충 대하면 욕심과 증오의 재앙이 생겨나

타고난 본성이 무성한 억새와 갈대의 숲에 가리어지네.

처음에는 억새와 갈대의 싹이 터서 그것이 내 몸을 붙들지만

얼마 가지 않아 억새와 갈대의 숲이 나의 타고난 본성을 뽑아버리네.

이제 나란히 둑이 무너져서 물이 새 넘쳐흘러 온 곳에서 터져나올 텐데

등창, 옴, 악창이 떠다니면서 내열(內熱)을 만드네.

오줌이 탁해지는 것도 이와 같은 일이네."

　　　　　‧‧‧

長梧封人問子牢曰：「君爲政焉勿鹵莽, 治民焉勿滅裂.

昔子爲禾, 耕而鹵莽之, 則其實亦鹵莽而報子., 芸而滅裂之, 其實亦滅裂而報子.

子來年變齊, 深其耕而孰耰之, 其禾蘩以滋, 子終年厭飱.」

莊子聞之曰：「今人之治其形, 理其心, 多有似封人之所謂,

遁其天, 離其性, 滅其情, 亡其神, 以衆爲.

故鹵莽其性者, 欲惡之孼, 爲性萑葦蒹葭, 始萌以扶吾形, 尋擢吾性.,

竝潰漏發, 不擇所出, 漂疽疥癰, 內熱溲膏是也.」

논을 깊이 갈거나 김을 철저히 매는 건
자연스런 농사법이 아니다

———

장오(長梧) 지역을 담당하는 영주가 공자의 제자인 자뢰(子牢)를 찾아와 군주는 정사를 대충 펴서는 안 되고, 백성을 건성으로 다스려선 안 된다고 말했다. 그러면서 영주는 자신의 벼농사를 위해 논을 대충 갈았더니 수확이 시원치 않았고, 김매는 걸 건성 조잡스럽게 했더니 마찬가지로 수확이 시원치 않아 다음해에는 계속 해왔던 방법을 바꾸었다고 말했다. 그래서 논을 깊이 갈고 김을 철저히 매었더니 벼 이삭이 무성히 열려 한 해가 다 가도록 배불리 먹었다고 자랑했다. 영주의 농사법은 수확량을 늘려 증산의 효과는 보았는지 모르지만 자연스러운 농사법은 되지 못한다.

장자(莊子)는 이 얘기를 전해 듣고 요즘 사람들은 자신의 몸을 다스리고 마음을 다스리는 게 그 영주가 말한 바와 비슷한 게 많다고 평했다. 왜냐하면 요즘 사람들이 자신의 몸과 마음을 다스리는 건 자연(天)으로부터 달아나고, 타고난 본성(性)으로부터 떨어지고, 참 모습(情)을 없애고, 자연의 신령스러움(神)을 잃는 행동으로 보여서이다. 마치 영주가 논을 깊이 갈고 김을 철저히 매는 행동처럼 말이다. 그런데도 요즘 사람들이 이런 행동에 집착하는 건 영주가 쌀의 생산량을 늘리는 것처럼 이루고자 하는 게 많아서이다.

요즘 사람들이 이루고자 하는 게 많아 자신들의 타고난 본성까지 대충 대하면 욕심과 증오의 재앙, 즉 욕악지얼(欲惡之孼)이 싹튼다. 그러면 자신들의 타고난 본성도 결국 억새와 갈대의 무성한 숲에 의해 가리어진다. 물론 억새와 갈대에서 싹이 처음 틀 때는 그것들이 우리 몸을 부축해서 도와주는 게 사실이다. 그렇지만 얼마 가지 않아 억새와 갈대의 숲이 우리의 타고난 본성을 뽑아버리고 만다. 그러면 둑이 나란히 무너져서 물이 새어 넘쳐흘러 온 곳으로 터져나오는데 이때 등창, 옴, 악창 등이 떠다니면서 우리 몸 안에 내열(內熱)을 만든다. 오줌이 탁해지는 것도 바로 이와 같은 원리이다. 그러니 타고난 본성을 소홀히 하면서 일을 수행하면 눈에 보이는 효과는 이룰지라도 눈에 보이지 않는 내열로 인해 고통을 받기 십상이다.

백구(柏矩)가 노담(老聃)에게서 배우는데 어느 날 말했다.

"천하를 유람하고 싶습니다."

노담이 말했다. "그만두어라! 천하도 이와 같다."

백구가 다시 천하의 유람을 청하자 노담이 물었다.

"자네는 어디서부터 유람을 시작하려는가?"

백구가 말했다. "제(齊)나라로부터 시작하려고 합니다."

백구가 제나라에 이르러 책을 당해 죽은 죄인을 보자 그를 밀어 반듯이

눕힌 뒤 자신의 조복을 벗어 덮어주곤 아, 하늘(天)이여 통곡하며 말했다.

"그대가 먼저 당했네! 그대가 먼저 당했네!

천하에 큰 재앙이 있어 먼저 천하를 떠났는데 그대가 도둑질한 게

아니지 않는가! 또 그대가 살인을 한 게 아니지 않는가!

영광과 치욕의 구분이 확립된 후에 그 병폐가 생겨남을 보고,

재화가 모인 후에 이에 대한 다툼이 생겨남을 보네.

지금 군주는 영광과 치욕의 구분을 확립하고,

다투어 가지려는 재화를 모아 한시도 쉬지 않고 사람들을 괴롭히네.

이런 지경에 이르고 싶지 않지만 어찌해서 이런 게 가능한가!"

백구가 계속해 말했다.

"옛날 군주는 이익은 백성에게, 손실은 자신에게 있게끔 하고

올바른 건 백성에게, 또 잘못된 건 자신에게 있게끔 했다.

그래서 백성 중 한 명이라도 잘못이 있어 자연이 내린 몸을 잃을 경우

자리에서 물러나 스스로 책임을 졌다. 그런데 지금은 그렇지 않다.

물건을 숨겨놓고서 이를 알지 못하면 어리석다고 하고,

아주 어려운 일을 시켜놓고서 이를 해내지 못하면 벌을 주고,

무거운 일을 맡기고서 이를 감당하지 못하면 죄를 주고,

먼 길을 가게 해놓고서 이르지 못하면 베어 죽인다.

그래서 앎이 다하면 거짓으로 거짓을 이어가니 거짓이 나날이 많아진다.

그러니 선비든 백성이든 어찌 거짓을 택하지 않을 수 있겠는가!

선비와 백성은 힘(力)이 부족하면 거짓을 택하고,

앎(知)이 부족하면 남을 속이고, 재물(財)이 부족하면 뭔가 훔친다.

그러니 천하에서 일어나는 도둑질(盜竊之行)에 대해 누굴 책망해야 할까?

· · ·

柏矩學於老聃, 曰 : 「請之天下遊.」

老聃曰 : 「已矣! 天下猶是也..」

又請之, 老聃曰 : 「汝將何始?」

曰 : 「始於齊.」

至齊, 見辜人焉, 推而强之, 解朝服而幕之,

號天而哭之曰 : 「子乎子乎! 天下有大菑, 子獨先離之, 曰莫爲盜! 莫爲殺人!

榮辱立, 然後覩所病., 貨財聚, 然後覩所爭.

今立人之所病, 聚人之所爭, 窮困人之身使無休時, 欲無至此, 得乎!

「古之君人者, 以得爲在民, 以失爲在己., 以正爲在民, 以枉爲在己.,

故一形有失其形者, 退而自責. 今則不然.

匿爲物而過不識, 大爲難而罪不敢, 重爲任而罰不勝, 遠其塗而誅不至.

民知力竭, 則以僞繼之, 日出多僞, 士民安取不僞!

夫力不足則僞, 知不足則欺, 財不足則盜. 盜竊之行, 於誰責而可乎?」

재물이 부족하면 훔치는 천하의 도둑질은 군주에게 그 원인이 있다

———

　백구(柏矩)가 노담(老聃)을 스승으로 모시고서 배우는데 어느 날 천하를 유람하고 싶다는 희망을 피력했다. 그러자 노담은 천하도 여기와 매한가지이니 굳이 유람할 필요가 없다고 말렸다. 그럼에도 백구가 다시 천하 유람을 청하자 노담은 어디서부터 유람을 시작하려느냐고 물었다. 그러자 백구는 제(齊)나라로부터 시작하겠다고 말했는데 실제 천하 유람을 제나라로부터 시작했다.

　백구가 제나라에 이르렀을 때 마침 책형을 당해 죽은 죄인을 목격했다. 백구는 그를 힘들게 밀어서 반듯이 눕힌 뒤 자신의 조복을 벗어 덮어주곤 '그대가 먼저 당했네! 그대가 먼저 당했네!' 하며 하늘(天)을 우러러보면서 통곡했다. 그러면서 천하에 큰 재앙이 있어 책형을 당해 먼저 천하를 떠났는데 죽은 죄인이 도둑질한 것도 아니고 살인을 한 것도 아니지 않는가라면서 세상을 원망하듯 한탄스럽게 말했다.

　영광과 치욕의 구분이 확연할수록, 즉 신상필벌(信賞必罰)을 엄격히 할수록 그 병폐가 심해지고, 재화가 모일수록 다툼이 커지게 마련이다. 안타까운 일이지만 지금의 현실이 그러하다. 그럼에도 제나라 군주는 영광과 치욕의 구분을 더욱 확실히 해 신하들을 힘들게 하고, 또 다투어 가지려는 재화를 더 모으기 위해 한시도 쉬지 않고 백성을 괴롭힌다. 물론 옛날 군주는 이와는 크게 달랐다. 이익은 백성에게 있게끔 하지만 손실은 자신에게 있게끔 했다. 또 올바른 건 백성에게 있게끔 하지만 잘못된 건 자신에게 있게끔 했다. 그뿐만이 아니다. 자신의 백성 중 한 사람이라도 잘못이 있어 자연이 내린 벌로 몸을 잃기라도 하면 스스로 군주의 자리에서 물러나 책임을 졌다.

그런데 지금 군주는 그렇지 않다. 물건을 숨겨놓고서 이를 제대로 알지 못하면 어리석다고 하고, 힘든 일을 시켜놓고서 이를 제대로 하지 못하면 벌을 주고, 무거운 일을 맡겨놓고서 이를 제대로 감당하지 못하면 죄를 주고, 먼 길을 가게 해놓고서 제때에 이르지 못하면 베어서 죽인다. 그래서 사람들은 자신의 앎이 다하면 거짓으로 거짓을 이어갈 수밖에 없는 처지에 빠진다. 그래야만 죄와 벌을 피할 수 있고, 또 죽음의 공포로부터 벗어날 수 있다. 그러니 거짓이 나날이 많아질 수밖에 없다. 이런 상황에서 선비든 백성이든 어찌 거짓을 택하지 않을 수 있겠는가! 선비와 백성은 힘이 부족하면 거짓을 택하고, 앎이 부족하면 남을 속이고, 재물이 부족하면 재물을 훔칠 수밖에 없다.

천하에서 벌어지는 이런 도둑질은 신하와 백성만의 책임이 아니다. 오히려 군주에게 더 큰 책임이 있다. 만약 군주가 영광과 치욕의 구분을 명확히 하지 않으면 신하는 힘들어하지 않아 굳이 거짓을 저지를 필요가 없다. 또 군주가 재화를 더 모으지 않으면 백성은 힘들어하지 않아 거짓말을 할 필요가 없다. 그러니 거짓을 저지르는 천하의 도둑질은 오로지 군주만이 이를 멈추게 할 수 있다.

위나라의 현자 거백옥(蘧伯玉)은 나이 60에 이를 때까지
생각을 60번이나 바꾸었다.

처음 옳다고 한 걸 나중에 아니라면서 자신의 생각을 늘 굽혔으니
지금 옳다고 한 것도 59년간 그르다고 했을는지 모른다.

만물은 생겨남이 있지만 우리는 그 근원을 보지 못하고,
만물은 죽음이 있지만 죽음으로 나가는 문을 보지 못한다.

모든 사람은 자신의 앎으로 알 수 있는 건 높이 받들지만
자신의 앎으로 알 수 없는 것에 기대야만 비로소 안다는 걸 모른다.

그러니 이것이 큰 미혹(大疑)이 아니라고 어찌 말하지 않을 수 있겠는가!

그만두자, 그만두자! 나 또한 거기로부터 자유롭지 못하니.

그런데 지금 이렇게 말하고 있지만 이것도 정말로 그러한 걸까?

· · ·

蘧伯玉行年六十而六十化, 未嘗不始於是之而卒詘之以非也, 未知今之所謂是之非
五十九非也.

萬物有乎生而莫見其根, 有乎出而莫見其門.

人皆尊其知之所知而莫知恃其知之所不知而後知, 可不謂大疑乎!

已乎已乎! 且無所逃.

此所謂然與, 然乎?

아는 것보다 알지 못하는 것에 기대야
진정으로 안다

———

위(衛)나라를 대표하는 현인이자 대부(大夫)였던 거백옥(蘧伯玉)도 나이 60세에 들 때까지 생각을 모두 60번이나 바꾸었다. 그러니 매년 한 번씩 생각을 바꾼 셈이다. 거백옥과 같은 현자일지라도 자신의 생각이 틀리면 이를 바꾸는 데 전혀 주저하지 않는다. 그래서 거백옥이 처음에 옳다고 한 것이라도 나중에 아니라고 하면서 자신의 생각을 늘 굽혔다. 그렇다면 지금 거백옥이 옳다고 주장하는 것도 지난 59년 동안 내내 그르다고 주장했을는지 모른다. 이런 상황이 어째서 벌어질까? 그건 만물은 생겨남이 있지만 우리가 그 근원을 볼 수 없고 만물은 죽어감이 있지만 우리가 죽음으로 나가는 문을 볼 수 없어서이다. 그만큼 우리가 아는 바가 매우 제한적이다.

이에 따라 모든 사람들은 자신의 앎으로 아는 것만 높이 받든다. 그래서 곡사(曲士), 즉 자신이 아는 것으로 세상을 평가하고 재단하는 선비도 오로지 자신의 생각만 옳다고 여긴다. 이는 우물이라는 좁은 공간에 구속된 개구리가 바다를 알지 못하고, 여름 한철 나무에 매달려서 열심히 울어대는 매미가 겨울을 알지 못하는 것과 같은 일이다. 그러니 제대로 알려면 자신이 아는 것보다 알지 못하는 것에 기대야만 비로소 가능하다. 마치 개구리가 자신의 삶의 공간인 좁은 우물 안보다 바다란 넓은 공간에 기대고, 또 매미가 자신의 삶의 시간인 짧은 여름보다 봄, 가을, 겨울이란 긴 시간에 기대야 제대로 아는 것처럼 말이다. 이것이 거백옥이 보여준 삶의 태도이다.

그런데 우리는 거백옥처럼 생각하지 못한다. 우리는 공간에선 우물 안 개구리처럼 살아가고, 시간에선 여름의 매미처럼 살아간다. 이런 제한된 공간과 시간 속에서 알게 된 경험만으로 우리는 세상을 평가하고 재단하는 데 여념이 없다. 그러니 이것이 큰 미혹이 아니라고 말할 수 없다. 그런데 장자의 이런 주장도 모든 걸 다 알아서 나온 게 아니라 자신의 제한된 공간과 제한된 시간의 경험 속에서 나온 게 아니지 않는가! 그렇다. 장자의 생각일지라도 그것 역시 제한적일 수밖에 없다. 그래서 장자는 이런 논의를 더 이상 하지 말자고 황급히 손을 내젓는다. 이럴 정도로 장자는 자신의 모순에 빠지지 않기 위해 철저히 노력하고 있다.

공자(仲尼)는 대사(太史)란 사관의 직책에 있었던

대도(大弢), 백상건(伯常騫), 희위(狶韋)에게 물었다.

"위영공(衛靈公)이 술을 즐겨 쾌락에 탐닉해서 국정을 돌보지 않고

사냥에 빠져 제후들의 회맹에도 응하지 않았는데

영공(靈公)이란 시호를 얻은 건 어째서일까요?"

대도가 말했다. "그럴 만한 이유가 있습니다."

이어서 백상건이 말했다.

"영공에겐 세 명의 아내가 있었는데 같이 욕조에 몸을 담그고

목욕할 정도로 생활이 문란했습니다.

그런데 대부 사추(史鰌)가 어명을 받들기 위해 어전 앞으로 나아가면

예물을 꼭 붙들고 자신을 보좌하며 힘들어하는 사추를

친절히 붙잡아주었습니다.

영공의 오만함은 세 아내와 벌이는 심한 문란함과도 같지만

사추와 같은 현자(賢人)를 보면 공손하게 행동했기에

영공이란 시호를 얻게 된 것입니다."

이어서 희위(狶韋)가 말했다.

"영공이 죽은 뒤 점 쳤더니 조상이 묻힌 곳에 장사지내면 불길하다 나와

다시 점 쳤더니 모래 언덕에 장사지내면 길하다고 나왔습니다.

그래서 모래 언덕을 몇 길이나 파내려가니까 석곽이 나와

이걸 씻어 자세히 들여다보았는데 거기에 새긴 글자가 있었습니다.

그 새긴 글자가 말합니다.

'자손에게 의지하지 못한 영공이 이곳을 차지해서 유택으로 삼을 거다.'

영공이 영(靈)이라 한 건 이처럼 오래전에 정해진 것입니다.

그러니 영공이란 시호가 정해진 것에 대해

대도와 백상건이 어찌 제대로 알겠습니까!

. . .

仲尼問於太史大弢, 伯常騫, 狶韋曰:

「夫衛靈公飮酒湛樂, 不聽國家之政., 全獵畢弋, 不應諸侯之際.,

其所以爲靈公者何邪?」

大弢曰:「是因是也.」

伯常騫曰:「夫靈公有妻三人, 同濫而浴. 史鰌奉御而進所, 搏幣而扶翼.

其慢若彼之甚也, 見賢人若此其肅也, 是其所以爲靈公也.」

狶韋曰:「夫靈公也死, 卜葬於故墓不吉, 卜葬於沙丘而吉.

掘之數仞, 得石槨焉, 洗而視之, 有銘焉, 曰:『不馮其子, 靈公奪而埋之.』

夫靈公之爲靈也久矣, 之二人何足以識之!」

영공(靈公)이란 시호도
이름에 합당한 몫을 했기 때문이다

———

공자(仲尼)는 위(衛)나라 태사(太史)인 대도(大弢), 백상건(伯常騫), 희위(狶韋) 등을 만나 위영공(衛靈公)이 어째서 영공이란 시호를 받게 되었는지 의아해하며 물었다. 공자가 볼 때 위영공은 재임 당시 술을 즐겨 마시고, 쾌락에 탐닉해 국정을 제대로 돌보지 않고, 사냥에 빠져 제후들의 회맹에도 응하지 않아 신령스럽다는 영(靈)의 의미와 전혀 어울리지 않아서이다. 태사란 직책은 사관이므로 공자가 이들에게 위영공 시호의 적절성 여부를 묻는 건 매우 합당한 질문이다.

대도가 먼저 나서 그럴 만한 이유가 있다고 막연히 말했다. 그러자 백상건이 나서 위영공의 겸손한 행동으로 그렇게 된 거라고 말했다. 위영공에겐 세 명의 아내가 있었는데 그들과 함께 욕조에서 목욕할 정도로 생활이 문란한 건 사실이다. 그렇지만 위나라 대부(大夫)인 사추(史鰌)가 어명을 받들기 위해 어전으로 나아가면 위영공은 예물을 꼭 붙들고서 자신을 보좌하며 힘들어하는 사추의 몸을 직접 붙잡아줄 정도로 겸손함을 보였다. 위영공의 오만함은 세 아내와 벌이는 심한 문란함에 비견할 수 있지만 사추와 같은 현인을 대할 때는 위영공은 극히 겸손하게 행동했다. 백상건은 이것이 영공이란 시호를 받게 된 이유라고 설명했다.

마지막으로 희위가 나서 위영공이 어째서 영공이란 시호를 받게 되었는지에 대해 설명했다. 영공이 죽은 뒤에 점을 쳤는데 영공의 조상들이 묻힌 묘역에 묻히면 불길하다는 점괘가 나왔다. 그래서 다시 점을 쳤더니 모래 언덕에 묻히면 길하다는 점괘가 나와 모래 언덕을 위영공 묘역으로 삼았다. 영공의 시신을 묻기 위해 모래 언덕을 몇 길이나 파내려가니까 뜻밖에도 석곽이 나왔다. 석곽을 씻고 자세히 들여다보니까 '자손에게 의지하지 못한 영공이 이곳을 차지해 유택으로 삼을 거다.'라고 새긴 글자가 나왔다. 그러니 위영공에게 영(靈)이란 시호는 이미 오래전에 정해진 셈이다. 희위는 이렇게 설명하면서 대도와 백상건은 영공이란 시호를 받게 된 경위에 대해 제대로 알지 못한다고 비판했다.

그런데 '자손에게 의지하지 못한 영공'이란 무슨 의미일까? 위영공은 『맹자』 첫 장 「양혜왕(梁惠王)」편 주인공으로 양혜왕과 동일한 인물이다. 그런데 위영공의 태자 괴외(蒯聵)는 문제가 많았던 인물이다. 어느 정도로 문제가 많았는가 하면 "덕이 천성적으로 각박해 그를 제멋대로 놔두면 장차 나라가 위태롭고, 그에게 규범을 익히도록 하면 장차 제 몸(안합, 顏闔)이 위태롭다."[25]라는 게 「인간세」에 등장하는 괴외에 대한 인물평이다. 「인간세」 3은 괴외의 이런 잘못된 인간성을 놓고 내용이 펼쳐진다. 이런 괴외는 결국 위나라 내란의 장본인이 됨으로써 위영공이 자신을 자손에게 의지하지 못하는 사태로 이어졌다. 위영공이 살아 있을 때 이런 사실을 눈치 챘는지 모르지만 자식이 내란을 일으켜서 자손에게 의지할 수 없음을 예견했기에 영공이란 시호는 그에게 매

---

25) 有人於此 其德天殺. 與之爲無方 則危吾國. 與之爲有方 則危吾身. (「인간세」 3)

우 합당하다고 본다.

장자는 이 글을 통해 우리에게 무얼 말하려는 걸까? 장자가 볼 때 공자가 말하는 위영공에 대한 평가는 너무 제한적이다. 오로지 윤리적이거나 도덕적인 측면에서 이루어지기 때문이다. 그래서 술을 즐겨 마시며 쾌락에 탐닉해 국정을 제대로 돌보지 않고, 사냥에 빠져 제후들의 회맹에 응하지 않은 위영공은 공자가 볼 때 그 시호가 그에게 전혀 합당하지 않다. 또 백상건이 말했던 위영공에 대한 평, 즉 겸손함을 보인다는 평도 위영공의 모든 면을 고려할 때 장자가 수용하기에 곤란하다. 그래서 마지막으로 말했던 희위의 위영공에 대한 평만이 영공이란 시호가 합당하다는 걸 말해준다.

소지(少知)가 태공조(太公調)에게 물었다.

"마을의 공론(丘里之言)은 무얼 말하나요?"

태공조가 말했다.

"마을(丘里)은 수십 개의 다른 성(姓)을 가진 사람들 수백 명이 모여

하나의 풍속(風俗)을 이루는 곳인데

다른 걸 합해 같게도 하고, 같은 걸 흩뜨려 다르게도 하네.

지금 말을 수백 개 부위로 나누고 이를 가리켜 말이라 부를 수 없지만

눈앞에 묶인 말은 수백 개 부위가 모여 이루어져도 말이라 부를 수 있네.

이 때문에 언덕과 산은 낮은 데서 흙이 쌓여져 높아지고,

장강과 황하는 작은 물줄기들이 합쳐져 커진 것처럼

대인(大人)도 많은 사사로운(私) 걸 하나로 해서 공평무사함(公)을 이루네.

이 때문에 성인은 바깥 다른 의견에 대해 나름 주관을 지니며 판단해도

자신의 주관을 고집하지 않네.

또 안에서 나오는 성인 의견이 정당해도 다른 이의 의견을 막지 않네.

사계절은 기후가 달라도 자연이 한쪽을 편들지 않아서 일 년을 구성하네.

춘관·하관·추관·동관·중관의 다섯 벼슬(五官)은 직무가 달라도

군주가 이 벼슬에 대해 사사로움이 없이 대해 나라가 잘 다스려지네.

문무(文武)는 각자의 소임이 달라도

대인(大人)이 한쪽을 편들지 않아 문무의 덕(德)이 다 갖추어지네.

만물은 이치(理)가 달라도 도(道)는 사사로움이 없어 그 이름(名)이 없네.

도는 이름이 없어 하고자 함이 없고(無爲),

하고자 함이 없어도 하지 못하는 바가 없네(無不爲).

때(時)에는 끝과 시작이 있고, 세상(世)에는 변화가 있네.

화(禍)와 복(福)은 서로 변하며 흐르기에 거슬리는 것 속에 좋은 게 있네.

사람은 각자 자기 생각에 따라 서로 다른 방향을 추구하므로

맞는 것 속에 틀림이 있네.

이를 큰 못에 비유하면 수백 개의 재질, 즉 수백 종류의 물고기가

각자 타고난 소질에 맞추어 사는 일이고,

이를 큰 산에 비춰보면 나무와 돌이 함께 산의 기반을 이루는 걸세.

이런 걸 마을의 공론이라고 말하네."

소지가 말했다. "그러면 이를 도(道)라고 말해도 되나요?"

대공조가 말했다. "그렇지 않네.

지금 사물의 수를 세면 그 수는 만에서 그치지 않을 정도로 많은데

우리가 그걸 만물(萬物)이라고 이름을 정해서 말하는 건

만이란 숫자를 많다고 부르면서 그 수를 세는 것뿐이네.

이 때문에 천지(天地)란 형체가 있는 것 중에 가장 크고,

음양(陰陽)이란 기(氣)가 있는 것 중에 가장 큰 것이네.

그리고 도(道)는 이 모두를 감쌀 만큼 공평무사하네.

이에 크다고 소리치며 수를 세는 건 괜찮아도

도란 이름을 이미 가진다면 도는 사물과 같은 차원에서 비교될 수 없겠지?

그러면 개와 말을 구분하는 것처럼 도란 이름도 다른 것과 변별하기 위한

이름일 뿐인데 이 이름은 사실과는 너무 동떨어지지 않는가!"

. . .

少知問於太公調曰:「何謂丘里之言?」

太公調曰:「丘里者, 合十姓百名而以爲風俗也, 合異以爲同, 散同以爲異.

216　장자 잡편

今指馬之百體而不得馬, 而馬係於前者, 立其百體而謂之馬也.

是故丘山積卑而爲高, 江河合小而爲大, 大人合并而爲公.

是以自外入者, 有主而不執., 由中出者, 有正而不距.

四時殊氣, 天不賜, 故歲成., 五官殊職, 君不私, 故國治., 文武殊能, 大人不賜,

故德備., 萬物殊理, 道不私, 故無名. 無名故無爲, 無爲而無不爲.

時有終始, 世有變化. 禍福淳淳, 至有所拂者而有所宜., 自殉殊面, 有所正者有所差.

比於大澤, 百材皆度., 觀於大山, 木石同壇. 此之謂丘里之言.」

少知曰:「然則謂之道, 足乎?」

太公調曰:「不然. 今計物之數, 不止於萬, 而期曰萬物者, 以數之多者號而讀之也.

是故天地者, 形之大者也., 陰陽者, 氣之大者也., 道者爲之公.

因其大而號以讀之, 則可也, 已有之矣, 乃將得比哉?

則若以斯辯, 譬猶狗馬, 其不及遠矣!」

나무와 돌이 모여 산을 이루듯
많은 생각들이 모여 하나를 이루는 게
마을의 공론이다

―――

소지(少知)가 태공조(太公調)에게 마을의 공론(丘里之言)이 무엇인지에 대해 물었다. 태공조도 쉽게 대답할 수 없어 차근차근 설명해 나갔다. 마을은 수십 개의 다른 성(性)을 지닌 사람들이 수백 명씩 모여서 하나의 풍속을 이루는 공간이다. 여기선 서로 다른 사람들의 생각들을 합해서 같게 만들거나 아니면 같은 생각을 흩뜨려서 서로 다르게 만든다. 그런데 타고 다니는 말을 수백 개 부위로 나눈 뒤 이를 말이라고 하면 말이라고 할 수 없지만 지금 눈앞에 있는 말이 수백 개 부위가 모여서 이루어진 거라면 말이라고 부를 수 있다. 그러니 진정한 마을의 공론은 같은 생각을 흩뜨려서 달라지는 게 아니라 다른 생각들을 합해서 같아지는 것이다.

대인(大人), 즉 큰 사람도 이런 자세를 견지한다. 그래서 그는 수많은 사사로운(私) 걸 하나로 묶어 공평무사함(公)을 이룬다. 마치 언덕과 산은 낮은 데서부터 흙이 쌓여져서 높아지고, 장강과 황하는 작은 물줄기들이 합쳐져서 커진 것처럼 말이다. 성인(聖人)도 대인처럼 공평무사함을 이루고자 애쓴다. 이에 성인은 바깥의 다른 의견에 대해 나름 주관을 지니며 판단하더라도 자신의 생각을 고집하지 않는다. 또 안에서 나오는 자신의 의견이 정당함을 지니더라도 다른 사람들의 의견을 가로막지 않는다. 이는 '자신의 성심(成心)을 스승으로 삼지 않는데 시비가 생겨나는 건 도저히 있을 수 없다'라는 「제물론」의 내용과 흡사하다. 관련된 글을 한 번 인용해 보자.

> 각자 성심(成心), 즉 나름대로 정한 마음을 따르며
> 이 마음을 스승으로 삼으면 어느 누군들 스승이 없겠는가?
> 사물 변화를 훤히 꿰뚫어 알아 마음을 스스로 취하는 현자(賢者)만
> 어찌 스승이 있겠는가?
> 어리석은 사람(愚者)에게도 스승이 있다.
> 성심을 스승으로 삼지 않는데 시비(是非)가 생겨나는 건
> 오늘 월나라로 떠났는데 어제 도착했다는 일이다.
> 이는 있을 수 없는 일을 있다고 하는 거다.[26]

그러니 서로 다른 성(性)을 지녀도, 심지어 서로 다른 사람이라도 각자 정한 마음을 스승으로 삼지 않아야만 시비(是非)가 그치고, 나아가 다른 생각들을 합해야만 하나의 의견으로 모아질 수 있다. 이것이 마을의 공론이 제대로 이루어지는 길이다. 또 이것이 성인이 서로 다른 의견들을 수합하는 방법이다. 그래서 성인은 바깥의 다른 의견에 대해 나름의 판단을 하더라도 자신의 의견을 고집하지 않는다. 또 안에서 나오는 자신의 의견이 정당함을 지니더라도 다른 사람들의 의견을 가로막지 않는다. 이런 입장은 수많은 사사로움을 하나로 묶어 공평무사함을

---

26) 夫隨其成心而師之 誰獨且無師乎? 奚必知代而心自取者有之? 愚者與有焉. 未成乎心而有是非 是今日適越而昔至也. 是以無有爲有. (「제물론」 3-1)

이루고자 하는 대인과 같은 마음에서 비롯된다.

자연이 이런 방법을 택하는 건 지극히 당연하다. 그래서 봄·여름·가을·겨울의 사계절 기후가 각기 달라도 자연은 어느 한쪽만 편들지 않아 일 년을 구성한다. 세상사도 잘 풀리려면 이런 방법을 받들어야 한다. 춘관·하관·추관·동관·중관의 다섯 벼슬이 직무가 서로 달라도 군주가 사사로움을 지니지 않아야, 즉 특정한 사람을 싫어하거나 좋아하지 않아야 나라가 잘 다스려진다. 문(文)과 무(武)도 각자의 소임이 다르지만 대인(大人)이 한쪽을 편들지 않아야 문무의 덕(德)이 고루 갖추어진다. 마찬가지로 만물에게 있어 작용하는 이치가 서로 달라도 도(道)는 사사로움이 없어야 그 이름이 없다. 도는 이름이 없어 하고자 함이 없고(無爲), 또 하고자 함이 없는데도 하지 못하는 바도 없다(無不爲).

또 시간에는 끝과 시작이 있고 세상에는 변화가 있다. 그리고 화(禍)와 복(福)은 서로 변하면서 흐르므로 거슬리는 것 속에 좋은 게 있다. 또 사람들은 각자 자기의 생각에 따라 서로 다른 방향을 추구하므로 맞는 것 속에 틀림이 있다. 이를 큰 못에 비유하면 수백 개의 재질, 즉 수백 종류의 물고기가 각자 타고난 소질에 맞추어 사는 일이다. 또 큰 산에 비추어보면 나무와 돌이 함께 산의 기반을 이루는 일이다. 마을의 공론도 이런 성격을 지닌다. 미국 대통령이었던 오바마의 연설, "우리 민주당에는 두 그룹의 애국자가 있습니다. 하나는 이라크 전을 찬성했던 애국자이고, 다른 하나는 이라크 전을 반대했던 애국자입니다."라는 것도 마을의 이런 공론과 밀접하게 연결된 연설이라고 말할 수 있다.

그렇다면 이런 마을의 공론을 두고 도(道)라고 말할 수 있을까? 소지(小知)가 이 점을 궁금하게 여겨서 물었다. 이에 대해 대공조는 그렇지 않다고 대답했다. 왜 그랬을까? 우리가 천지(天地)에 있는 사물의 수를 세면 그 수는 만(萬)에서 그치지 않을 정도로 많다. 그런데도 우리가 만물(萬物)이라고 이름을 붙이는 건 만이란 숫자를 많다고 여기면서 그 수를 세기 때문이다. 천지의 크기도 그 안에 있는 사물을 일일이 셀 수 없을 정도로 크다. 때문에 천지는 형체가 있는 것 중에 가장 크다. 마찬가지로 음양(陰陽)의 기(氣)도 있는 것 중에 가장 크다. 그러니 음양의 도는 우리가 생각할 수 없을 만큼이나 정말로 크다. 때문에 마을의 공론이 아무리 큰 마을에서 형성된 거라도 음양의 기에는 도저히 미치지 못한다.

게다가 도(道)는 천지와 음양의 기를 모두 감쌀 만큼 함께 한다. 물론 크다고 외치면서 도를 세어도 상관이 없지만 도란 이름을 가지면 도는 사물들과 같은 차원에서 비교될 수 없다. 물론 개와 말을 서로 구분하듯이 도라고 말하는 이름도 다른 것과 변별하기 위한 이름에 불과하다. 그렇더라도 도의 실제 의미와 도라고 말하는 이름의 의미는 너무나 동떨어져 있다.

소지(少知)가 말했다.

"사방의 안과 육합의 안(六合之內), 즉 세상에서 만물이 왜 일어나나요?"

태공조(大公調)가 말했다.

"음양이 서로 비추며, 서로 덮으며, 서로 다스리자

이에 사철이 서로 교대하면서 서로를 낳고 서로를 죽였네.

또 욕망하거나 증오하며, 버리거나 취하다가 뭔가 갑자기 일어나서

암수가 결합하면서 쓰임이 생겨났네.

또 안위(安危), 즉 편안과 위험이 서로 번갈아가며 바뀌고,

화복(禍福), 즉 재앙과 축복이 서로 맞물려서 생겨나며,

완급(緩急), 즉 늦어짐과 빨라짐이 서로 접근하며,

취산(聚散), 즉 태어남과 죽음이 함께 구성되었네.

이런 내용은 이름(名)과 실질(實)의 계통을 세워 대충 적을 수도 있고,

또 세세하게 서술할 수도 있네.

또 만물은 순서에 따라 서로 다스리고, 빠른 움직임에 따라 서로 부리고,

마지막에 이르면 되돌아오고, 끝나면 다시 시작하는데

이것이 만물이 지닌 필연적인 운명이네.

만물의 이런 운명은 말로 표현할 수 있고, 또 앎으로 이를 수 있지만

이건 사물의 운명을 두루 아는 정도에서 그칠 뿐이네.

도를 깨달은 사람은 사물이 끝나는 곳을 좇지 않고,

일어나는 곳도 캐지 않아 더 이상 논의를 진행하지 않네."

소지(少知)가 말했다.

"계진(季眞)의 막위설(莫爲)과 접자(接子)의 혹사설(或使) 중

어느 게 실정에 부합하고, 어느 게 사리에 맞나요?"

태공조가 말했다.

"닭이 울고 개가 짖는 건 사람들이 아는 바네.

그렇지만 큰 앎(大知)을 지닌 사람도 닭이 왜 울고, 개가 왜 짖는지

그 자연작용을 말로 설명할 수 없으며,

또 닭과 개가 우는 게 무얼 말하려는 건지 마음으로 헤아릴 수 없네.

그런데 이를 분석하여 그 분석이 한없는 미세함(精)에 이르거나

반대로 한없는 큼(大)에 이르더라도 혹사설이든 막위설이든 그 어떤 것도

사물에 구애되는 데서 벗어나지 못해 둘 다 잘못을 저지르고 마네.

혹사설이면 자연을 주재하는 존재자가 실재하며,

막위설이면 자연을 주재하는 존재자가 비어 있네.

그런데 이름(名)이 있고 실체(實)가 있으면 사물이 실재하며,

이름이 없고 실체가 없으면 사물의 실재가 비워지네.

또 도는 말할 수 있고 생각할 수 있지만 말할수록 도에서 더욱 멀어지네.

아직 태어나지 않은 건 꺼려하지 못하고, 이미 죽은 건 물리지 못하네.

죽고 사는 문제가 눈앞에 벌어져도 생명변화 원리는 앎으로 엿볼 수 없네.

혹사설이든 막위설이든 이 모두는 그럴 거라는 생각에 지나지 않네.

내가 생명변화의 근본(本)을 살펴보니 아무리 거슬러 올라가도 끝이 없고,

내가 생명변화의 끝(末)을 구해보니 아무리 내려가도 멈춤이 없네.

이처럼 생명변화의 원리는 끝이 없고 멈춤이 없어 말로 표현할 수 없는

경지를 이해해야만 만물과 만물의 생성변화 원리를 함께 엿볼 수 있네.

그런데 혹사설과 막위설은 말을 근본으로 하므로

만물과 함께 끝나고 만물과 함께 시작할 수밖에 없네.

도(道)는 있는 것도 아니고, 없는 것도 아니네.

사실 도(道)는 이름을 빌려 그렇게 부르는 것에 지나지 않네.

혹사설과 막위설은 만물의 일단인데 이걸 어찌 큰 도에 적용하려는가?

큰 도를 말로 충분히 표현할 수 있으면 종일 말해 도를 규명하면 되고,

큰 도를 말로 충분히 표현할 수 없으면 종일 말해 사물만 규명하면 되네.

그런데 도(道)는 사물의 궁극에 해당하므로

말이나 침묵으로 그 의미를 싣는 게 충분하지 않네.

그러니 말도 아니고 침묵도 아닌 경지에 이르러야 도를 제대로 논하네."

・ ・ ・

少知曰:「四方之內, 六合之裏, 萬物之所生惡起?」

大公調曰:「陰陽相照, 相蓋相治., 四時相代, 相生相殺.

欲惡去就, 於是橋起., 雌雄片合, 於是庸有.

安危相易, 禍福相生, 緩急相摩, 聚散以成.

此名實之可紀, 精微之可志也.

隨序之相理, 橋運之相使, 窮則反, 終則始., 此物之所有.

言之所盡, 知之所至, 極物而已.

觀道之人, 不隨其所廢, 不原其所起, 此議之所止.」

少知曰:「季眞之莫爲, 接子之或使, 二家之議, 孰正於其情, 孰徧於其理?」

大公調曰:「鷄鳴狗吠, 是人之所知., 雖有大知, 不能以言讀其所自化, 又不能以意測
其所將爲.

斯而析之, 精至於無倫, 大至於不可圍, 或之使, 莫之爲, 未免於物, 而終以爲過.

或使則實, 莫爲則虛. 有名有實, 是物之居, 無名無實, 在物之虛.

可言可意, 言而愈疏. 未生不可忌, 已死不可徂.

死生非遠也, 理不可覩. 或之使, 莫之爲, 疑之所假.

吾觀之本, 其往無窮., 吾求之末, 其來無止.

無窮無止, 言之無也, 與物同理., 或使莫爲, 言之本也, 與物終始.

道不可有, 有不可無. 道之爲名, 所假而行.

或使莫爲, 在物一曲, 夫胡爲於大方?

言而足, 則終日言而盡道., 言而不足, 則終日言而盡物.

道物之極, 言默不足以載., 非言非默, 議有所極.」

말도 침묵도 아닌 경지에 이르러야
도를 제대로 논할 수 있다

앞 장에 이어 소지(少知)와 태공조(大公調)의 대화가 이어진다. 앞 장과 언뜻 비교하면 말하려는 내용이 같지 않은 것처럼 보이지만 사실은 연결되는 내용이다. 여기선 마을의 공론이 아무리 훌륭해도 어째서 도에 미치지 못하는지에 대해 구체적으로 설명한다.

소지는 천지 사방(四方)과 육합지내(六合之內)에서 만물이 어떻게 생겨나고, 또 어떻게 사라지는지가 궁금해 태공조에게 물었다. 태공조는 먼저 음양(陰陽)의 작용을 들어서 설명했다. 그래서 음양이 서로 비추고 덮고 다스리자 이에 사철이 바뀌면서 만물이 서로를 낳고 서로를 죽였다. 나아가 만물이 서로 욕망하고 증오하며 서로를 버리고 서로를 취하면서 갑자기 무언가 일어나 암수가 결합하면서 여기에 쓰임이 만들어졌다. 또 편안함과 위태로움이 서로 번갈아가며 바뀌면서 재앙과 축복이 서로 맞물려서 생겨났다. 또 늦어짐과 빨라짐이 서로 접근하면서 태어남과 죽음이 함께 구성되었다. 어쩌면 이것이 동아시아의 일반적 우주관이자 생명관이다. 그래서 만물의 이런 변화는 이름과 실질의 계통을 세워 대충 적을 수도 있지만 필요하면 자세히 서술할 수도 있다.

그리고 만물은 순서에 따라 서로 다스리고, 빠른 움직임에 따라 서

로 부리고, 마지막에 이르면 되돌아오고, 끝나면 다시 시작하는데 이것
이 만물의 운명이다. 만물의 이런 운명도 말로 표현할 수 있고, 또 앎으
로 이를 수 있다. 그렇지만 말로 하는 표현과 앎으로 이해하는 건 만물
의 운명을 두루 아는 정도에서 그칠 뿐이다. 그래서 도를 깨달은 사람
은 만물이 끝나는 바를 쫓지 않고, 일어나는 곳도 캐지 않아 더 이상 논
의를 진행하지 않는다.

소지는 조금 아는 걸 자랑하려 해서인지 계진(季眞)의 막위설(莫爲)과
접자(接子)의 혹사설(或使)을 꺼냈다.[27] 그리고선 막위설과 혹사설 중 어
느 게 실정에 부합하고 어느 게 사리에 맞는지에 대해 물었다. 이에 태
공조는 둘 다 옳은 주장이 아니라고 대답했다. 사람들은 닭이 울고 개
가 짖는다는 사실을 알지만 닭이 어째서 울고 개가 어째서 짖는지의
자연작용은 큰 앎(大知)을 지닌 사람이라도 말로 설명할 수 없다. 또 큰
앎을 지닌 사람은 닭과 개가 울면 그게 무얼 말하는 건지 마음으로 헤
아릴 수 없다. 물론 닭과 개의 짖는 작용을 체계적으로 분석해서 한없
이 미시적인 분석이 되거나 한없이 거시적인 분석이 되어도 혹사설과
막위설 어느 것도 사물의 구애됨에서 벗어나지 못하므로 판단을 그르
칠 수밖에 없다.

게다가 혹사설과 막위설은 추측일 뿐 실재를 정확히 반영하는 주장
이 아니다. 혹사설에 따르면 자연을 주재하는 존재자가 실재하지만 막
위설에 따르면 자연을 주재하는 존재자가 비어 있다. 그러니 혹사설처

---

27) 계진(季眞)과 접자(接子)는 제(齊)나라의 현인으로 직하학사(稷下學舍)에서 함께 노닐었
다. 그런데 계진이 주장한 막위설(莫爲)의 '막(莫)'과 접자가 주장한 혹사설(或使)의 '혹
(或)'은 대문(對文)으로서 막은 무(無)를, 혹은 유(有)를 뜻한다. 그래서 계진은 도(道)를 무
위(無爲)로 파악하고, 접자는 도를 사물에 작용토록 하는 유의(有爲)로 파악한다.

럼 이름이 있거나 실체가 있으면 사물이 실재하지만 막위설처럼 이름이 없거나 실체가 없으면 사물의 실재는 빈다. 따라서 혹사설과 막위설은 모두 추측에서 비롯된 주장일 뿐이다. 또 우리가 도를 말하거나 도를 생각할 수 있지만 도를 말하거나 생각할수록 도에서 점점 멀어진다. 그리고 우리는 아직 태어나지 않은 걸 기피하지 못하고, 이미 죽은 걸 물리지 못한다. 게다가 죽고 사는 문제가 눈앞에 펼쳐져도 생명변화의 원리(理)를 우리의 앎으로 엿볼 수 없다. 그러니 혹사설이든 막위설이든 이 모두는 그럴 거라는 생각일 뿐이다.

태공조가 생명변화의 근본을 살핀 결과 아무리 거슬러 올라가도 끝이 없다. 태공조가 생명변화의 끝을 구한 결과 아무리 내려가도 멈춤이 없다. 이처럼 생명변화의 원리는 끝이 없고 멈춤이 없어서 말로 표현할 수 없는 경지를 이해해야만 생성변화의 원리를 함께 엿볼 수 있다. 그런데 혹사설과 막위설은 말을 근본으로 하기에 이 둘은 만물과 함께 부침해서 만물과 함께 끝나고 만물과 함께 시작한다. 그러니 혹사설과 막위설은 만물의 부침에 따라 얼마든지 다른 주장들이 나올 수 있다.

도(道)는 있는 것도 아니고 없는 것도 아니다. 그리고 도(道)는 이름을 빌려 그렇게 부르는 것에 지나지 않는다. 혹사설과 막위설은 만물의 일단을 보고 파악한 것이므로 큰 도(大方)에는 당연히 적용될 수 없다. 만약 큰 도를 말로 다 표현할 수 있으면 그 뛰어난 능력으로 하루 종일 말해 도를 규명하면 된다. 그렇지만 큰 도를 말로 다 표현할 수 없으면 그 부족한 능력으로 하루 종일 말해 사물만 규명하면 된다. 그런데 도(道)는 사물의 궁극에 해당하기에 말과 침묵으로 그 의미를 충분히 담을 수 없다. 그러니 말도 아니고 침묵도 아닌 경지에 이르러야 비로소 궁극의 경지인 도를 제대로 논할 수 있다.

외물

外物

— 외물 —

외물(外物)은 사물의 겉, 즉 드러난 부분이다. 그런데 물(物)은 사물로만 제한되지 않는다. 그건 사람(人)일 수도 있고 일(事)일 수도 있다. 그래서 물이 사람인 경우 외물은 사람의 겉모습을 의미하고, 물이 일인 경우 외물은 바깥의 일이나 사건을 의미한다. 「외물」은 먼저 바깥일을 갖고서 얘기를 전개하는데 그건 바깥일이 우리가 생각하는 것처럼 반드시 이치에 맞게끔 벌어지는 게 아니라는 내용이다. 그래서 충신이라도 억울하게 죽을 수 있고, 간신이라도 살아남지 못할 수 있다. 먼저 전자의 예로 관용봉과 비간을 들고, 후자의 예로 오래(惡來)를 든다. 또 충신이라도 군주로부터 반드시 신뢰를 얻는 건 아니라며 자서(伍員)와 장홍(萇弘)을 예로 든다.

바깥의 자연세계도 반드시 이치에 맞게끔 벌어지는 게 아니다. 그래서 나무끼리 마찰이 이루어져 불이 붙거나, 또 음양이 엇섞여 벼락이 떨어져서 홰나무를 태운다. 자연세계에서 벌어지는 것처럼 인간세계에도 사람을 큰 근심에 이르게 하는 이치에 맞지 않는 함정(陷)들이 있다. 여기에 빠지면 달아날 데가 없고, 또 불안정해져 아무것도 이룰 수 없다. 이에 따라 사람의 마음은 천지간에 매달려 있는 것처럼 우울함과 답답함에 빠져 고생을 하므로 많은 사람들의 온화한 마음까지 불사른다. 그러니 사람의 마음이 혹 달처럼 맑고 고요해도 이런 불같은 욕망을 이기지 못해 맑고 고요한 마음이 도(道)가 허물어지듯 사라지고 만다.

두 번째 글은 자신의 모습을 외물로 보여주면 죽는 경우가 생겨난다는 내용이다. 붕어 한 마리가 움푹 패인 곳에서 숨을 헐떡거리는데 스스로를 동해의 파도를 관장하는 신하라고 밝혔다. 이것은 외물로서 자신을 상대방에게 보여주는 일이다. 한 말 정도의 물로 얼마든지 살아날 수 있는데 상대방은 붕어의 이런 외물에 집착한 나머지 장강의 물줄기를 끌어오겠다고 말하니까 붕어는 죽을 수밖에 없는 운명이다. 입에 풀칠을 하기 위해 감하후에게 양식을 꾸러간 장주도 똑같은 경우이다. 감하후가 가을철 수확이 끝날 때 3백량을 빌려주겠다고 말해서이다. 이는 본의든 본의가 아니든 장주가 자신의 처량한 참모습보다 고고하고 품격 있는 외면을 감하후에게 보여준 탓이라고 본다.

세 번째 글은 누군가 훌륭해도 그의 외면이 아니라 참 모습인 풍격을 보아야 세상을 다스리는 경륜을 쌓을 수 있다는 내용이다. 임공자(任公子)란 사람이 큰 낚시 바늘과 굵은 밧줄을 갖고서 일 년을 기다린 끝에 장강 하류에서 엄청나게 큰 고기를 낚았다. 그리고 낚아 올린 물고기로 포를 떠서 말렸더니 많은 사람들이 물릴 정도로 실컷 먹었다. 그러자 자신의 재주를 저울질하며 변죽을 울리는 무리들이 놀라 이 얘기를 서로 전했는데 엄청나게 큰 물고기를 잡았다는 사건의 드러난 외면뿐이다. 이 무리들이 정작 알아야 하는 임공자의 낚시질 하는 방법은 전하는 내용에서 생략되었다. 그런데 세상을 다스리는 경륜을 쌓으려면 소문으로 전해 듣는 임공자란 인물의 외물을 넘어서서 그의 진면목인 풍격(風格)을 똑바로 보아야 한다.

네 번째 글은 사람의 겉모습, 즉 외물은 그럴듯해도 참모습은 도둑,

그것도 악질 도둑인 유자(儒者)에 관한 내용이다. 어떤 유자들이 남의 무덤을 도굴해서 재물을 훔치는 중이다. 날이 밝아오는데도 도둑질이 제대로 진행되지 않는 상황에서 시신의 입에 값비싼 구슬이 물려 있는 걸 발견했다. 그러자 시신을 훼손하는 일이 있어도 구슬이 훼손되지 않도록 하기 위해 시신을 마구 다루었다. 한마디로 유자답지 않은 행동인데 유자의 참모습일 수 있다. 왜 그러한가? 대부분의 유자가 바라는 건 배움으로 자신의 머리를 무장한 뒤 벼슬을 하는 일이다. 그런데 벼슬을 하다 보면 그 직위를 통해 도둑질을 하지 않게 되는가?

다섯 번째 글은 공구가 받드는 인의(仁義)에 따른 행동도 외물의 성격을 지닌다는 내용이다. 왜 그러한가? 보통사람들은 인의로 행동이 쉽게 움직여서 명성으로 서로를 끌어당기고, 또 인의로 서로의 관계를 은밀한 사사로움으로 맺어서이다. 이런 인의는 형식적 인의, 즉 외면으로 보여주거나 나타내는 인의이다. 공구가 인의가 제대로 이루어지지 않는다고 분연히 일어난 건 외면으로서의 인의만 중요하다고 여겨서이다. 반면 인의가 일으킬 만세(萬世)의 재앙에 대해 공구는 그럴 리 없다면서 이상히 여기는 건 인의의 참모습을 소홀히 여겨서이다. 그러니 공구가 인의를 베풀어서 사람을 기쁘게 하는 걸 자신의 출중함으로 여긴다면 평생의 치욕이 될 수 있다.

여섯 번째 글은 바르게 살아야 한다는 생각도 외물의 성격을 지닌다는 내용이다. 그래서 이 글은 바르게 살아야 한다는 생각을 버려야, 즉 외물로 바르게 살아가는 모습을 버려야 스스로 바르게 된다는 주장을 편다. 이를 위해 작은 앎을 버려야 큰 앎이 밝아진다는 논리를 동원한다. 이를 구체적으로 보여주기 위해 기가 막히게 점을 잘 치는 신령스런 거북을 등장시킨다. 이런 거북도 한 어부에게 붙잡혀서 점치길 좋아하는 사람들에 의해 죽게 되었으니 그의 점술 능력이 오히려 생명을 앗아간 요인이 되었다. 이처럼 거북의 뛰어난 점술 능력이 그의 생명을 앗아갔기에 거북의 점술은 작은 앎일 뿐이다. 거북에게 뛰어난 점술 능력이 없었다면 어부에게 잡히더라도 생명은 분명 건졌을 것이다.

일곱 번째 글은 쓸모있음의 쓰임새는 쓸모의 외물에 따른 판단이고, 쓸모없음의 쓰임새는 쓸모의 참모습에 따른 판단이라는 내용이다. 여덟 번째는 노닐 수 있는데도 노닐지 못하는 사람은 노닒의 외면만 본 사람이고, 노닐 수 없는데도 노니는 사람은 노닒의 참모습을 본 사람이다. 지인(至人)이 노닒의 참모습을 본 사람이다. 아홉 번째는 지각활동이 생명작용의 외면이라면 호흡활동은 생명작용의 참모습이고, 뱃속의 태 안에 있는 물리적 공간이 외면적 공간이라면 자연스럽게 노니는 마음의 공간은 참모습의 공간이다. 그래서 세상을 피해 숨어사는 사람에게 큰 숲, 구릉, 산이 좋은 건 그의 정신(神)이 감관작용의 정욕을 견디지 못해서이므로 바람직한 건 아니다.

열 번째 글은 농부는 자연의 외면이 아니라 자연의 참모습을 보아야 농사를 제대로 할 수 있다는 내용이다. 열한 번째는 신인(神人)이 가장 훌륭하고, 성인(聖人), 현인(賢人), 군자(君子)의 순인데 이 또한 외물, 즉 바깥의 일에 신경을 쓰지 않는 순서이다. 열두 번째는 자신의 외면만 신경을 쓰다가 결국 죽거나 숨어 지내야 했던 한 어처구니없는 사람에 관한 얘기이다. 마지막은 말은 뜻을 전하는 수단이므로 뜻을 전하면 말은 잊어야 한다는 내용이다. 여기서 말은 우리가 말하려는 것의 외면이고, 말하려는 건 말의 참모습이다. 그런데 사람들은 뜻을 전하고도 말을 잊지 못하는데 이건 말의 참모습을 보지 못하고 말의 외면만 보아서이다.

외물(外物), 즉 바깥의 일은 사람이 생각하는 것처럼

이치에 꼭 들어맞는 건 아니다.

그래서 관용봉(龍逄)은 충신인데도 폭군 걸에게 베어져 죽고,

비간(比干)은 간하다 폭군 주에게 처참하게 죽고,

기자(箕子)는 미친 척하며 살고, 오래(惡來)도 주군과 함께 죽임을 당하고,

걸주(桀紂)도 결국은 망했다.

또 어떤 군주든 신하가 충성하길 바라지만

그렇다고 충신도 군주로부터 반드시 신뢰를 받는 건 아니다.

그래서 오자서(伍員)는 충신인데도 죽임을 당해 시체가 강에 떠내려갔고,

주나라 장홍(萇弘)은 아무런 죄없이 촉(蜀)땅에서 죽었는데

시체를 묻고 삼 년이 지나자 피가 변해 푸른 옥이 되었다.

또 어떤 부모든 자식이 효도하길 바라겠지만

효자라고 부모로부터 꼭 사랑을 받는 건 아니다.

그래서 효자 효기(孝己)는 계모로 인해 근심 속에서,

효자 증삼(曾參)은 아버지의 미움을 사서 슬픔으로 지내야 했다.

바깥 자연세계도 인간세계와 마찬가지여서

나무와 나무가 마찰해서 불이 붙고, 쇠도 불 속에 오래 있으면 녹는다.

그래서 음양이 엇섞이면 천지가 크게 놀라 천둥이 치고 번개가 생기고

빗속에 벼락이 떨어져서 큰 회나무를 태운다.

이런 자연계처럼 사람을 큰 근심에 이르게 하는 두 개의 함정이 있는데

거기에 빠지면 달아날 데가 없고, 불안정해져 아무것도 이룰 수 없어

마음은 천지간에 매달린 것처럼 우울함과 답답함에 빠져 고생한다.

나무끼리 마찰하듯 이해가 서로 마찰해 생겨난 불같은 욕망이 너무 거세

많은 사람들의 온화한 마음을 불사른다.

그 결과 마음이 달처럼 맑고 고요해도

본디 사람의 불같은 욕망을 이기지 못해 도(道)가 허물어지듯 사라진다.

· · ·

外物不可必, 故龍逢誅, 比干戮, 箕子狂, 惡來死, 桀紂亡.

人主莫不欲其臣之忠, 而忠未必信, 故伍員流于江, 萇弘死于蜀, 藏其血三年而化爲
碧. 人親莫不欲其子之孝, 而孝未必愛, 故孝己憂而曾參悲.

木與木相摩則燃, 金與火相守則流.

陰陽錯行, 則天地大絯, 於是乎有雷有霆, 水中有火, 乃焚大槐,

有甚憂兩陷而無所逃, 螴蜳不得成, 心若懸於天地之間, 慰暋沈屯.

利害相摩, 生火甚多, 衆人焚和, 月固不勝火, 於是乎有儥然而道盡.

바깥 일이
이치에 꼭 들어맞는 건 아니다

───

외물(外物), 즉 바깥 일은 우리가 생각하는 것처럼 반드시 이치에 맞게끔 벌어지는 게 아니다. 그래서 충신이라도 억울하게 죽을 수 있고, 간신이라도 살아남지 못할 수 있다. 예를 들어 하(夏)나라 관용봉(龍逢)이 충신이었는데 폭군 걸(桀)에게 칼에 베어져 죽고, 은(殷)나라 비간(比干)도 충신이었는데 폭군 주(紂)에게 가슴을 도려내는 끔찍한 죽음을 당했다. 충신이라면 죽지 않아야 마땅한데 관용봉과 비간의 경우 그렇지 못했다. 또 폭군 주의 숙부인 기자(箕子)는 미친 척하며 살아 목숨을 건진 반면 오래(惡來)는 간신질하며 살았어도 폭군 주와 함께 죽임을 당했고, 결국 걸주(桀紂)마저 망했다. 간신이라면 살아남고, 미친 척한 사람은 죽어야 마땅한데 이 역시 그렇지 않은 경우이다.

이치에 맞게끔 벌어지지 않는 건 이뿐만이 아니다. 군주는 신하가 자신에게 충성하길 바라지만 그렇다고 충신이 군주로부터 반드시 신뢰를 받는 건 아니다. 오(吳)나라의 충신 자서(伍員)와 주(周)나라의 충신 장홍(萇弘)만 해도 그러하다. 오자서는 군주로부터 버림받아 죽임을 당해 시체가 강물에 떠내려가는 비극적 최후를 맞이했고, 장홍은 아무런 죄가 없는데도 촉(蜀) 땅으로 추방되자 스스로 배를 갈라 자결할 정도로 스스로 분을 이기지 못했다. 시체를 묻고 삼 년이 지나서 장홍의 피가 변해 푸른 옥이 되었지만 죽은 뒤에 이런 게 무슨 의미가 있는가!

또 모든 부모는 자식이 효도하길 바라지만 효자라고 해서 부모로부터 꼭 사랑을 받는 건 아니다. 그래서 은(殷)나라 효자 효기(孝己)는 계모로 인해 근심으로 지새워야 했고, 효자의 모범인 증삼(曾參)도 아버지의 미움을 사 죽도록 매질을 당하는 등 평생 슬픔 속에서 지내야 했다.

바깥의 자연세계도 인간세계와 마찬가지로 우리가 생각하는 것처럼 반드시 이치에 맞게끔 벌어지는 게 아니다. 그래서 나무끼리 마찰이 이루어져 불이 나는 경우가 생겨나고, 단단한 쇠조차 불 속에 오래 있으면 녹는 경우가 생겨난다. 또 음양이 엇섞이면 천지가 크게 놀라 천둥이 쳐서 번개가 생기거나 빗속에 벼락이 떨어져서 아무 죄 없는 홰나무를 태운다. 자연세계에서 벌어지는 이런 일처럼 인간세계에도 이치에 맞지 않게끔 벌어지는 경우가 있다. 사람을 큰 근심에 이르게 하는 두 개의 억울한 함정(陷)이 그것이다. 사람들이 이 함정에 빠지면 달아날 데가 없고, 불안정해져서 아무것도 이룰 수 없다. 이에 따라 사람의 마음은 천지간에 매달린 것처럼 우울함과 답답함에 빠져 고생한다.

그런데 「외물」에선 두 개의 함정이 구체적으로 무엇인지에 대해 설명하지 않고 지나간다. 그래서 내용 연결이 잘 되지 않는다. 혹시 두 개의 함정을 설명하는 부분이 기록 과정에서 생략되어진 채 지금까지 전해지는 게 아닌가 하는 생각이 든다. 하여간 나무와 나무가 마찰하면 불이 나듯이 사람도 서로의 이해가 마찰해서 생겨난 불과 같은 욕망이 너무 거세다. 그래서 많은 사람들의 온화한 마음까지 불사른다. 그 결과 사람의 마음이 혹 달처럼 맑고 고요해도 이런 불같은 욕망을 이겨 내지 못해 도(道)가 허물어지듯 맑고 고요한 마음이 사라진다.

장주(莊周)는 집이 가난해

황하를 관리 감독하는 제후 감하후(監河侯)에게 양식을 꾸러 갔다.

감하후가 말했다.

"좋소, 봉토에서 세금을 거둘 때 3백량 금을 빌려드리지요. 그럼 되겠소?"

장주가 화가 나 얼굴이 벌게져서 말했다.

"어제 오는 길에 누가 불러 뒤를 돌아보니까 수레바퀴가 만든 자국 안에

붕어 한 마리가 있었지요. 숨이 헐떡거리는 붕어를 찾아가서 나는

'이리 와 봐라! 너는 어째서 이러고 있느냐'고 물었지요.

붕어는 '난 동해의 파도를 관장하는 신하인데

한 말이나 한 되의 물로 왜 나를 살려주지 않는가?'라고 말했지요.

그 말을 듣곤 '아 예. 내가 남쪽 오월(吳越)로 가 장강 물줄기를 끌어와

그대를 맞이할까 하는데 그럼 되겠소?' 하고 말했지요.

그러자 붕어가 화가 나 얼굴이 벌게져서 말했지요.

'나는 지금 늘 있어야 할 물을 잃어 머무를 데가 없게 된 겁니다.

한 말, 아니 한 되의 물만 있어도 살아날 텐데 그렇게 말하니

내일 새벽 건어물 가게에서 일찌감치 나를 찾으시오!'"

• • •

莊周家貧, 故往貸粟於監河侯.

監河侯曰:「諾. 我將得邑金, 將貸子三百金, 可乎?」

莊周忿然作色曰:「周昨來, 有中道而呼者. 周顧視車轍中, 有鮒魚焉.

周問之曰:『鮒魚來! 子何爲者邪?』

對曰:「我, 東海之波臣也. 君豈有斗升之水而活我哉?」

周曰：『諾. 我且南遊吳越之土, 激西江之水而迎子, 可乎?』

鮒魚忿然作色曰：『吾失我常與, 我無所處. 吾得斗升之水然活耳, 君乃言此, 曾不如早索我於枯魚之肆!』

자신의 모습을 외물로만 보여주면
죽는 경우가 생겨난다

———

　장주(莊周)는 집이 가난해서 어느 날 황하를 관리 감독하는 제후 감하후(監河侯)에게 양식을 꾸러 갔다. 그러자 감하후는 올 가을에 수확이 끝나면 봉토에서 세금을 거둬 3백량을 빌려주겠다고 말했다. 그런데 장주에게는 지금 3백량이나 되는 큰 금액이 필요한 게 아니다. 당장 입에 풀칠할 양식을 구입할 수 있는 돈이면 충분하다. 장주의 이런 안타까운 처지를 눈치 채지 못하고서 감하후가 엉뚱한 말을 꺼냈으니 장주는 화가 나 금세 얼굴이 벌게졌다. 그러면서 장주는 어제 길을 가다가 경험했던 얘기를 감하후에게 꺼냈다.

　장주가 길을 걸어가는데 누군가가 불러 뒤를 돌아다보니까 수레바퀴 자국이 만든 움푹 패인 곳에 붕어 한 마리가 숨을 헐떡거렸다. 장주는 붕어에게 다가가 왜 자신을 불렀느냐고 묻자 붕어는 자신은 동해의 파도를 관장하는 신하인데 한 말이나 한 되의 물로 살려달라고 애원했다. 장주는 고개를 끄덕인 뒤 지금 당장 남쪽 오월(吳越) 지역으로 가서 장강(西江)의 물줄기를 끌어와 그대를 기꺼이 맞이하겠다고 큰소리를 쳤다. 그러자 붕어는 자신의 안타까운 처지를 몰라주는 장주를 원망하면서 한 말, 아니 한 되의 물만 있어도 살아날 텐데 그런 식으로 큰소리치니까 내일 새벽 건어물 가게에서 나를 찾으라고 화를 내며 말했다. 장주가 장강의 물줄기를 끌어오는 엄청난 일을 내일 새벽까지 끝내도 붕어는 이미 죽은 존재가 되어 있기에 물줄기를 끌어오는 일이 아무런 소용이 없다.

이 내용은 우리에게 무얼 말하려는 걸까? 상대방을 외물로 판단하지 말라는 교훈이다. 붕어가 스스로 밝힌 동해의 파도를 관장하는 신하는 외물로 보아진 붕어의 모습이다. 이에 반해 붕어의 참모습은 움푹 패인 곳에서 헐떡거리면서 곧 죽는 처량한 모습이다. 붕어는 자신의 이런 처량한 참모습보다 동해의 파도를 관장하는 신하란 외물로서 모습을 강조했기에 장주도 이에 보조를 맞춰 대응한 것이다. 그래서 붕어가 살기 위해 당장 필요한 한 말이나 한 되의 물 대신 장강의 물줄기를 끌어오겠다고 큰소리쳤다. 장강의 물줄기라면 붕어가 사는 데 더할 나위 없이 충분하지만 그 물줄기를 끌어오려면 시간이 걸리므로 그때까지 붕어는 도저히 살아남을 수 없다. 그러니 장강의 물줄기라도 붕어에게는 아무런 소용이 없는데 이건 붕어가 스스로의 모습을 장주에게 외물로 보여준 결과라고 본다.

감하후가 장주의 부탁을 잘못 판단한 것도 이와 마찬가지이다. 감하후가 장주에게 3백량이나 되는 돈을 빌려주겠다고 한 건 엉뚱한 제안이 아니라 어쩌면 감하후의 진심이 반영된 제안이라고 본다. 상대가 장주인지라 감하후도 나름 장주에게 격을 갖추어서 돈을 빌려주고 싶었다. 그러니 장주가 지금 당장 입에 풀칠할 양식을 구입하는 데 필요한 작은 돈보다 3백량이나 되는 큰돈을 빌려주고 싶었다. 물론 그 큰돈이 지금 당장 감하후에게 없으므로 수확철까지 기다려달라고 제안한 거다. 이 역시 감하후가 장주의 외물, 즉 고고하고 품격 있는 장주에 대한 세상의 평을 보고 판단한 결과이다. 사실 지금 장주의 참모습은 끼니를

걱정해야 할 정도로 가난한데 사람들은 장자의 이런 참모습을 감히 상
상하지 못하고 있는 거다.

옛날에 임공자(任公子)는 큰 낚시 바늘과 굵고 검은 줄을 준비한 다음

회계산(會稽山)에 쭈그리고 앉아 거세한 소 50마리를 미끼로 삼아

동해(東海)를 향해 낚싯대를 던졌다.

매일 낚시질을 했지만 일 년이 되도록 물고기 한 마리를 잡지 못했다.

일 년이 조금 지나자 큰 물고기가 미끼를 물어 큰 낚시 바늘을 끌고

물속으로 들어갔다가 위로 힘껏 솟구쳐서 등지느러미를 크게 흔드니까

산더미만한 흰 파도가 일어나 바닷물이 크게 흔들려서 움직였다.

이때 바닷물이 움직이는 소리는 귀신의 울음소리와 같아

천 리 바깥의 사람도 두려움에 떨었다.

임공자는 이 물고기를 잡아 포를 떠서 말렸다.

절강에선 동쪽으로 창오에선 북쪽에 이르는 넓은 지역에 사는 사람들이

이 포를 물릴 정도로 실컷 먹었다.

얼마 후 세상에서 재주를 겨루면서 얘기하길 좋아하는 무리들 모두가

놀라 이 얘기를 서로에게 알렸다.

낚싯대를 포개어 들고 시냇가로 달려가 송사리나 붕어를 낚는 사람에겐

이런 큰 고기를 잡는 일이 어렵다.

쓸데없는 자잘한 얘기를 그럴듯하게 꾸며서

현령 정도의 자리를 구하는 사람은 큰 출세와는 거리가 멀다.

그러니 임공자의 풍격(風格)을 아직 듣지 못한 사람은

세상을 다스리는 경륜과는 여전히 멀리 있을 뿐이다.

. . .

任公子爲大鉤巨緇, 五十犗以爲餌, 蹲乎會稽, 投竿東海, 旦旦而釣, 期年不得魚.

已而大魚食之, 牽巨鉤, 錎沒而下, 鶩揚而奮鬐, 白波若山, 海水震蕩, 聲侔鬼神, 憚赫千里.

任公子得若魚, 離而腊之, 自制河以東, 蒼梧已北, 莫不厭若魚者.

已而後世輇才諷說之徒, 皆驚而相告也.

夫揭竿累, 趨灌瀆, 守鯢鮒, 其於得大魚難矣.

飾小說以干縣令, 其於大達亦遠矣.

是以未嘗聞任氏之風俗, 其不可與經於世亦遠矣.

외물이 아니라 참모습인 풍격을 보아야
경륜을 쌓을 수 있다

———

옛날에 임공자(任公子)란 사람이 큰 낚시 바늘과 검은색 굵은 밧줄을 준비한 뒤 장강 하류에 있는 회계산(會稽山)에 쭈그리고 앉아 거세한 소 50마리를 미끼로 삼아 동해(東海)를 향해 매일 낚싯대를 던졌다. 하루도 빠지지 않고 낚시질을 했지만 일 년이 다 되도록 물고기 한 마리를 잡지 못했다. 그런데 일 년이 조금 지날 때가 되자 드디어 큰 물고기가 미끼를 물었다. 그 물고기는 큰 낚시 바늘을 끌고 물속으로 들어갔다가 다시 위로 힘껏 솟구치면서 등지느러미를 크게 흔들었다. 산더미만한 흰 파도가 일어나 바닷물이 크게 흔들려서 움직였는데 이때 바닷물이 움직이는 소리는 귀신의 울음소리와 같아 천 리 바깥의 사람들까지 두려움에 떨 정도였다.

임공자는 낚아 올린 물고기를 포로 떠서 말렸다. 그런데 물고기 포가 그 양이 얼마나 많았는지 절강(浙河)에선 동쪽으로, 창오(蒼梧)에선 북쪽에 이르는 넓은 지역에 사는 많은 사람들이 물릴 정도로 실컷 먹었다. 얼마 후 자신의 재주를 저울질하며 변죽을 울리면서 말하는 무리들이 모두 놀라 이 얘기를 서로에게 전했다. 물론 이 무리들이 서로에게 전한 얘기는 임공자란 사람이 엄청나게 큰 물고기를 잡아 올려 많은 사람들이 물릴 정도로 실컷 먹었다는 화제성의 말이다. 반면 이 무리들이 정작 알아야 하는 임공자의 낚시질 하는 방법은 이들이 전하는 얘기에 선 생략되고 말았다. 그러니 변죽을 울리면서 말하는 무리들은 임공자란 인물의 모습을 외물(外物)로 파악할 뿐 그의 진면목을 파악한 게 아니다.

그런데 낚싯대를 포개어 들고 시냇가로 달려가서 송사리나 붕어 정도를 낚는 사람이라면 임공자가 잡아 올린 것과 같은 큰 물고기를 도저히 잡을 수 없다. 마찬가지로 자잘한 얘기를 쓸데없이 그럴듯하게 꾸미며 현령 정도의 자리를 구하는 사람이라면 그 역시 크게 출세할 수 없다. 자신의 재주를 저울질하며 변죽을 울리면서 말하는 무리들이 바로 여기에 해당한다. 그런데 임공자의 참모습을 소문으로만 전해 들으면 자잘한 얘기를 쓸데없이 그럴듯하게 꾸미는 선비는 세상을 다스리는 경륜을 제대로 쌓을 수 없다. 이들이 세상을 다스리는 경륜을 제대로 쌓으려면 소문으로 전해 듣는 임공자란 인물의 외물을 넘어서서 그의 진면목인 풍격(風格)을 똑바로 볼 수 있어야 한다. 그 풍격은 일 년을 기다리는 한이 있어도 큰 물고기를 잡아 수많은 사람들을 배불리 먹여야겠다는 생각에서 비롯되는 일이다.

유자(儒)가 『시경(詩經)』과 『예기(禮記)』를 들먹이며 무덤을 도굴했다.

함께 간 대유(大儒)가 무덤 위에서 아래를 향해 말했다.

"동녘이 밝아온다. 일이 어찌 되어 가는가?"

소유(小儒)가 무덤 속에서 말했다.

"시의를 아직 다 벗기지 못했는데 입속에 구슬(珠)이 물려 있습니다."

대유(大儒)가 말했다.

"『시경』에 '푸릇푸릇한 보리는 무덤가에서 자라도

살아서 베풀지 못한 사람이 죽어서 어찌 구슬을 머금겠는가?'라는데

귀 털을 잡고 턱수염을 아래로 당겨 망치로 턱을 쳐

천천히 볼을 벌려 입속의 구슬을 다치지 않게끔 꺼내라."

. . .

儒以詩禮發冢, 大儒臚傳曰:「東方作矣! 事之何若?」

小儒曰:「未解裙襦, 口中有珠.」

「詩固有之曰:『靑靑之麥, 生於陵陵, 生不佈施, 死何含珠爲?』

接其鬢, 壓其顪, 而以金椎控其頤, 徐別其頰, 無傷口中珠.」

외물은 그럴듯해도
참모습은 악질 도둑인 유자(儒者)

———

두 명의 유자(儒)가 『시경(詩經)』과 『예기(禮記)』를 들먹거리며 누군가의 무덤을 도굴했다. 유자라도 돈이 필요해서인지 지금 도둑질을 저지르고 있다. 함께 간 대유(大儒), 즉 큰 유자는 동녘이 밝아오는데 일이 어찌 되어 가느냐고 소유(小儒), 즉 작은 유자를 향해 무덤 위에서 재촉하면서 물었다. 작은 유자는 무덤 안에서 위를 향해 시의는 아직 다 벗기지 못했는데 뜻밖에 값이 나가는 구슬(珠)이 시신의 입속에 물려 있다고 말했다. 그러자 큰 유자는 『시경』에 '푸릇푸릇한 보리는 무덤가에서 자라도 살아서 베풀지 못한 사람이 죽어서 어찌 구슬을 머금겠는가?'라는 글귀가 있다면서 당장 시신의 귀 털을 잡고 턱수염을 아래로 당겨 쇠망치로 턱을 쳐서 볼을 천천히 벌리게 해 입속 구슬을 다치지 않게끔 꺼내라고 지시했다.

이 내용은 무얼 말하려는 것일까? 앞 장에서와 마찬가지로 외물로서 사람의 모습을 판단하지 말라는 내용이다. 어째서 그러한가? 여기에서 외물로 등장한 건 유(儒), 즉 유자이다. 외물로서 유자는 사람됨이 괜찮다. 게다가 여기에 등장하는 유자는 『시경(詩經)』과 『예기(禮記)』를 들먹거릴 정도로 공부가 깊은 유자이다. 그런데 그 유자가 도둑으로 변신해 있으니까 평범한 도둑은 아니다. 시신의 입속에 값이 나가는 구슬이 있음을 알자 시신의 귀 털을 잡고 턱수염을 아래로 당겨 쇠망치로 턱을 쳐서 천천히 볼을 벌리게 해 구슬이 다치지 않게끔 꺼내겠다는 못된 마음을 지닌 도둑이다. 그러니 값이 나가는 구슬에만 눈이 멀어 시신의 훼손 여부에는 전혀 관심이 없다. 이런 악질적인 유자가 「외물」에서 말하려는 유자의 참모습이다.

앞 장에서 임공자의 참모습을 풍격(風格)으로 규정했다. 불행히도 여기선 풍격이란 말을 사용할 수 없다. 풍격은 좋은 의미를 지니는 참모습인데 반해 여기서 유자가 보여주는 참모습은 나쁜 의미, 즉 도둑으로서의 참모습이기 때문이다. 그러니 앞 장에선 좋은 의미의 참모습을 보여주는 반면 여기선 나쁜 의미의 참모습을 보여준다. 그런데 하필 유자를 도둑으로 각색했을까? 대부분의 유자는 앎으로 자신의 머리를 무장한 뒤 벼슬을 하면서 그 직위를 통해 도둑질하는 존재로 전락하는 경우가 많아서이다. 이럴 때 앎은 도둑질을 위한 일종의 면허증에 해당한다. 그러니 유자는 앎으로 무장을 해 외물로선 그 모습이 그럴듯하지만 그의 참모습은 오로지 도둑일 뿐이다.

노래자(老萊子)의 한 제자가 땔나무를 구하러 밖에 나갔다가

도중에 우연히 공자를 만나고 돌아와서 말했다.

"저기에 한 사람이 있는데 상체는 길고 하체는 짧으며, 등은 꼽추에

귀는 머리 뒤편에 있는데 그의 눈길은 온 세상을 다스리는 듯했습니다.

그가 어떤 분의 자식인지 아시나요?"

노래자가 말했다. "그가 공구(丘)이다. 불러오너라."

공자가 이르자 노래자가 말했다.

"공구여!

그대 몸에 배어 있는 뽐냄과 그대 얼굴에 드러나는 아는 척을 버려야

군자(君子)가 될 걸세."

공자가 읍하고 물러나선 송구스러운 듯 용모를 바로잡고 물었다

"그러면 저의 학업에 진전이 있겠습니까?"

노래자가 말했다.

"그대는 한 시대(一世)의 아픔에 대해선 참지 못하는데

인의(仁義)가 일으킬 만세(萬世)의 재앙에 대해선 소홀히 여긴다.

이는 본디 그대의 자질이 보잘 것 없어서인가,

아니면 경륜이 부족해 아직 수준에 미치지 못해서인가?

그대는 인의의 은혜를 베풀어서 사람을 기쁘게 하는 걸

자신의 출중함으로 여기는데 이건 평생의 치욕이 될 걸세.

보통사람들의 행동은 쉽게 움직여서 명성(名)으로 서로를 끌어당기고,

은밀한 사사로움(隱)으로 서로의 관계를 맺어 가네.

그대는 요(堯)를 기리면서 걸(桀)을 비난하기보다

차라리 요와 걸을 모두 잊고 비난과 칭송을 멈추는 게 좋네.

은혜를 베풀어도 본성에 반하면 상처 입지 않는 사람이 없고,

사사로움으로 움직이면 그릇되지 않는 사람이 없네.

성인(聖人)은 뭔가 주저함으로써 일을 흥하게 하고,

또 일을 흥하게 함으로써 일을 늘 성공시키네.

인의(仁義)를 몸에 싣고 다니면서 이를 뽐냄으로 마감하려는 그대를

내가 과연 어찌할 수 있겠는가!"

· · ·

老萊子之弟子出取薪, 遇仲尼, 反以告,

曰:「有人於彼, 修上而趨下, 末僂而後耳, 視若營四海, 不知其誰氏之子?」

老萊子曰:「是丘也. 召而來.」

仲尼至. 曰:「丘! 去汝躬矜與汝容知, 斯爲君子矣.」

仲尼揖而退, 蹙然改容而問曰:「業可得進乎?」

老萊子曰:「夫不忍一世之傷而驚萬世之患, 仰固窶邪, 亡其略弗及邪?

惠以歡爲驁, 終身之醜, 中民之行進焉耳, 相引以名, 相結以隱.

與其譽堯而非桀, 不如兩忘而閉其所非譽.

反無非傷也, 動無非邪也.

聖人躊躇, 以興事, 以每成功.

奈何哉其載焉終矜爾!」

공구는 인의(仁義)가 일으킬
만세(萬世)의 재앙을 소홀히 한다

———

노래자(老萊子)의 한 제자가 공자를 우연히 만나고 돌아와서 스승에게 말했다. 자신이 땔나무를 구하러 밖에 나갔다가 도중에 상체가 길고 하체는 짧으며, 등은 꼽추에다 귀는 머리 뒤편에 있고, 눈길은 온 세상을 다스리는 듯한 사람을 만났는데 누구의 자식인지 아시느냐고 물었다. 노래자는 그가 공구(丘)이니 제자에게 당장 그를 불러오라고 명했다. 공구가 도착하자 노래자는 몸에 배어 있는 뽐냄과 얼굴에 드러나는 아는 척을 버려야 군자(君子)가 될 수 있을 거라고 충고했다. 이 충고에 감사함을 느낀 공구는 읍하고 약간 물러선 뒤 송구스러운 듯 용모를 바로잡고 그렇게 하면 학업에 진전이 있겠느냐고 물었다. 노래자는 노자(老子)를 의미하므로 공구가 노래자 앞에서 이런 공손함을 보이는 건 어쩌면 당연하다.

그러자 노래자는 인의(仁義)가 제대로 시행되지 않은 한 시대(一世)의 아픔에 대해선 공구는 참지 못하고서 분연히 일어선 반면 거꾸로 인의가 일으킬 만세(萬世)의 재앙에 대해선 공구는 그럴 리 없다면서 소홀히 여긴다고 비판했다. 나아가 공구가 만세의 재앙이 어째서 생겨나느냐고 의아히 여기는 게 본디 공구의 보잘 것 없는 자질 때문인지 아니면 부족한 경륜 때문인지에 대해 물었다. 그러면서 사람들에게 인의를 베풀어서 기쁘게 하는 걸 공구 자신의 출중함으로 여기면 이는 평생의 치욕이 될 거라고 질책했다.

노래자는 이럴 정도로 누군가가 인의를 베푸는 걸 경계했다. 이는 보통사람들의 행동이 인의로 인해 쉽게 움직여서이다. 즉 어짊(仁)을 강조하거나 의로움(義)을 내세우면 사람들이 당연히 따르게 마련이다. 이에 사람들은 어짊과 의로움의 이름으로 서로를 자기 편으로 끌어당기는 데 집착한다. 또 인의로서 서로의 관계를 은밀한 사사로움으로 맺으려 해서이다. 실제로 요순임금의 어짊을 강조하면서 공자를 따르는 사람이 생겨났고, 또 군주의 의로움을 높이 받들면서 충성스런 신하가 생겨나지 않았는가. 이럴 경우 인의의 참모습은 사라지고, 대신 형식적인 인의만 강조될 뿐이다.

그래서 노래자는 공구에게 요(堯)임금을 기리면서 걸(桀)왕을 비난하기보다 차라리 요와 걸 모두를 잊고서 걸에게는 비난을 멈추고, 요에게는 칭송을 멈추는 게 좋다고 말했다. 요임금은 인의로 보통사람들의 행동을 쉽게 움직이거나 은밀한 사사로움으로 사람들과의 관계를 맺는 반면 걸왕은 그 반대의 행동을 보여서이다. 그런데 인의와 같은 은혜를 베풀어 본성에 반하면 상처를 입지 않는 사람이 없고, 또 사사로움으로 움직이면 그릇되지 않는 사람이 없다. 이에 반해 성인(聖人)은 뭔가 주저함으로써 일을 흥하게 하고, 일을 흥하게 함으로써 늘 일을 성공시킨다. 이처럼 인의(仁義)를 몸에 달고 다니면서 이를 뽐내어 자신의 행동을 마감하려는 공구를 노래자는 수용할 수 없다. 공구가 인의로 보여주는 행동은 노래자가 볼 때 오로지 외물의 성격을 지니고 있어서이다.

송(宋)나라 원군(元君)이 한 밤중에 꿈을 꾸었는데

머리를 풀어헤친 사람이 쪽문으로 엿보며 말했다.

"나는 재로(宰路)의 연못에서 왔는데 청강(淸江)의 사신으로 황하의 신

하백(河伯)이 있는 곳으로 가는 도중 고기잡이 여저(余且)에게 잡혔네."

원군이 꿈에서 깨어나 사람을 시켜 그 꿈을 점치게 했다.

점치는 사람이 말했다. "그는 신령스런 거북(神龜)입니다."

원군이 말했다. "고기잡이 중에 여저란 사람이 있는가?"

좌우 신하들이 말했다. "있습니다."

원군이 말했다. "지금 여저를 불러 내일 조회 때 나오게 해라."

다음날 여저가 조정으로 나오니 원군이 말했다.

"고기잡이를 하다 무얼 잡았는가?"

여저가 대답했다.

"제 그물에 흰 거북이 걸렸는데 거북 등의 둘레가 다섯 자나 됩니다."

원군이 명했다. "그대의 거북을 내게 바쳐라."

거북이 조정에 도착하자 원군은 이 거북을 다시 죽일 건지 살릴 건지

결단을 내리지 못했다.

다시 점을 치게 하자 점치는 사람이 말했다.

"거북을 죽여서 죽인 거북으로 점을 치면 길합니다."

이에 거북의 배를 가르고 죽은 거북으로 점을 치니까

일흔두 번이나 점을 쳤는데도 한 번도 점괘가 틀리지 않았다.

공자(仲尼)가 말했다.

"신령스런 거북의 능력은 원군의 꿈에 나타날 줄 아는 정도인데

여저의 그물을 피해가지 못했다.

거북의 앎은 일흔두 번이나 점을 쳐도 한 번도 틀리지 않았는데

배 갈라지는 걸 피해가지 못해서 창자가 꺼내지는 재앙을 만났다.

그렇다면 앎(知)이 있는 사람이라도 곤경에 빠지는 경우가 있고,

신령스런(神) 사람이라도 미치지 못하는 바가 있다.

비록 지극한 앎(至知)이 있어도 만 명의 사람이 힘을 모으면

지극한 앎을 지닌 사람을 얼마든지 속일 수 있다.

작은 물고기는 그물을 두려워하지 않지만 큰 물새는 그물을 두려워한다.

그러니 작은 앎(小知)을 버려야 큰 앎(大知)이 밝아지고,

바르게 살아야 한다는 생각을 버려야 스스로 바르게 된다.

갓난아이가 태어나면 좋은 선생이 없어도 말할 줄 아는데

이는 말할 줄 아는 사람들과 함께 지내서이다."

. . .

宋元君夜半而夢人被髮窺阿門,

曰:「予自宰路之淵, 予爲淸江使河伯之所, 漁者余且得予.」

元君覺, 使人占之, 曰:「此神龜也.」

君曰:「漁者有余且乎?」

左右曰:「有.」

君曰:「令余且會朝.」

明日, 如此朝, 君曰:「漁何得?」

對曰:「且之網得白龜焉, 其圓五尺.」

君曰:「獻若之龜.」

龜至, 君再欲殺之, 再欲活之, 心疑, 卜之,

曰:「殺龜以卜, 吉.」乃刳龜以卜, 七十二鑽而无遺筴.

仲尼曰:「神龜能見夢於元君, 而不能避余且之網., 知能七十二鑽而無遺筴,

不能避刽 腸之患. 如是, 則知有所困, 神有所不及也. 雖有至知, 萬人謀之.
魚不畏網而畏鵜鶘. 去小知而大知明, 去善而自善矣. 嬰兒生無石師而能言,
與能言者處也.」

바르게 살아야 한다는 생각을 버려야
스스로 바르게 된다

———

송(宋)나라 원군(元君)이 한 밤중에 이상한 꿈을 꾸었다. 꿈에 머리를 풀어헤친 사람이 쪽문으로 엿보면서 자신은 재로(宰路)의 연못에서 왔는데 청강(淸江)의 사신으로 황하의 신 하백(河伯)에게 가는 도중 그만 고기잡이 여저(余且)에게 붙잡혔다고 말했다. 원군이 꿈에서 깨어나 사람을 시켜 자신의 꿈을 점치게 했더니 꿈에서 나타난 사람이 신령스런 거북이라는 게 밝혀졌다. 이에 원군은 고기잡이 중에 여저란 사람이 있느냐고 묻자 신하들이 있다고 대답했다. 그러자 원군은 신하들에게 내일 조회 때 여저를 불러서 나오도록 명령했다.

다음날 원군은 여저에게 고기잡이를 하다가 무얼 잡았느냐고 묻자 여저는 자신의 그물에 흰 거북이 걸렸는데 흰 거북 등의 둘레가 무려 다섯 자나 된다고 대답했다. 이에 원군은 그 거북을 자신에게 바치라고 명령했다. 여저가 잡은 거북이 조정에 도착하자 원군은 거북을 죽일 건지 살릴 건지 결단을 내리지 못했다. 그래서 다시 점을 치게 하자 점치는 사람은 거북을 죽여서 죽인 거북으로 점을 치면 길하다고 말했다. 그러자 거북의 배가 갈라지고, 또 죽은 거북으로 점을 치니까 일흔 두 번이나 점을 쳤는데도 한 번도 점괘가 틀리지 않았다.

이 얘기를 들은 공자(仲尼)는 신령스런 거북의 능력은 원군의 꿈에 자신이 나타날 줄 아는 정도인데 여저의 그물을 피해가지 못했다고 말했다. 또 신령스런 거북의 앎은 일흔두 번이나 점을 쳤어도 한 번도 틀리지 않았는데 자신의 배가 갈라지는 걸 피해가지 못해 창자가 꺼내지는 죽음의 재앙을 만났다고 말했다. 이런 신령스런 거북도 점치길 좋아하는 사람들에 의해 죽고 말았으니 그의 점술 능력이 오히려 생명을 앗아가는 요인으로 작용한 셈이다. 이는 점술이란 앎이 초래한 비극이다. 만약 거북에게 이런 뛰어난 점술 능력이 없었다면 어부에게 잡히더라도 생명은 분명 건졌을 것이다.

그래서 앎(知)이 있어 곤경에 빠지는 경우가 있고, 앎이 있어 신령스러움(神)에 이르지 못하는 경우가 있다는 말이 성립할 수 있다. 또 지극한 앎(至知)을 지닌 사람이라도 만 명의 사람들이 모은 힘에 의해 얼마든지 속임을 당할 수 있다. 그러니 지극한 앎도 절대적인 게 아니라 한계가 있게 마련이다. 또 작은 물고기는 그물을 두려워하지 않지만 큰 물고기는 그물을 두려워한다. 그래서 작은 앎(小知)을 버려야 큰 앎(大知)이 밝아진다. 신령스런 거북이 배가 갈라지는 불행한 운명을 만난 건 뛰어난 점술이란 작은 앎 때문이다. 그러니 거북은 이런 작은 앎을 진작 버렸어야 생명을 유지하는 큰 앎을 터득할 수 있었다.

마찬가지로 바르게 살아야 한다는 생각을 버려야 스스로 바르게 된다. 그래서 갓난아이가 태어나면 좋은 선생이 없어도 말할 줄 아는 건 말할 줄 아는 사람과 함께 지내서이다. 그러니 바르게 살아가는 걸 굳이 가르쳐주는 선생이 없어도 사람들은 저절로 바르게 살아가게 마련이다. 여기서 바르게 살아가는 걸 가르치는 사람이 곧 공자를 의미한다. 따라서 사람들에게 인의(仁義)와 같은 걸 굳이 가르치겠다고 나설 필요가 없다. 그래서 바르게 살아야 한다는 것 역시 외물의 성격을 지닌다고 말할 수 있다. 그런데 이 얘기를 공자가 하니까 언뜻 이해가 가지 않는다. 이 역시 공자의 입을 빌려 장자의 생각을 밝히는 수법이다.

혜자가 장자에게 말했다. "자네의 말은 쓸모가 없네(無用)."

장자가 말했다.

"쓸모없음(無用)을 알아야 비로소 쓸모를 말할 수 있네.

천지사방은 넓고 크지만 사람이 걸을 때 필요한 공간은 발이

밟고 있는 조그만 땅일 뿐일세.

발이 닿는 땅만 남기고 나머지는 황천까지 깊이 깎으면

사람은 자신의 발이 딛고 있는 땅의 쓰임만 높이 받들까?"

혜자가 말했다. "그러면 발이 딛는 땅도 쓸모가 없지."

장자가 말했다. "그러면 쓸모없음의 쓰임(無用之爲用)이 분명해지네."

· · ·

惠子謂莊子曰:「子言無用.」

莊子曰:「知無用而始可與言用矣. 天地非不廣且大也, 人之所用容足耳.

然則厠足而墊之致黃泉, 人尙有用乎?」

惠子曰:「無用.」

莊子曰:「然則無用之爲用也亦明矣.」

쓸모없음의 쓰임새(無用之爲用)

────

혜자는 장자의 말을 듣고 나선 장자의 생각이 쓸모없는 거라고 힐난했다. 이에 장자는 쓸모없음을 알아야 쓸모를 말할 수 있다고 대꾸했다. 그러면서 발이 밟고 있는 조그만 땅을 예로 들었다. 천지사방은 넓고 커도 사람이 걸을 때 필요한 공간은 오로지 발이 밟고 있는 조그만 땅일 뿐이다. 그런데 발이 닿고 있는 조그만 땅만 남기고 나머지를 황천까지 깊이 깎으면 발이 딛고 있는 조그만 땅의 쓰임새만 높이 받들거냐고 혜자에게 따져 물었다. 그러자 혜자는 그런 경우라면 발이 딛고 있는 땅도 쓸모없다고 대답했다. 이에 장자는 쓸모없음의 쓰임새(無用之爲用)가 분명해진다고 말했다.

여기서 발이 딛고 있는 땅이 쓸모있음의 쓰임새(有用之爲用)인 반면 발이 딛고 있지 않는 나머지 땅은 쓸모없음의 쓰임새이다. 그리고 발이 딛고 있는 조그만 땅이 사물의 외면이라면 발이 딛고 있지 않는 나머지 큰 땅은 사물의 참모습에 해당한다. 혜자는 사물의 외면만 보기에 쓸모있음의 쓰임새(有用之爲用)에만 집착하는 반면 장자는 사물의 참모습을 보기에 쓸모없음의 쓰임새(無用之爲用)까지 보고 있다.

장자(莊子)가 말했다.

"사람이 노닐(遊) 수 있는데도 노닐지 못하는 사람이 있는가?

사람이 노닐 수 없는데도 노닐 수 있는 사람이 있는가?

현실에서 도피하려는 마음과 사람과의 왕래를 끊으려는 행동은

지극한 앎(至知)과 두터운 덕(厚德)을 쌓은 사람의 행동이 아니다!

사욕을 추구하느라 엎어져서 떨어지면 본성에 돌아가지 못하고,

불을 이고 정신없이 달리면 스스로를 돌아보지 못하네.

서로 번갈아가며 군주가 되고 신하가 되어도 한때뿐인데

세상이 바뀌면 누가 누구를 천(賤)하다고 말할 수 없네.

그래서 지인(至人)은 굳이 행동에 얽매이지 않는다고 말하네."

장자가 계속해 말했다.

"옛날 풍속을 존중하고 지금 풍속을 낮추어 보는 게 학자들의 유행이지.

그렇더라도 희위씨(狶韋氏) 시대의 관점에서 지금의 세상을 보면

누구나 다 자신의 생각이 흔들리지 않겠는가?

오직 지인(至人)만이 세상을 노닐면서 어느 한쪽에 치우치지 않아

사람을 따르더라도 자기의 본성을 잃지 않네.

또 지인은 세상의 가르침을 배우지 않더라도

세상 사람들의 뜻을 받들면서 그들을 배척하지 않네."

• • •

莊子曰: 「人有能遊, 且得不遊乎? 人而不能遊, 且得遊乎?

夫流遁之志, 決絶之行, 噫, 其非至知厚德之任與!

覆墜而不反, 火馳而不顧, 雖相與爲君臣, 時也, 易世而無以相賤. 故日至人不留行焉.」

「夫尊古而卑今, 學者之流也. 且以狶韋氏之流觀今之世, 夫孰能不波?
唯至人乃能遊於世而不僻, 順人而不失己. 彼敎不學, 承意不彼.」

지인(至人)은 노닐 수 없어도
노니는 게 얼마든지 가능하다

───

장자(莊子)는 노닐 수 있는데도 노닐지 못하는 사람이 있는지 아니면 노닐 수 없는데도 노닐 수 있는 사람이 있는지 스스로에게 물었다. 먼저 노닐 수 있는데도 노닐지 못하는 사람은 과연 어떤 사람일까? 현실에서 도피하려는 마음과 사람과의 왕래를 끊고 행동하는 사람이다. 소위 은둔지사(隱遁之士)와 같은 사람이다. 이런 은둔지사는 은둔을 노닒의 외면으로 파악하기에 이런 처신을 보일 수 있다. 이런 처신은 지극한 앎과 두터운 덕을 쌓은 사람의 처신이 되지 못한다.

또 사욕을 추구하느라 엎어져서 떨어져 본성으로 돌아가지 못하거나 불을 이고 정신없이 달려서 스스로를 되돌아보지 못하는 사람도 노닐지 못하는 사람이다. 이런 사람은 하던 일을 멈추고 쉬어야만(休) 이를 노니는 거라고 착각한다. 이 역시 쉼을 노닒의 외면으로 파악한 결과이다.

또 서로 번갈아가며 군주가 되고 신하가 되어도 이는 한때뿐이기에 세상이 바뀌면 누가 누구를 천(賤)하다고 함부로 말할 수 없다. 그래서 지인(至人)은 행동에 얽매이지 않는다고 말한다. 이런 지인이야말로 노닐 수 없는데도 노닐 수 있는 사람이다. 그는 노닒의 참모습을 알기에 이런 행동을 보일 수 있다.

　장자에 따르면 옛날의 풍속을 존중하고 지금의 풍속을 낮추어 보는 게 요즘 학자들에게 유행하는 생각이다. 요순임금을 기리면서 현실을 안타깝게 바라보는 공자도 그 중 한 사람이다. 그렇더라도 희위씨(豨韋氏) 시대의 관점에서 지금 세상을 보면 누구나 다 자신의 생각이 잘못되지 않았나 하고 흔들릴 수 있다. 그런데 오직 지인(至人)만이 어느 한쪽에 치우치지 않아 사람을 따르더라도 자신의 본성을 잃지 않는다. 이는 세상과 함께 노닐기에 가능한 일이다. 또 지인은 세상의 가르침을 배우지 않아도 세상 사람들의 뜻을 받들면서 그들을 배척하지 않는다. 이 역시 세상과 함께 노닐기에 가능한 일이다.

눈이 잘 보이는 게 명(明)이고, 귀가 잘 들리는 게 총(聰)이고,

냄새를 잘 맡는 게 전(顫)이고, 맛을 잘 아는 게 감(甘)이고,

마음이 잘 통하는 게 앎(知)이고, 앎이 잘 통하는 게 덕(德)이다.

도는 대체로 막히지 않아야 한다.

막히면 목이 메고, 목이 메는 게 그치지 않으면 발버둥을 치고,

발버둥을 치면 많은 재앙이 생겨난다.

사물이 지각활동을 하더라도 사물의 생명은 호흡으로만 유지된다.

그런데 호흡이 왕성해지지 않는 건 자연(天)의 죄가 아니다.

자연은 사람의 몸에 구멍을 뚫어 막힘이 없이 통하게 하는 걸

낮이고 밤이고 멈추질 않는다.

도리어 사람이 자신의 구멍을 막는다.

뱃속의 태(胞) 안에도 여러 겹의 넓은 공간이 있고,

마음에도 자연스럽게 노닐 공간이 있다.

그런데 집안에 쉴 만한 빈 공간이 없으면

며느리와 시어머니는 쉴 만한 빈 공간을 두고 서로 다툰다.

마찬가지로 마음에 자연스럽게 노닐 공간이 없으면

감각기관의 작용으로 인해 생겨난 정욕들이 서로 다툰다.

그래서 세상을 피해 숨어사는 사람에게 큰 숲, 구릉, 산이 좋은 것도

정신(神)이 감관작용의 정욕을 견뎌내지 못해서이다.

. . .

目徹爲明, 耳徹爲聰, 鼻徹爲顫, 口徹爲甘, 心徹爲知, 知徹爲德.

凡道不欲壅, 壅則哽, 哽而不止則跈, 跈則衆害生.

物之有知者恃息, 其不殷, 非天之罪.

天之穿之, 日夜無降, 人則顧塞其竇.

胞有重閬, 心有天遊. 室無空虛, 則婦姑勃豀, 心無天遊, 則六鑿相攘.

大林丘山之善於人也, 亦神者不勝.

마음에 있어 노닐 만한 공간이
마음의 참모습이다

———

눈이 잘 보이는 걸 명(明)이라고 하고, 귀가 잘 들리는 걸 총(聰)이라고 하고, 코가 냄새를 잘 맡는 걸 전(顫)이라고 하고, 입이 맛을 잘 아는걸 감(甘)이라고 하고, 마음이 잘 통하는 걸 앎 (知)이라고 하고, 앎이 잘통하는 걸 덕(德)이라고 한다. 그런데 이런 건 통함에 있어 외면일 뿐이다. 도(道) 또한 대체로 막히지 않고 통해야 하는데 이것이 참모습으로서의 통함이다. 그래서 생명의 도가 막히면 목이 메고, 목이 메는 게 그치지 않으면 발버둥을 치고, 발버둥을 치면 많은 재앙들이 생겨난다.

또 사물이 지각활동을 하더라도 사물의 생명은 호흡으로만 유지된다. 이런 지각활동이 생명작용의 외면이라면 호흡은 생명작용의 참모습이다. 그런데 호흡이 왕성해지지 않는 건 자연(天)의 죄가 아니다. 자연은 분명 사람의 몸에 구멍을 뚫어 막힘 없이 통하게 하는 걸 낮이고밤이고 멈추지 않고 진행해 왔다. 오히려 사람이 자신의 구멍을 막아호흡을 곤란하게 만든다. 호흡이 곤란하면 죽고 마는데 이렇게 죽으면자연이 준 사람의 생명이 끊어지는 게 아니라 사람이 자연이 준 생명을 스스로 끊어버리는 일에 속한다.

뱃속의 태(胎) 안에도 여러 겹의 넓은 공간이 있듯이 마음에도 자연스럽게 노닐 공간이 있다. 뱃속의 태라는 물리적 공간이 외면으로서의 공간이라면 마음에 있는 노닐 공간은 참모습으로서의 공간이다. 그런데 집안에 쉴 만한 빈 공간이 없으면 며느리와 시어머니는 쉴 수 있는 빈 공간을 두고 서로 다투게 마련이다. 마찬가지로 마음에 자연스럽게 노닐 만한 공간이 없으면 감각기관의 작용으로 생겨난 정욕들이 그 안에서 서로 다툰다. 그 결과 자연이 준 노닐 공간은 싸우는 공간으로 바뀌고 만다. 그래서 세상을 피해 숨어사는 사람이 큰 숲, 구릉, 산을 좋아하는 건 그의 정신(神)이 감관작용의 정욕을 견뎌내지 못해서이다. 그러니 은둔지사의 처신도 바람직한 게 아니다. 그에게도 감관작용의 정욕이 정신을 압도하는 경우가 있어서이다.

덕(德)은 명성을 추구하는 데서 무너지고,

명성(名)은 자신을 드러내는 데서 망가지고,

계략(略)은 다급하면 떠올라지고, 앎(知)은 다툼에서 나오고,

나무울타리는 관청을 지키는 데서 생겨난다.

그런데 관(官)이 수행하는 일은 많은 사람들의 마음에 부합해야

그 성과가 제대로 나타난다.

봄비가 내리는 철이면 초목(草木)이 무성하게 자라고,

밭 갈고 김매는 일은 이때부터 비로소 시작한다.

초목의 태반이 다시 살아나 자라는데 왜 그런지 이유를 알지 못한다.

. . .

德溢乎名, 名溢乎暴, 謀稽乎誸, 知出乎爭, 柴生乎守, 官事果乎衆宜.

春雨日時, 草木怒生, 銚鎒於是乎始修, 草木之到植者過半而不知其然.

농부가 자연의 참모습을 보아야
농사를 잘한다

———

덕(德)은 명성을 추구하는 데서 무너지고, 명성(名)은 자신을 드러내는 데서 망가지고, 계략(略)은 다급하면 떠올라지고, 앎(知)은 다툼에서 나온다. 이 말은 「인간세」에서 등장했던 "덕은 명성을 추구하는 데서 무너지고, 앎은 다툼 가운데서 나온다."를 보다 구체적으로 서술한 표현이다.

그런데 이 내용은 이 글 주제와 아무 관련이 없다. 단지 나무울타리를 치는 건 관청을 지키는 데서 비롯된다는 논리를 펴기 위한 전제로 소개했을 뿐이다. 즉 덕은 명성을 추구하는 데서 무너지듯이 나무울타리는 관청을 지키기 위해서 세워진다는 논리를 펴기 위해서이다. 그렇다면 왜 갑자기 관청 이야기를 꺼냈을까? 그건 관청이 수행하는 일이라도 많은 사람들의 마음과 부합되어야 성과가 제대로 나타난다는 말을 펴기 위해서이다. 이런 일련의 논리전개는 그다지 매끄럽지 못하다.

관청의 일이 사람의 마음과 부합되어야 하는 것처럼 사람의 마음도 자연과 부합되어야 서로 조화를 이룬다. 봄비 내리는 철이면 초목(草木)이 저절로 무성하게 자란다. 농부는 이때부터 비로소 밭을 갈고 김매는 일을 시작한다. 봄비 내리기 전에 밭을 갈고 김매는 일을 하면 효과적이지 못해서이다. 또 봄비가 내리고 한참 후에 밭을 갈고 김매는 일을 해도 마찬가지로 효과적이지 못해서이다.

그런데 농부가 아무리 밭을 열심히 갈고 아무리 김을 열심히 매도 초목의 태반은 다시 살아나서 자라게 마련이다. 왜 그러한가? 이것 역시 농부가 자연을 단지 외물로 관찰함으로써 봄이 되어 비가 오면 밭을 갈거나 김매는 걸 기계적으로 반복한 결과일까? 물론 봄비가 내린 뒤에 밭을 갈고 김을 매어야 초목이 더 잘 자랄 수 있다. 그렇지만 밭을 갈지 않고 김을 매지 않아도 초목은 저절로 자랄 수 있다. 이것이 자연의 참모습이다. 농부도 자연의 이런 참모습을 볼 수 있을 때 농사를 더 잘 지을 수 있다.

몸이 안정되어야 병을 고치고, 눈꼬리 지압을 해야 늙는 걸 멈추고,
편안해야 조급한 마음을 멈출 수 있다.
그럼에도 이런 방법들은 심신을 수고롭게 하는 사람이나 힘쓰지
조용히 은둔해서 지내는 사람은 큰 관심을 보이지 않는다.
성인이 천하를 놀라게 해 바로잡는 일에 신인(神人)은 큰 관심이 없다.
현인이 천하를 놀라게 해 바로잡는 일에 성인(聖人)은 큰 관심이 없다.
군자가 나라를 놀라게 해 바로잡는 일에 현인(賢人)은 큰 관심이 없다.
소인이 시세에 영합하는 방법에 대해 군자(君子)는 큰 관심이 없다.

. . .

靜然可以補病, 眥媙可以休老, 寧可以止遽.
雖然, 若是, 勞者之務也, 佚者之所未嘗過而問焉.
聖人之所以駴天下, 神人未嘗過而問焉., 賢人所以駴世, 聖人未嘗過而問焉.,
君子所以駴國, 賢人未嘗過而問焉.,
小人所以合時, 君子未嘗過而問焉.

신인이 가장 훌륭하고,
그다음은 성인, 현인, 군자의 순이다

———

병을 고치려면 몸을 안정시켜야 하고, 늙는 걸 멈추려면 눈꼬리 지압을 해야 하고, 조급한 마음을 멈추려면 마음을 편안히 해야 한다. 물론 이런 방법들, 즉 몸을 안정시키고, 눈꼬리 지압을 하고, 몸을 편안하게 하는 것들은 심신이 수고로운 사람들이나 힘쓰지 조용히 은둔해서 지내는 사람들은 이런 방법들에 큰 관심을 보이지 않는다.

신인(神人)이 천하를 바로잡는 일에 관심을 두지 않는 것도 이와 마찬가지이다. 그래서 성인(聖人)이 천하를 놀라게 해 이를 바로잡는 일에 신인은 큰 관심을 보이지 않는다. 마찬가지로 성인은 현인(賢人)과 다르다. 그래서 현인이 천하를 놀라게 해 바로잡는 일에 성인은 큰 관심을 보이지 않는다. 마찬가지로 현인은 군자(君子)와 다르다. 그래서 군자가 나라를 놀라게 해 바로잡는 일에 현인은 큰 관심을 보이지 않는다. 마찬가지로 군자는 소인(小人)과 다르다. 그래서 소인이 시세에 영합하는 방법에 대해 군자는 큰 관심을 보이지 않는다. 이를 정리하면 신인이 가장 훌륭하고, 그다음은 성인, 현인, 군자의 순이다. 그리고 소인은 가장 마지막에 위치한다. 이 또한 외물, 즉 천하를 놀라게 해서 바로잡는 바깥일에 신경을 쓰지 않는 순서에 해당한다.

「소요유」에선 신인, 성인, 지인(至人)을 각각 등장시켜 신인은 뽐냄(功)이 없고, 성인은 명성(無名)이 없고, 지인은 자기(己)란 의식이 없다[28]라고 언급한 바 있다. 그래서 「소요유」에선 신인, 성인, 지인을 굳이 서열화하지 않았다. 여기선 지인 대신 현인을 등장시키고 신인, 성인, 현인의 순으로 서열화하고 있다.

---

28) 故曰 至人無己 神人無功 聖人無名. (「소요유」 2-3)

송나라 성문인 연문(演門) 근처에 부모를 여읜 사람이 상을 잘 치러서
몸이 야위기까지 해 그에게 관사(官師)란 벼슬이 내려졌다.

그러자 마을사람들이 몸이 야위게끔 상을 치러 죽는 자가 반이 되었다.

요(堯)임금이 허유(許由)에게 천하를 물려주려고 하자 허유가 달아났다.

탕(湯)임금이 무광(務光)에게 천하를 물려주려고 하자

무광이 성을 냈다는 사실을 무광의 제자인 기타(紀他)가 들었다.

기타는 자기에게 차례가 주어질 거로 생각하고

관수(窾水)로 가서 쭈그리고 앉았다.

한 제후는 기타가 물에 투신할까 걱정이 되어 삼 년이나 문안을 했는데
신도적(申徒狄)은 그걸 보고 자기도 높은 명망을 얻기 위해

황하에 몸을 던져 죽었다.

. . .

演門有親死者, 以善毀爵爲官師, 其黨人毀而死者半.
堯與許由天下, 許由逃之., 湯與務光, 務光怒之紀他聞之, 帥弟子而踆於窾水, 諸侯
弔之, 三年, 申徒狄因以踣河.

외물만 보고 쭈그린 기타(紀他)와
강물에 빠져 죽은 신도적(申徒狄)

———

송(宋)나라 성문인 연문(演門) 근처에 부모상을 잘 치러서 몸이 야위기까지 한 사람이 있었다. 이에 관사(官師)란 벼슬이 그에게 내려졌다. 그러자 마을사람들이 부모상을 위해 몸이 야윌 정도로 치르는 걸 서로 경쟁했다. 그 결과 야위어서 죽는 사람이 반이나 되었다. 사람들이 사물의 외면, 즉 외물(外物)만 보고 판단한 어처구니없는 행동이다.

요(堯)임금이 허유(許由)에게 천하를 물려주려고 하자 허유가 달아난 적이 있었다. 또 탕(湯)임금이 무광(務光)에게 천하를 물려주려고 하자 무광이 화를 낸 적이 있었다. 무광의 제자 기타(紀他)는 이제는 자기 차례라고 여기고 관수(窾水)로 가서 쭈그리고 앉아 기다렸다. 이에 한 제후는 기타가 강물에 투신할까 걱정이 되어 삼 년씩이나 문안을 다녔다. 신도적(申徒狄)은 그걸 보고 높은 명망을 얻기 위해 황하에 몸을 던져 죽었다. 관수로 가서 쭈그리고 앉아 기다린 기타나 황하에 몸을 던져 죽은 신도적이나 모두 외물만 보고 판단한 행동이다.

통발은 물고기를 잡는 수단이기에 물고기를 잡으면 통발을 잊는다.

올가미는 토끼를 잡는 수단이기에 토끼를 잡으면 올가미를 잊는다.

말은 뜻을 전하기 위한 수단이기에 뜻을 전하면 말을 잊어야 한다.

나는 어찌해서 말을 잊은 사람을 만나 그와 함께 말을 나눌 수 있을까!

· · ·

筌者所以在魚 得魚而忘筌
蹄者所以在兎 得兎而忘蹄
言者所以在意 得意而忘言
吾安得夫忘言之人 而與之言哉!

말은 뜻을 전하는 수단이므로
뜻을 전하면 말을 잊어야 한다

———

　통발은 물고기를 잡는 수단이므로 사람들이 물고기를 잡으면 통발을 잊게 마련이다. 올가미는 토끼를 잡는 수단이므로 사람들이 토끼를 잡으면 올가미를 잊게 마련이다. 마찬가지로 말은 뜻을 전하기 위한 수단이므로 뜻을 전하면 말을 잊어야 한다. 그런데도 사람들은 말이 전하는 뜻은 잊어도 말을 쉽게 잊지 못한다. 여기서 말은 우리가 말하려는 것의 외면이고 말하려는 건 말의 참모습이다. 사람들이 뜻을 전하고도 말을 여전히 잊지 못하는 건 말의 참모습을 보지 못하고 말의 외면만 보아서이다. 그래서 어린아이를 '강아지'에 비유하면 좋아하지만 '개새끼'에 비유하면 화를 낸다. 강아지나 개새끼나 똑같은 의미인데 사람들은 언어 그 자체에 탐닉해 언어를 잊지 못한다.

　어린아이만 그런 게 아니다. 다 큰 어른도 마찬가지여서 이들은 명성(名)에 집착한다. 그래서 살아 있는 동안 벼슬에 오르거나 재산을 모으거나 해서 자신의 이름을 높이는 데 열중한다. 벼슬이나 재산이나 모두 사람의 외면, 즉 외물(外物)일 뿐인데 대부분의 사람은 여기에서 좀체로 헤어나지 못한다. 그래서 「외물」은 마지막을 "나는 어찌해서 말을 잊은 사람을 만나 그와 함께 말을 나눌 수 있을까!"로 마무리한다. 이는 외물을 잊은 사람을 만나서 삶을 함께 노닐 수 있을까를 의미한다.

　외물의 이 마지막 문장, 즉 말을 잊은 사람과 만나 함께 말을 나눌 수 있을까를 응용해서 시로 멋지게 남긴 사람이 이태백(李太白)이다. 이태백의 음주(飮酒)에 대한 다섯 번째 시가 바로 그것인데 그의 대표작에 해당한다.

　　사람들 틈에 집을 짓고 살아도
　　수레와 말의 시끄러운 소리가 들리지 않네.
　　묻노니 그대는 어찌 그럴 수 있는가?
　　마음에서 멀어지니 땅도 저절로 외지는 거요.
　　동쪽 울타리 밑에서 국화를 따다가
　　유연히 남산을 바라보니까
　　저녁 무렵 남산의 뿌얗게 피어오른 안개는 아름답고,
　　나는 새들도 서로 함께 돌아오고 있네.
　　이 가운데 참된 뜻이 있어
　　말하려고 하니까 할 말을 잊었네.[29]

---

29) 結廬在人境 而無車馬喧. 問君何能爾 心遠地自偏. 采菊東籬下 悠然見南山. 山氣日夕佳 飛鳥相與還. 此中有眞意 欲辨而忘言.

우언

寓言

우언

　「우언」은 장자의 독특한 표현법인 우언(寓言), 중언(重言), 치언(巵言)에 관한 내용으로 시작한다. 이 표현법은 『장자』에 있어 그 문학적 빼어남을 드높이는 데 결정적 역할을 했다. 『장자』는 동아시아 사상사로선 최고 중 하나의 평가에 그치지만 문학성에선 단연 으뜸이라는 평가를 받는다. 장자에 따르면 우언은 바깥의 말을 빌려 말하는 표현방식인데 열 중 아홉일 정도로 장자서에 많이 등장한다. 중언은 옛날에 살았던 성인의 말씀에 무게를 얹어 전하는 표현방식인데 열 중 일곱일 정도로 장자서에 많이 등장한다. 치언은 천예(天倪), 즉 자연의 결로 조화를 이루면서 만연(曼衍), 즉 한없는 자연의 흐름에 시비를 맡겨 천수를 누리는 표현방식인데 장자서에 수시로 등장한다. 그런 탓인지 장자는 우언, 중언, 치언 중에서 치언을 가장 강조한다.

　두 번째 글은 앞의 글과의 연관 속에서 말(言)과 관련한 내용을 말한다. 즉 호오(好惡), 즉 좋아함과 싫어함 그리고 시비(是非), 즉 옳음과 그름을 구분하면 입만 수고롭다는 내용이다. 세 번째는 효자이기에 잘못에 연루될 수밖에 없는 증자(曾子)에 관한 내용이다. 증자가 처음 벼슬을 할 때 부모가 살아 있어 삼부(三釜)의 작은 녹을 받아도 마음이 즐거웠지만 나중에 벼슬할 때는 삼천종(三千鍾)의 많은 녹을 받아도 부모가 살아 있지 않아 마음이 슬펐다 이를 통해 벼슬의 높고 낮음에 따라 서로 다른 마음이 생겨나는 게 잘못되었다는 걸 밝힌다. 세 번째 글은 9년 만에 큰 깨달음, 즉 도에 이른 안성자유(顔成子游)에 관한 내용인데 도에 이르는 과정을 차례로 소개한다.

네 번째 글은 하고자 하는 앎(知)으로서 사람들이 알 수 있는 게 별로 없다는 것과 관련한 내용이다. 그만큼 우리의 앎이 보잘 것 없음을 강조한다. 다섯 번째 글은 옅은 그림자 망량(罔兩)과 짙은 그림자 경(景)의 대화인데 이 대화는 내편 「제물론」에 등장한 내용인데 여기에서 똑같이 되풀이된다. 일곱 번째 글은 정말로 깨끗한 사람은 때가 묻은 것 같다는 내용이다. 이는 「제물론」에서 "큰 어짊(仁)은 사소한 어짊이 아니고, 큰 청렴(廉)은 지나치게 겸양하지 않다"라는 것과 그 맥락을 같이 한다.

우언(寓言)은 내 글에 열 개 중 아홉이고,

중언(重言)은 내 글에 열 개 중 일곱이고,

치언(卮言)은 내 글에 수시로 나와 자연의 결(天倪)과 조화를 이룬다.

우언은 내 글에 열 개 중 아홉인데 바깥의 얘기를 빌려 말하는 방식이다.

아버지는 자식의 중매를 서지 않는데 아버지가 자식을 칭찬하는 게

아버지 아닌 사람이 자식을 칭찬하는 것보다 못해서이다.

이는 아버지에게 잘못이 있어서가 아니라

이렇게 하지 않으면 믿지 못하는 사람에게 잘못이 있어서이다.

사람들은 자기와 생각이 같으면 따르고 자기와 생각이 다르면 반대한다.

또 자기와 같은 걸 옳다고 여기고 자기와 다른 걸 틀리다고 여긴다.

중언은 내 글에 열 개 중 일곱인데 이건 논쟁을 끝내기 위해서이다.

중언은 어르신의 말이기에 그 힘을 빌려 논쟁을 끝낼 수 있다고 보는데

어르신은 나이가 많은 사람이기 때문이다.

근데 나이만 많을 뿐 어르신의 말이 사리(經緯)와 본말(本末)에 맞지 않으면

참된 어르신이 아니다.

또 어르신인데 덕을 지니지 못하면 사람의 도리(人道)를 갖추지 못한다.

어르신인데 사람의 도리(人道)를 갖추지 못하면

진인(陳人), 즉 시대에 뒤떨어져 쓸모없는 사람이다.

치언은 내 글에 자주 나와 자연의 결과 조화를 이루면서

끊임없는 자연의 흐름(曼衍)에 시비를 맡겨 천수를 누린다.

그런데 말로 표현하지 않으면 세상만물은 모두가 같다.

세상만물이 모두 같은데 같지 않다고 말하는 건

모두가 같은 세상만물을 두고 같지 않다고 말하는 일이다.

고로 말한다, '무언(無言)으로 말하라. 즉 말하되 시비를 가리지 말라.

말하되 시비를 가리지 않으면 평생 말해도 말한 게 아니고,

말하지 않아도 시비가 있으면 평생 말하지 않아도 말한 셈이다.

사물의 이름을 스스로 괜찮다고 여기니까 괜찮고(可),

스스로 괜찮지 않다고 여기니까 괜찮지 않다(不可).

또 사물의 이름을 스스로 그렇다고 여기니까 그렇고(然),

스스로 그렇지 않다고 여기니까 그렇지 않다(不然).

어째서 사물의 이름이 그러한가? 그러하니까 그렇다.

어째서 사물의 이름이 그렇지 않은가? 그렇지 않으니까 그렇지 않다.

어째서 사물의 이름이 괜찮은가? 괜찮으니까 괜찮다.

어째서 사물의 이름이 괜찮지 않은가? 괜찮지 않으니까 괜찮지 않다.

이처럼 사물의 이름은 본디 그런 바 있고 본디 괜찮은 바 있다.

또 사물의 이름은 본디 그렇지 않은 바 없고 본디 괜찮지 않은 바 없다.

치언은 내 글에 수시로 나오는데 자연의 결과 조화를 이루지 못하면

어찌 그토록 오래갈 수 있겠는가!

만물은 모두 씨가 있어 서로 다른 모습으로 변화하는데

처음과 끝이 마치 고리와 같아 그 순서를 알 수 없다.

이를 천균(天均), 즉 자연에 따른 고른 균형이라고 말한다.

천균에 머무는 건 천예(天倪), 즉 자연의 결을 따르는 일이다.

• • •

寓言十九, 重言十七, 巵言日出, 和以天倪.

寓言十九, 藉外論之.

親父不爲其子媒.

親父譽之, 不若非其父者也., 非吾罪也, 人之罪也.

與己同則應, 不與己同則反., 同於己爲是之, 異於己爲非之.

重言十七, 所以已言也, 是爲耆艾, 年先矣, 而無經緯本末以期年耆者, 是非先也.

人而無以先人, 無人道也., 人而無人道, 是之謂陳人.

巵言日出, 和以天倪, 因以曼衍, 所以窮年.

不言則齊, 齊與言不齊, 言與齊不齊也, 故曰言無言.

言無言, 終身言, 未嘗言., 終身不言, 未嘗不言.

有自也而可, 有自也而不可., 有自也而然, 有自也而不然.

惡乎然? 然於然.

惡乎不然, 不然於不然.

惡乎可? 可於可.

惡乎不可? 不可於不可.

物固有所然, 物固有所可, 無物不然, 無物不可.

非巵言日出, 和以天倪, 孰得其久!

萬物皆種也, 以不同形相禪, 始卒若環, 莫得其倫, 是謂天均.

天均者天倪也.

장자서의 문학성을 드높인
우언(寓言) · 중언(重言) · 치언(巵言)

『장자』, 즉 장자서는 동아시아사상에서 특기할 만한 점이 몇 가지 있다. 그 중에서도 장자서는 『논어』, 『맹자』, 『도덕경』, 『순자』 등과 함께 동아시아사상을 대표하는 최고의 고전 중 하나이지만 문학서로선 단연 으뜸이란 평가를 받는다는 점이다. 『장자』는 어떤 사상서도 따라올 수 없을 정도로 그 문학적 표현이 빼어나다. 대붕(大鵬)의 비상, 천뢰(天籟) · 지뢰(地籟) · 인뢰(人籟), 조삼모사(朝三暮四)의 우화, 호접몽(胡蝶夢), 포정의 해우(解牛), 광접여(狂接輿)의 노래, 우물 안 개구리 등 『장자』를 최고의 문학서로 빛나도록 한 데 기여한 내용들이 이루 다 헤아릴 수 없을 정도로 많다. 게다가 이 표현들은 누구든지 쉽게 이해할 수 있는데 그 표현의 울림은 본격적인 문학서와 비교해도 전혀 손색이 없다.

그런데 장자는 뭔가를 의도하고 책을 기획해서 쓴 것임에 거의 틀림 없다. 『논어』, 『맹자』는 공자와 맹자가 직접 쓴 게 아니라 제자들이 스승에게서 들은 내용들을 정리해서 쓴 책이다. 이 때문에 '공자왈', '맹자왈'로 시작한다. 이에 반해 『장자』에선 '장자왈'이란 표현이 없다. 이는 장자가 어떤 의도를 갖고 기획해서 썼다는 사실을 말해준다. 그렇다면 장자는 어떤 의도에서 책을 썼을까? 그건 장자가 살았던 당시 유가와 묵가의 치열한 논쟁에서 찾을 수 있다. 당시 유가는 인애(仁愛)를 주장하고, 묵가는 겸애(兼愛)를 주장했는데 이 논쟁이 전국시대 전반을 뒤흔들 정도로 그 파장이 엄청나게 컸다. 그래서인지 지금도 두 학파의 관계는 좋지 않다. 장자는 두 학파를 애(愛), 즉 사랑으로 묶으면 논쟁이 가라앉지 않겠느냐는 소박한 심정으로 집필했다고 본다. 그래서 소통은 장자가 목표로 한 중요한 학술담론에 해당한다.

또 장자는 책의 서술방식과 관련해서도 많은 노력을 기울였다. 그런 탓인지 내용적으로는 매우 체계적이고 논리적인 구성을 갖춘다. 그래서 한 문장 한 단락 어느 하나 주제와 관련해서 중복되거나 불필요한 내용이 거의 발견되지 않는다. 정말로 짜임새 있는 구성을 취한다. 그런데 장자서를 처음 접한 사람은 글이 낯설 뿐 아니라 심지어 암호해독문처럼 느껴진다. 그런데 이 장벽만 넘어서면 엉켰던 실타래가 풀어지듯 복잡하고 어려운 내용이 쉽게 이해된다.

또 장자서가 지닌 보다 훌륭한 점은 내용의 구성을 넘어서 표현방식에서 찾아지는데 그것이 문학적이라는 사실이다. 이 점이 장자서가 지닌 뛰어난 경쟁력이자 사상서로 높이 평가받는 대목이다. 이런 표현방식으로 인해 'brain-to-brain'을 넘어서 'heart-to-heart' 차원으로 커뮤니케이션이 이루어진다고 말할 수 있다. 그러니 장자의 생각이 머리로 이해되는 차원을 넘어서서 가슴으로까지 느껴지는 건 이런 문학성 때문이라고 본다.

그렇다면 수준 높은 문학성이 장자서에 뿌리내리게 된 이유는 구체적으로 무엇일까? 그건 우언(寓言), 중언(重言), 치언(卮言)의 표현방법이 수시로 동원된 결과라고 본다. 이런 표현방법이 장자서에 어느 정도로 많이 동원되었는가 하면 우언의 경우는 열 개 중 아홉이고, 중언의 경우는 열 개 중 일곱이고, 치언의 경우는 날마다 등장할 정도로 많다. 그렇다면 『장자』는 우언, 중언, 치언의 보고라고 해도 과언이 아니다.

먼저 우언(寓言)은 바깥의 말을 빌려 말하는 표현방식이다. 예를 들어 아버지가 자식의 중매를 설 수 없는데 그건 아버지가 아닌 사람이 자식을 칭찬하는 게 아버지가 자식을 칭찬하는 것보다 낫기 때문이다. 즉 다른 사람이 자신의 자식을 칭찬하는 게 아버지가 칭찬하는 것보다 더 큰 설득력을 지녀서이다. 그런데 이는 아버지에게 문제가 있어서가 아니라 이렇게 하지 않으면 믿지 않는 사람에게 문제가 있어서이다. 또 사람들은 자기와 생각이 같으면 따르고 자기와 생각이 다르면 반대한다. 나아가 자기와 생각이 같으면 옳고, 자기와 생각이 다르면 틀렸다고 여긴다. 그래서 생각이 다르거나 다른 생각을 틀렸다고 여기는 사람을 설득하기란 여간 어렵지 않다. 이럴 경우 이들을 설득하는 데 우언은 매우 효과적이다. 그건 스스로에게 잘못이 있음을 간접적으로 깨닫거나 은근히 깨닫도록 만들기 때문이다.

중언(重言)은 옛날에 살았던 성인의 말씀에 무게를 얹어 전하는 표현방식인데 한마디로 논쟁을 끝내기 위한 목적을 지닌다. 그렇다면 누가 논쟁을 멈추게 할 수 있을까? 그건 나이가 지긋한 어르신이다. 이런 어르신이 한 말씀 하면 떠들썩했던 논쟁도 조용히 끝날 때가 많다. 물론 나이만 많다고 무조건 어르신이 되는 건 아니다. 어르신이라도 그분의 말이 사리와 본말에 맞지 않으면 논쟁을 끝내지 못한다. 또 어르신이라도 덕을 지니지 않으면 사람의 도리(人道)를 갖추지 못한 어르신이다. 사람의 도리를 갖추지 못하면 진인(陳人), 즉 시대에 뒤떨어져서 한마디로 쓸모없는 어르신에 해당한다. 그러니 말의 무게가 중언에 더해지려면 어르신이 사리와 본말에 맞는 말을 해야 하고, 또 덕을 지녀야 한다. 그래야 옛 말이라도 시대에 뒤처지지 않는 말이 될 수 있다.

마지막으로 치언은 천예(天倪), 즉 자연의 결로 조화를 이루면서 만연(曼衍), 즉 한없는 자연의 흐름에 시비를 맡겨 천수를 누리는 말이다. 그러니 치언은 상대방의 의식 상태와 삶의 상황에 맞추어 자연스럽게 표현하므로 저절로 자신의 흐름을 찾는 말이라고 할 수 있다. 그런데 천예와 만연이니 하는 개념이 언뜻 이해되지 않는다. 그래서 이 개념들이 처음 등장했던 내편「제물론」으로 돌아갈 필요가 있다.「제물론」에 따르면 "화성(化聲), 즉 변화해서 고정되지 않은 소리는 늘 시비가 뒤섞이게 마련이다. 시비가 뒤섞이지 않으려면 천예(天倪)로 조화를 이루고 만연(曼衍)에 맡겨야 한다. 화성이라도 자연의 결과 조화를 이루고 한없는 자연의 흐름에 맡기면 그나마 타고난 수명을 다할 수 있다."[30] 라고 설명하는데 이것 역시 이해가 쉽지 않아 설명이 필요하다.

말, 즉 언어는 의미가 고정되지 못하고 늘 바뀐다. 우리는 '학생'이라고 부르지만 일본인은 '각세이'로 미국인은 '스튜던트'라고 부른다. 같은 의미라도 사용하는 언어에 따라 발음이 다르므로 장자는 이런 언어를 가리켜서 화성이라고 부른다. 이런 화성으로 누군가와 커뮤니케이션을 하면 상대방의 관점과 시각에 따라 그 의미가 얼마든지 달라질 수 있다. 즉 같은 말이라도 이렇게도 해석되고 저렇게도 해석될 수 있다. 그 결과 화성은 시비가 뒤섞이는 언어로 바뀌고 만다. 따라서 화성이 시비가 뒤섞이지 않는 언어로 거듭나려면 천예(天倪), 즉 자연의 결과 조화를 이루고서 만연(曼衍), 즉 한없는 자연의 흐름에 맡겨야 한다. 이래야 화성이라도 타고난 자신의 수명을 다할 수 있다.

그렇다면 어찌해야 화성이 자연의 결과 조화를 이루면서 만연의 상태에 이를 수 있을까? 물론 이것도 쉬운 일이 아니다. 장자는「제물론」

---

30) 化聲之相待 若其不相待 和之以天倪 因之以曼衍 所以窮年也. (「제물론」6-4)

에서 언어를 자연의 결에 따라 사용하는 방법을 권한다. 왜 그럴까? 예를 들어 옳음(是)이 정말로 옳으면 옳음과 그름(非)이 다르다는 게 더 이상 논쟁거리가 되지 않아서이다. 마찬가지로 그러함(然)이 정말로 그러하면 그러함과 그렇지 않음(不然)이 다르다는 게 더 이상 논쟁거리가 되지 않아서이다. 이처럼 참으로 옳거나 참으로 그르면 굳이 언어를 동원해서 옳고 그름을 가릴 필요가 없다. 참으로 옳거나 참으로 그른 건 이미 언어를 초월하고 있어서이다. 그래서 우리가 말로 시비를 어설프게 논하지 않으면 세상만사의 의미는 사실상 모두 같아지게 마련이다.

실제로 말로 표현하지 않으면 세상만사는 모두 같을 수 있다. 그래서 장자는 "천지는 하나의 손가락이요, 만물은 하나의 말이다"[31]라고 하지 않았던가! 그러니 세상만사가 같은 걸 두고 말로 같지 않다고 표현하는 건 세상만사가 같은데도 같지 않다고 억지로 말하는 일이다. 그래서 장자는 무언(無言)으로 말하라고 우리에게 주문한다. 이는 말을 하더라도 시비를 가려서, 즉 옳고 그름으로 가려서 말하지 않는 일이다. 말을 하되 시비를 가려서 말하지 않으면 평생 말을 해도 말한 게 아니다. 반면 말하지 않았는데 시비가 생겨나면 평생 말하지 않아도 말을 하지 않은 게 아니다. 이런 상황에서 화성을 자연의 결과 어떻게 조화를 이루어 만연의 상태에 이르게 할 수 있을까? 이것이 치언을 사용해야 하는 근거이다.

「우언」은 치언을 사용해야 하는 근거를 사물에 이름이 어떻게 정해지는가를 예로 들어 설명한다. 우리는 사물의 이름을 두고 괜찮다고 여기니까 괜찮고(可), 괜찮지 않다고 여기니까 괜찮지 않다(不). 마찬가지

---

31) 天地一指也 萬物一馬也. (「제물론」 4-1)

로 사물의 이름을 두고 그렇다고 여기니까 그렇고(然), 그렇지 않다고 여기니까 그렇지 않다(不).[32] 이는 내편 「제물론」에 똑같이 등장한 표현을 여기에서 그대로 인용한 거라고 보인다. 어쩌면 사물의 이름에 괜찮은 것과 괜찮지 않은 것의 구분이 이루어지는 건 실제로 그런 게 아니라 오로지 사람들의 판단에 따른 결과라고 보인다. 또 사물의 이름에 그런 것과 그렇지 않은 것의 구분도 실제로 그런 게 아니라 오로지 사람들의 판단에 따른 결과라고 보인다.

또 어째서 사물의 이름이 그러한가? 그러하니까 그렇다. 또 어째서 사물의 이름이 그러하지 않은가? 그러하지 않으니까 그렇지 않다. 또 어째서 사물의 이름이 괜찮은가? 괜찮으니까 괜찮다. 또 어째서 사물의 이름이 괜찮지 않은가? 괜찮지 않으니까 괜찮지 않다. 이처럼 사물의 이름은 본디 그런 바가 있고 본디 괜찮은 바가 있다. 또 사물의 이름은 본디 그렇지 않은 바가 없고, 또 본디 괜찮지 않은 바가 없다.[33] 이역시 내편 「제물론」에 똑같이 등장한 표현을 여기에서 그대로 인용한거라고 보인다. 따라서 사람들이 다니다 보니까 길(道)이 저절로 생겨나는 것처럼 사람들이 그렇게 말하니까 사물(物)의 이름도 저절로 생겨났다.

따라서 우리는 언어를 인시인비(因是因非), 옳음으로 인해 그름이, 또 그름으로 인해 옳음이 생겨나는 원리에 따라 사용해야 한다. 이것은 서구 현대 언어철학의 핵심을 관통하는 사안이다. 이에 장자는 '기의(의미)=기표(언어)'가 아니라 '기의≒기표'의 관계로 커뮤니케이션 하도록

---

32) 有自也而可 有自也而不可., 有自也而然 有自也而不然. (「제물론」 4-2)

33) 惡乎然? 然於然. 惡乎不然? 不然於不然. 惡乎可? 可於可. 惡乎不可? 不可於不可. 物固有所然, 物固有所可. 無物不然, 無物不可. (「제물론」 4-2)

우리에게 권한다. 이것은 글이 개념적으로 정확하거나 문법적으로 맞거나 논리적으로 정연할 필요가 없는 이유이기도 하다. 그런데 정확한 개념, 맞는 문법, 정연한 논리에 입각한 표현방식을 즐겨 사용하는 그룹이 있다. 혜시로 대표되는 명가(名家)이다. 이에 반해 장자는 정확한 개념, 맞는 문법, 정연한 논리에서 벗어나는 한이 있어도 의미가 보다 잘 통하는 표현방법으로서 치언을 권한다. 치언은 개념적으로 정확할 필요가 없고, 문법적으로 맞을 필요가 없고, 논리적으로 정연할 필요가 없다. 그렇지만 치언을 통할 때 느낌이 가슴에 꽂히게끔 그 의미가 우리에게 생생히 전달된다.

치언(卮言)은 장자의 글에 수시로 나오는데 만약 자연의 결과 조화를 이루지 못하면 어째서 그토록 오래갈 수 있겠느냐고 장자는 우리에게 반문한다. 만물은 모두 씨가 있어 서로 다른 모습으로 변화하지만 처음과 끝은 마치 고리와 같아 그 순서를 알 수 없다. 그러니 어느 게 처음인지 어느 게 끝인지 알 수 없다. 이를 천균(天均), 즉 자연의 고른 균형이라고 말한다. 천균에 머무는 건 천예(天倪), 즉 자연의 결에 따르는 일이다. 마찬가지로 세상만사도 어느 게 옳은 거고, 어느 게 그른 건지 알수 없다. 그러니 말로 시비를 가리지 않는 게 천균에 머물면서 자연의 결을 따르는 일이다. 이를 통해 볼 때 장자는 우언, 중언, 치언 중에서 치언을 가장 강조했음을 알 수 있다.

장자(莊子)가 혜자(惠子)에게 말했다.

"공자(孔子)는 나이 60세에 이를 때까지 60번이나 생각이 변해

처음에 옳다고 했던 걸 끝에 가선 그르다고 했네.

그러니 공자 나이 60세가 된 지금 옳다고 말한 게

나이 59세일 때는 그르다고 했던 게 아닌지 모르겠네."

혜자가 말했다.

"공자는 뜻(志)을 부지런히 닦고, 앎(知)을 추구하는 데 힘썼네."

장자가 말했다.

"공자는 그런 태도와 진즉 결별했지.

그리고 공자는 결별한 사실에 대해 말한 적도 없네.

공자가 말하길 '자신은 큰 근본(大本)에서 재지(才)를 부여받아

그 속에 영혼(靈)을 품고 태어났기에

우는 소리도 법도(律)에 들어맞고, 말을 해도 법칙(法)에 들어맞았다.

그러니 사적 이득(利)과 공적 의로움(義)을 사람들 앞에 늘어놓고

호오(好惡)와 시비(是非)를 따지는 건 입만 수고롭게 할 뿐이다.

사람들이 마음으로 따름으로써 감히 거슬러서 일어서지 못하도록 해야

천하의 안정이 이루어진다.'

혜자가 말했다.

그만하게! 그만하게! 우리는 저 공자에게 도저히 미칠 수 없네!"

• • •

莊子謂惠子曰：「孔子行年六十而六十化, 始時所是, 卒而非之, 未知今之所謂是之非五十九非也.」

惠子曰:「孔子勤志服知也.」

莊子曰:「孔子謝之矣, 而其未之嘗言.

孔子云:『夫受才乎大本, 復靈以生, 鳴而當律, 言而當法, 利義陳乎前, 而好惡是非直服人之口而已矣. 使人乃以心服, 而不敢蘁立, 定天下之定.』

已乎已乎! 吾且不得及彼乎!」

호오(好惡)와 시비(是非)를 따지면
입만 수고로울 뿐이다

―――

　장자가 혜자에게 말하길 공자가 60살에 이를 때까지 모두 60번이나
생각이 바뀌어서 처음에 옳다고 말한 걸 나중에 가선 그르다고 말했
다. 그러니 공자가 60세가 된 지금 옳다고 말한 게 지난해 59세였을 때
는 그르다고 말한 게 아닌지 모르겠다고 했다. 이는 장자가 공자의 태
도, 즉 생각을 자주 바꾼 것에 대해 바람직하다고 판단해서 한 말이다.
이에 대해 혜자는 반대로 공자가 평소 자신의 뜻을 부지런히 닦고 앎
을 추구하는 데 힘썼기에 60번이나 생각을 바꾼 게 아니냐고 말했다.
이에 장자는 공자가 자신의 뜻을 부지런히 닦고 앎을 추구하는 데 힘
썼던 태도와 진즉 결별했을 뿐 아니라 결별한 사실에 대해 누구에게도
말한 적이 없다면서 혜자의 주장에 대해 이의를 제기했다.
　그러면서 장자는 공자가 평소 했던 말을 혜자에게 상기시켰다. 그건
공자 자신이 큰 근본(大本)에서 재지(才)를 부여받아 그 속에 총명함(靈)
을 품고 태어났기에 우는 소리도 법도(律)에 들어맞고, 말을 해도 법칙
(法)에 들어맞았다. 그러니 사적 이득(利)과 공적 의로움(義)을 사람들 앞
에서 늘어놓거나 호오(好惡)와 시비(是非)를 따지는 건 입만 수고롭게 할
뿐이라는 사실이다. 또 사람들이 마음으로 따르도록 한 뒤 누구라도 감

히 거슬러서 일어서지 못하도록 해야 천하의 안정이 이루어질 거라는 사실이다. 그런데 이는 평소 공자가 했던 주장과는 거리가 있다. 그러니 이것도 장자 생각을 공자의 입을 통해 드러내는 방식이다. 혜자는 그만두라고 손을 크게 내저으면서 우리는 도저히 공자에게 미치지 못한다는 사실을 강조했다. 이는 곧 혜자가 장자에게 미치지 못한다는 걸 의미한다.

증자(曾子)가 벼슬을 두 번이나 했는데 마음도 두 번이나 바뀌었다.

이에 대해 증자가 말했다.

"부모가 살았을 땐 벼슬을 해 삼부(三釜)의 녹을 받아도 마음이 즐거웠고,

나중에 벼슬을 해 삼천종(三千鍾)의 녹을 받아도

부모가 계시지 않아 마음이 슬펐다."

공자의 한 제자가 이 말을 듣고 공자를 찾아가서 물었다.

"증삼(參)이 잘못(罪)에 연루될 일은 없겠지요?"

공자가 말했다.

"이미 잘못에 연루되어 있네.

연루된 바가 없다면 마음에 어찌 슬픔이 있을 수 있겠는가?

연루된 바가 없다면 삼부의 작은 녹이나 삼천종의 많은 녹이나 관계없이

이걸 보고는 참새, 모기, 등애가 차례로 눈앞에 지나치는 것쯤으로

보았을 거네."

· · ·

曾子再任而心再化, 曰:「吾及親仕, 三釜而心樂., 後仕, 三千鍾而不洎親, 吾心悲.」
弟子問於仲尼曰:「若參者, 可謂無所縣其罪乎?」
曰:「旣已縣矣. 夫無所縣者, 可以有哀乎?
彼視三釜三千鍾, 如觀鳥雀蚊虻相過乎前也.」

효자이기에
잘못에 연루된 증자

———

증자(曾子)는 소문난 효자이다. 어느 정도로 효자였는가 하면 계모 밑에서 자라나 어렸을 적에 아버지가 죽도록 때린 일이 많았는데도 이에 개의치 않고 자식으로서 부모에 대한 예를 다했다. 이런 증자가 평생 두 번 벼슬을 했는데 벼슬할 때마다 마음이 바뀌었다. 증자의 마음이 어떻게 바뀌었을까? 처음 벼슬할 때는 부모님이 살아 계셔서 삼부(三釜)의 작은 녹을 받아도 마음이 즐거웠는데 나중에 벼슬할 때는 삼천종(三千鍾)의 많은 녹을 받았어도 부모님이 살아 계시지 않아 마음이 슬펐다. 공자의 한 제자가 이 말을 듣고 공자를 찾아가서 이런 증자라면 마음이 잘못에 연루될 일이 없지 않겠느냐고 물었다.

그런데 뜻밖에도 공자는 증자가 이미 마음이 잘못에 연루되었다고 말했다. 그러면서 증자가 잘못에 연루된 바가 없다면 마음에 슬픔도 생겨나지 않아야 할 텐데 증자에게 슬픔이 생겨나는 걸 어떻게 설명해야 하느냐고 제자에게 물었다. 공자가 볼 때 증자가 잘못에 연루된 바가 없다면 삼부의 작은 녹이든 삼천종의 많은 녹이든 이에 상관하지 않아야 할 것이다. 그래서 참새나 모기와 등애 따위가 자신의 눈앞에 차례로 지나치는 것쯤으로 여겨야 할 것이다. 그러니 작은 녹이라도 부모가 살아 있으면 기뻐하고, 또 많은 녹이라도 부모가 살아 계시지 않으면 슬퍼하는 건 그의 마음에 문제가 많다는 증거이다. 작은 녹봉이든 큰 녹봉이든 상관하지 말고, 또 부모가 살아 계시든 살아 계시지 않든 상관 하지 말아야 하는 게 마음이 잘못에 연루되지 않는 길이다.

안성자유(顔成子游)가 자신의 스승인 동곽자기(東郭子綦)에게 말했다.

"전 선생님 말씀을 듣고 일 년이 지나자 꾸밈이 없어서 질박해졌고(野),

이 년이 지나자 자연스러움을 따르고(從),

삼 년이 지나자 자연스러움과 통하고(通),

사 년이 지나자 천지자연의 온갖 사물(物)과 함께 변화하고,

오 년이 지나자 천지자연의 정기가 제게로 오고(來),

육 년이 지나자 귀신처럼 천지자연의 모든 일을 아는 경지에 들어가고,

칠 년이 지나자 타고난 자연성(天)을 이루고,

팔 년이 지나자 삶(生)과 죽음(死)을 의식하지 않고,

구 년이 지나자 큰 깨달음(大妙)에 이르렀습니다."

• • •

顔成子游謂東郭子綦, 曰:
「自吾聞子之言, 一年而野, 二年而從, 三年而通, 四年而物, 五年而來,
六年而鬼入, 七年而天成, 八年而不知死, 不知生, 九年而大妙.」

9년 만에 큰 깨달음에 이른
안성자유(顔成子游)

———

　안성자유(顔成子游)가 스승인 동곽자기(東郭子綦)에게 9년 만에 자신이 큰 깨달음에 이른 과정을 설명했다. 안성자유는 내편 「제물론」이 시작될 때 남곽자기(南郭子綦)를 모셨던 사람으로 등장한 바 있다. 여기선 동곽자기를 모시는 사람으로 나오는데 남곽자기든 동곽자기든 또 안성자유든 간에 모두 가공의 인물이므로 별다른 의미는 없다. 단 동곽자기가 큰 깨달음에 이른 사람이라면 안성자유는 그 이름에서 공자의 수제자인 안회(顔回)를 연상하게 된다.

　안성자유는 스승의 말씀을 듣고 일 년이 지나자 자신의 모습이 꾸밈이 없을 정도로 질박해졌다. 다시 일 년이 지나자 자신의 생각을 따르지 않고 여여자연(如如自然)함을 따름으로써(從) 사철의 자연스런 변화와 같은 걸 으뜸의 가치로 여기게 되었다. 다시 일 년이 지나자 여여자연함과 통해 사철의 자연스런 변화 원리를 알게 되었다. 다시 일 년이 지나자 천지자연의 온갖 사물들과 함께 변화해서 이들과 생로병사 등을 함께 공유할 수 있게 되었다. 다시 일 년이 지나자 천지자연의 정기가 자신에게 옴으로써 천지자연을 새롭게 볼 수 있는 안목이 생겨났다.

　또다시 일 년이 지나자 안성자유는 귀신처럼 천지자연의 모든 일을 아는 경지에 들어가 비로소 천지자연의 원리를 깨닫게 되었다. 다시 일 년이 지나자 타고난 자연성(天)을 이루어서 오상아(吾喪我)와 같은 단계, 즉 태어나면서 갖추었던 본래 면목의 내(吾)가 살면서 만들어진 나(我)를 없애는 단계에 들어갈 수 있었다. 다시 일 년이 지나자 삶과 죽음을 의식하지 않음으로써 삶과 죽음을 초월할 수 있었다. 다시 일 년이 지나자 큰 깨달음(大妙), 즉 도의 단계에 이르게 되었는데 이것이 바로 9년째가 될 때이다.

사람이 살면서 하고자 함이 있으면(有爲) 그건 죽은 거나 같다.

그래서 살아가는 것에 대해 보다 공적인(公) 차원을 권한다.

또 죽음은 스스로 그러함이지만

삶이 약동하는 데는 스스로 그러함이 없다는데 과연 그럴까?

허! 이 중에 어느 게 맞을까?

허! 이 중에 어느 게 맞지 않을까?

하늘엔 천체 운행의 규칙이 있고, 땅에선 사람들이 터를 잡고 살아간다.

그런데 우리가 왜 이런지의 이유를 어찌 알 수 있겠는가?

우리는 삶이 끝나는 곳을 알지 못한다.

그런데 우리는 어째서 생명(命)이 없어지는 걸 아는가?

우리는 삶이 시작하는 곳을 알지 못한다.

그런데 우리는 어째서 생명이 생겨나는 걸 아는가?

천지와 사물은 서로 호응한다.

그런데 우리가 어째서 귀신(鬼)이 없다는 걸 아는가?

천지와 사물은 서로 호응하지 않는다.

그런데 우리가 어째서 귀신이 있다는 걸 아는가?

∙ ∙ ∙

生有爲, 死也.

勸公, 以其死也, 有自也., 而生陽也, 無自也. 而果然乎?

惡乎其所適? 惡乎其所不適?

天有曆數, 地有人據, 吾惡乎求之?

莫知其所終, 若之何其無命也?

莫知其所始, 若之何其有命也?

有以相應也, 若之何其無鬼邪?

無以相應也, 若之何其有鬼邪?

하고자 하는 앎(知)으로서
알 수 있는 건 별로 없다

사람이 살아가면서 하고자 함이 있으면(有爲) 그건 죽은 거나 마찬가지이다. 인간의 사사로운 생각으로 자연의 보편적인 질서에 간섭하는 일이기 때문이다. 예를 들어 길을 닦고, 터널을 뚫고, 둑을 막고, 옹벽을 치는 일이 그러하다. 이런 것들은 사람들이 조금 더 편하고, 조금 더 편리한 생활을 누리기 위해 모든 생명체의 영원한 삶의 터전인 자연을 마구 황폐화시키는 일이다. 그래서 장자는 우리가 살아가는 데 있어 모든 만물들이 함께 이로울 수 있는 공적(公) 차원을 우리에게 권한다. 그건 나 혼자 잘 사는 게 아니라 함께 잘 사는 일이고, 또 사람 혼자 편하게 사는 게 아니라 천지만물이 모두 함께 편하게 사는 일이다.

죽음은 스스로 그러함이지만 삶이 약동하는 데는 스스로 그러함이 없다고 하는데 과연 그럴까? 이는 삶과 죽음은 모든 생명체가 그러하듯이 자연스럽게 이루어지지만 태어나서 삶이 약동하는 데는 하고자 함이 있어야 가능한지에 대해 묻는 질문이다. 그런데 이 중에서 어느 게 맞는지 또 어느 게 맞지 않는지 모른다.

또 하늘에는 천체 운행의 규칙이 있고, 땅에선 사람들이 터를 잡고 살아가는데 왜 그런지의 이유를 모른다. 또 우리는 삶이 끝나는 곳을 알지 못하는데 생명(命)이 없어지는 걸 어떻게 알 수 있을까? 또 삶이 시작하는 곳을 알지 못하는데 생명이 생겨나는 걸 어떻게 알 수 있을까? 또 천지와 사물은 서로 호응하는데 우리는 귀신(鬼)이 없다는 걸 어떻게 알 수 있을까? 또 천지와 사물은 서로 호응하지 않는데 귀신이 있다는 걸 어떻게 알 수 있을까? 그러니 하고자 하는 앎으로서 우리가 알 수 있는 건 별로 없다.

옅은 그림자 망량(罔兩)이 짙은 그림자 경(景)에게 물었다.

"당신은 조금 전 몸을 굽혔는데 지금은 젖혀 있고,

조금 전 머리를 한데로 묶었는데 지금은 흩트리고 있고,

조금 전 앉았는데 지금은 일어나 있고,

조금 전 걸었는데 지금은 멈춰 있다. 어째서인가?"

짙은 그림자 경(景)이 말했다.

"쓸데없는 질문이네. 어째서 그리 하찮은 걸 묻는가?

나는 지금 그림자로 있는데 그 까닭을 알지 못하네.

나란 그림자는 매미껍질이나 뱀 허물과 같네.

나는 매미껍질이나 뱀 허물을 닮았지만 형체가 없으니 그들과 다르지.

그리고 불(火)과 해(日)의 빛에선 나란 그림자는 나타나지만

그늘(陰)과 밤(夜)에선 나란 그림자는 사라지네.

이처럼 나타나고 사라지는 나는 또 뭔가에 기대서 그런 게 아닌가?

그러니 하물며 나도 기대는 바가 왜 없겠는가!

그러니 그림자를 만드는 본체가 오면 나도 함께 따라오고,

그림자를 만드는 본체가 가면 나도 함께 따라가네.

그것이 강한 햇빛(強陽)이라면 나도 함께 강한 그림자를 만들지.

그러니 강한 햇빛에 대해 내가 어째서 또 물을 게 있겠는가!"

· · ·

罔兩問於景曰:「若向也俯而今也仰, 向也括撮而今也被髮, 向也坐而今也起,
向也行而今也止, 何也?」

景曰:「搜搜也, 奚稍問也! 子有而不知其所以. 子, 蜩甲也, 蛇蛻也, 似之而非也.
火與日, 吾屯也., 陰與夜, 吾代也.
彼吾所以有待邪? 而況乎以無有待者乎!
彼來則我與之來, 彼往則我與之往, 彼強陽則我與之強陽. 强陽者又何以有問乎!」

옅은 그림자 망량(罔兩)과
짙은 그림자 경(景)의 대화

———

    옅은 그림자, 즉 그림자의 그림자 망량(罔兩)이 짙은 그림자 경(景)에게 물었다. 조금 전 몸을 굽혔는데 지금은 젖혀 있고, 조금 전 머리를 한데로 묶었는데 지금은 풀어헤치고 있고, 조금 전 앉았는데 지금은 일어나 있고, 조금 전 걸었는데 지금은 멈춰 있는데 어째서냐고 물었다. 이에 짙은 그림자 경(景)은 쓸데없는 질문이라고 규정하고 어째서 그리 하찮은 걸 묻느냐며 지금 자신은 그림자로 있지만 그 까닭을 알지 못한다고 퉁명스레 대답했다. 그러면서 자신의 존재에 대해 그동안 고민해 왔던 바를 망량에게 설명했다.

    짙은 그림자 경에 따르면 자신은 본체의 껍데기에 불과하므로 마치 매미껍질과 뱀의 허물을 닮았다. 그렇더라도 그림자이므로 형체가 없어서 그들과는 기본적으로 다르다. 이는 매미껍질과 뱀의 허물은 형체가 있으므로 그림자인 자신보다는 처지가 낫다는 말이다. 또 불빛과 햇빛에선 자신이 그림자로 나타나지만 그늘과 어두운 밤에는 그림자로도 나타나지 못한다. 즉 때에 따라 만들어지기도 하고 없어지기도 한다. 게다가 자신이 그림자로 만들어지고 없어지는 건 무언가에 기대고 있어서 그렇다. 이처럼 자신은 무언가에 기대고 있으므로 그림자를 만드는 본체가 오면 자신도 함께 따라와야 하고, 그림자를 만드는 본체가 가면 자신도 함께 따라가야 한다. 나아가 강한 햇빛 하에선 자신도 강한 그림자로 나타나지만 약한 햇빛 하에선 자신도 약한 그림자로 나타난다. 그러니 햇빛에 대해 강하니 약하니 하며 말할 처지가 못 된다.

이 내용은 내편 「제물론」에 등장했던 내용과 똑같다.[34] 「제물론」에서도 짙은 그림자 경(景)과 옅은 그림자 망량(罔兩)을 설정하고 이들의 대담으로 얘기가 구성된다. 그리고 대담의 주제도 같다. 즉 인간은 하나의 그림자로 다른 것에 의해 의지하는 존재라는 사실이다. 이는 우리가 독립된 실체로 존재하는지에 대한 근본적인 회의이다. 서양철학을 지배하는 존재론(Ontology)에선 인간을 독립된 주체로 파악한다. 그래서 인간이란 단어가 의미하는 사람들(人) 간(間)이란 내용이 생략되어 있다. 장자는 이 우화를 통해 인간에게 독립된 주체란 있을 수 없고, 모두가 그림자로 이어진 연결고리 가운데 하나일 뿐임을 말한다. 그래서 이 글은 단순한 내용 같지만 서양사상과 동양사상의 차이점을 근본적으로 보여주는 내용에 해당한다.

---

34) 罔兩問景曰:「曩子行 今子止,, 曩子坐 今子起,, 何其無特操與?」景曰:「吾有待而然者邪? 吾所待又有待而然者邪? 吾待蛇蚹蜩翼邪? 惡識所以然! 惡識所以不然!」(「제물론」 7-1)

양자거(陽子居)가 노담(老聃)을 만나러 남쪽 패(沛) 땅에 갔을 때

노담은 서쪽 진(秦)나라를 유람하고 있었다.

양자거가 성 밖으로 마중을 나가 양(梁) 땅에 이르자 노담을 만났다.

노담은 길 가운데에서 하늘을 우러러 탄식하면서 말했다.

"처음에는 내가 그대를 가르칠 수 있다고 여겼는데

지금 그대를 보니 안 되겠어."

양자거가 대답도 못한 채 노담의 숙소에 이르러서

세숫대야와 양치질 물, 그리고 수건과 빗을 노담에게 올린 뒤

문 밖에 신을 벗어 놓고서 무릎으로 걸어 나가 노담 앞에서 여쭈었다.

"조금 전 저는 선생께 여쭈려고 했지만 선생께서 이리로 가시기에

여쭐 틈이 없어 감히 여쭈지 못했습니다.

지금은 한가로우신 것 같으니 제 허물에 대해 여쭈고자 합니다."

노담이 말했다.

"눈을 부릅뜨고서 상대를 쳐다보는데 누가 자네와 함께 지내겠는가?

정말로 깨끗한(大白) 사람은 때가 묻은 것 같고,

성덕(盛德)을 지닌 사람은 덕이 부족한 듯하네."

양자거는 숙연해져 얼굴빛을 바꾸며 말했다.

"삼가 가르침을 받들겠습니다!"

전엔 양자거 집에 머무는 나그네들은 그를 일일이 마중하고 전송했고,

양자거가 집안의 어른 노릇을 해서 항상 자리를 먼저 차지했고,

그의 아내조차 수건과 빗을 먼저 차지했다.

게다가 함께 머무는 나그네가 그를 보면 자리를 피했고,
밥을 지어 먹던 사람도 그를 보면 부엌에 들어가지 못했다.
그런데 양자거가 노담의 가르침을 받고 돌아가자
나그네들과 자리를 양보할 정도로 서로 어울리면서 살았다.

• • •

陽子居南之沛, 老聃西遊於秦, 邀於郊, 至於梁而遇老子.
老子中道仰天而歎曰:「始以汝爲可敎, 今不可也.」
陽子居不答. 至舍, 進盥漱巾櫛, 脫屨戶外,
膝行而前曰:「向者弟子欲請夫子夫子行不閒, 是以不敢. 今閒矣, 請問其過.」
老子曰:「而睢睢盱盱, 而誰與居? 大白若辱, 盛德若不足.」
陽子居蹴然變容曰:「敬聞命矣!」
其往也, 舍者迎將, 其家公執席, 妻執巾櫛, 舍者避席, 煬者避竈.
其反也, 舍者與之爭席矣.

정말로 깨끗한 사람은
때가 묻은 것 같다

———

　양자거(陽子居)가 노담(老聃)을 만나기 위해 남쪽 패(沛) 땅에 갔을 때
노담은 서쪽 진(秦)나라를 유람하고 있었다. 양자거가 성 밖으로 마중
을 나가 양(梁) 땅에 이르자 비로소 노담을 만날 수 있었다. 양자거가
배움을 청하자 노담은 길 가운데에서 하늘을 우러러 탄식했다. 왜냐하
면 노담이 처음에는 양자거를 가르칠 수 있다고 여겼는데 지금 그의
모습을 보니까 도저히 안 되겠다는 판단이 들어서이다. 양자거는 부끄
러워 대답도 못한 채 노담을 따라서 숙소에 이르렀다. 그리고 세숫대야
와 양치질할 물, 수건과 빗을 노담에게 올린 뒤 문 밖에 신을 벗어 놓고
무릎으로 걸어서 나아갔다. 노담 앞에 이르자 양자거는 공손함을 최대
한 유지하면서 자신의 허물이 무언인지에 대해 물었다.

　노담은 양자거가 눈을 부릅뜨면서 상대방을 쳐다보는데 그러면 누
가 함께 지내려고 하느냐고 꾸짖었다. 그러면서 정말로 깨끗한 사람은
때가 묻은 것 같고, 성덕(盛德), 즉 완연한 덕을 지닌 사람은 덕이 부족
한 듯하다고 말했다. 노담이 볼 때 눈을 부릅뜨는 건 모습의 외물인 반
면 때가 묻고, 덕이 부족한 듯 한건 모습의 참된 면이다.

　이런 식 논리는 내편 「제물론」에서 이미 언급된 바 있다. "큰 도(道)는

드러나지 않고, 큰 나뉨(辯)은 말로 할 수 없고, 큰 어짊(仁)은 사소한 어짊이 아니고, 큰 청렴(廉)은 지나치게 겸양하지 않고, 큰 용기(勇)는 용맹스럽지 않다."³⁵⁾라는 게 그것이다. 때문에 이 다섯 가지(道·辯·仁·廉·勇)는 원통 자재한 거여서 모난 데를 깎아 둥글게 하다보면 자칫 모가 나기 쉽다. 지금 양자거가 바로 이런 모난 모습을 하고 있다.

양자거는 숙연해져서 얼굴빛을 바꾸며 삼가 가르침을 받들겠다고 다짐하면서 말했다. 그런 뒤부터는 양자거는 자신의 집에 머무는 나그네들과 서로 자리를 양보할 정도로 격의 없이 어울리면서 살았다. 물론 노담 선생을 만나기 전에는 나그네들이 양자거를 일일이 마중하고 전송할 정도로 예의를 깎듯이 지켰다. 또 양자거는 집안의 어른 노릇을 하려고 했기에 항상 자리를 먼저 차지했으며 심지어 그의 아내조차 수건과 빗을 먼저 차지했다. 게다가 함께 머무는 나그네가 양자거를 보면 자리를 피했고, 밥을 지어 먹던 사람도 그를 보면 부엌에 감히 들어가지 못했다.

---

35) 夫大道不稱 大辯不言 大仁不仁 大廉不嗛 大勇不忮. (「제물론」 5-4)

양왕

讓王

양왕

　양왕(讓王)이란 임금 자리를 사양한다는 말이다. 임금 자리를 왜 사양할까? 생명을 소중히 여겨서이다. 따라서 「양왕」은 생명을 소중히 지키기 위해선 임금 자리조차 사양해야 한다는 내용으로 글이 시작된다. 첫 번째 글은 임금 자리를 사양한 허유(許由), 자주지보(子州支父), 자주지백(子州支伯), 선권(善卷), 석호지농(石戶之農)에 관한 얘기이다. 이들은 생명을 해치고 싶지 않아 임금 자리를 사양하는 선택을 똑같이 했다. 두 번째 글은 생명을 존중하는 사람으로 주(周)나라 문왕(文王)의 할아버지인 고공단보(大王亶父)를 들었는데 그건 이득으로 자신의 몸에 누를 끼치고 싶지 않아서이다. 그런데도 고공단보는 백성들에 의해 결국 왕으로 추대되었다.

　세 번째 글은 임금 자리를 맡고 싶지 않아 달아난 월(越)나라 왕자 수(搜)에 관한 내용이다. 왕자 수는 달아났기에 월나라 사람들이 볼 때 오히려 군주의 자격을 갖추었다. 이처럼 자신의 생명을 나랏일로 다치지 않는다는 생각을 할 때 군주로서의 자격을 갖출 수 있다. 네 번째 글은 소희후(昭僖侯)에게 전쟁을 그치도록 한 자화자(子華子)에 관한 내용이다. 자화자는 군주에게 영토보다 생명이 더 중요하다는 걸 깨우치게 해서 전쟁을 멈추게 했다. 다섯 번째 글도 영토 확장보다 생명의 소중함을 말하는 내용이다. 영토 확장을 위해 생명을 소홀히 한 채 전쟁을 치르는 군주는 소중한 수후의 구슬(隨侯之珠)로 천길 위의 참새를 쏘더라도 맞히지 못하는 궁수에 해당한다.

여섯 번째 글은 배고픈 사람일지라도 양식보다 더 소중한 게 생명이라는 내용이다. 열자(子列子)가 굶주린다는 말을 듣고 군주가 특별히 양식을 제공하지만 열자는 거절한다. 거절한 이유는 군주가 다른 사람의 말을 듣고 열자에게 양식을 제공하도록 한 결정 때문이다. 남의 말로 한 결정은 양식을 제공하더라로 생명까지 앗아갈 수 있어서이다.

일곱 번째 글은 앞에서 다루었던 내용과는 좀 다르다. 삼공의 지위마저 거절한 양 백정 열(說)에 관한 얘기인데 그의 의로움을 강조하는 내용이다. 그런데 의로움을 강조하기 위해 펼친 내용들에 논리의 비약이 좀 심하다. 여덟 번째 글은 같은 공자 제자이면서도 서로 다른 길을 간 원헌(原憲)과 자공(子貢)에 관한 글이다. 자공은 세상의 좋은 평판을 바라면서 행동하고, 친하게 어울리는 사람만 벗하고, 배움은 남에게 뽐내기 위해서 하고, 가르침은 자기의 이득을 위해서 하고, 또 인의를 내세워 간특한 짓을 해 왔지만 원헌은 이와 반대의 길을 갔다는 내용이다. 이 역시 「양왕」이 말하고자 하는 생명 중시와 다소 동떨어진 내용이다.

아홉 번째 글은 가난한 증자(曾子)에 관한 내용인데 가난하지만 천자도 그를 신하로 삼지 못하고 제후도 그와 벗하지 못한다는 얘기이다. 열 번째 글은 스승 공자를 감동케 한 제자 안회(顏回)에 관한 얘기이다. 또 열한 번째 글은 위나라 중산공자(中山公子) 모(牟)에 관한 글인데 중산공자처럼 높은 지위에 있는 사람은 도를 행하기가 어렵지만 그 뜻만 있어도 훌륭하다는 내용이다. 아홉 번째, 열 번째, 열한 번째의 세 개 글은 특별한 내용도 없고, 또 「양왕」이 말하려는 생명 중시와도 동떨어진 내용을 다룬다. 열두 번째 글은 진나라와 채나라 사이에서 궁지에 몰렸어도 현을 뜯으며 태연히 노래 불렀던 공자에 관한 얘기이다. 공자가 어려운 상황에서도 이런 평정심을 보일 수 있었던 건 궁함(窮) 뒤에 통함(通)이, 또 통함 뒤에 궁함이 반드시 생겨난다는 걸 알아서이다. 이런 모습이 옛날에 도를 터득한 사람의 모습이기도 하다.

열세 번째 글은 순임금으로부터 천하를 넘겨받으라는 제안을 받고 곧바로 푸르고 찬 못에 몸을 던져 죽은 북인무택(北人無擇)에 관한 얘기이다. 열네 번째 얘기는 탕임금으로부터 천하를 넘겨받으라는 제안을 받고 주수에 몸을 던져 죽은 변수(卞隨)와 여수에 몸을 던져 죽은 무광(務光)에 관한 얘기이다. 마지막 글은 높은 절개와 갈고 닦은 행동으로 홀로 그들의 뜻을 즐기면서 세상에 나와 굳이 일하지 않았던 백이와 숙제의 절개에 관한 얘기이다. 물론 이 절개로 인해 백이와 숙제는 죽음을 선택했다.

마지막 세 개 글은 「양왕」이 말하는 생명 중시와는 반대의 입장을 보인다. 즉 천하를 넘겨받기보다는 죽음을 택하는 걸 옹호하거나 아니면 절개를 지키기 위해선 죽음을 선택하는 게 바람직하다는 논리가 펼쳐져서이다. 따라서 마지막 세 개 글은 생명 중시와 반대의 논리로 전개된다. 그리고 「양왕」은 전반적으로 잡편의 다른 글에 비해 글의 구성도 체계적이지 못하고 문장에서도 논리의 비약이 심하다. 그래서인지 소동파도 『장자사당기(莊子祠堂記)』에서 「양왕」 이하 4편, 즉 「양왕」, 「도척」, 「설검」, 「어부」는 후세 사람들이 써서 보탠 글이라고 평한다.

요(堯)임금이 천하를 허유(許由)에게 물려주려고 하자 허유가 받지 않았다.

요임금이 다시 자주지보(子州支父)에게 물려주려 하자 자주지보가 말했다.

"나를 천자로 삼는 건 괜찮소. 그렇지만 나는 마침 신경쇠약증이 있어

치료 중이니 천하를 다스릴 겨를이 없소."

천하가 아무리 소중하다고 해도 생명을 해쳐선 안 되니

하물며 천자 자리라도 내 삶을 해칠 수는 없지 않는가!

물론 천하를 다스리려고 하지 않는 자에게 천하를 맡기는 게 가장 좋다.

순(舜)임금이 천하를 자주지백(子州支伯)에게 물려주려고 하자 말했다.

"마침 신경쇠약증이 있어 치료 중이니 천하를 다스릴 겨를이 없소."

본디 천하는 큰 그릇이지만 그렇다고 내 생명과 바꿔선 안 되니

이게 도를 터득한 사람과 세속 사람과의 다른 점이다.

또 순임금이 천하를 선권(善卷)에게 물려주려고 하자 선권이 말했다.

"나는 이 광대한 우주 한 가운데 서서 겨울철이면 털가죽 옷을 입고,

여름철이면 칡베 옷을 입지요.

봄이면 밭을 갈고 씨를 뿌리는데 내 몸은 이런 노동을 하기에 충분하고,

가을이며 농사지은 걸 거둬들여서 내 몸 하나 쉬고 먹기에 충분하지요.

또 해가 뜨면 나가서 일하고 해가 지면 들어와 쉬면서

천지 사이를 소요하는데 마음과 뜻이 저절로 만족하게 됩니다.

그러니 내가 어찌 천하를 위하는 일에 나서겠소!

순임금이 나를 이해하지 못하는 게 슬플 뿐입니다!"

이윽고 선권은 천하를 물려받지 않고 거길 떠나 깊은 산 속에 들어가니

아무도 그가 사는 곳을 알지 못했다.

또 순임금이 천하를 친구인 석호지농(石戶之農)에게 물려주려고 하자

석호지농이 말했다.

"임금이란 위인은 애를 많이 쓰기에 억척스레 일하는 장부여야 한다!"

석호지농도 순임금 덕이 지극하지 않다 여겨 등에 짐을 지고, 그의 처는

머리에 짐을 이고 자식들을 이끌고 섬으로 들어가 평생 돌아오지 않았다.

· · ·

堯以天下讓許由, 許由不受.

又讓於子州支父, 子州支父曰:「以我爲天子, 猶之可也. 雖然, 我適有幽憂之病,

方且治之, 未暇治天下也.」

夫天下至重也, 而不以害其生, 又況他物乎!

唯無以天下爲者, 可以託天下也.

舜讓天下於子州支伯. 子州支伯曰:「予適有幽憂之病, 方且治之, 未暇治天下也.」

故天下大器也, 而不以易生, 此有道者之所以異乎俗者也.

舜以天下讓善卷, 善卷曰:「余立於宇宙之中, 冬日衣皮毛, 夏日衣葛絺.,

春耕種, 形足以勞動., 秋收斂, 身足以休食.,

日出而作, 日入而息., 逍遙於天地之間而心意自得. 吾何以天下爲哉!

悲夫, 子之不知余也!」

遂不受. 於是去而入深山, 莫知其處.

舜以天下讓其友石戶之農, 石戶之農曰:「捲捲乎后之爲人, 葆力之士也!」

以舜之德爲未至也, 於是夫負妻戴, 攜子以入於海, 終身不反也.

임금 자리를 사양한
허유·자주지보·자주지백·선권·석호지농

___

요(堯)임금이 천하를 허유(許由)에게 물려주려고 하자 못들을 얘기를 들었다고 냇가로 당장 달려가서 귀를 씻었다는 얘기는 유명하다. 그래서 요임금은 생각을 바꿔 자주지보(子州支父)에게 천하를 물려주려고 하자 자주지보는 천자로 삼는 건 상관이 없는데 자신이 마침 신경쇠약증이 있어 치료 중이니 천하를 다스릴 겨를이 없다고 거절했다. 어쩌면 허유나 자주지보처럼 천하를 다스리려는 마음이 없는 사람에게 천하를 맡기는 게 가장 좋은 선택일 수 있다. 그렇지만 천하가 아무리 소중해도 천하를 다스리면서 자신의 생명을 해쳐선 안 되니까 이들이 거절하는 건 당연하다.

요임금에 이어 천자 자리에 오른 순(舜)임금이 자주지백(子州支伯)에게 천하를 물려주려고 하자 자주지백도 마침 신경쇠약증이 있어 치료 중이니 천하를 다스릴 겨를이 없다고 거절했다. 본디 천하는 큰 그릇이지만 자주지백처럼 도를 터득한 사람은 자신의 생명을 천하를 다스리는 일과 바꾸려고 하지 않는다. 이 점이 세속의 사람들과 다른 점이다. 세속의 사람들은 자신의 생명과 바꾸는 한이 있더라도 천하를 다스릴 기회가 오면 주저하지 않고 이를 기꺼이 받아들인다. 자주지보와 자주지백이 천하를 맡을 수 없다고 거절한 이유는 "몸을 천하만큼 귀히 여기면 천하를 맡길 수 있고, 몸을 천하만큼 아끼면 천하를 맡길 수 있다."[36]라는 『도덕경』의 내용과 그 맥락을 같이 한다. 이런 점을 극단적으로 주장한 사람이 '내 터럭 하나를 뽑아서 천하에 이익이 되더라도 하지 않겠다.'라는 주장을 남긴 양주(楊朱)이다.

그래서 순임금은 천하를 선권(善卷)에게 물려주려고 하자 선권 역시 거절했다. 선권은 넓고 넓은 우주 한 가운데 서서 겨울철엔 털가죽 옷을 입고 여름철엔 칡베 옷을 입으면서 봄이면 밭을 갈고 씨를 뿌리는데 자신의 몸은 이런 노동을 하기에 충분하다. 또 가을철엔 농사지은 걸 거둬들여 내 몸 하나 쉬고 먹기에 충분하다. 그래서 더 이상 욕심을 낼 필요가 없다. 또 해가 뜨면 나가서 일하고 해가 지면 들어와 쉬면서 천지 사이를 소요하는데 그러면 마음과 뜻이 스스로 만족해서이다. 그러면서 선권은 순임금이 이런 자신을 이해하지 못하는 게 슬프다고 말했다. 이 때문인지 선권은 살아온 정든 터전을 떠나서 깊은 산 속에 들어갔는데 그가 사는 곳을 아무도 알지 못했다.

이에 순임금은 친구인 석호지농(石戶之農)에게 천하를 물려주려고 하자 석호지농 역시 거절했다. 석호지농에 따르면 임금이란 위인은 애를 무척 많이 써야 하므로 무엇보다 억척스럽게 일하는 장부여야 한다. 그런데 자신은 도저히 그렇게 할 수 없다. 그런 탓인지 순임금의 후계자로 우(禹)임금이 발탁되었는데 그는 황하의 치수를 담당했다. 이때 그는 일에 너무 몰두한 나머지 아이도 기르지 못했고, 가정도 돌보지 않았으며, 신체는 반신불수가 되었고, 손발의 살갗은 텄다고 한다. 석호

---

36) 貴以身爲天下 若可寄天下. 愛以身爲天下 若可託天下. (『도덕경』 13장)

지농이 볼 때 순임금이 친구라도 그의 덕은 지극하지 못하다. 그래서 석호지농은 등에 짐을 지고 그의 처는 머리에 짐을 이고 자식들을 이끌고서 바다 위 외딴 섬으로 들어가 평생 돌아오지 않았다.

주나라 문왕의 조부인 고공단보(大王亶父)가 분(邠) 지역에 살 때

서쪽 오랑캐 융적(狄) 사람들이 쳐들어왔다.

전쟁을 피하려고 가죽과 비단으로 달랬지만 받아들여지지 않고,

전쟁을 피하려고 개와 말로 그들을 달랬지만 받아들여지지 않고,

전쟁을 피하려고 진주와 구슬로 그들을 달랬지만 받아들여지지 않았다.

서쪽 오랑캐 융적들이 바라는 것은 오로지 땅이었다.

이에 고공단보가 말했다.

"다른 사람의 형과 함께 살면서 아우를 죽이거나,

다른 사람의 부친과 함께 살면서 자식을 죽이는 일을 차마 하지 못하겠다.

그대들은 힘써 모두 여기서 살도록 하라!

내 신하 되는 것과 서쪽 오랑캐 융적의 신하 되는 게 어찌 다르겠는가!

또 내가 듣건대 백성을 먹여 살리는 수단인 땅을 갖고서

먹여 살려야 할 대상인 백성을 해쳐선 안 된다고 했다."

이로 인해 고공단보는 지팡이를 짚고 그곳을 떠났다.

백성들이 서로 줄을 지어 그를 따라가자

마침내 기산(岐山) 아래에 이르러서 고공단보는 새 나라를 세웠다.

그러니 고공단보는 생명(生)을 존중할 줄 안다고 말할 수 있다.

생명을 존중할 줄 아는 사람은 비록 부유하고 귀해도

몸을 보양함으로써 자신을 다치게 하지 않는다.

또 생명을 존중할 줄 아는 사람은 비록 가난하고 천해도

이득으로써 몸에 누를 끼치지 않는다.

지금 세상 사람들은 높은 벼슬과 존귀한 지위에 처해 있는데도
모두가 생활 수단을 잃을까봐 걱정한다.
그래서 이득을 보기만 하면 가벼이 그 자신을 망치고 마니
이것이 어찌 미혹됨이 아니겠는가!

· · ·

大王亶父居邠, 狄人攻之., 事之以皮帛而不受, 事之以犬馬而不受, 事之以珠玉而不
受, 狄人之所求者土地也.
大王亶父曰:「與人之兄居而殺其弟, 與人之父居而殺其子, 吾不忍也. 子皆勉居矣!
爲吾臣與爲狄人臣奚以異!
且吾聞之, 不以所用養害所養.」
因杖筴而去之. 民相連而從之, 遂成國於岐山之下.
夫大王亶父, 可謂能尊生矣.
能尊生者, 雖貴富不以養傷身, 雖貧賤不以利累形.
今世之人居高官尊爵者, 皆重失之, 見利輕亡其身, 豈不惑哉!

생명을 존중하는 사람은
이득으로 몸에 누를 끼치지 않는다

———

앞 장에 이어 생명을 존중해야 한다는 얘기가 계속된다. 주(周)나라 문왕(文王)의 할아버지인 고공단보(大王亶父)가 분(邠) 지역에 살 때 서쪽 오랑캐인 융적(狄)이 쳐들어왔다. 고공단보는 융적과의 전쟁을 피하기 위해 가죽과 비단으로 이들을 달랬지만 소용이 없었다. 또 개와 말로 이들을 달랬지만 받아들여지지 않았고, 심지어 진주와 구슬로 이들을 달랬지만 거절당했다. 왜냐하면 융적이 바라는 건 오로지 분 지역의 땅이었기 때문이다.

그러자 고공단보는 분 지역을 혼자서라도 떠나겠다는 중대 결심을 했다. 왜 이런 결심을 했을까? 전쟁이 벌어지면 어떤 사람의 형과 함께 살면서 그 아우를 죽이거나, 또 어떤 사람의 부친과 함께 살면서 그 자식을 죽이는 일이 벌어질 텐데 이런 일을 차마 할 수 없어서이다. 그래서 고공단보는 분 지역 주민들에게 자신만 여기를 떠날 테니 모두 남아서 살라고 부탁했다. 그건 고공단보의 신하 되는 것과 서쪽 오랑캐 융적의 신하 되는 게 다르지 않다고 보아서이다. 게다가 백성을 먹여 살리는 수단인 땅을 두고 먹여 살려야 할 대상인 백성을 해쳐선 안 된다고 생각해서이다. 그런데도 분 지역 주민들은 그곳에 머물지 않고 줄을 이은 채 고공단보를 쫓아갔다. 결국 고공단보는 기산(岐山) 아래 이르러서 새 나라를 세울 수 있었다.

이렇게 보면 고공단보는 생명(生)을 존중할 줄 안다고 말할 수 있다. 또 생명을 존중할 줄 알았기에 이것이 새 나라를 세우는 기반이 되었다. 그래서 고공단보처럼 생명을 존중할 줄 아는 사람은 설령 자신이 부유하고 귀해도 몸을 잘 보양해서 자신을 다치지 않게끔 한다. 또 생명을 존중할 줄 아는 사람은 비록 자신이 가난하고 천해도 이득으로 자신의 몸에 누를 끼치지 않는다. 반면 지금 세상 사람들은 높은 벼슬과 존귀한 지위에 올라 있어도 자신들의 생활 수단을 잃을까봐 전전긍긍한다. 그래서 지금 세상 사람들은 이득을 보기만 하면 그 자신을 쉽게 망칠 수 있으므로 이를 두고 미혹됨이 작용하지 않았다고 말할 수 없다.

월(越)나라 사람이 삼 대에 걸쳐서 군주를 죽이자

왕자 수(搜)는 걱정이 되어 남산의 단혈(丹穴)로 달아났다.

그러자 월나라에 군주가 없게 되어 신하들이 왕자 수를 찾아 나섰는데

찾지 못하다가 단혈에서 그를 간신히 찾았다.

왕자 수가 단혈에서 쉽게 나오려고 하지 않자 월나라 사람은 쑥을 태워

굴에 연기를 피워서 나오도록 해 그를 임금이 타는 수레에 태웠다.

왕자 수는 수레 줄을 잡고 마차에 오르더니 하늘을 우러르며 부르짖었다.

"내가 군주라니, 내가 군주라니! 어째서 나를 홀로 내버려두지 않는가!"

왕자 수는 군주가 되기 싫었던 게 아니라

군주 노릇을 함으로써 생겨나는 재앙이 싫었던 거다.

이런 사람이라면 나랏일로 생명을 다치지 않는 사람이라고 할 수 있다.

이것이 월나라 사람이 그를 찾아내어 군주로 삼으려던 본디의 이유이다.

* * *

越人三世弑其君, 王子搜患之, 逃乎丹穴.

而越國無君, 求王子搜不得, 從之丹穴.

王子搜不肯出, 越人薰之以艾. 乘以王輿.

王子搜援綏登車, 仰天而呼曰:「君乎! 君乎! 獨不可以舍我乎!」

王子搜非惡爲君也, 惡爲君之患也.

若王子搜者, 可謂不以國傷生矣, 此固越人之所欲得爲君也.

나랏일로 생명을 다치지 않는 게
군주의 자격이다

———

남쪽의 미개한 나라였던 월(越)나라 사람들이 자신들의 군주를 삼 대에 걸쳐서 죽였다. 이에 왕자 수(搜)는 죽임을 당할까봐 걱정이 되어 남산의 단혈(丹穴)로 달아나서 숨었다. 이에 월나라에 군주가 없는 상황이 벌어지자 신하들이 왕자 수를 찾아 나섰는데 한동안 찾지 못하다가 단혈에서 간신히 그를 찾아냈다. 왕자 수는 단혈에서 쉽게 나오려고 하지 않자 월나라 사람들은 쑥을 태워서 굴에 연기를 피워 그를 억지로 나오게끔 했다. 왕자 수가 할 수 없이 굴에서 나오니까 곧바로 임금으로 대접해 그를 임금이 타는 수레에 태웠다. 그런데도 왕자 수는 수레의 줄을 잡고 마차에 오르더니 하늘을 우러르며 "내가 군주라니, 내가 군주라니! 어째서 나를 홀로 내버려두지 않는가!"라고 울부짖었다.

이를 통해 볼 때 왕자 수는 군주가 되기 싫었던 게 아니라 군주 노릇 하면서 생겨나는 재앙이 싫었던 거다. 그 재앙은 자신의 생명을 앗아가는 일이다. 이런 태도가 자연스런 모습일 텐데 보통의 왕자들은 서로 왕이 되기 위해 형제들끼리도 피비린내 나는 싸움을 마다하지 않는다. 그러니 보통의 왕자들은 왕이 될 수만 있으면 이런 재앙 따위를 두려워하지 않는다. 반면 왕자 수 같은 사람은 나랏일로 자신의 생명을 다치는 일을 피해갈 수 있다. 그러면서 훌륭한 군주로 얼마든지 거듭날 수 있다. 이것이 월(越)나라 사람들이 그를 끝까지 찾아내어 군주로 삼으려고 했던 본디의 이유이다. 그러니 월나라 사람들은 왕자 수가 임금 됨의 자격을 충분히 갖추었다고 이미 알았다.

한(韓)나라와 위(魏)나라가 서로 함께 다투면서 상대방 영토를 침략했다.

자화자(子華子)가 어느 날 위나라 소희후(昭僖侯)를 뵈니

소희후가 근심하는 빛이 역력했다.

자화자가 말했다.

"지금 천하 사람들은 군주 앞에서 서약서를 쓰고 있는데

서약서 내용이 다음과 같습니다.

'왼손으로 서약서를 쥐면 오른손이 없어지고, 오른손으로 서약서를 쥐면

왼손이 없어지지만 서약서를 양손으로 쥐면 반드시 천하를 차지한다.'

군주께선 서약서를 양손으로 잡겠습니까?"

소희후가 말했다. "과인은 양손으로 잡지 않을 것이오."

자화자가 말했다. "매우 훌륭한 선택입니다!

이로써 보면 두 팔은 천하보다 소중하고, 몸 또한 두 팔보다 소중합니다.

마찬가지로 한나라는 천하보다 훨씬 하찮습니다.

그렇다면 지금 다투는 땅은 한나라보다 또한 훨씬 하찮습니다.

그런데 군주께선 몸을 굳이 고통스럽게 하고 생명을 다치게 해

그 땅을 얻지 못할까를 두고 번민하고 계십니다."

소희후가 말했다. "훌륭하다!

그간 과인을 가르친 사람은 많지만 이런 훌륭한 말은 여태 듣지 못했다."

이로 미루어보면 자화자는 일의 가볍고 무거운 평가를 제대로 알았다고

말할 수 있다.

• • •

韓魏相與爭侵地.

子華子見昭僖侯, 昭僖侯有憂色.

子華子曰:「今使天下書銘於君之前, 書之言曰:『左手攫之則右手廢, 右手攫之則左手廢, 然而攫之者必有天下.』君能攫之乎?」

昭僖侯曰:「寡人不攫也.」

子華子曰:「甚善! 自是觀之, 兩臂重於天下也, 身又重於兩臂.

韓之輕於天下亦遠矣, 今之所爭者, 其輕於韓又遠. 君固愁身傷生以憂戚之不得也!」

僖侯曰:「善哉! 教寡人者衆矣, 未嘗得聞此言也.」

子華子可謂知輕重矣.

군주인 소희후를 깨우친
신하 자화자(子華子)

―――

　한(韓)나라와 위(魏)나라가 다투면서 상대방 영토를 서로 침략했다. 어느 날 자화자(子華子)가 위나라 소희후(昭僖侯)를 뵈니 근심하는 빛이 역력했다. 이에 자화자는 소희후에게 퀴즈와 같은 질문을 던졌다. 지금 천하 사람들이 군주 앞에서 서약서를 쓰는데 그 서약서 내용은 다음과 같다. 왼손으로 서약서를 잡으면 오른손이 없어지고, 오른손으로 서약서를 잡으면 왼손이 없어진다. 또 서약서를 양손으로 잡으면 양손이 없어지지만 천하를 반드시 차지한다. 이럴 경우 소희후는 서약서를 양손으로 잡겠느냐고 물었다. 소희후는 당연히 양손으로 잡지 않는다고 대답했다. 양손으로 잡으면 천하를 차지할지언정 양손이 모두 없어지기 때문이다.

　이에 자화자는 소희후에게 훌륭한 선택을 했다면서 이로써 보면 두 팔은 천하보다 더 소중하고, 몸도 두 팔보다 더 소중하다고 말했다. 이렇게 전제한 뒤 한나라는 천하보다 훨씬 하찮고, 또 지금 다투는 땅은 한나라보다 훨씬 하찮다고 말했다. 그런데도 군주가 굳이 자신의 몸을 고통스럽게 하고, 또 생명을 해쳐가면서까지 그 땅을 얻지 못할까 번민하고 있으니 이 얼마나 어리석은 일이냐고 말했다. 그러자 소희후는 홀륭한 충고로 받아들이면서 그동안 자신을 가르친 사람은 많았지만 이런 훌륭한 말은 여태 들어보지 못했다고 말했다. 이로 미루어보면 자화자는 일의 가볍고 무거운 바를 제대로 평가할 줄 알았던 사람이다. 이는 영토를 차지하는 일은 가벼운 일이고, 두 손이란 생명을 지키는 일은 무거운 일이라고 평가해서이다. 참고로 자화자는 전국시대 도가계열의 학자로 위(魏)나라의 현신(賢臣)이다. 그리고 외편「칙양」5에선 화자(華子)로 등장한다.

노(魯)나라 군주는 안합(顔闔)이 도를 터득했다는 말을 듣고

사람을 시켜 예물을 들고 먼저 찾아가 보도록 했다.

안합은 작은 마을을 관장하며 삼베옷을 입고 소에게 몸소 먹이를 주었다.

노나라 군주의 사신이 찾아오자 안합은 몸소 그를 맞이했다.

사신이 물었다. "여기가 안합의 집인가요?"

안합이 대답했다. "여기가 안합의 집입니다."

사신이 예물을 전하자 안합이 말했다.

"아마도 잘못 듣고 사신을 보낸 것 같은데

이런 잘못은 한 번 확인하는 게 좋습니다."

사신은 돌아가 신중히 확인하고 재차 와 찾았지만 이미 찾을 수 없었다.

본시 안합 같은 사람은 진실로 부귀를 싫어한다.

그래서 말한다. '진실한 도(道)로 자기 몸을 다스리고,

그 나머지로 국가를 돌보고, 그 찌꺼기로 천하를 다스린다.'

이로 미루어보면 제왕의 이룸은 성인에게 그 밖의 일처럼 하찮고,

이런 하찮은 일은 몸을 보존하고 생명을 돌보기 위한 게 아니다.

지금 세속의 군자들은 대부분 몸을 위태롭게 하거나 생명을 버리면서

사물을 추구하고 있으니 어찌 슬프지 아니한가!

모든 성인의 동작은 그걸 수행하는 목적과 그걸 수행하기 위한 수단을

반드시 살핀다.

지금 어떤 사람이 소중한 수후의 구슬(隨侯之珠)로 천길 위 참새를 쏘면

세상 사람들은 반드시 그를 비웃을 것이다.

이것은 어째서일까?

이는 사용하는 수단은 소중한데 그것으로 구하는 바는 하찮아서이다.

마찬가지로 소중함으로 치면 사람의 생명이

어찌 수후의 구슬 따위에 비교될 수 있겠는가!

. . .

魯君聞顔闔得道之人也, 使人以幣先焉.

顔闔守陋閭, 苴布之衣而自飯牛.

魯君之使者至, 顔闔自對之.

使者曰:「此顔闔之家與?」

顔闔對曰:「此闔之家也.」

使者致幣, 顔闔對曰:「恐聽謬而遺使者罪, 不若審之.」

使者還, 反審之, 復來求之, 則不得已.

故若顔闔者, 眞惡富貴也.

故曰, 道之眞以治身, 其緒餘以爲國家, 其土苴以治天下.

由此觀之, 帝王之功, 聖人之餘事也, 非所以完身養生也.

今世俗之君子, 多危身棄生以殉物, 豈不悲哉!

凡聖人之動作也, 必察其所以之與其所以爲.

今且有人於此, 以隨侯之珠彈千仞之雀, 世必笑之.

是何也?

則其所用者重而所要者輕也.

夫生者, 豈特隨侯珠之重哉!

소중한 수후(隨侯)의 구슬로
천길 위의 참새를 쏘는 군주

───

노(魯)나라 군주가 안합(顏闔)이 도를 터득했다는 소문을 듣고 신하를 시켜 예물을 들고 먼저 찾아가 보도록 명령했다. 당시 안합은 작은 마을을 관장하며 삼베옷을 입고 소에게 몸소 먹이를 주면서 살았는데 노나라 군주의 사신이 찾아오자 안합은 그를 직접 맞이했다. 사신이 여기가 안합의 집이냐고 물으니까 안합은 그렇다고 대답했다. 이에 사신이 예물을 전하자 안합은 군주가 소문을 잘못 듣고서 사신을 보낸 것 같으니 한 번 확인해 보는 게 좋겠다고 말했다. 사신이 돌아가서 신중히 확인한 뒤 다시 와서 그를 찾았으나 찾을 수 없었다. 참고로 안합은 내편 「인간세」 3에 등장한 바 있는데 여기에서 안합이 위나라 영공(靈公)의 망나니 격인 태자의 스승이 되자 크게 걱정이 되어 대부 거백옥(蘧伯玉)을 찾아오면서 얘기가 진행된 바 있다.

안합과 같은 사람은 본디 부귀를 싫어한다. 이런 안합과 같은 사람이 있어서인지 세상에선 '진실한 도(道)로는 자기의 몸을 다스리고, 그 나머지로 국가를 돌보고, 그 찌꺼기로 천하를 다스린다.'라고 말한다. 세상의 이런 말로 미루어보면 제왕의 이룸은 성인에게는 그 밖의 일처럼 하찮을 뿐이고, 또 그런 일은 몸을 보존하고 생명을 돌보기 위한 게 결코 아니다. 그런데도 지금 세속의 군자들은 대부분 몸을 위태롭게 하고 생명을 버리면서 온갖 재물을 추구하려고 드니 정말로 슬프다.

반면 모든 성인은 행동을 함에 있어 그 행동이 수행하는 목적과 그 목적을 수행하기 위한 수단을 반드시 살핀다. 예를 들어 어떤 사람이 소중한 수후의 구슬(隨侯之珠)로 천 길 위를 날고 있는 참새를 쏜다면 목적을 수행하기 위한 수단이 분명 잘못되었다. 왜냐하면 그 구슬이 천 길 위를 나는 참새를 맞힐 리 만무하기에 소중한 수후의 구슬만 날리기 때문이다. 지금 군주의 행동이 바로 이와 같다. 어째서인가? 군주가 동원하는 수단(所用者)은 소중한데 동원한 수단이 구하는 바(所要者)가 하찮아서이다. 무슨 말일까? 그건 군주가 동원하는 수단은 소중한 생명인데 반해 그것이 구하고자 하는 바는 하찮은 영토와 재물이기 때문이다. 그런데 소중함으로 치면 사람의 생명은 수후의 구슬 따위와 비교되지 못한다. 그만큼 생명이 소중하다.

참고로 수후지주는 춘추시대 수(隨)나라 제후가 상처를 입은 큰 뱀을 만나 약을 발라주자 그 뱀이 고마워해 강에서 큰 구슬을 물고와 은혜를 갚았다는 전설을 지니고 있다. 이 수후지주는 옥의 원석으로 유명한 화씨지벽(和氏之璧)과 나란히 해 이름을 함께 사용하는데 수주화벽(隨珠和璧)이 그것이다. 따라서 수후지주와 화씨지벽은 춘추전국시대를 대표하는 보석에 해당한다.

열자(子列子)가 가난해서 얼굴에 굶주린 빛을 하고 있었다.

한 나그네가 정(鄭)나라 재상 자양(子陽)에게 열자의 가난함을 말했다.

"상상컨대 열자는 도를 터득한 선비인데 큰 나라에서 살면서 가난하니 그 나라 군주는 선비를 좋아하지 않나요?"

그러자 재상 자양은 즉시 관리에게 명해 열자에게 곡식을 보냈다.

그러나 열자는 사자를 보고 두 번 절하면서 정중히 사양했다.

사자가 돌아가고 열자가 안으로 들어가니까

그의 아내가 남편을 원망하며 가슴을 치면서 말했다.

"제가 듣건대 도를 터득한 사람의 처자는 모두 편안하고 즐거운 생활을 하는데 지금 우리는 굶주린 빛을 하고 있습니다.

군주가 지나는 길에 잠깐 들러서 당신에게 식량을 보내려는데 당신이 받지 않으니 대체 군주의 명령도 거부하는 겁니까!"

열자가 웃으면서 말했다.

"군주는 스스로 나를 알아본 게 아니지요.

남의 말만 듣고서 내게 양식을 보낸 것이니

내게 죄주는 것에 이르러서도 역시 남의 말만 듣고 할 것이오.

이것이 내가 양식을 받지 않은 까닭이오."

마침내 정나라 백성들이 정말로 난을 일으켜서 자양을 죽였다.

• • •

子列子窮, 容貌有飢色.

客有言之於鄭子陽者曰:

「列禦寇, 蓋有道之士也, 居君之國而窮, 君無乃爲不好士乎?」

鄭子陽卽令官遺之粟.

子列子見使者, 再拜而辭.

使者去, 子列子入, 其妻望之而拊心曰:「妾聞爲有道者之妻子, 皆得佚樂, 今有飢色.
君過而遺先生食, 先生不受, 豈不命邪!」

子列子笑謂之曰:「君非自知我也. 以人之言而遺我粟, 至其罪我也又且以人之言,
此吾所以不受也.」

其卒, 民果作難而殺子陽.

가난한데도
군주가 제공한 양식을 거절한 열자

———

　열자(子列子)가 가난해서 얼굴에 굶주린 빛을 보인 적이 있다. 이를 안 한 나그네가 정(鄭)나라 재상 자양(子陽)에게 열자의 가난함을 안타까워하면서 분명 도를 터득한 선비일 텐데 큰 나라에서 살면서도 가난하므로 정나라 군주는 선비를 좋아하지 않느냐고 꼬집어서 물었다. 재상 자양은 즉시 관리에게 명령을 내려 열자에게 곡식을 보냈는데 열자는 사자를 보고 두 번 절하고선 이를 정중히 사양했다. 사자가 돌아간 뒤 열자가 집안으로 들어가니까 그의 아내가 가슴을 치면서 도를 터득한 사람의 처자는 모두 편안하고 즐거운 생활을 누린다는데 지금 우리는 굶주린 빛이니 어쩐 일이냐고 원망하며 말했다. 게다가 군주가 지나는 길에 잠깐 들러서 식량을 제공하는 건데 이마저도 받지 않으니 군주의 명령도 거부하는 거냐고 남편에게 따져 물었다.

　열자는 군주가 자신을 스스로 알아본 게 아니라고 전제한 뒤 군주가 남의 말만 듣고서 자신에게 양식을 보낸 것이니 죄를 주는 것에서도 역시 남의 말만 듣고서 할 거라고 말했다. 이것이 열자가 군주의 양식을 받지 않은 까닭이라고 밝혔다. 왜냐하면 군주는 남의 말만 듣고서 자신에게 식량을 보낸 것처럼 마찬가지로 남의 말만 듣고서 자신을 죽일 수 있기 때문이다. 아니나 다를까 정나라 백성들이 마침내 난을 일으키자 군주는 재상 자양을 죽였다. 이 역시 정나라 군주가 남의 말만 듣고서 한 결정임에 틀림없다. 그러니 남의 말을 듣고서 한 결정은 굶주린 사람에게 양식을 제공하는 행운도 제공하지만 생명을 앗아가는 불운도 제공한다.

초(楚)나라 소왕(昭王)이 오나라와 싸움에서 나라를 잃고 도망가자
양 백정 열(說)도 달아나서 소왕을 따라갔다.
소왕이 그 후 나라에 다시 돌아와 피난길에 따라나섰던 사람들에게
상을 줄 때 양 백정 열도 그 차례가 되었다.
이때 양 백정 열이 말했다.
"대왕께서 나라를 잃으셨을 때 저 열도 양 백정의 자리를 잃었습니다.
대왕께서 나라로 되돌아오시니 저 열도 양 백정 자리로 되돌아왔습니다.
신의 벼슬과 녹봉은 회복되었으니 무슨 상이 또 필요하겠습니까!"
소왕이 말했다. "그에게 억지로라도 상을 주어라!"
그러자 양 백정 열이 말했다.
"대왕께서 나라를 잃으셨던 건 신의 잘못이 아니므로
신은 목이 베이는 형벌을 받지 않아도 됩니다.
마찬가지로 대왕께서 나라로 되돌아오신 건 신의 공이 아니므로
신이 그 상을 받는 건 적당하지 않습니다."
소왕이 말했다. "그를 한번 만나보자!"
그러자 양 백정 열이 말했다.
"초나라 법도는 큰 공을 세운 사람에겐 반드시 무거운 상을 내린 후에야
왕을 뵐 수 있습니다.
지금 신의 앎은 나라를 보존하기에 부족하고,
신의 용기는 적군을 죽여 싸우기에 부족합니다.
오나라 군대가 수도 영(郢)에 침입했을 때 재앙이 두려워 적을 피한 거지

일부러 대왕을 따라간 게 아닙니다.

지금 대왕께선 법도를 무시하고 규약을 어기면서까지 저를 접견하시니

이런 일은 여태 천하에서 들어본 적이 없습니다."

소왕이 사마(司馬) 벼슬인 자기(子綦)에게 말했다.

"양 백정 열(說)이 비록 비루하고 천한 데 거처하지만

의로움(義)를 밝히는 데는 매우 높은 식견을 지니고 있소.

사마는 나를 위해 그를 삼공의 지위(三旌之位)로 모시도록 해라."

양 백정 열이 이 말을 듣고 말했다.

"삼공의 지위가 백정의 마구간 자리보다 귀한 걸 전 압니다.

삼공이 받는 만종의 녹봉도 백정의 이득보다 많다는 걸 전 압니다.

제가 이런 벼슬과 녹봉을 탐해 군주가 함부로 벼슬과 녹봉을 베푼다는

오명을 어찌 남기게 할 수 있나요!

저는 마땅스럽지 않으니 마구간 자리로 다시 돌아가길 바랍니다."

그리고 끝내 상을 받지 않았다.

. . .

楚昭王失國, 屠羊說走而從於昭王.

昭王反國, 將賞從者, 及屠羊說.

屠羊說曰:「大王失國, 說失屠羊., 大王反國, 說亦反屠羊. 臣之爵祿已復矣,

又何賞之有哉!」

王曰:「强之!」

屠羊說曰:「大王失國, 非臣之罪., 故不敢伏其誅. 大王反國, 非臣之功., 故不敢當其

賞.」

王曰:「見之!」

屠羊說曰:「楚國之法, 必有重賞大功而後得見, 今臣之知不足以存國而勇不足以死

寇.

吳軍入郢, 說畏難而避寇, 非故隨大王也.

今大王欲廢法毀約而見說, 此非臣之所以聞於天下也.」

王謂司馬子綦曰:「屠羊說居處卑賤而陳義甚高, 子其爲我延之以三旌之位.」

屠羊說曰:「夫三旌之位, 吾知其貴於屠羊之肆也., 萬鍾之祿, 吾知其富於屠羊之利也.,

然豈可以貪爵祿而使吾君有妄施之名乎! 說不敢當, 願復反吾屠羊之肆.」

遂不受也.

삼공의 지위마저 거절한
양 백정 열(說)

———

　초(楚)나라 소왕(昭王)이 오(吳)나라와의 싸움에서 나라를 잃고 도망치자 양 백정인 열(說)도 달아나서 소왕을 따라갔다. 그 후 소왕이 전쟁에서 이겨 다시 나라에 돌아오자 피난길에 따라나섰던 사람들에게 상을 내렸다. 양 백정 열도 포상명단에 포함되었는데 그는 상을 받을 수 없다고 거절했다. 그 이유는 왕이 나라를 잃었을 때 본인도 백정 자리를 잃었고, 또 왕이 나라로 돌아와서 본인 또한 백정 자리로 되돌아왔으니 자신의 벼슬과 녹봉은 이미 회복되었다고 보아서이다. 소왕은 그렇더라도 억지로라도 그에게 상을 주라고 신하에게 명령했다.

　그런데도 백정 열은 상을 받는 게 타당하지 않다고 주장했다. 그건 왕이 나라를 잃은 건 열의 잘못이 아니기에 자신이 목 베이는 형벌을 받지 않아도 되듯이 왕이 나라로 돌아온 건 열의 공이 아니기에 자신이 상을 받는 건 적당하지 않다고 보아서이다. 그러자 소왕은 백정 열의 주장을 이해할 수 없다면서 그를 한번 만나보겠다고 했다. 왕을 직접 만난 백정 열은 왕이 지금 법도를 무시하고 규약을 어기면서 자신을 접견하는데 이런 일은 천하에 있을 수 없다고 감히 주장했다. 그건 초나라 법도에 큰 공을 세운 사람만 큰 상을 받은 후에 왕을 뵐 수 있는데 자신의 앎은 나라를 보존하기에 부족하고, 자신의 용기는 적군을 죽여 싸우기에 부족해서이다. 게다가 오나라 군대가 수도 영(郢)에 침입했을 때 자신은 재앙이 두려워서 적을 피한 거지 일부러 왕을 따라간 게 아니기 때문이다.

이 말에 감동한 소왕은 사마(司馬) 자기(子綦)에게 백정 열은 비록 비루하고 천한 데 살더라도 의로움(義)을 밝히는 데는 아주 높은 식견을 지녔다면서 그를 삼공의 지위(三旌之位)로 대접하라고 명령했다. 그런데 백정 열은 삼공의 지위가 양 백정의 마구간 자리보다 귀하다는 걸 알고, 삼공이 받는 만종의 녹봉(萬鍾之祿)은 양 백정의 이득보다 많다는 걸 알지만 이런 벼슬과 녹봉을 탐해 군주가 함부로 벼슬과 녹봉을 베푼다는 오명을 어찌 남기게 할 수 있느냐고 말했다. 그러면서 백정 열은 마땅치 않으니 마구간 자리로 다시 돌아가길 바란다면서 끝내 벼슬과 상을 받지 않았다. 백정 열의 의로움을 강조하는 내용인데 논리의 비약이 좀 심한 듯하다.

공자의 제자 원헌(原憲), 즉 자사가 노(魯)나라에 살 때

집은 사방 한 칸 정도로 작고 지붕은 자라난 풀로 덮였다.

쑥으로 만든 싸리문은 온전치 않고 뽕나무 줄기로 문지도리를 삼았다.

그리고 깨진 항아리를 박아 그 입으로 창을 낸 두 개의 방이 있었고,

또 창은 칡베로 가리었다.

위에선 비가 새고 아래 바닥은 축축했는데

원헌은 바르게 앉아 줄(弦)을 뜯으면서 노래했다.

그런데 자공(子貢)은 큰 말이 끄는 수레를 타고,

그 수레 안은 감색으로 장식하고 겉은 흰색으로 만들었다.

이 수레는 원헌의 집 입구 골목을 못 들어가 자공은 걸어서 그를 만났다.

원헌은 자작나무 껍질로 만든 갓을 쓰고, 닳아서 뒤축도 없는 신을 신고

명아주 지팡이를 짚은 채 문에서 마중했다.

자공이 놀라서 말했다. "아아! 선생께선 무슨 병이 있나요?"

원헌이 응해 말했다.

"나 원헌이 듣건대 재물이 없는 걸 가난하다고 하지만

도를 배우고도 행하지 못하는 걸 병이라고 했소.

지금 나 원헌은 가난한 게지 병이 든 게 아니요."

자공은 우물쭈물 뒷걸음치면서 부끄러운 얼굴빛을 띠었다.

원헌이 웃으면서 말했다.

"세상의 좋은 평판을 바라며 행동하고, 친하게 어울리는 사람만 벗하고,

배움은 남에게 뽐내기 위해 하고, 가르침은 자기의 이득을 위해 하고,

인의를 내세워 간특한 짓을 하고, 수레와 말을 장식하는 것들은
원헌으로서는 차마 하지 못하는 일이오."

* * *

原憲居魯, 環堵之室, 茨以生草., 蓬戶不完, 桑以爲樞., 而甕牖二室, 褐以爲塞., 上
漏下濕, 匡坐而弦歌.

子貢乘大馬, 中紺而表素, 軒車不容巷, 往見原憲.

原憲華冠縱履, 杖藜而應門.

子貢曰:「嘻! 先生何病?」

原憲應之曰:「憲聞之, 無財謂之貧, 學道而不能行謂之病. 今憲, 貧也, 非病也.」

子貢逡巡而有愧色.

原憲笑曰:「夫希世而行, 比周而友, 學以爲人, 敎以爲己, 仁義之慝, 與馬之飾, 憲不
忍爲也.」

같은 공자 제자라도
서로 다른 길을 간 원헌과 자공

———

공자의 제자 원헌(原憲), 즉 자사가 노(魯)나라에 살 때 집은 사방 한 칸 정도로 아주 작았고, 지붕은 자라난 풀이 덮을 정도로 초라했다. 또 쑥으로 만든 싸리문은 온전치 않았고, 뽕나무 줄기로 문지도리를 삼았다. 그리고 깨진 항아리를 벽에 박아 그 입으로 창을 낸 방이 두 개 있었고, 또 그 창은 칡베로 가리어졌다. 위에선 비가 새고 아래의 바닥은 축축했는데 원헌은 바르게 앉아서 줄(弦)을 뜯으며 노래했다. 이에 반해 공자의 같은 제자인 자공(子貢)은 큰 말이 끄는 수레를 탔는데 수레 안은 감색으로 장식하고 겉은 흰색으로 화려하게 치장했다. 이 큰 수레가 원헌의 집 입구 좁은 골목을 들어가지 못해 자공은 하는 수 없이 걸어가서 그를 만났다.

원헌은 자작나무 껍질로 만든 갓을 쓰고, 닳아서 뒤축도 없는 신을 신고 명아주 지팡이를 짚은 채 문에서 마중했다. 그러자 자공은 놀라 원헌에게 무슨 병이 있느냐고 물었다. 이에 원헌은 재물이 없는 걸 가난하다고 하고, 도를 배우고도 행하지 못하는 걸 병이라고 들었는데 지금 자신은 가난한 게지 병이 든 게 아니라고 말했다. 자공은 부끄러운 얼굴빛을 띠면서 우물쭈물하며 뒷걸음쳤다. 그러자 원헌은 미소를 지으며 세상의 좋은 평판을 바라면서 행동하고, 친하게 어울리는 사람만 벗하고, 배움은 남에게 뽐내기 위해서 하고, 가르침은 자기의 이득을 위해서 하고, 인의를 내세워 간특한 짓을 하고, 게다가 수레와 말을 장식하는 것들은 원헌으로선 차마 하지 못하는 일이라고 말했다. 이처럼 자사와 자공은 같은 공자 제자이면서도 가는 길이 너무 달랐다.

증자(曾子)가 위(衛)나라에서 입었던 솜옷은 낡아서 겉이 없었고,

얼굴빛은 초췌했고, 손과 발에는 굳은살이 박였다.

사흘 동안 더운밥을 먹지 못하고, 십 년 동안 옷을 만들어 보지 못하고,

갓을 바로하면 갓끈이 끊어지고, 옷깃을 여미면 팔꿈치가 나와 보이며,

신을 신으면 뒤꿈치가 떨어져 나갔다.

그러나 헌 신을 끌며 『시경』 상송(商頌)을 노래하면 소리가 천지에 가득

차 금석 악기에서 나오는 소리와 같았다.

천자(天子)도 그를 신하로 삼을 수 없고, 제후도 그와 벗할 수 없었다.

그래서 뜻을 기르면 자기 몸을 잊고, 몸을 기르면 이득을 잊고,

그리고 도에 이르면 마음을 잊는다.

* * *

曾子居衛, 縕袍無表, 顔色腫噲, 手足胼胝.

三日不擧火, 十年不製衣, 正冠而纓絶, 捉衿而肘見, 納屨而踵決.

曳縰而歌商頌, 聲滿天地, 若出金石.

天子不得臣, 諸侯不得友.

故養志者忘形, 養形者忘利, 致道者忘心矣.

가난해도 천자조차
함부로 대하지 못하는 증자(曾子)

———

증자(曾子)가 위(衛)나라에서 입었던 솜옷이 너무 낡아서 겉은 너덜너
덜했고, 그의 얼굴빛은 초췌했고, 그의 손과 발에는 굳은살이 박혔다.
그리고 사흘 동안 더운밥을 먹지 못했고, 십 년 동안 옷을 만들어 보지
못했고, 갓을 바로하면 갓끈이 끊어지기 십상이었고, 옷깃을 여미면 팔
꿈치가 나와 보였고, 신을 신으면 뒤꿈치가 떨어져 나갔다. 그러나 증
자가 헌 신을 끌면서도 『시경』의 상송(商頌)을 노래하면 그 소리가 천지
에 가득 차 마치 금석 악기에서 나오는 소리와 같았다. 이에 천자(天子)
도 그를 신하로 삼을 수 없고, 제후(諸侯)도 그와 벗할 수 없었다. 그래
서 뜻을 기르면 자기 몸을 잊고, 몸을 기르면 이득을 잊고, 그리고 도에
이르면 마음을 잊을 뿐이다.

그런데 뜻을 기르면 자기 몸을 잊고, 몸을 기르면 이득을 잊는다는
마지막 대목이 무슨 의미인지 좀체 감이 잡히지 않는다. 게다가 뜻을
기르면 자기 몸을 잊는다는 내용은 기본적으로 노장사상과 배치된다.
노장사상은 기본적으로 뜻을 기르지 말라는 입장이기 때문이다. 이런
사실은 노자 『도덕경』 중 "성인의 정치는 마음을 비우게 하며 대신 배
를 채우게 하며, 뜻을 약하게 하며 대신 뼈를 튼튼히 해야 한다."[37]라

는 데서 잘 나타난다. 즉 뼈를 튼튼히 하더라도 뜻은 약하게 하는 걸 강조한다. 그런데도 여기서 뜻을 길러야 한다고 했으니 무슨 의미인지 잘 이해가 가지 않는다.

---

37) 是以聖人之治 虛其心 實其腹 弱其志 强其骨. (『도덕경』 3장)

공자(孔子)가 안회(顔回)에게 말했다.

"안회(回)야! 집안이 가난하고 지위도 낮은데 어찌 벼슬을 하지 않느냐?"

안회가 대답했다. "벼슬을 하고 싶지 않습니다.

제겐 성곽 밖에 밭 오십 묘가 있어 죽을 공급하고,

성곽 안에 밭 십 묘가 있어 무명과 삼을 공급하기에 충분합니다.

거문고를 연주하면 스스로 즐거워하기에 충분하고,

또 선생님께 배운 도는 스스로 즐겁게 살아가기에 충분합니다.

그래서 저는 벼슬하고 싶지 않습니다."

공자는 수심에 잠겨 얼굴빛을 바꾸면서 말했다.

"훌륭하다, 안회 자네의 뜻이!

내가 듣건대 만족할 줄 알면 이득에 스스로 묶이지 않고,

스스로 얻음을 깨달으면 얻음을 잃어도 두렵지 않고,

마음에 수행이 이루어지면 지위가 없어도 부끄러워하지 않는다고 했다.

나는 이런 점을 마음에 새겨둔 지 오래이지만

지금 자네에게서 뒤늦게 이게 실행되고 있음을 본다.

이것이 나의 수확이다."

• • •

孔子謂顔回曰:「回, 來! 家貧居卑, 胡不仕乎?」

顔回對曰:「不願仕. 回有郭外之田五十畝, 足以給飦粥., 郭內之田十畝, 足以爲絲麻., 鼓琴足以自娛, 所學夫子之道者足以自樂也. 回不願仕..」

孔子愀然變容曰:「善哉! 回之意. 丘聞之, 知足者 不以利自累也., 審自得者 失之而不懼. 行修於內者 無位而不怍 丘誦之久矣. 今於回而後見之 是丘之得也..」

스승 공자를 감동케 한
제자 안회

―――

　공자(孔子)가 제자 안회(顏回)에게 집안도 가난하고 지위도 낮은데 어찌 벼슬을 하지 않느냐고 물었다. 이에 안회는 벼슬을 하고 싶지 않다고 말했다. 왜냐하면 성곽 밖에는 밭 오십 묘가 있어 자신이 먹을 죽을 공급하기에 충분하고, 또 성곽 안에는 밭 십 묘가 있어 자신이 입을 무명과 삼을 공급하기에 충분해서이다. 또 거문고를 연주하면 스스로 즐거워하기에 충분하고, 선생님께 배운 도는 스스로 즐겁게 살아가기에 충분해서이다. 이것이 안회가 벼슬을 하고 싶지 않은 이유이다.

　공자는 수심에 잠겼다가 이내 얼굴빛을 바꾸면서 안회의 뜻이 훌륭하다고 칭찬했다. 그러면서 공자가 듣건대 적당히 만족할 줄 알면 더 이상의 이득에 스스로가 묶이지 않고, 스스로 얻음을 깨달으면 얻음을 잃더라도 두렵지 않고, 마음에 수행이 이루어지면 벼슬 따위의 지위가 없어도 부끄러워하지 않는다고 했다. 공자는 이런 점을 마음에 새겨둔 지 오래이지만 지금 안회에게 뒤늦게 이것이 실행되고 있음을 보니까 이것이 공자 자신의 큰 수확이라고 말했다. 이 글은 특별한 내용이 없고 안회의 행동, 즉 자연에 순응하며 살아가는 행동을 칭찬한다.

위(魏)나라의 중산공자(中山公子) 모(牟)가 첨자(瞻子)에게 말했다.

"몸은 강과 바닷가에 숨어 살지만 마음은 항상 위나라 궁궐 아래 있으니

어쩌면 좋겠습니까?"

첨자가 말했다. "생명을 소중히 하십시오.

그리고 생명을 소중히 하려면 이득을 가벼이 여겨야 합니다."

중산공자 모가 말했다. "그걸 아는데도 제가 그걸 이겨내지 못합니다."

첨자가 말했다. "자기 자신이 이겨내지 못하면 그대로 따르십시오.

그러면 정신(神)의 고통은 없어지지 않을까요?

자기 자신이 이겨내지 못하는데 억지로 이를 따르지 않으면

자신을 거듭 해치는 거라고 말합니다.

자신을 거듭 해치는 사람은 오래 사는 사람의 부류가 아닙니다."

위나라 모는 만승(萬乘) 군주의 공자여서 그가 바위굴에 숨어살아도

평범한 선비보다 이득을 가벼이 여기는 걸 행하기 어렵다.

모는 비록 도(道)에 이르지 못했어도 도를 터득하려는 뜻은 지녔다고

말할 수 있다!

• • •

中山公子牟謂瞻子曰:「身在江海之上, 心居乎魏闕之下, 奈何?」

瞻子曰:「重生. 重生則輕利.」

中山公子牟曰:「雖知之, 未能自勝也.」

瞻子曰:「不能自勝則從之, 神無惡乎? 不能自勝而强不從者, 此之謂重傷. 重傷之

人, 無壽類矣.」

魏牟, 萬乘之公子也, 其隱巖穴也, 難爲於布衣之士., 雖未至乎道, 可謂有其意矣!

도를 행하기 어려워도
그 뜻만 있어도 훌륭하다

위나라의 중산공자(中山公子) 모(牟)가 첨자(瞻子)에게 자신의 몸은 강과 바닷가에 숨어 살아도 마음은 항상 위(魏)나라 궁궐 아래에 있으니 어쩌면 좋겠느냐고 물었다. 이에 첨자는 생명을 소중히 하라고 주문한 뒤 생명을 소중히 하면 이득을 가벼이 여겨야 한다고 말했다. 그러자 모는 생명이 소중하다는 걸 아는데도 백성을 위해 이득을 가볍게 여기지 못한다고 대답했다. 이에 첨자는 자신이 스스로 이겨내지 못하면 그대로 따르라고 주문한 뒤 그러면 정신(神)의 고통은 없어지지 않겠느냐고 말했다. 자신이 이겨내지 못하는데도 이를 따르지 않으면 자신을 거듭 해치기 때문이다. 그리고 자신을 거듭 해치는 사람은 오래 사는 사람의 부류가 아니라고 말했다. 참고로 중산공자 모는 내편 「추수」 4에서 등장한 바 있는데 여기서 '우물 안 개구리' 얘기를 꺼낸 사람이다. 또 첨자는 첨하(瞻何)라고 불리는 현인이다. 그러니 모두 훌륭한 사람들이다.

그러자 모는 자신은 만승(萬乘) 군주의 공자이므로 바위굴에 숨어살아도 평범한 선비보다 이득을 가벼이 여기는 걸 행하기 어렵다고 솔직히 고백했다. 이 고백에 비추어 볼 때 모는 비록 도(道)에 이르지 못했어도 도를 터득하려는 뜻은 분명히 지녔다고 말할 수 있다. 그래서 이 글은 도를 실천에 옮기는 게 가장 바람직하지만 중산공자처럼 높은 지위에 있어 이를 실천에 쉽게 옮기지 못하는 경우더라도 그 뜻만 있으면 여전히 훌륭하다는 내용을 담는다. 그렇더라도 생명이 소중하다는 걸 알면서도 이득을 가벼이 여기지 못하면 정신만이라도 고통에서 벗어나기 위해 그대로 따르라는 주문은 장자사상 전반에 비추어 볼 때 논리의 비약이 심한 편에 속한다.

공자(孔子)가 진(陳)나라와 채(蔡)나라 사이에서 궁지에 몰렸을 때
일주일 동안 불로 데운 음식을 먹지 못했고,
또 명아주 국에 쌀알도 없이 먹었기에 얼굴빛이 매우 고달팠는데도
공자는 오히려 방에서 현을 뜯으면서 노래했다.
안회(顔回)가 밖에서 나물을 뜯고 있는데 자로(子路)와 자공(子貢)이 서로
대화를 나누면서 말했다.
"우리 선생은 노나라에서 두 번 추방되고, 위나라에선 종적을 감추고,
송나라에선 나무에 깔릴 뻔하고, 상나라와 주나라에선 궁지에 몰리고,
이제는 진나라와 채나라 사이에서 포위당했다.
그러니 우리 선생을 죽여도 죄가 되지 않고,
선생을 업신여겨도 이를 금하는 사람이 없어졌다.
그런데도 현을 뜯으며 노래하고, 거문고를 타며 음악을 그치지 않으니
군자가 이처럼 부끄러움을 몰라도 되는가?"
안회는 대꾸도 하지 않고 방에 들어가 이 사실을 공자에게 아뢰었다.
공자는 거문고를 옆으로 밀어놓고 탄식하며 한탄스러운 듯 말했다.
"자로와 자공은 비천한 인간이다. 불러와라. 내가 그들에게 말하겠다."
자로와 자공이 들어와서 자로가 말했다.
"이런 지경이라면 궁지(窮)에 몰렸다고 말할 수 있지 않습니까!"
공자가 말했다.
"그게 무슨 말이냐! 군자는 도에 통하면(通) 통한다고 말하고,
도에 궁하면(窮) 궁하다고 말한다.

지금 나는 인의의 도(仁義之道)를 품었는데

어지러운 세상의 환난(亂世之患)을 만났으니 이게 어찌 궁한 거냐!

안으로 살펴도 도(道)에 궁함이 없어야 하고,

어려움을 당해도 덕(德)을 잃지 말아야 한다.

큰 추위가 닥치고 서리와 눈이 내려야 나는 송백지무(松柏之茂),

즉 소나무와 잣나무의 무성한 푸름을 안다.

진나라와 채나라 사이에서 생긴 이번 포위는 나에게는 오히려 다행이다!"

그런 뒤 공자는 거문고를 다시 가져다가 차분히 줄을 뜯고 노래하자

자로는 벌떡 일어나 방패를 들고 춤췄다.

자공이 감격하며 말했다.

"나는 하늘(天)이 얼마나 높은지, 땅(地)이 얼마나 낮은지 알지 못했다."

옛날에 도를 터득한 사람은 궁함도 즐기고 통함도 즐겼기에

정말로 즐긴 건 궁함과 통함 그 자체가 아니다.

도덕이 여기에 있다면 궁함과 통함은 추위와 더위, 바람과 비가 번갈아

오는 것처럼 하나의 순서일 뿐이다.

때문에 허유(許由)는 영수 북쪽(潁陽)에 숨어도 즐거웠고,

공백(共伯)은 공수산(共首)에 숨어도 뜻을 얻었다.

. . .

孔子窮於陳蔡之間, 七日不火食, 藜羹不糝, 顏色甚憊, 而猶弦歌於室.
顏回擇菜於外, 子路子貢相與言曰:「夫子再逐於魯, 削迹於衛, 伐樹於宋, 窮於商周,
圍於陳蔡, 殺夫子者無罪, 藉夫子者無禁. 弦歌鼓琴, 未嘗絕音, 君子之無恥也若此乎?」
顏回無以應, 入告孔子.
孔子推琴喟然而歎曰:「由與賜, 細人也. 召而來, 吾語之.」
子路子貢入.
子路曰:「如此者可謂窮矣!」

孔子曰,,「是何言也! 君子通於道之謂通, 窮於道之謂窮.

今丘抱仁義之道以遭亂世之患, 其何窮之爲!

故內省而不窮於道, 臨難而不失其德, 大寒旣至, 霜雪旣降, 吾是以知松柏之茂也.

陳蔡之隘, 於丘其幸乎!」

孔子削然反琴而弦歌, 子路扢然執干而舞.

子貢曰:「吾不知天之高也, 地之下也.」

古之得道者, 窮亦樂, 通亦樂.

所樂非窮通也, 道德於此, 則窮通爲寒暑風雨之序矣.

故許由娛於潁陽而共伯得志乎共首.

도를 터득한 사람은 궁함 뒤에 통함이, 통함 뒤에 궁함이 생겨남을 안다

———

공자(孔子)가 진(陳)나라와 채(蔡)나라 사이에서 궁지에 몰렸을 때 일주일 동안 불로 데운 음식을 먹지 못했고, 명아주 국에 쌀알도 없이 먹어 얼굴빛이 매우 고달팠다. 그런데도 공자는 방안에서 현을 뜯으며 태연히 노래를 불렀다. 안회(顏回)가 밖에서 나물을 뜯는데 스승에 대해 불만을 터뜨리는 자로(子路)와 자공(子貢)의 대화를 우연히 엿들을 수 있었다. 대화의 내용은 공자를 업신여겨도 말리는 사람이 없고, 심지어 공자를 죽여도 죄가 되지 않는 상황까지 벌어졌다는 것이다. 왜냐하면 스승이 노나라에서 두 번이나 추방되었고, 위나라에서 종적을 감추어야 했고, 송나라에선 나무가 베어져 깔려 죽을 뻔했고, 상나라와 주나라에선 궁지에 몰렸고, 이제는 진나라와 채나라 사이에서 포위를 당해서이다. 그런데도 스승은 현을 뜯으며 태연히 노래를 부르니 자로와 자공은 군자가 이처럼 부끄러움을 몰라도 되는가라는 생각에 이르렀다.

안회는 이들의 대화를 못 들은 척하고 방에 들어가선 이 사실을 공자에게 알렸다. 그러자 공자는 거문고를 옆으로 밀어놓고 탄식하며 한탄스러운 듯 자로와 자공을 비천한 인간이라고 규정한 뒤 안회에게 그들을 불러오라고 명했다. 자로와 자공이 스승을 만나자 이런 지경에까지 이르면 궁지에 몰린 게 아니냐며 따져 물었다. 이에 공자는 무슨 뚱딴지같은 소리를 하느냐며 이들의 주장을 즉각 반박했다. 공자는 군자가 도에 통하면 통한다고 하고, 도에 궁하면 궁하다고 솔직히 시인한다고 전제한 뒤 지금 자신은 인의의 도(仁義之道)를 품었는데 어지러운 세상의 환난을 만났을 뿐이니 이게 어째서 궁한 거냐고 따졌다. 그러면서 군자는 안으로 살펴도 도(道)에 궁함이 없어야 하고, 어려움을 당해도 덕(德)을 잃지 않아야 하는 걸 강조했다.

공자는 큰 추위가 닥치고 서리와 눈이 내려야 사람들은 그때서야 송백지무(松柏之茂), 즉 소나무와 잣나무의 무성한 푸름을 안다고 말했다. 마찬가지로 사람도 어려움을 당해야 그때서야 그 사람의 진가를 알 수 있다. 그러니 지금 공자가 진나라와 채나라 사이에서 포위된 건 오히려 다행스러운 일이다. 왜냐하면 이런 어려운 상황에서 공자의 진가가 드러나기 때문이다. 그 진가란 당황하지 않는 공자의 자세이므로 공자는 다시 거문고를 가져다가 차분히 줄을 뜯으며 노래를 불렀다. 자로도 이제야 공자의 깊은 뜻을 이해했는지 갑자기 벌떡 일어나 방패를 들고 스승의 노래에 맞춰 춤을 췄다. 자공도 이에 감격해서 스승에게 잠시 하늘이 얼마나 높은지 땅이 얼마나 낮은지 알지 못했다며 자신의 잘못을 진심으로 사과했다.

옛날에 도를 터득한 사람은 곤궁함(窮)도 즐기고, 또 잘 통함(通)도 즐겼다. 그래서 도를 터득한 사람이 정말로 즐긴 건 곤궁함과 잘 통함 그 자체가 아니다. 그렇다면 옛날에 도를 터득한 사람이 즐긴 건 과연 무엇이었을까? 그건 곤궁함 뒤에 반드시 잘 통함이 이루어지고, 또 잘 통함 뒤에 반드시 곤궁함이 생겨난다는 사실이다. 마치 천하에 도덕이 있으면 추위와 더위나 바람과 비가 서로 번갈아 오는 것처럼 말이다. 이

때문에 허유(許由)가 임금 자리 제안을 박차고 영수 북쪽(潁陽)에 숨더라
도 허유에겐 즐거운 일이었고, 주왕(周王)의 손자 공백(共伯)이 폐위되어
도 원망하지 않은 채 공수산(共首)에 숨어 뜻을 얻을 수 있었다.

순(舜)임금이 천하를 그의 친구 북인무택(北人無擇)에게 넘기려고 하자

북인무택이 말했다. "순임금의 사람됨이 이상하다.

그는 본시 농사를 짓다 만족하지 못하고 요(堯)임금 문하에서 노닐었지!

그런데 이에 그치지 않고 또 욕된 행동으로 나를 더럽히려고 하니

나는 그를 만나기조차 부끄럽다."

이로 인해 북인무택은 스스로 푸르고 찬 못에 자기 몸을 던져서 죽었다.

· · ·

舜以天下讓其友北人無擇, 北人無擇曰:

「異哉后之爲人也, 居於畎畝之中而遊堯之門! 不若是而已, 又欲以其辱行漫我.

吾羞見之.」

因自投淸冷之淵.

푸르고 찬 못에 몸을 던져 죽은
북인무택

———

　순(舜)임금이 천하를 그의 친구 북인무택(北人無擇)에게 넘기려고 하자 북인무택은 순임금의 사람됨이 이상하다며 그를 만나는 것조차 부끄럽다고 말했다. 왜 이렇게 말했을까? 북인무택에 따르면 순임금은 원래 농사를 짓다가 거기에 만족하지 못하고 요(堯)임금 문하에서 노닐었는데 이에 그치지 않고 욕된 행동으로 자신을 더럽히려고 해서이다. 이 때문에 북인무택은 스스로 푸르고 찬 못에 자기 몸을 던져서 죽었다.

　이 글의 내용도 장자의 전반적인 사상과 어긋난다. 그건 북인무택이 푸르고 찬 못에 자기 몸을 던져 죽었다는 내용 때문이다. 「양왕」이 북인무택이 임금 자리에 오르고 싶어 하지 않는다는 걸 아무리 강조하고 싶어도 스스로 죽음을 선택하는 것으로 얘기를 구성한 건 「양왕」이 말하고자 하는 생명 중시와 반대 입장에 있어서이다. 게다가 장자가 내편 「인간세」에서 이상적으로 그리는 인간상으로 광접여(狂接如)를 선택한 것도 같은 초(楚)나라 사람으로 스스로 강물에 몸을 던져 죽은 굴원(屈原)과 비교하고 싶어서였다. 우리는 이 점을 분명히 상기할 필요가 있다.

탕(湯)임금이 걸(桀)왕을 정벌하려고 변수(卞隨)와 상의하려 하자

변수가 말했다. "제 일이 아닙니다."

탕임금이 물었다. "그럼 누가 좋겠소?"

변수가 답했다. "저는 모릅니다."

탕임금이 무광(務光)과 상의했더니 무광이 말했다. "제 일이 아닙니다."

탕임금이 물었다. "그럼 누가 좋겠소?"

무광이 답했다. "저는 모릅니다."

탕임금이 물었다. "이윤(伊尹) 같은 사람이면 어떻겠소?"

무광이 말했다.

"무리하게 힘써 손에 때 묻히는 치욕도 견디지만 그 이상은 모릅니다."

탕임금은 이윤과 상의하고 마침내 걸을 쳐 승리하여

변수에게 천하를 물려주려 하니까 변수가 사양하며 말했다.

"임금께서 걸을 칠 때 저와 상의했던 건 저를 도둑이라고 여겨섭니다.

또 걸과 싸워 이기고서 제게 천하를 물려주려 하는 건

저를 탐욕스런(貪) 인간이라고 여겨섭니다.

어지러운 세상에 태어났어도 무도(無道)한 사람이 재차 와서 욕된 행동으로

저를 더럽히니 차마 이런 말을 여러 번 들을 수 없습니다."

그리고는 스스로 주수(稠水)에 몸을 던져 죽었다.

탕임금이 다시 무광(務光)에게 천하를 넘겨주려고 말했다.

"아는 사람(知者)이 계책을 세우고, 용감한 사람(武者)이 이를 실천하면

어진 사람(仁者)은 여기에 머무는 게 옛날의 도인데

선생은 어째서 천자 자리에 오르지 않나요?"

무광이 사양하며 말했다.

"임금을 폐하는 건 의로움이 아니고, 백성을 죽이는 건 어짊이 아닙니다.

게다가 남이 어려운 일을 이루었는데 제가 그 이득을 누리면

청렴한 게 아닙니다.

제가 듣건대 '의롭지 않으면 나라의 녹봉을 받지 말고,

무도(無道)한 세상에선 흙을 밟지 않는다.'고 했습니다.

그런데 하물며 탕임금이 저를 높이 받들려 하니 제가 어찌해야 하나요!

저는 이런 꼴을 차마 오래 보지 못하겠습니다."

그리고는 이내 돌을 등에 지고 스스로 여수(廬水)에 몸을 던져 죽었다.

· · ·

湯將伐桀, 因卞隨而謀, 卞隨曰:「非吾事也.」

湯曰:「孰可?」

曰:「吾不知也.」

湯又因務光而謀: 務光曰:「非吾事也.」

湯曰:「孰可?」

曰:「吾不知也.」

湯曰:「伊尹如何?」

曰:「强力忍垢, 吾不知其他也.」

湯遂與伊尹謀伐桀, 剋之, 以讓卞隨.

卞隨辭曰:「后之伐桀也謀乎我, 必以我爲賊也., 勝桀而讓我, 必以我爲貪也.

吾生乎亂世, 而無道之人再來漫我以其辱行, 吾不忍數聞也.」

乃自投椆水而死.

湯又讓瞀光曰:「知者謀之, 武者遂之, 仁者居之, 古之道也. 吾子胡不立乎?」

務光辭曰:「廢上, 非義也., 殺民, 非仁也., 人犯其難, 我享其利, 非廉也.

吾聞之曰, 非其義者, 不受其祿, 無道之世, 不踐其土. 況尊我乎! 吾不忍久見也.」

乃負石而自沈於 廬水.

주수에 몸을 던진 변수(卞隨)와
여수에 몸을 던진 무광(務光)

　탕(湯)임금이 하(夏)나라 걸(桀)왕을 정벌하기 위해 변수(卞隨)와 상의
했더니 변수는 그건 자신의 일이 아니라고 거절했다. 탕임금이 그러면
누가 좋겠느냐고 물었는데도 변수는 모른다고 대답했다. 탕임금이 이
일로 다시 무광(務光)과 상의했더니 무광도 자신의 일이 아니라고 거절
했다. 이에 탕임금이 그러면 누가 좋겠느냐고 물었는데도 무광은 모른
다고 대답했다. 답답해진 탕임금이 무광에게 이윤(伊尹)과 같은 사람이
라면 어떻겠느냐고 물었다. 그러자 무광은 이윤은 무리하게 힘을 써서
손에 때 묻히는 치욕도 견디는 사람인데 그 이상은 알지 못한다고 말
했다.

　탕임금은 이윤과 상의한 뒤 마침내 걸을 쳐서 승리하자 천하를 변수
에게 물려주려고 했다. 그러자 변수는 어지러운 세상에 태어났어도 무
도(無道)한 사람이 두 번씩이나 찾아와 욕된 행동으로 자신을 더럽히고
있으니 차마 그런 말을 여러 번 들을 수 없다며 탕임금의 제안을 단호
히 거부했다. 여기서 무도한 사람이 과연 누구일까? 바로 탕임금이다.
왜 그런가? 탕임금이 걸을 칠 때 변수와 상의한 건 변수를 도둑이라고
여겨서이고, 또 걸과 싸워 이긴 뒤 변수에게 천하를 물려주려고 하는

건 변수를 탐욕스런 인간이라고 여겨서이다. 변수는 탕임금의 이런 생
각을 도저히 받아들일 수 없어 스스로 주수(稠水)에 몸을 던져 죽었다.

탕임금이 다시 무광(務光)에게 어째서 천자 자리에 오르지 않느냐고
물었다. 탕임금에 따르면 아는 사람(知者)이 계책을 세우고, 용감한 사
람(武者)이 이를 실천하면 어진 사람(仁者)은 여기에 머무는 게 옛날의
도인데 무광이 바로 어진 사람이어서이다. 그러자 무광은 임금을 폐하
는 건 의로움(義)이 아니고, 백성을 죽이는 건 어짊(仁)이 아니라고 말했
다. 게다가 탕임금이 어려운 일을 이루었는데 자신이 그 이득을 누리면
이는 청렴함(廉)이 아니라면서 거절했다. 그러면서 의롭지 않으면 나라
의 녹봉을 받지 말고, 무도(無道)한 세상에선 흙을 밟지 않는다고 세상
사람들이 말하는데 탕임금은 지금 자신을 높이 받들려고 하니 어찌해
야 하느냐고 오히려 하소연했다. 그리고 자신은 이런 꼴을 차마 오래
보지 못하겠다며 이내 돌을 등에 지고 스스로 여수(廬水)에 몸을 던져
죽었다.

이 역시 앞 장과 마찬가지로 무광이 임금 자리에 오르고 싶지 않음
을 아무리 강조한다지만 스스로 죽음을 선택하는 거로 얘기를 구성한
건 「양왕」이 말하고자 하는 생명 중시와는 반대의 입장에 있다. 그래
서 논리적으로 모순된다는 평가를 받을 수 있다. 참고로 무광은 「외물」
12에도 등장하는데 여기에서와 마찬가지로 탕임금 제안을 거절하는
거로 나온다.

옛날 주(周)나라가 일어났을 때 고죽(孤竹)에 두 사람의 선비가 살았는데
백이(伯夷)와 숙제(叔齊)를 말한다.

백이와 숙제 두 사람이 서로 말했다.

"내가 듣건대 서방(西方)에 어떤 사람이 있는데
도를 터득한 사람인 듯하니 한번 가서 만나보자."

이들이 기산(岐) 남쪽에 이르자 무왕(武王)이 이 소식을 듣고
아우 숙단(叔旦)을 시켜 마중 나가서 만나보게 했다.

숙단은 백이와 숙제에게 맹세하며 말했다.

"녹봉(富)은 이등급이고, 벼슬(官)은 일등 자리입니다."

이렇게 일방적으로 약속하곤 짐승을 죽여 그 피로 맹세의 내용을 쓴 뒤
맹세문을 땅에 묻었다.

두 사람은 서로 쳐다보고 웃으면서 말했다.

"아, 이상하다! 이건 우리가 말하는 도가 아니다.

옛날에 신농(神農)씨가 천하를 차지했을 때 철따라 정성을 다해 제사를
공경히 지내긴 했어도 복을 빌지 않았다.

또 신농씨는 충성과 믿음을 다해 사람을 다스리긴 했어도 백성들로부터
얻으려는 게 없었다.

또 백성과 함께 바로잡는 걸 즐기는 걸 정치(爲政)라고 하고,
백성과 함께 다스림을 즐기는 걸 정사(爲治)라고 했다.

또 남의 실패로 자신의 성공을 바라지 않았고,
남을 낮춰 자신을 높이지 않았고, 시세를 만나도 이득을 챙기지 않았다.

지금 주나라는 은(殷)나라 혼란스러움을 보고 갑자기 정치를 하려 한다.

그래서 계략을 숭상해서 돈을 뿌리고, 군대에 의지해서 위세를 지키고,

짐승을 죽여 그 피로 맹세해서 믿음을 표시하고,

자신의 행동을 널리 알려서 많은 사람을 기쁘게 하고,

남을 죽이거나 다른 나라를 쳐서 이득을 추구하려고 한다.

이는 난정(亂)을 밀어내고, 폭정(暴)으로 대체하는 일이다.

내가 듣건대 옛날에 선비는 잘 다스려지는 세상을 만나면 맡겨진 일을

피하지 않지만 혼란스런 세상을 만나면 구차하게 살지 않았다고 한다.

지금 천하는 어둡고 주나라의 덕은 쇠했기에 주나라와 나란히 내 몸을

더럽히느니 차라리 주나라를 피해 내 행동을 깨끗이 하는 게 낫다."

이에 백이와 숙제 두 사람은 수양산 북쪽에 이르러 마침내 굶어 죽었다.

물론 백이와 숙제는 부귀를 구차하게 얻을 수도 있었지만

이를 그쳤기에 절대로 받아들이지 않았다.

이들은 높은 절개와 갈고 닦은 행동으로 홀로 그들의 뜻을 즐기고

세상에 나와서 굳이 일하지 않았다.

이것이 두 선비의 절개(節)이다.

. . .

昔周之興, 有士二人處於孤竹, 曰伯夷叔齊.

二人相謂曰：「吾聞西方有人, 似有道者, 試往觀焉.」

至於岐陽, 武王聞之, 使叔旦往見之, 與之盟曰：「加富二等, 就官一列.」

血牲而埋之.

二人相視而笑曰：「唏, 異哉! 此非吾所謂道也.

昔者神農之有天下也, 時祀盡敬而不祈喜., 其於人也, 忠信盡治而無求焉.

樂與政爲政, 樂與治爲治, 不以人之壞自成也, 不以人之卑自高也, 不以遭時自利也.

今周見殷之亂而遽爲政, 上謀而行貨, 阻兵而保威, 割牲而盟以爲信, 揚行以說衆,殺伐以要利, 是推亂以易暴也.

吾聞古之士, 遭治世不避其任, 遇亂世不爲苟存.

今天下闇, 周德衰, 其竝乎周以塗吾身也, 不如避之以絜吾行.」

二子北至於首陽之山, 遂餓而死焉.

若伯夷叔齊者, 其於富貴也, 苟可得已, 則必不賴.

高節戾行, 獨樂其志, 不事於世, 此二士之節也.

백이와 숙제의 절개

―――

옛날 주(周)나라가 일어났을 때 고죽(孤竹)에 두 명의 선비가 살았는데 백이(伯夷)와 숙제(叔齊)이다. 어느 날 백이와 숙제는 자신들이 서로 듣건대 서방에 어떤 사람이 있는데 도를 터득한 사람인 듯하니 한번 가서 만나보자고 말했다. 서방으로 가는 도중 이들이 기산(岐) 남쪽에 이르자 무왕(武王)이 이 소식을 듣고 아우 숙단(叔旦)을 시켜 마중 나가서 만나보게 했다. 숙단이 백이와 숙제를 만나자 많은 녹봉과 높은 벼슬자리를 약속했다. 그건 녹봉은 이등급이고, 벼슬은 일등 자리이다. 숙단은 이렇게 일방적으로 약속하곤 짐승을 죽여 그 피로 맹세 내용을 쓴 뒤 그 맹세문을 땅에 묻었다. 두 사람은 서로 쳐다보고 웃으면서 이건 우리가 말하는 도가 아니라고 속삭였다.

옛날에 신농(神農)씨가 천하를 차지했을 때 철따라 정성을 다해 제사를 공경히 지냈어도 복을 빌지 않았다. 또 신농씨는 충성과 믿음을 다해 사람을 다스렸어도 백성으로부터 얻으려는 게 없었다. 그리고는 백성과 함께 바로잡는 걸 즐기는 걸 정치(爲政)라고 하고, 백성과 함께 다스림을 즐기는 걸 정사(爲治)라고 했다. 또 남의 실패로 자신의 성공을 바라지 않았고, 남을 낮춰 자신을 높이지 않았고, 돈벌 때를 만나도 이득을 챙기지 않았다. 지금 주(周)나라는 은(殷)나라의 혼란스러움을 보고 갑자기 소위 좋은 정치를 하겠다고 덤벼든다. 그래서 계략을 숭상해서 돈을 뿌리고, 군대에 의지해서 위세를 지키고, 짐승을 죽여 그 피로 맹세해서 믿음을 표시하고, 자신의 행동을 널리 알려서 많은 사람을 기쁘게 하고, 남을 죽이거나 다른 나라를 쳐서 이득을 추구하려고 한다. 이는 난정(亂)을 밀어내고 폭정(暴)으로 대체하는 일인데 주나라 무왕(武王)이 펼치는 정사가 바로 이러하다.

옛날에 선비는 잘 다스려지는 세상을 만나면 맡겨진 일을 피하지 않았지만 혼란스런 세상을 만나도 구차하게 살지 않았다고 한다. 지금 천하는 어둡고 주(周)나라의 덕은 쇠했기에 주나라와 나란히 내 몸을 더럽히느니 차라리 주나라를 피해 내 행동을 깨끗이 하는 편이 낫다. 이에 백이와 숙제 두 사람은 수양산(首陽之山) 북쪽에 이르러서 마침내 굶어 죽었다. 물론 백이와 숙제는 구차하게 부귀를 얻을 수 있었겠지만 이를 그쳤기에 절대로 받아들이지 않았다. 이들은 높은 절개와 갈고 닦은 행동으로 홀로 그들의 뜻을 즐기고 세상에 나와 굳이 일하지 않았다. 이것이 두 선비의 절개(節)이다.

이 내용도 장자의 전반적 사상과는 어긋난다. 장자는 내편 「인간세」에서 "길을 걷지 않기란 쉽지만 땅을 밟지 않고 걷기란 어렵다."[38]고 말한다. 여기서 '길을 걷지 않는다'는 건 모든 게 싫다면서 세상과의 인연을 끊는 걸 의미한다. 수양산에 들어가서 고사리만 먹다 죽은 백이와 숙제가 그 대표적인 유형의 인물이다. 그렇지만 현실이 아무리 힘들고 어렵더라도 세상에 발을 딛고 살아야 하는 게 장자의 기본 입장이다.

---

38) 絶迹易 無行地難. (「인간세」 1-3)

그런데 땅이란 세상에 발을 딛지 않고 살아가기란 어렵다. 그렇다면 땅에 발을 딛고 살면서 어떻게 세상과 자유로이 마주할 수 있을까? 이것은 심재(心齋), 즉 마음을 텅 비울 때 가능하다. 그래서 심재는 몸의 도피처럼 위장된 게 아니다. 마땅치 않은 세상이더라도 그 세상과 마주하며 살겠다는 긍정적이며 적극적인 마음 자세를 지녀야만 가능하다. 이 때문에 장자를 현실을 외면하거나 도피하는 사상가쯤으로 치부하는 건 분명 잘못된 평가이다. 그런데 여기선 이런 잘못된 평가에 따라 내용이 구성되어 있어서 안타깝다.

도척

盜跖

― 도척 ―

도척(盜跖)은 도둑 척을 뜻하므로 「도척」에선 도둑 얘기가 다루어진다. 이런 점에서 외편 「거협」과 그 내용이 비슷하다고 말할 수 있다. 「거협」에서도 도둑을 중심으로 얘기가 전개되어서이다. 구체적으로 「거협」에서 다루었던 내용은 총명한 지혜를 숭상하면 오히려 큰 도둑이 등장한다는 것이다. 그러므로 「거협」의 방점은 도둑이 아니라 총명한 지혜를 비판하는 데 있다. 이에 반해 「도척」에선 공자를 도둑의 수준에도 미치지 못한다며 유가를 비판하는 내용이다. 따라서 「거협」과 「도척」에선 도둑을 똑같이 등장시키지만 다루고자 하는 주제는 다르다.

「도척」에선 공자를 도둑과 비교해서 비판하므로 다분히 악의적이라고 할 수 있다. 이런 악의적인 비판은 여기서 그치지 않는다. 공자가 도척을 만나면서 보여준 비굴한 태도가 한 예다. 공자가 도척을 향해 종종걸음으로 나아가 자리를 피해 뒤로 물러난 뒤 두 번 절했다는 식으로 소개된다. 이에 반해 도척은 발을 쩍 벌리고 칼자루를 어루만지면서 눈을 부릅뜬 뒤 공자를 앞으로 나오라고 호령했다는 식으로 소개된다. 게다가 공자는 도척에게 모든 덕을 갖추었다고 칭찬하는데 반해 도척은 도둑답지 않게 훌륭한 말로 공자를 가르치는 것으로 소개된다. 이런 글 구성에 대해 유가는 매우 불쾌하게 생각할 것이다. 필자가 보기에도 유가에 대한 비판의 품격이 떨어진다.

유가에 대한 비판은 공자에서 그치지 않고, 공자의 제자 자장에까지 이어진다. 그리고 비판의 내용은 인의(仁義)에 관한 것이다. 인의는 유가가 특별히 강조하는 가치이다. 그런데 「도척」에서 인의가 어느 정도로까지 부정적으로 묘사되는가 하면 도둑이라도 성공하면 인의를 지닌다고 말할 정도이다. 인의를 행하면 결국 이득이 되어 돌아와서이다. 그러니 도둑도 이득을 얻기 위해 인의를 행한다. 물론 작은 도둑은 잡혀 인의를 말할 수 없지만 큰 도둑은 제후 자리에까지 오르므로 제후로서 인의를 내걸어도 누구 하나 시비를 걸지 못한다.

이에 「도척」은 다음과 같이 말한다. 세상 사람은 자신의 몸을 재물에 희생시키는 소인이 되지 말고 근본으로 되돌아가 자연스러움을 회복하는 데 목숨을 바쳐야 한다. 또 자신의 몸을 명예에 희생시키는 군자가 되지 말고 자연의 원리를 좇아야 한다. 또 일이 구부러지든 똑바르든 상관하지 말고 자연의 도(天極)를 표준으로 삼아 실행해야 한다. 그렇지 않으면 참된 본성을 잃는다. 그래서 부(富)를 향해 나아가지 말고 세속의 성공을 위해 목숨을 바치지 말아야 한다. 그렇지 않으면 자신의 자연스러움을 잃고 만다.

인의(仁義)에 대한 비판에 이어 명리(名利), 즉 명예와 이득에 대한 비판이 소개된다. 명리는 오래 살고, 몸이 편안하고, 뜻을 즐겁게 하는 도의 근거로 작용한다. 그렇지만 명리만을 추구하는 사람은 올바름에 대한 자신만의 표준이 없어 시간을 옛날과 지금으로 살피고, 구별을 옳고 그름으로 살핀다. 그리고 명리만을 추구하는 사람은 세속에 이끌려서 세상의 지극한 소중함인 타고난 본성(性)을 떠나고, 세상의 지극한 존귀함인 도(道)를 버린다. 그 결과 오래 살고, 몸이 편안하고, 뜻을 즐겁게 하는 도를 재단하는 근거와는 오히려 멀어진다.

그러나 지자(知者), 즉 참으로 지혜로운 사람은 천자 수준의 엄청난 권세를 누려도 남에게 교만하지 않고, 천하의 부라는 엄청난 재산을 지녀도 사람을 희롱하지 않는다. 그리고 참으로 지혜로운 사람은 이런 권세와 부로 인해 자신에게 닥칠 환난을 미리 헤아리며 원래 상태로 되돌아가는 걸 늘 염두에 둔다. 이는 권세와 부가 자신의 자연스런 모습을 해친다고 보아서이다. 이 때문에 참으로 지혜로운 사람이 천자 자리를 사양하면서 받지 않는 일은 단지 겸양의 명성을 얻고자 해서 그런 게 아니다. 예를 들어 요와 순이 임금 자리에 올라서도 백성과 화목할 수 있었던 건 천하에 어진 정사를 편 결과가 아니라 어진 정사라는 이름하에 자신의 생명을 다치지 않으려고 노력한 탓이다.

그런데 요즘 부자들은 혼란(亂)·고통(苦)·질병(疾)·수치심(辱)·걱정(憂)·두려움(畏)이 천하의 지극한 해로움인데도 이를 모두 잊고 깊이 생각할 줄 모른다. 그래서 요즘 부자들은 재앙이 닥쳐야 비로소 지금까지 재물을 모으는 데 들인 본성(性)을 다 쏟아붓는다. 그뿐만이 아니다. 지금까지 긁어모은 재물을 죄다 털어놓고 단 하루라도 무사함으로 돌아가길 바란다. 그렇지만 그때는 이미 늦어 이걸 얻을 수 없다. 따라서 명예(名)의 관점에서도 자신이 드러나는 일이 없고, 이득(利)의 차원에서도 뭔가 추구해도 얻어지는 게 없다. 그런데 요즘 부자들은 자신의 생각과 몸을 옥죄면서 이런 걸 두고 다투니 이는 미혹된 일임에 분명하다.

도척 1

도척 1-1

공자는 유하계(柳下季)와 친구 사이인데 그에겐 도척이란 아우가 있었다.
도척은 졸개 구천 명을 거느리고 천하에 횡행하면서
제후의 영토를 침범해 사람들을 못살게 굴고,
담에 구멍을 뚫어 문을 부순 뒤 소나 말을 훔치거나 부녀자를 겁탈하고,
이득을 탐하느라 친구를 잊거나 부모와 형제를 돌보지 않고,
심지어 조상에게도 제사를 지내지 않고 지냈다.
또 도척이 지나는 고을 중에 큰 곳은 성을 지키지만
작은 곳은 난을 피해 백성이 성에 들어와 보호를 받는 고초를 겪었다.
공자가 유하계에게 말했다.
"저 사람의 아비가 된 사람은 반드시 자식을 훈계해야 하고,
형이 된 사람은 반드시 아우를 가르쳐야 하네.
아비가 자식을 훈계하지 못하고, 형이 아우를 가르치지 못하면
부자나 형제 간의 친함도 귀하지 않네.
지금 유하계 선생은 세상의 재사(才士)로 알려져 있는데,
도척이란 아우가 천하에 해를 끼쳐도 형이 된 입장에서 가르치지 못하니
나는 마음속으로 선생의 수치라고 여기네.
그러니 내가 선생을 대신해 찾아가서 동생을 타일러 보겠네."
유하계가 말했다.

"선생이 말하길 아비 된 사람은 자식을 반드시 훈계하고,

형이 된 사람은 아우를 반드시 가르쳐야 한다고 했네.

근데 자식이 아비의 훈계를 듣지 않고, 아우가 형 가르침을 받지 않으면

선생의 가르침이라도 이를 어찌해야 하는가!

도척의 사람됨은 마음은 솟아오르는 샘물 같고, 생각은 회오리바람 같고,

완력은 어떤 적도 막아내고, 말 잘함은 자기 허물을 꾸미기에 충분하네.

누군가 자신의 마음을 따르면 기뻐하지만 마음을 거스르면 성을 내고,

말로 남을 함부로 욕되게 하네. 그러니 선생은 절대로 가지 말게."

공자는 친구 말을 듣지 않고 안회를 마부로, 자공을 호위무사로 삼아

도척을 만나보러 갔다.

도척은 그때 태산(太山)의 남쪽 기슭에서 자신의 부하 군졸과 쉬며,

사람의 간(肝)을 막 회로 썰어 먹고 있었다.

공자는 수레에서 내려 앞에 나아가 도척 부하 알자(謁者)를 만나 말했다.

"노(魯)나라 사람 공구가 도척 장군의 높은 뜻을 들어서

이에 공경하며 알자에게 먼저 두 번 절합니다."

알자가 들어가서 이를 전하니 도척이 이 말을 듣고 크게 화가나

눈은 샛별처럼 번뜩이고 머리카락은 치솟아서 갓을 찔렀다.

도척이 말했다.

"그는 노나라 사람으로 남을 교묘히 속이는 공구 아닌가? 내 대신 전하라."

'그대는 말을 만들고 얘기를 지어 문왕과 무왕을 칭하며 망령되이 말하고,

나뭇가지 장식이 붙은 갓이나 소가죽으로 만든 허리띠를 두른 뒤

말을 많이 늘어놓거나 잘못된 언설을 지껄이고,

농사를 짓지 않고서 먹고 살아가며, 길쌈하지 않은 채 옷을 입고선

입술을 놀리고 혓바닥을 굴려 시비 기준을 멋대로 만들어서

군주를 미혹시켜 학문하는 선비를 본성으로 되돌아가지 못하게 하고,

효제(孝悌)를 함부로 말하면서 부귀를 제후로부터 요행히 누리려고 한다.

그대의 죄는 너무 무거우니 빨리 뛰어 되돌아가라!

그렇지 않으면 나는 그대의 간을 점심 반찬에 보태겠다!'"

그러자 공자는 다시 알자에게 말했다.

"나는 도척의 형님인 유하계로부터 인정받는 사람입니다.

막하에서 그대의 신발이라도 보게 해 주십시오."

알자가 다시 아뢰니 도척이 말했다. "내 앞으로 데려와라!"

공자는 종종걸음으로 나아가 자리를 피해 뒤로 물러난 뒤

도척에게 두 번 절했다.

도척은 크게 노해 발을 쩍 벌리고 칼자루를 어루만지며 눈을 부릅뜨고

새끼를 거느린 호랑이 같은 소리로 말했다.

"공자여, 앞으로 나오시오. 그대의 말이 내 뜻을 따르면 살지만

내 마음을 거스르면 죽소이다."

공자가 말했다.

"제가 듣건대 천하 사람에게 대개 세 가지의 덕이 있다고 합니다.

타고나길 키가 크고 늠름하며, 용모는 비길 데 없이 아름답고,

젊은이든 늙은이든, 귀한 사람이든 천한 사람이든 그를 보기만 하면

기뻐하는 게 상덕(上德)이지요.

앎은 천지에 두루 능통해 모든 사물의 도리를 깨닫게 할 수 있는 게

중덕(中德)이지요.

용감하면서 사나우며, 과감하면서 많은 사람을 모아 부하로 거느리는 게

하덕(下德)이지요.

보통사람들은 이 중 하나의 덕(德)만 갖추어도 남면(南面)해서 군주라고

칭하기에 충분하지요. 지금 장군은 세 가지 덕을 함께 겸하고 있습니다.

먼저 신장은 8척 2촌으로 매우 크고, 얼굴과 눈에선 빛이 나고,

입술은 진한 붉은색이고, 치아는 가지런한 조개껍질과 같고,

목소리는 황종(黃鐘)의 음에 들어맞지요.

그런데도 도척이라고 불리니 나는 장군을 위해 이게 부끄럽다고 여겨

이를 개인적으로 받아들이지 못합니다.

장군께서 신하의 말을 들으려는 생각이 있으면 신하인 저는

남쪽으론 오나라와 월나라, 북쪽으론 제나라와 노나라, 동쪽으론 송나라

와 위나라, 서쪽으론 진나라와 초나라에 사신으로 가길 청합니다.

그리고 이 나라에게 장군을 위해 수백 리 사방의 큰 성을 쌓고,

수십만 호의 고을을 세운 뒤 장군을 높여 제후로 삼으렵니다.

이와 함께 천하를 일신해 싸움을 없애거나 군사를 쉬게 하고,

또 장군 형제들을 거두어 보양해서 조상을 위해 제사를 지내면

이게 성인(聖人)과 재사(才士)의 행동이자 천하(天下)의 바람일 겁니다.”

· · ·

孔子與柳下季爲友, 柳下季之弟, 名曰盜跖.

盜跖從卒九千人, 橫行天下, 侵暴諸侯, 穴室樞戶, 驅人牛馬, 取人婦女, 貪得忘親,

不顧父母兄弟, 不祭先祖. 所過之邑, 大國守城, 小國入保, 萬民苦之.

孔子謂柳下季曰 「夫爲人父者, 必能詔其子., 爲人兄者, 必能敎其弟.

若父不能詔其子, 兄不能敎其弟, 則無貴父子兄弟之親矣.

今先生, 世之才士也, 弟爲盜跖, 爲天下害, 而弗能敎也, 丘竊爲先生羞之.

丘請爲先生往說之.」

柳下季曰 「先生言爲人父者必能詔其子, 爲人兄者必能敎其弟, 若子不聽父之詔,

弟不受兄之敎, 雖今先生之辯, 將奈之何哉!

且跖之爲人也, 心如涌泉, 意如飄風, 强足以矩敵, 辯足以飾非,

順其心則喜, 逆其心則怒, 易辱人以言. 先生必無往.」

孔子不聽, 顏回爲馭, 子貢爲右, 往見盜跖.

盜跖乃發休卒徒於太山之陽, 膾人肝而餔之.

孔子下車而前, 見謁者曰:「魯人孔丘, 聞將軍高義, 敬再拜謁者.」

謁者入通, 盜跖聞之大怒, 目如明星, 髮上指冠,

曰:「此夫魯國之巧僞人孔丘非邪? 爲我告之:

『爾作言造語, 妄稱文武, 冠枝木之冠, 帶死牛之脅, 多辭繆說, 不耕而食, 不織而衣,

搖脣鼓舌, 擅生是非, 以迷天下之主, 使天下學士不反其本, 妄作孝弟而僥倖於封侯

富貴者也. 子之罪大極重, 疾走歸! 不然, 我將以子肝益晝餔之膳!』」

孔子復通曰:「丘得幸於季, 願望履幕下.」

謁者復通, 盜跖曰:「使來前!」

孔子趨而進, 避席反走, 再拜盜跖.

盜跖大怒, 兩展其足, 案劍瞋目, 聲如乳虎,

曰:「丘來前! 若所言, 順吾意則生, 逆吾心則死.」

孔子曰:「丘聞之, 凡天下人有三德: 生而長大, 美好無雙, 少長貴賤見而皆說之,

此上德也., 知維天地, 能辯諸物, 此中德也., 勇悍果敢, 聚衆率兵, 此下德也.

凡人有此一德者, 足以南面稱孤矣.

今將軍兼此三者, 身長八尺二寸, 面目有光, 脣如激丹, 齒如齊貝, 音中黃鍾, 而名曰

盜跖, 丘竊爲將軍恥不取焉.

將軍有意聽臣, 臣請南使吳越, 北使齊魯, 東使宋衛, 西使晉楚, 使爲將軍造大城數百

里, 立數十萬戶之邑, 尊將軍爲諸侯, 與天下更始, 罷兵休卒, 收養昆弟, 共祭先祖.

此聖人才士之行, 而天下之願也.」

도둑 도척(盜跖)을
덕을 모두 갖춘 사람이라 칭찬하는 공자

―――

공자(孔子)는 유하계(柳下季)와 친구 사이이다. 유하계에게는 도척(盜跖)이란 이름의 아우가 있었는데 불행히도 큰 도둑이다. 물론 도척은 전설상의 인물로 외편 「거협」에서도 등장한 바 있다. 도척은 구천 명이나 되는 많은 졸개를 거느리고 천하에 횡행하며 제후의 영토를 침범해서 사람들을 못살게 굴거나 남의 집 담에 구멍을 뚫은 뒤 문을 부수어소나 말을 훔치거나 부녀자를 겁탈했다. 그리고 이득을 탐하느라 친구를 잊거나 부모와 형제를 돌보지 않았으며, 심지어 조상에게 제사를 지내지도 않았다. 그래서 도척이 도둑질을 위해 고을을 습격하는 경우 큰나라는 읍성을 지켜야 하는 고초를 겪었고, 작은 나라는 난을 피해 읍성에 들어오는 백성을 보호해야 하는 고초를 겪었다.

그러자 공자는 유하계에게 이런 안타까운 처지를 충분히 이해한다면서 자신이 직접 도척에게 가 그를 타일러 보겠다고 말했다. 공자는왜 유하계를 대신해 도척을 만나겠다고 나서는 걸까? 아비 된 사람은반드시 자식을 훈계해야 하고, 형 된 사람은 반드시 아우를 가르쳐야하는데 아비가 자식을 훈계하지 못하거나 형이 아우를 가르치지 못하면 부자나 형제 간의 친함도 귀하지 않다. 유하계가 지금 이런 처지에 놓여 있다. 게다가 유하계는 세상의 재사(才士)로 알려져 있는데 반해 아우 도척은 천하에 해를 끼치는 존재가 되어 있다. 그러니 형이 된 입장에서 동생을 제대로 가르치지 못하면 마음속으로 형의 수치라고 여길 수 있어서이다.

그런데 유하계는 공자에게 자신의 동생을 찾아가지 말라고 말렸다. 아비가 된 사람은 자식을 훈계하고, 형이 된 사람은 아우를 가르쳐야 마땅하지만 지금 자식이 아비의 훈계를 듣지 않고, 아우가 형의 가르침을 따르지 않을 경우 어찌해야 하느냐고 하소연했다. 지금 동생 도척과 형 유하계의 관계가 바로 이러하다. 그래서 형 유하계가 가르침을 주어도 동생이 따르지 않는다. 왜 그런가? 동생 도척의 마음은 솟아오르는 샘물 같고, 생각은 회오리바람 같고, 완력은 어떤 적이라도 막아내고, 말은 자신의 허물을 꾸미기에 충분해서이다. 그래서 누군가 자신의 마음을 따르면 기뻐하지만 자신의 마음을 거스르면 성을 내고, 심지어 말로 남을 함부로 욕되게 한다.

그럼에도 불구하고 공자는 친구 유하계의 충고를 듣지 않고 안회(顏回)를 마부로, 자공(子貢)을 호위무사로 삼아 도척을 만나러 갔다. 도척은 그때 태산의 남쪽 기슭에서 자신의 부하 군졸들과 쉬면서 사람의 간을 막 회로 썰어 먹고 있었다. 공자는 수레에서 내려와 앞으로 나아간 뒤 도척의 부하 알자(謁者)에게 노(魯)나라 사람 공구가 장군의 높은 뜻을 들어서 알아 그를 공경한다며 두 번 절을 했다. 도척은 도둑인데도 공자는 어쩐 일인지 그 앞에서 공손한 태도를 보였다. 알자가 도척에게 공자가 뵙기 청한다는 말을 전하니까 도척은 이 말을 듣고 크게 화가 나 그의 눈이 샛별처럼 번뜩이고, 머리카락이 치솟아서 갓을 찔렀다. 도척은 부하에게 그 사람은 노나라 사람으로 남을 교묘히 속이는 공구가 아닌가라고 묻고 만약 그러하다면 공구의 죄가 너무 무거우니 빨리 뛰어 돌아가라고 명했다. 만약 돌아가지 않으면 공자의 간을 썰어서 자신의 점심 반찬에 보태겠다고 위협했다.

도척이 이렇게 화를 낸 데는 네 가지 이유가 있다. 첫째, 공자가 그동안 말을 만들거나 얘기를 지은 뒤 주(周)나라 문왕과 무왕을 칭하면서 망령되이 말했다. 둘째, 나뭇가지 장식이 붙은 갓을 쓰고 소가죽으로 만든 허리띠를 두른 뒤 말을 많이 늘어놓거나 잘못된 언설을 지껄였다. 셋째, 농사를 짓지 않으면서 먹고 살거나 길쌈도 하지 않은 채 옷을 입고선 입술을 놀리거나 혓바닥을 굴려 시비의 기준을 제멋대로 만들어서 천하의 군주들을 미혹시킨 뒤 학문하는 선비를 타고난 본성으로 되돌아가지 못하게 했다. 마지막으로 효제(孝悌)를 함부로 말한 뒤 자신은 제후로부터 요령껏 부귀를 누리려고 해서이다. 다소 과장됨이 있어도 공자에 대한 당시의 평가를 그대로 반영한 말이라고 보인다.

그런데도 공자는 알자에게 자신은 도척의 형인 유하계로부터 인정받는 사람이니 그의 막하에서 신발이라도 보게 해달라고 간곡히 요청했다. 이에 알자가 다시 아뢰니 도척은 공자를 데려오라고 명했다. 도척 앞에 선 공자는 종종걸음으로 나아가 자리를 피해 뒤로 물러난 뒤 도척에게 두 번 절했다. 그러자 도척은 크게 화가 나서 발을 쩍 벌리고 칼자루를 어루만지며 눈을 부릅뜬 뒤 새끼를 거느린 호랑이처럼 공자를 앞으로 나오라고 호령했다. 그런 뒤 공자의 말이 자신의 뜻을 따르면 살지만 자신의 마음을 거스르면 죽는다고 협박했다.

도척 앞에 선 공자는 천하 사람들에게 대체로 세 가지 덕(德)이 있다고 들었는데 도척 장군은 이 세 가지 덕을 모두 갖추고 있다며 아부하듯 그를 칭찬했다. 그런데 천하 사람들이 말하는 세 가지 덕은 무엇일까? 첫째는 상덕(上德)으로 타고나길 키가 크고 늠름하며 용모는 비길 데 없이 아름다운 것이다. 둘째는 중덕(中德)으로 젊은이든 늙은이든 귀한 사람이든 천한 사람이든 그를 보기만 하면 모두 기뻐하고, 또 앎이 천지에 두루 능통해서 모든 사물의 도리를 깨닫는 것이다. 셋째는 하덕(下德)으로 용감하면서 사납거나 또 과감하면서 많은 사람들을 모아서 부하로 거느리는 것이다. 보통사람은 이 중 하나의 덕만 갖추어도 남면해서 군주라고 칭하기에 충분하다.

공자는 어째서 도척이 이 세 가지 덕을 모두 갖추었다고 보았을까? 첫째 도척의 신장은 8척하고 2촌으로 매우 크고, 얼굴과 눈에선 빛이 나고, 입술은 진한 붉은색이고, 치아는 가지런한 조개껍질과 같고, 목소리는 황종(黃鐘)의 음에 들어맞아서이다. 이런 훌륭한 사람을 두고 세상 사람들이 도둑이라고 부른다. 이것은 장군을 위해 매우 부끄러운 일이므로 공자는 이런 장군을 세상 사람이 도둑이라고 부르는 걸 받아들일 수 없다고 말했다. 도척에 대한 공자의 아부가 한없이 펼쳐진다.

그러면서 공자는 도척에게 자신의 뜻을 내비쳤다. 그건 남쪽으로는 오(吳)나라와 월(越)나라, 북쪽으로는 제(齊)나라와 노(魯)나라, 동쪽으로는 송(宋)나라와 위(衛)나라, 서쪽으로는 진(秦)나라와 초(楚)나라에 사신으로 가는 일이다. 사신으로 가면 도척 장군을 위해 수백 리 사방의 큰 성을 쌓고, 수십만 호의 고을을 세운 뒤 장군을 높여 제후로 삼겠다고 약속했다. 동서남북의 이들 나라들은 전국시대의 중국을 모두 포함하므로 이는 제후가 아니라 천자가 되는 일이다. 이와 함께 천하를 일신해 싸움을 없애고 군사를 쉬게 한 뒤 장군의 형제들을 거두어 보양해서 이들로 하여금 조상을 위해 제사지내도록 하겠다고 약속했다. 공자는 자신이 이런 일을 이루는 게 바로 성인과 재사(才士)의 행동이자 천하의 바람일 거라는 말까지 덧붙였다. 그런데 이 대화는 장군 도척과 신하 공자의 관계로 전개되어 공자를 지나치게 비하하므로 비판받기에 충분하다.

도척 1-2

도척이 크게 노하며 말했다. "공구여, 앞으로 나오시오!

이득으로 행동을 바로잡을 수 있고, 말로 간할 수 있는 건

모두 어리석고 비천한 백성에게만 해당된다.

지금 키가 크고 늠름하며, 용모까지 아름다워

사람들이 나를 보며 기뻐한다면 이는 부모님이 물려주신 덕이다.

공구가 나를 기리지 않아도 어째서 나만 이런 사실을 모르겠는가?"

도척이 계속해 말했다.

"또 내가 듣건대 면전에서 남을 기리는 걸 좋아하는 사람은

등 뒤에서 남을 헐뜯기를 좋아한다.

지금 공구는 내게 큰 성과 많은 백성을 갖도록 해주겠다고 말하는데

이는 내 행동을 이득으로 바로 잡으려는 거다.

공구가 나를 맹목적으로 따르는 백성으로 취급해 길들이려 하는데

이것이 어찌 오래 갈 수 있겠는가!

성(城)이 아무리 커도 천하보다 크지는 않다.

요임금과 순임금이 천하를 소유했으나

지금 그의 자손들은 송곳을 꽂을 땅조차 없다.

탕임금과 무왕도 일어나서 천자가 되었지만 후손이 끊어졌다.

이것은 이들의 이익이 너무 컸기 때문이 아닌가?"

도척이 계속해 말했다.

"내가 듣건대 옛날엔 짐승이 많은 반면 사람은 적어

백성은 모두 나무 위 높은 데 집을 짓고 짐승을 피하면서 살았다.

또 낮엔 도토리와 밤을 줍고, 저녁엔 나무 위에 올라가자

이때 사람을 가리켜 유소씨(有巢氏)의 백성이라고 말했다.

옛날엔 옷을 해 입을 줄 모르고, 여름에 장작을 많이 쌓아

겨울에 그걸 땠는데 이들을 두고 살아갈 줄 아는 백성이라고 말했다.

신농(神農)시대엔 누우면 혼자 적적히 있고, 일어나면 유유히 자적하며,

백성은 어머니는 알아도 아버지는 몰랐다.

또 고라니와 사슴이 함께 어울리고, 밭을 갈아서 식량을 거두고,

길쌈을 해 옷을 해 입으면서 서로 해치려는 마음이 없었으니

이때가 지극한 덕의 융성함(至德之隆)이 이루어진 때이다.

근데 황제(黃帝)가 덕을 못 쌓아 탁록의 들판에서 치우(蚩尤)와 전투를 벌여

사람의 피가 무려 백리에 걸쳐 흘렀다.

요순이 왕이 되어 여러 신하를 임명하고, 탕임금이 군주를 내쫓고,

무왕(武王)이 주(紂)를 살해하면서부터

강한 자가 약한 자를 짓밟고, 다수가 소수를 모질게 했다.

그러니 탕임금과 무왕 이후의 군주들은 모두 혼란을 일삼는 무리들이다."

도척이 계속해 말했다.

"지금 공구는 문왕과 무왕의 도를 닦아 천하의 논변을 장악해

후세 사람들을 가르친다고 나서며,

넓고 큰 옷과 느슨하게 맨 허리띠, 또 헛된 말과 거짓된 행동으로

군주를 미혹시키며 부귀를 추구하려 드니 공구보다 더 큰 도적이 없다.

그런데 천하가 어째서 자네를 도적 공구(丘)라고 부르지 않고

반대로 나를 도적 척(跖)이라고 부르는가?

너는 달콤한 말로 자로(子路)를 달래어서 따르게 한 뒤

용감한 사람의 상징인 높은 갓을 벗기거나 긴 칼을 풀게 해

자네의 가르침을 받도록 했다.

이에 천하 모든 사람들이 자네가 자로에게 한 것을 보고

사나운 행동을 막고, 잘못된 행동을 금하게 했다고 말한다.

그런데 자로는 위나라 군주를 죽이려다 실패해서

결국 위나라 동문 위에서 사형당한 뒤 그의 몸은 소금에 절여졌다.

이것은 자네의 가르침이 지극하지 못해서인데

자네는 스스로 재사(才士)나 성인(聖人)을 자처하고 있지 않는가?

그런데도 노나라에서 두 번 쫓기었고, 위나라에선 종적을 감추었고,

제나라에선 궁지에 몰렸고, 진나라와 채나라 사이에선 포위를 당해

이 넓은 천하에 당신의 얼굴과 몸을 둘 곳조차 없게 되었다.

그러니 너의 가르침은 자로에게 재앙을 맞도록 했다.

이는 위론 자신의 몸을 못 지키고, 아래론 다른 사람을 못 지키는 거니

너의 도가 어찌 소중하다고 할 수 있겠는가?"

도척이 계속해 말했다.

"세상에서 높이 받드는 사람 중에 황제(黃帝)만한 사람이 없다.

그러나 황제는 덕이 오히려 온전하지 못해 탁록의 들판에서 싸움을 벌여

사람들의 피가 백리에 걸쳐 흐르게 했다.

또 요임금은 자애롭지 못했고, 순임금은 효도를 다하지 못했고,

우임금은 열심히 일해 반신불수가 되었고, 탕임금은 주군을 내쫓았고,

무왕은 주를 쳤고, 문왕은 유리(羑里)에 갇혔는데도

세상은 이 여섯 사람을 높이 받든다.

깊이 생각하면 이 여섯 사람 모두는 이득으로 진실을 미혹시키고,

자연스런 모습과 타고난 본성을 억지로 어기게 했으므로

이들의 행동은 심히 수치스럽다고 할 만하다."

도척이 계속해 말했다.

"세상에서 말하는 어진 선비 중에 백이와 숙제만한 사람이 없다.

그러나 이들은 고죽국의 군주를 사양하고, 수양산에서 굶어죽었는데

아무도 이들의 시체를 장사지내주지 않았다.

포초(鮑焦)는 그의 행동을 꾸미며 세상을 비난하다 나무를 껴안고 죽었다.

신도적(申徒狄)은 군주에 간하다 받아들여지지 않자

돌을 이고 황하에 몸을 던져 물고기와 자라의 먹이가 되었다.

개자추(介子推)는 지극한 충신이어서 그의 넓적다리 살을 스스로 떼어

문공(文公)을 먹여 살렸는데 문공이 배신하자 화를 내고 떠난 뒤

나무를 껴안고 불에 타 죽었다

미생(尾生)은 한 여자와 다리 밑에서 다시 만나길 기약했으나 오지 않자

물이 불어서 찼는데도 떠나지 않다가 다리 기둥을 껴안고 죽었다.

네 사람은 악귀를 쫓기 위해 찢겨진 개, 제사 끝내고 강물에 버려진 돼지,

바가지를 들고 구걸하는 거지와 하등 다를 바 없다.

이들은 모두 명분에 얽매여 죽음을 가벼이 하고,

근본만 염두에 둔 채 수명을 보양하지 않은 사람들이다."

도척이 계속해 말했다.

"세상에서 말하는 충신(忠臣) 중에 왕자 비간(比干)과 오자서(伍子胥)만한

사람이 없다.

그러나 오자서는 처형을 당해 시체가 강에 던져져 가라앉았고,

비간은 가슴이 갈라져 죽었다.

이 두 사람은 세상에서 말하는 충신인데 결국 천하의 웃음거리가 되었다.

황제, 백이·숙제, 포초, 신도적, 개자추, 미생으로부터

오자서와 비간에 이르기까지 소중하다고 여겨지기엔 부족하다."

盜跖大怒曰:「丘來前! 夫可規以利而可諫以言者, 皆愚陋恒民之謂耳.

今長大美好, 人見而悅之者, 此吾父母之遺德也. 丘雖不吾譽, 吾獨不自知邪?」

「且吾聞之, 好面譽人者, 亦好背而毀之.

今丘告我以大城衆民, 是欲規我以利而恒民畜我也, 安可久長也!

城之大者, 莫大乎天下矣. 堯舜有天下, 子孫無置錐之地.,

湯武立爲天子, 而後世絕滅., 非以其利大故邪?」

「且吾聞之, 古者禽獸多而人少, 於是民皆巢居以避之, 晝拾橡栗, 暮栖木上, 故命之日
有巢氏之民. 古者民不知衣服, 夏多積薪, 冬則煬之, 故命之日知生之民.

神農之世, 臥則居居, 起則于于, 民知其母, 不知其父, 與麋鹿共處, 耕而食, 織而衣,
無有相害之心, 此至德之隆也.

然而黃帝不能致德, 與蚩尤戰於涿鹿之野, 流血百里.

堯舜作, 立群臣, 湯放其主, 武王殺紂. 自是以後, 以强陵弱, 以衆暴寡.

湯武以來, 皆亂人之徒也.

「今子修文武之道, 掌天下之辯, 以敎後世, 縫衣淺帶, 矯言僞行, 以迷惑天下之主,
而欲求富貴焉, 盜莫大於子. 天下何故不謂子爲盜丘, 而乃謂我爲盜跖?

子以甘辭說子路而使從之, 使子路去其危冠, 解其長劍, 而受敎於子, 天下皆日孔丘
能止暴禁非.

其卒之也, 子路欲殺衛君而事不成, 身菹於衛東門之上, 是子敎之不至也. 子自謂才
士聖人邪?

則再逐於魯, 削跡於衛, 窮於齊, 圍於陳蔡, 不容身於天下.

子敎子路菹此患, 上無以爲身, 下無以爲人, 子之道豈足貴邪?

「世之所高, 莫若黃帝, 黃帝尚不能全德, 而戰涿鹿之野, 流血百里.

堯不慈, 舜不孝, 禹偏枯, 湯放其主, 武王伐紂, 文王拘羑里, 此六子者, 世之所高也,
孰論之, 皆以利惑其眞而强反其情性, 其行乃甚可羞也.」

「世之所謂賢士, 莫若伯夷叔齊. 伯夷叔齊辭孤竹之君而餓死於首陽之山, 骨肉不葬.

鮑焦飾行非世, 抱木而死. 申徒狄諫而不聽, 負石自投於河, 爲魚鼈所食.

介子推至忠也, 自割其股以食文公, 文公後背之, 子推怒而去, 抱木而燔死.

尾生與女子期於梁下, 女子不來, 水至不去, 抱梁柱而死.

此四子者, 無異於磔犬流豕操瓢而乞者, 皆離名輕死, 不念本養壽命者也.」

「世之所謂忠臣者, 莫若王子比干伍子胥.

子胥沈江, 比干剖心, 此二子者, 世謂忠臣也, 然卒爲天下笑.

自上觀之, 至于子胥比干, 皆不足貴也.

도둑답지 않은 도척(盜跖)의
수준 높은 언설

　도척은 화를 크게 낸 뒤 공구를 앞으로 나오라고 했다. 그리고선 공구의 말처럼 이득으로 행동을 바로잡을 수 있고, 말로 누군가를 간할 수 있는 건 모두 어리석고 비천한 백성에게만 해당된다고 말했다. 즉 이득으로 행동을 바로잡을 수 있거나 말로 누군가를 간할 수 있거나 하는 공구의 생각은 어리석고 비천한 백성에게만 적용된다는 주장이다. 그러니 공구의 이런 주장은 도척에겐 해당되지 않으니 자신에게 쓸데없는 말을 지껄이지 말라는 식으로 경고를 한 셈이다.

　또 도척은 자신의 키가 크고 늠름하며, 자신의 용모가 아름다워서 사람들이 자신을 보며 기뻐하는 건 부모가 물려준 덕이지 자신의 덕이 아니라는 걸 강조했다. 또 도척은 면전에서 남을 기리는 걸 좋아하는 사람은 등 뒤에서 남을 헐뜯기 좋아한다고 전제한 뒤 지금 공구가 도척에게 큰 성(城)과 많은 백성을 가져다주겠다고 약속했는데 이건 도척의 행동을 이득으로 바로잡으려는 일이라고 단정했다. 공자가 도척을 맹목적으로 따르는 백성쯤으로 취급해서 자신을 이런 식으로 길들이려고 하면 이런 일은 절대 오래 갈 수 없다고 불쾌해했다.

　또 도척은 공구가 말하는 성(城)이 아무리 커도 천하보다 크지 않을 거라고 말했다. 게다가 요임금과 순임금이 천하를 소유했어도 그 자손은 지금 송곳을 꽂을 만한 아주 조그만 땅조차 없다. 또 탕임금과 무왕도 일어나서 천자가 되었지만 지금 후손은 끊어졌다. 이에 도척은 이들의 이익이 너무 컸기 때문이 아닌가라고 공구에게 따져 물었다. 또 옛날에는 짐승이 많은 반면 사람이 적어 백성은 모두 나무 위의 높은 곳에 집을 짓고 짐승을 피해 살았다. 또 낮에는 도토리와 밤을 줍고 저녁에는 나무 위에 올라가자 이때 사람들을 가리켜 유소씨(有巢氏)의 백성이라고 말했다. 이때에는 백성이 옷을 해 입을 줄 모르고 여름에 장작을 많이 쌓아 겨울에 그걸 태워 따뜻하게 보내자 이들을 가리켜 세상을 살아갈 줄 아는 백성이라고 말했다.

또 신농(神農)씨 시대에는 사람들이 밤에 누우면 혼자 적적히 있고, 낮에 일어나면 유유히 자적했다. 그러니 밤이건 낮이건, 또 눕든 일어나든 늘 적적한 채 유유히 자적하면서 지냈다. 그리고 당시 백성들은 어머니는 알아보아도 아버지는 몰랐다. 또 사람들은 고라니와 사슴과 함께 어울리며 지냈고, 밭을 갈아선 식량을 거두었고, 길쌈을 해선 옷을 스스로 해 입으면서 서로를 해치려는 마음이 없었다. 그래서 도척은 이때가 지극한 덕의 융성함(至德之隆)이 이루어진 때라고 말했다.

그런데 황제(黃帝)는 덕을 쌓지 못해 탁록(涿鹿)의 들판에서 치우(蚩尤)와 전투를 벌였다. 이때 죽은 사람의 피가 무려 백리에 걸쳐 흘렀다. 그리고 요와 순은 왕이 되자 여러 신하를 임명해 나랏일을 수행하는 데 상하관계를 만들었다. 또 탕왕은 군주를 내쫓았고, 무왕(武王)은 주(紂)를 살해했다. 이때부터 강한 자가 약한 자를 짓밟고, 다수가 소수를 모질게 대했으므로 도척은 탕왕과 무왕 이후 군주들이 모두 혼란을 일삼는 무리라고 규정했다.

또 도척은 공구가 지금 주(周)나라 문왕과 무왕의 도를 닦아 천하의 논변을 장악한 뒤 후세 사람을 가르치겠다고 나선다고 말했다. 또 넓고 큰 옷을 입고 느슨하게 허리띠를 맨 뒤 헛된 말과 거짓된 행동으로 천하의 군주들을 미혹시키면서 부귀를 추구한다고 말했다. 이에 도척은 도둑치고 공구보다 더 큰 도적이 없다고 주장했다. 그러면서 천하가 어째서 공구를 도적이라고 부르지 않고, 거꾸로 자신을 도적이라고 부르는지에 대해 답답해했다.

또 도척은 공구가 달콤한 말로 자로(子路)를 달래어 용감한 사람의 상징인 높은 갓을 스스로 벗게 하거나 긴 칼을 스스로 풀게 해서 공구의 가르침을 받도록 했는데 이것이 오히려 문제를 일으킨다고 주장했다. 세상 사람들은 공구가 자로에게 한 이 가르침을 보고 자로의 사나운 행동을 막은 뒤 잘못된 행동을 금하게 했다는 소문이 만들어졌는데 이 소문이 곧 천하에 확 퍼졌다. 그런데 소문이 사실이었다면 자로가 위나라 군주를 죽이려는 끔찍한 시도는 없었을 것이다. 불행히도 소문이 사실이 아니었기에 자로는 위나라 군주를 죽이려고 시도했고, 그 시도가 실패하자 자로는 위나라 동문 위에서 사형당한 뒤 몸이 소금에 절여지는 큰 재앙을 만났다.

이런 사태가 벌어진 건 결국 공구의 가르침이 지극하지 못해서인데 도척은 공구가 여전히 재사(才士)나 성인(聖人)을 자처한다면서 못마땅해했다. 심지어 노나라에서 두 번이나 쫓겨났고, 위나라에선 종적을 감추어야 했고, 제나라에선 궁지에 몰렸고, 진나라와 채나라 사이에선 포위를 당해 결국 이 넓은 천하에 공구의 얼굴과 몸을 둘 곳조차 없이 되었다. 또 공구의 가르침은 자로에게 소금에 절여지는 재앙을 맞게끔 했는데 이런 것은 위로는 자신의 몸도 제대로 지키지 못하고, 아래로는 다른 사람을 제대로 지키지 못하는 일에 해당한다. 그래서 도척은 공구의 도가 결코 소중하지 않다고 말한 거다.

또 도척은 세상에서 높이 받드는 사람 중에 황제(黃帝)만한 사람이 없지만 황제는 덕이 온전하지 못한 탓으로 탁록의 들판에서 싸움을 벌여 사람의 피가 무려 백리에 걸쳐 흐르게 했다는 사실을 상기시켰다. 또 요임금은 자애롭지 못했고, 순임금은 효도를 다하지 못했고, 우임금은 열심히 일해 반신불수가 되었고, 탕왕은 주군을 내쫓았고, 무왕은 폭군 주(紂)를 쳤고, 문왕은 유리(羑里)의 땅에 갇혔는데도 세상 사람들은 이 여섯 사람을 여전히 높이 받든다. 그렇지만 도척은 이들의 행동을 크게 수치스런 행동이라고 규정했다. 왜냐하면 이들의 행동을 곰곰 따져보면 모두 이득으로 진실을 미혹시키거나 자연스런 모습과 타고난 본성을 억지로 어기도록 해서이다.

또 도척은 세상에서 말하는 어진 선비 중에 백이(伯夷)와 숙제(叔齊)만한 사람이 없지만 이들은 고죽국의 군주를 사양한 뒤 수양산에서 굶어죽었는데 아무도 이들의 시체를 장사지내주지 않았다는 사실을 상기시켰다. 그리고 포초(鮑焦)는 자신의 행동을 꾸미면서 세상을 비난하다가 나무를 껴안고 죽었고, 신도적(申徒狄)은 군주에게 간하다 받아들여지지 않자 돌을 이고 황하에 몸을 던져 죽어 물고기와 자라의 먹이가 되었다. 또 개자추(介子推)는 참된 충신이었기에 그의 넓적다리 살을 스스로 떼어 문공(文公)을 먹여 살렸는데도 문공이 배신하자 화를 내고 문공을 떠난 뒤 나무를 껴안고 불에 타 죽었다. 또 미생(尾生)은 여자(女子)와 다리 밑에서 다시 만나길 기약했으나 여자가 오지 않자 물이 불어서 찼는데도 떠나지 못하다가 다리 기둥을 껴안고 죽었다. 도척은 이런 사실들을 상기시켰다.

그래서 도척은 포초, 신도적, 개자추, 미생 네 사람을 가리켜 악귀를 쫓기 위해 찢겨지는 개, 제사를 끝내고서 강물에 버려지는 돼지, 바가지를 들고 구걸하는 거지와 하등 다를 바 없다고 말했다. 왜냐하면 이들은 모두 명분에 얽매여서 죽음을 가벼이 하고, 또 근본만 염두에 둔 채 수명을 보양하지 않은 사람들이기 때문이다.

또 도척은 세상에서 말하는 충신(忠臣) 중에 왕자 비간(比干)과 오자 서(伍子胥)만한 사람이 없지만 오자서는 처형을 당해 시체가 강물에 던 져져 가라앉았고, 비간은 가슴이 갈라져 죽었음을 상기시켰다. 이 두 사람은 세상에서 말하는 충신인데 결국 천하의 웃음거리가 되고 말았 다. 그래서 도척이 볼 때 황제, 백이 · 숙제, 포초, 신도적, 개자추, 미생 으로부터 오자서와 비간에 이르기까지 모두 소중하다고 여겨지기엔 부족하다. 그런데 도척이 지금까지 말한 내용들은 도둑치고 너무 도둑 답지 않은 높은 수준의 언설이어서 사실감이 크게 떨어진다. 이 때문에 글의 신뢰도 측면에서 문제가 될 수 있다.

도척이 계속해 말했다.

"자네가 달콤한 말로 나를 달래려는 바가 무언지 모르지만

내게 귀신에 관한 일을 말하면 나는 모른다.

그러나 사람에 관한 일(人事)을 말하면 너는 여기를 벗어나지 못한다.

사람에 관한 모든 건 내가 들어서 잘 알고 있어서이다."

도척이 계속해 말했다.

"이제 나는 너에게 사람의 참모습(情)에 대해 말해보겠다.

눈은 좋은 색을 보려고 하고, 귀는 좋은 소리를 들으려고 하고,

입은 좋은 맛을 살피려고 하고, 의기는 만족을 채우려고 한다.

그런데 사람이 최고로 오래 사는 게 100살이고,

중간치 오래 사는 게 80살이고, 아래로 오래 사는 게 60살이다.

여기에 병들고 여위고 죽고 상제 노릇하고 걱정하고 근심하는 시간을 빼면

입을 열면서 웃고 지내는 시간은 한 달 가운데 불과 사오 일뿐이다.

하늘과 땅은 무궁하지만 사람은 때가 되면 죽게 마련이어서

유한한 몸을 부려 무궁한 공간에 의탁하는 존재일 뿐이다.

사람이 사는 시간은 준마가 좁은 틈바구니 사이를 달려서

홀연히 지나가는 것과 다를 바 없다.

마음을 유쾌하게 지니지 않거나 수명을 제대로 보양하지 못한다면

모두가 도에 통하지 못한 사람이다.

자네가 말한 모두 것들은 이미 내가 버린 것들이니

냉큼 돌아가서 다시는 그런 말을 꺼내지도 마라!"

도척이 계속해 말했다.

"너의 도는 본성을 잃고 급급해서 사기와 허위의 일이므로

참됨을 온전히 보전하지 못한다. 그러니 어찌 언급할 가치가 있겠는가!"

공자는 허겁지겁 두 번 절하곤 종종걸음으로 달려서 문을 나와

수레에 오른 뒤 말고삐를 잡으려다 세 번이나 놓쳤다.

눈은 망연해서 보이는 게 없고, 얼굴빛은 죽은 재처럼 되었다.

머리를 수레 앞 가로나무에 기대어 떨어뜨리곤 숨도 제대로 쉬지 못했다.

집에 돌아오다 노(魯)나라 동문 밖을 지나며 우연히 유하계를 만났다.

유하계가 말했다. "요즘 뜸해서 며칠 보질 못했네.

수레와 말에 여행 행색이 있으니 몰래 가 도척을 만나고 온 게 아닌가?"

공자는 하늘을 우러러보고 탄식하며 대답했다. "그러하네."

유하계가 말했다.

"척이란 녀석이 전에 말한 것처럼 자네 뜻을 혹시 거스르지 않았나?"

공자가 말했다.

"그러하네. 나는 이른바 병이 없는데도 스스로 뜸질한 꼴이 되었네.

빨리 달려 호랑이 머리를 잡아당기거나 호랑이 수염을 땋았으니

하마터면 호랑이 밥을 면치 못할 뻔했네."

· · ·

「丘之所以說我者, 若告我以鬼事, 則我不能知也., 若告我以人事者, 不過此矣, 皆吾
所聞知也.」

「今吾告子以人之情, 目欲視色, 耳欲聽聲, 口欲察味, 志氣欲盈.

人上壽百歲, 中壽八十, 下壽六十, 除病瘦死喪憂患, 其中開口而笑者, 一月之中不過
四五日而已矣.

天與地無窮, 人死者有時, 操有時之具而托於無窮之間, 忽然無異騏驥之馳過隙也.

不能說其志意, 養其壽命者, 皆非通道者也.

丘之所言, 皆吾之所棄也, 亟去走歸, 無復言之!」

」子之道, 狂狂汲汲, 詐巧虛僞事也, 非可以全眞也, 奚足論哉!」

孔子再拜趨走, 出門上車, 執轡三失, 目芒然無見, 色若死灰, 據軾低頭, 不能出氣.

歸到魯東門外, 過遇柳下季.

柳下季曰:「今者闕然數日不見, 車馬有行色, 得微往見跖邪?」

孔子仰天而歎曰:「然.」

柳下季曰:「跖得無逆汝意若前乎?」

孔子曰:「然. 丘所謂無病而自灸也, 疾走料虎頭, 編虎須, 幾不免虎口哉!」

호랑이 밥이 될 뻔한 공자

───

　도척은 공구가 자로에게 했던 것처럼 달콤한 말로 자신을 달래려는 바가 무언지 모르겠다고 말했다. 만약 그것이 귀신에 관한 일이라면 자신은 잘 모른다. 그렇지만 인사(人事), 즉 사람에 관한 일이라면 공구는 여기를 벗어날 수 없을 거라고 위협했다. 도척의 이런 자신감은 인사에 관한 건 9천 명이나 되는 집단을 다스려왔기에 도척 자신이 이에 대해 이미 환히 꿰뚫어서이다.

　도척은 사람의 적나라한 참모습(情)에 대해 공구에게 설명했다. 눈은 좋은 색을 보려고 하고, 귀는 좋은 소리를 들으려고 하고, 입은 좋은 맛을 살피려고 하고, 의기는 만족을 채우려고 한다. 그런데 사람이 최고로 오래 사는 게 100살이고, 중간치로 오래 사는 게 80살이고, 아래로 오래 사는 게 60살이다. 그런데 병들고, 여위고, 죽고, 상제 노릇하고, 걱정하고, 근심하는 시간을 빼면 입을 열고 웃고 지내는 시간은 한 달 가운데 불과 사오 일뿐이다. 또 하늘과 땅은 무궁하지만 사람은 때가 되면 죽게 마련이어서 유한한 몸을 부려 무궁한 공간에 의탁할 수밖에 없다. 때문에 사람이 사는 시간은 준마가 좁은 틈바구니 사이를 달려 홀연히 지나가는 것과 크게 다를 바 없다.

그러니 마음을 유쾌하게 지니지 못하거나 수명을 제대로 보양하지 못하면 이런 사람들은 모두 도에 통하지 못한 사람들이다. 이렇게 보면 공구가 말했던 건 마음을 유쾌히 지닐 수 없거나 수명을 제대로 보양할 수 없는 것들뿐이다. 그런데 도척은 일찌감치 이미 이런 것들을 버렸기에 공구에게 냉큼 돌아가서 다시는 그런 소리를 꺼내지 말라고 호통칠 수 있었다. 또 도척은 공구의 도는 본성을 잃거나 급급해서 사기와 허위의 일이 되었으므로 이제는 도의 참됨을 온전히 보전하지 못한다. 그래서 언급할 가치조차 없다고 단언했다.

이에 공자는 놀라서 허겁지겁 두 번 절하곤 종종걸음으로 달려서 문을 나와 수레에 오른 뒤 말고삐를 잡으려다 세 번이나 놓쳤다. 또 눈은 망연해서 보이는 게 없고, 얼굴빛은 죽은 재처럼 되었다. 심지어 수레를 타고 오면서도 머리를 수레 앞턱 가로나무에 기대어 떨어뜨리곤 숨도 제대로 내쉬지 못했다. 이런 모습을 한 채 집으로 돌아오다 노(魯)나라 동문 밖을 지나면서 우연히 유하계를 만났다. 그러자 유하계가 공구를 향해 대뜸 요즘 뜸해 며칠 보질 못했는데 수레와 말에게 여행의 행색이 있으니 혹시 몰래 가서 도척을 만나고 온 게 아니냐고 다그쳤다.

이에 공자는 하늘을 우러러보고 탄식하며 그렇다고 대답했다. 그러자 유하계는 도척이란 녀석이 전에 말한 것처럼 공구의 뜻을 혹시 거스르지 않았느냐고 걱정하며 물었다. 이에 공구는 그렇다고 대답한 뒤 자신은 지금 병이 없는데도 스스로 뜸질한 꼴이 되었다고 고백했다. 그러면서 자신이 빨리 달려 호랑이 머리를 잡아당기거나 호랑이 수염을 땋았으니 하마터면 호랑이 밥이 되는 걸 면치 못할 뻔했다고 말했다.

도척 2-1

공자의 제자 자장(子張)이 만구득(滿苟得)에게 물었다.

"어째서 인의(仁義)를 행하지 않는가?

인의를 행하지 않으면 사람을 믿지 못하고,

사람을 믿지 못하면 벼슬을 못 맡고, 벼슬을 못 맡으면 이득이 없네.

때문에 명분(名)으로 보나 이득(利)으로 따지나 인의가 참으로 좋네.

만약 명분과 이득을 버리고서 본래의 마음으로 돌아가면

선비의 행동은 하루도 인의를 실천하지 못하네!"

만구득이 말했다.

"지금 부끄러움을 모르면 부자가 되고, 큰소리를 치면 출세하지요.

큰 명분과 큰 이득은 부끄러움을 모르거나 큰소리치는 자에게 있지요.

그러니 명분으로 보나 이득으로 따지나 큰소리치는 게 참으로 좋지요.

그런데 명분과 이득을 버리고서 본래의 마음으로 되돌아가면

선비의 행동은 자연스러움을 그대로 껴안습니다!"

자장이 말했다.

"옛날 하나라 폭군 걸(桀)과 은나라 폭군 주(紂)는

천자라는 귀한 자리에 있으면서 온 천하의 부(富)를 차지했지.

지금 하인과 패거리에게 너희들의 행동이 걸·주와 같다고 하면

부끄러운 표정을 지으면서 그 말을 받아들이지 않네.

이런 비천한 사람들도 걸·주를 천하게(賤) 여겨서이지.

공자와 묵자는 필부로 생활이 어렵지만 지금 재상 자리에 있는 사람에게

당신의 행동이 공자나 묵자와 같다고 하면 용모를 고치고서

얼굴빛을 바꾸며 그 정도에는 이르지 못한다고 겸손해할 거네.

이런 높은 위치에 있는 선비도 공자와 묵자를 참으로 귀하게 여겨서이네.

때문에 천자의 권세를 지녀도 반드시 귀하지 않고,

필부로 생활이 어려워도 반드시 천한 게 아닐세.

그러니 귀하고 천한 구분은 행동의 아름다움과 추함에 달려 있네.”

만구득이 말했다.

“작은 도둑(小盜)은 잡히지만 큰 도둑(大盜)은 제후가 됩니다.

그래서 제후의 문하에는 인의(仁義)가 있습니다.

옛날 제환공 소백(小白)은 형 규를 죽이고 형수를 아내로 삼았지만

규를 모시던 관중은 그의 신하가 되었습니다.

제나라 권신 전성자상(田成子常)은 군주를 죽이고 나라를 훔쳤지만

공자는 전성자상에게 예물을 받았습니다.

그러니 관중과 공자는 말로는 제환공과 전성자상을 천하게 여겼지만

실제 행동할 적에는 그들에게 머리를 숙였습니다.

이는 말과 행동의 어그러진 모습이 모순을 이루어서 마음에서 싸운 거니

이 또한 이치에 어긋나는 게 아닐까요?

그래서 옛 책은 말합니다.

‘어느 게 추하고, 어느 게 아름다운가?

성공하면 우두머리가 되어 존경을 받고

성공하지 못하면 꼬리가 되어 천대를 받는다.’”

· · ·

子將問於滿苟得曰:「蓋不爲行? 無行則不信, 不信則不任, 不任則不利.

故觀之名, 計之利, 而義眞是也. 若棄名利, 反之於心, 則夫士之爲行,

不可一日不爲乎!」

滿苟得曰:「無恥者富, 多言者顯. 夫名利之大者, 幾在無恥而言.

故觀之名, 計之利, 而言眞是也. 若棄名利, 反之於心, 則夫士之爲行, 拘其天乎!」

子將曰:「昔者桀紂貴爲天子, 富有天下, 今謂臧聚曰, 汝行如桀紂, 則有怍色, 有不

服之心者, 小人所賤也. 仲尼墨翟, 窮爲匹夫, 今謂宰相曰, 子行如仲尼墨翟,

則變容易色稱不足者, 士誠貴也.

故勢爲天子, 未必貴也., 窮爲匹夫, 未必賤也., 貴賤之分, 在行之美惡.」

滿苟得曰:「小盜者拘, 大盜者爲諸侯, 諸侯之門, 仁義存焉.

昔者桓公小白殺兄入嫂, 而管仲爲臣., 田成子常殺君竊國, 而孔子受幣.

論則賤之, 行則下之, 則是言行之情悖戰於胸中也, 不亦拂乎!

故書曰:『孰惡孰美? 成者爲首, 不成者爲尾.』」

도둑이라도 성공하면
인의(仁義)를 지니게 된다

공자의 제자 자장(子張)이 만구득(滿苟得)에게 명분으로 보나 이득으로 보나 모두 좋은 인의(仁義)를 왜 행하지 않느냐고 물었다. 인의를 행하지 않으면 사람을 믿지 못하고, 사람을 믿지 못하면 벼슬을 맡지 못하고, 벼슬을 맡지 못하면 이득이 없어서이다. 반면 인의를 행하면 사람을 믿고, 사람을 믿으면 벼슬을 맡고, 벼슬을 맡으면 이득을 얻을 수 있어서이다. 그래서 자장은 선비가 명분과 이득을 버리고 본래의 마음으로 되돌아가면 인의를 하루도 행할 수 없다는 사실을 만구득에게 강조해서 말했다.

그러자 만구득은 오늘날 부끄러움을 모르는 사람들이 부자가 되고, 큰소리치는 사람들이 출세하므로 출세를 통해 얻어지는 큰 명분과 부자가 됨으로써 얻어지는 큰 이득이 오히려 부끄러움을 모르거나 큰소리치는 사람에게 있다고 반박했다. 이는 부끄러움을 모르거나 큰소리치는 사람들이 오히려 큰 명분과 큰 이득을 얻는다는 걸 강조하는 말이다. 물론 명분으로 보나 이득으로 따지나 부끄러움을 모른 채 큰소리치는 게 현실에서 정말로 좋을 수 있다. 그렇지만 명분과 이득을 버리고서 본래의 마음으로 돌아가면 선비의 행동은 자연스러움 그대로를 껴안는다.

그런데 자장은 옛날 하나라의 폭군 걸과 은나라의 폭군 주의 경우를 들어 만구득의 말을 반박한다. 이들은 천자라는 귀한 자리에 있으면서 온 천하의 부(富)를 차지했지만 지금 하인과 패거리들에게 너희들의 행동이 걸·주와 같다고 하면 부끄러운 표정을 지으면서 그 말을 수용하지 않는다. 이는 하인과 패거리처럼 비천한 사람도 걸·주를 천하게 여겨서이다. 반면 공자와 묵자는 필부로서 생활이 어려웠지만 지금 재상자리에 있는 사람에게 당신의 행동이 공자나 묵자와 같다고 하면 용모를 고치고 얼굴빛을 바꾸면서 그 정도에 이르지 못한다며 겸손해한다. 이는 높은 위치에 있는 선비도 공자와 묵자를 참으로 귀하게 여겨서이다.

따라서 걸·주처럼 천자의 권세를 지녀도 반드시 귀하지 않고, 공자와 묵자처럼 필부로서 생활이 어려워도 반드시 천한 게 아니다. 그러니 귀하거나 천하거나 하는 구분은 권세와 부에 달려 있는 게 아니라 행동의 아름다움과 추함에 달려 있다. 즉 공자와 묵자처럼 행동이 아름다우면 귀한 반면 걸·주처럼 행동이 추하면 천하게 마련이다. 자장의 말이 어쩌면 맞는 것처럼 보이는데 만구득은 이를 부인하며 자신의 논리를 펼친다.

만구득은 작은 도둑(小盜)은 잡히지만 큰 도둑(大盜)은 제후의 자리에 오르기에 제후의 문하에 오히려 인의가 있다고 주장한다. 또 옛날 제 환공인 소백(小白)은 형 규를 죽이고서 군주의 자리에 올랐고, 심지어 형수를 아내로 삼았다. 또 규를 모셨던 관중은 자신의 주인을 죽인 소백의 신하가 되었다. 그리고 제나라의 권신 전성자상(田成子常)은 자신의 군주를 죽이고 나라를 훔쳤지만 공자는 이런 전성자상으로부터 예물을 받았다. 즉 나라를 훔친 도둑으로부터 공자는 선물을 받은 셈이다. 그러니 관중과 공자는 말로는 제환공과 전성자상을 천하다고 여겼지만 실제 행동할 때는 그들에게 머리를 숙였다. 이런 처신은 말과 행동의 어그러진 모습이 서로 모순을 이루어서 마음 안에서 싸운 일이다. 이건 분명 이치에 어긋나는 처신이다.

그래서 옛날의 어떤 책에선 어느 게 추하고, 어느 게 아름다운가라고 물으면 성공하면 우두머리가 되어 존경을 받지만 성공하지 못하면 꼬리가 되어 천대를 받는다고 말한다. 즉 성공하면 아름답고, 성공하지 못하면 추할 뿐이다. 인의도 아름다움이나 추함과 마찬가지이다. 도둑이라도 성공하면 인의를 지니고, 선비라도 실패하면 인의를 지니지 못한다. 따라서 공자가 강조하는 인의란 절대적인 가치가 아니라 사람에 따라서, 또 상황에 따라서 얼마든지 변할 수 있다. 그런데도 인의를 오로지 절대적인 가치로 떠받드는 유가는 장자의 눈에 답답해 보일 뿐이다.

도척 2-2

자장이 말했다.

"당신이 그런 소리나 하면서 행실을 닦지 않으니까

멀고 가까운 사람 간의 차등적 윤리(倫)가 사라지고,

귀하고 천한 사람 간의 차등적 의로움(義)이 없어지고,

윗사람과 아랫사람 간의 차등적 순서(序)가 무너지는 거네.

그러면 인간관계를 규정한 오기육위(五紀六位)가 어찌 구별될 수 있는가?"

만구득이 말했다.

요임금이 장남을 죽이고, 순임금이 친동생을 멀리 유배 보냈는데

멀고 가까운 사람 간의 차등적 윤리가 있나요?

탕임금이 주군 걸을 내쫓고, 무왕이 주군 주를 죽였는데

귀하고 천한 사람 간의 차등적 의로움이 있나요?

문왕의 부친 왕계(王季)가 형들을 제치고 적자가 되고, 주공(周公)이 형을

죽였는데 장유(長幼), 즉 형과 동생 간의 차등적 질서가 있나요?

유가는 꾸며서 말하고, 묵가는 겸애를 주장해 친소 구분을 하지 않았는데

오기육위의 구분이 있는 건가요!"

만구득이 계속해 말했다.

"당신은 명예(名)를 추구하는 걸 바르다고 여기지만

나는 이득(利)을 추구하는 걸 바르다고 여깁니다.

그런데 명예와 이득의 실상은 자연의 원리(理)를 따르지 않고,

또 참된 도(道)에 비추어 봐도 바르지 않습니다.

내가 어느 날 당신과 논쟁으로 다툴 때 무약(無約) 선생에게 이를 다스려

바로잡아 달라고 청하니 이렇게 말했지요.

'소인은 재물을 위해 목숨을 바치고, 군자는 명예를 위해 목숨을 바친다.

소인과 군자가 목숨을 바쳐 참모습(情)이 변해 타고난 본성(性)을 바꾸면

소인과 군자란 대상만 다를 뿐 참모습이 바뀐다는 점에선 같다.

이에 소인과 군자는 해야 할 일을 포기하고, 해선 안 되는 일에 목숨 바친다.

그러면 소인과 군자는 타고난 본성이 바뀐다는 점에선 매한가지이다.'

그래서 말한다.

'재물에 자기의 몸을 희생하는 소인이 되지 말고,

근본으로 되돌아가 자연스러움을 회복하는 데 목숨을 바쳐라.

명예에 자기 몸을 희생하는 군자가 되지 말고, 자연의 원리를 좇아라.

일이 구부러지든 똑바르든 상관하지 말고

자연의 도(天極)를 표준으로 삼아 실행하라.

사방을 향해 바라보면서 추이와 함께 변화하라.

일이 옳든 그르든 상관하지 말고 원만하게 처리하라.

그대의 뜻에 맡겨 도와 함께 노닐도록 해라.

행동을 하나로 고정시키지 말고, 인위적인 의로움을 이루려고 하지 말라.

그렇지 않으면 참된 본성을 잃는다.

부(富)를 향해 나아가지 말고, 세속의 성공을 위해 목숨을 바치지 말라.

그렇지 않으면 너의 자연스러움을 잃는다.'"

만구득이 계속해 말했다.

"비간은 가슴이 갈라지는 형벌을 당하고,

오자서는 눈이 도려지는 형벌을 당했는데 충성(忠)이 초래한 재앙이지요.

직궁은 부친을 양 훔친 죄로 고발하고,

미생은 약속을 지키려다 빠져 죽었는데 믿음(信)이 초래한 재앙이지요.

춘추시대 은자인 포초(鮑子)는 나무를 붙들고서 선 채로 말라 죽었고,
은나라 때 신도적(申子)은 결백을 말하지 않고서 황하에 몸을 던졌는데
청렴(廉)이 초래한 피해이지요.
공자는 모친의 임종을 못 보고, 광자(匡子)는 부친과 대립해서
평생 만나지 않았는데 의로움(義)으로 인한 과실이지요.
이 얘기들은 윗대부터 전해오는 거로 후세에도 많은 사람들이 얘기합니다.
선비들은 자신의 말이 바르다고 고집함으로써
자신의 행동은 반드시 이래야 한다면서 이를 실천에 옮깁니다.
그래서 재앙을 당하고 환난에 말려듭니다."

· · ·

子將曰:「子不爲行, 卽將疏戚無倫, 貴賤無義, 長幼無序., 五紀六位, 將何以爲別
乎?」
滿苟得曰:「堯殺長子, 舜流母弟, 疏戚有倫乎? 湯放桀, 武王殺紂, 貴賤有義乎? 王
季爲適, 周公殺兄, 長幼有序乎?
儒者僞辭, 墨者兼愛, 五紀六位將有別乎!
「且子正爲名, 我正爲利. 名利之實, 不順於理, 不監於道.
吾日與子訟於無約曰:『小人殉財, 君子殉名. 其所以變其情, 易其性, 則異矣., 乃至
於棄其所爲而殉其所不爲, 則一也.』
故曰, 無爲小人, 反殉而天., 無爲君子, 從天之理. 若枉若直, 相而天極.,
面觀四方, 與時消息. 若是若非, 執而圓機., 獨成而意, 與道徘徊.
無轉而行, 無成而義, 將失而所爲. 無赴而富, 無殉而成, 將棄而天.
「比干剖心, 子胥抉眼, 忠之禍也., 直躬證父, 尾生溺死, 信之患也.,
鮑子立乾, 申子不自理廉之害也., 孔子不見母, 匡子不見父, 義之失也.
此上世之所傳, 下世之所語, 以爲士者正其言, 必其行, 故服其殃, 利其患也.」

선비의 재앙과 환난은
자신의 말만 바르다고 고집한 결과이다

———

　자장은 다급해졌는지 만구득에게 그런 소리나 하면서 행실을 닦지 않으니까 멀고 가까운 사람 간의 차등적 윤리(倫)가 사라지고, 귀하고 천한 사람 간의 차등적 의로움(義)이 없어지고, 윗사람과 아랫사람 간의 차등적 순서(序)가 무너진다고 말했다. 그리고 이런 상황에서 인간관계를 규정하는 오기육위(五紀六位)가 어찌 구별될 수 있겠느냐고 만구득에게 따져 물었다. 자장은 유가의 도를 본격적으로 내세워 만구득을 몰아붙였다.

　만구득은 이에 굴하지 않고 자장에게 똑같이 따져 물었다. 먼저 요임금이 장남을 죽이고, 순임금이 친동생을 멀리 유배 보냈는데 이런 상황에서 멀고 가까운 사람 간의 차등적 윤리가 어찌 있을 수 있느냐고 물었다. 또 탕임금이 주군 걸을 내쫓고, 무왕이 주군 주를 죽였는데 이런 상황에서 귀하고 천한 사람 간의 차등적 의로움이 어찌 있을 수 있느냐고 물었다. 또 문왕의 부친 왕계(王季)가 형들을 제치고 적자가 되고, 주공(周公)이 형을 죽였는데 이런 상황에서 장유(長幼) 간의 질서가 어찌 있을 수 있느냐고 물었다. 나아가 유가는 말을 꾸며서 만들고, 묵가는 겸애(兼愛)를 주장해 친소의 구분을 하지 않았는데 이런 상황에서 오기육위의 구분이 어찌 있을 수 있느냐고 물었다. 만구득이 언급한 건 모두 역사적 사실이므로 자장도 대응하기 마땅치가 않다.

그런데 만구득의 공세는 여기에서 멈추지 않는다. 자장이 명예를 추구하는 걸 바르다고 여기고, 만구득이 이득을 추구하는 걸 바르다고 여기면 명예와 이득의 실상은 모두 자연의 원리(理)를 따르지 않거나 참된 도(道)에 비추어 봐도 바르지 않다고 말했다. 그러면서 만구득은 자장과 논쟁을 벌였을 때 무약(無約) 선생에게 부탁해서 이를 바로잡아 달라고 한 일을 상기시켰다. 그때 무약 선생은 소인은 재물을 위해 목숨을 바치고, 군자는 명예를 위해 목숨을 바치는데 소인이나 군자나 모두 목숨을 바쳐 참모습(情)이 변해 타고난 본성(性)을 바꾸면 소인과 군자란 대상만 다를 뿐 참모습이 바뀐다는 점에선 모두 같다고 말한 바 있다. 이로 인해 소인과 군자는 모두 자신들이 해야 할 일을 포기하고, 대신 해선 안 되는 일에 목숨을 바친다. 그러면 소인과 군자가 타고난 본성이 바뀐다는 점에선 매한가지라고 무약 선생이 말했다.

그래서 세상 사람들은 재물에 자신의 몸을 희생시키는 소인이 되지 말고, 근본으로 되돌아가 자연스러움을 회복하는 데 목숨을 바쳐야 한다. 또 명예에 자기 몸을 희생시키는 군자가 되지 말고, 자연의 원리를 좇아야 한다. 또 일이 구부러지든 똑바르든 상관하지 말고 자연의 도(天極)를 표준으로 삼아 실행해야 한다. 또 사방을 향해 바라보면서 추이와 함께 변화해야 한다. 일이 옳든 그르든 상관하지 말고 원만히 처리해야 한다. 또 자신의 뜻에 맡겨 도와 함께 노닐도록 해야 한다. 또 행동을 일률적으로 고정시키지 말고, 인위적인 의로움을 이루려고 하지 말아야 한다. 그렇지 않으면 참된 본성을 잃는다. 또 부(富)를 향해 나아가지 말고, 세속의 성공을 위해 목숨을 바치지 말아야 한다. 그렇지 않으면 자신의 자연스러움을 잃는다.

여기서 만구득은 이런 주문과 다르게 살아 최후를 비극적으로 마감한 사람의 예를 든다. 먼저 비간(比干)은 가슴이 갈라지는 형벌을 당하고, 오자서(子胥)는 눈이 도려지는 형벌을 당했는데 이건 충성(忠)이 초래한 재앙이다. 직궁(直躬)은 부친을 양 훔친 죄로 고발하고, 미생(尾生)은 약속을 지키려다 물에 빠져 죽었는데 이것은 믿음(信)이 초래한 재앙이다. 춘추시대 은자인 포초(鮑子)는 자신의 생각을 꾸미면서 나무를 붙들고 선 채로 말라 죽었고, 은나라 때 신도적(申子)은 결백을 말하지 않고 황하에 몸을 던졌는데 이건 청렴(廉)이 초래한 피해이다. 공자는 어머니의 임종을 보지 못하고, 광자(匡子)는 부친과 대립해 평생 만나질 않았는데 이건 의로움(義)으로 인한 과실이다. 이 얘기들은 윗대부터 전해오는 것으로 후세 사람들이 자주 인용한다. 이처럼 선비는 자신의 말만 바르다고 고집해 자신의 행동은 반드시 이래야 한다면서 실천에 옮기는데 이 때문에 재앙을 당하거나 환난에 말려든다.

도척 3-1

무족(無足)이 지화(知和)에게 말했다.

"결국 명예(名)를 위해 일어나거나 이득(利)을 위해 좇지 않는 사람이 없다.

부자면 사람들이 모여들고, 사람들이 모여들면 부자에게 머리를 숙이고,

머리를 숙이면 부자는 귀하게 여겨진다.

남이 머리를 숙여 자신이 귀하게 되는 걸 보면

이것이 '오래 살고, 몸이 편안하고, 뜻을 즐겁게 하는 도(道)'의 근거이다.

그대만 지금 그런 데에 뜻(意)이 없으니 앎(知)이 부족해서인가,

아니면 뜻과 앎은 있는데 실행할 힘(力)이 부족해서인가!

아니면 본디 바른 것만 받들다가 바른 걸 받드는 걸 한시도 못 잊어선가?"

지화가 말했다.

"명예와 이득을 추구하는 사람이 나와 같은 시대 같은 고향에서 살지만

나를 세속을 초월한 대단한 선비라고 여긴다.

이런 사람은 주체적인 올바름(主正)의 표준이 없는 까닭에

시간을 옛날과 지금으로 살피고, 구별을 옳고 그름으로 살핀다.

또 세속에 이끌려서 세상의 지극한 소중함(至重)인 본성을 떠나고,

세상의 지극한 존귀함(至尊)인 도를 버린다.

이럼으로써 명예와 이득을 추구하는 게 이들이 하고자 하는 바로 여긴다.

이는 '오래 살고(長生), 몸이 편안하고(安體), 뜻을 즐겁게 하는(樂意) 도'를

논하는 근거와는 또한 멀어지는 게 아닌가!

이런 생각은 참담한 고통과 즐거운 편안함이

자기 몸에 어떤 영향을 주는지를 살피지 못하는 일이다.

이런 생각은 불안한 두려움과 뛸 듯한 기쁨이

자기 마음에 어떤 영향을 주는지를 살피지 못하는 일이다.

그저 명예와 이득을 추구하는 건만 알지

그것을 추구하는 까닭을 알지 못하는 일이다.

이럼으로써 귀함으로 천자가 되고, 부유함으로 천하를 차지하는데도

재앙을 면치 못한다."

무족이 말했다.

"부귀(富貴)는 사람에게 이롭지 않은 바가 없어

어떤 즐거움도 다 차지하고, 어떤 권세도 다 차지할 수 있다.

그런데 지인(至人)은 이런 생각에까지 미치지 못하고,

현인(賢人)도 이런 생각에까지 미치지 못한다.

부귀란 남의 용맹스런 힘을 빌려 자신의 위엄스런 강함으로 삼고,

남의 지모를 장악해서 사물을 명확히 살피고,

남의 덕행을 빌려 어질게 행동하고,

제후의 위치에 있지 않아도 군주나 아버지처럼 엄할 수 있다.

또 부귀는 아름다운 소리와 빛깔, 좋은 맛, 사람에게 끊임없이 변화하는

형세와 같은 걸 마음으로 배우지 않아도 즐기게끔 할 수 있고,

몸으로 배우지 않아도 익숙하게끔 할 수 있다.

그러니 부귀란 바라고, 꺼리고, 피하고, 다가가는 걸

굳이 스승에 의지하지 않아도 되게끔 하는데 이게 사람의 본성이다.

그러니 온 천하가 나를 비난해도 누가 부귀를 사양할 수 있겠는가!"

지화가 말했다.

"지자(知者)는 행동의 표준을 본디 백성으로 삼아

백성의 법도를 어기지 않아 늘 만족해하며 다투지 않고,

또 하려는 바가 없어 뭔가를 추구하지 않는다.

그런데 만족해하지 않는 사람은 이런 까닭으로 오히려 부귀를 추구하고,

또 도처에서 부귀를 위해 다투어도 스스로 탐욕스럽다고 여기지 않는다.

지자는 행동에 넉넉함이 있어 남이 추구하는 걸 사양하며,

천하를 버려도 스스로 청렴하다고 여기지 않는다.

청렴과 탐욕의 실제 속내는 바깥을 다그쳐서 결정되는 게 아니라

돌이켜서 자기 마음의 법도를 살펴야만 알 수 있다.

그래서 지자는 천자의 권세를 누려도 남에게 교만하지 않고,

천하의 부를 지녀도 남을 희롱하지 않는다.

그리고 권세와 부로 인해 닥칠 환난을 미리 헤아리며,

원래 상태로 되돌아감을 늘 염두에 두는데

이는 권세와 부가 자연스런 모습을 해친다고 여겨서이다.

때문에 천자 자리를 사양하며 받지 않은 건 명예를 구하고자 해서

그런 게 아니다.

요와 순이 임금 자리에 올라서도 백성과 화목했던 건

천하에 어진 정사를 펴려고 해서 그런 게 아니라

어진 정사라는 미명으로 자신의 생명을 다치지 않게 하기 위해서였다.

그래서 선권(善卷)과 허유(許由)가 임금 자리를 얻고도 받지 않은 건

빈 말로 사양한 게 아니라

임금의 번거로운 일로 인해 자신을 해치지 않게 하기 위해서였다.

이들은 자신에게 이로운 쪽으로 나아가고, 해로운 걸 사양했는데

천하 사람들은 이들의 어짊이라고 칭송했다.

그런즉 이들이 천하를 가질 수 있었어도 그렇게 하지 않은 건

이들이 명예를 일으키고자 해서 그런 게 아니다.”

. . .

無足問於知和曰: 人卒未有不興名就利者.

彼富則人歸之, 歸則下之, 下則貴之.

夫見下貴者, 所以長生安體樂意之道也.

今子獨無意焉, 知不足邪, 意知而力不能行邪! 故推正不忘邪?」

知和曰:「今夫此人以爲興己同時而生, 同鄉而處者, 以爲夫絶俗過世之士焉.,

是專無主正, 所以覽古今之時, 是非之分也, 與俗化.

世去至重, 棄至尊, 以爲其所爲也., 此其所以論長生安體樂意之道, 不亦遠乎!

慘怛之疾, 恬愉之安, 不監於體., 怵惕之恐, 欣懽之喜, 不監於心.,

知爲爲而不知所以爲, 是以貴爲天子, 富有天下, 而不免於患也.」

無足曰:「富貴之於人, 無所不利, 窮美究埶, 至人之所不得逮, 賢人之所不能及,

俠人之勇力而以爲威强, 秉人之知謀以爲明察, 因人之德以爲賢良, 非享國而嚴若君父.

且夫聲色滋味權勢之於人, 心不待學而樂之, 體不待象而安之.

夫欲惡避就, 固不待師, 此人之性也. 天下雖非我, 孰能辭之!」

知和曰:「知者之爲, 故動以百姓, 不違其度, 是以足而不爭, 無以爲故不求.

不足故求之, 爭四處而不自以爲貪., 有餘故辭之, 棄天下而不自以爲廉.

廉貪之實, 非以迫外也, 反監之度.

勢爲天子而不以貴驕人, 富有天下而不以財戲人.

計其患, 慮其反, 以爲害於性, 故辭而不受也, 非以要名譽也.

堯舜爲帝而雍, 非仁天下也, 不以美害生也., 善卷許由得帝而不受, 非虛辭讓也,

不以事害己.

此皆就其利, 辭其害, 而天下稱賢焉, 則可以有之, 彼非以興名譽也.」

지자(知者)가 천자 자리를 사양하는 건
명예를 구하자고 하는 게 아니다

———

　무족(無足)은 지화(知和)에게 명예(名)를 위해 일어나거나 이득(利)을 위해 좇지 않는 사람은 세상에는 없다고 말했다. 그래서 누군가 부자이면 그에게 사람들이 모여들고, 사람들이 모여들면 부자에게 머리를 숙이고, 부자에게 머리를 숙이면 부자는 저절로 귀하게 여겨지고, 부자가 자신이 귀하게 여겨지는 걸 보면 이것이 장생안체락의(長生安體樂意)의 도, 즉 오래 살고, 몸이 편안하고, 뜻을 즐겁게 하는 도의 근거가 된다고 말했다. 이런 상황에서 무족이 볼 때 지화만 그런 일에 뜻(意)이 없으니까 이것은 지화가 앎(知)이 부족해서인지 아니면 뜻과 앎은 있어도 명예와 이득을 구현할 힘(力)이 부족해서인지 아니면 본디 바른(正) 것만 받들다보니 한시도 바른 걸 받드는 걸 잊지 못해서인지 하고 의아해했다.

　이에 지화는 명예와 이득을 추구하는 사람들은 자신과 같은 시대 같은 고향에 살면서도 자신을 세속을 초월한 대단한 선비라고 여긴다고 말했다. 그렇지만 이들은 주체적인 올바름의 표준이 없어 시간을 옛날과 지금으로 살피고, 구별을 옳고 그름으로 살필 뿐이라고 말했다. 또 이들은 세속에 이끌려 세상의 지극한 소중함인 본성을 떠나거나 세상의 지극한 존귀함인 도를 쉽게 버린다고 말했다. 이럼으로써 명예와 이득을 추구하는 게 이들이 하고자 하는 전부라고 여길 뿐이다.

그런데 이런 생각은 오래 살고(長生), 몸이 편안하고(安體), 뜻을 즐겁게 하는(樂意) 도를 논하는 근거와 오히려 멀어지는 일이다. 또 이런 생각은 참담한 고통이나 즐거운 편안함이 자기 몸에 어떤 영향을 주는지 제대로 살피지 못하는 일이다. 또 이런 생각은 불안한 두려움이나 날뛸 만한 기쁨이 자기 마음에 어떤 영향을 주는지 올바로 살피지 못하는 일이다. 그저 명예와 이득을 추구하는 건만 알지 그것을 추구하는 까닭을 알지 못한다. 이는 귀함으로 천자가 될 수 있고, 부유함으로 천하를 차지할 수 있는데도 명예와 이득에 눈이 멀어 결국 재앙을 면치 못한다.

그럼에도 무족은 부귀를 옹호하는 주장을 펼쳤다. 그래서 부귀는 사람에게 이롭지 않은 점이 없어서 어떤 즐거움도 다 차지할 수 있고, 어떤 권세도 다 차지할 수 있다고 주장했다. 물론 지인(至人)은 이런 생각에 미치지 못하고, 현인(賢人)도 마찬가지로 미치지 못한다. 그런데 무족이 볼 때 부귀란 남의 용맹스런 힘을 빌려 자신의 강한 위엄으로 삼고, 남의 지모를 장악해 사물을 명확히 살피고, 남의 덕행을 빌려 어질게 행동하고, 제후의 위치에 있지 않아도 군주나 아버지처럼 엄할 수 있다. 또 부귀는 아름다운 소리와 빛깔, 좋은 맛, 그리고 사람에게 끊임없이 변화하는 형세와 같은 걸 마음으로 배우지 않아도 이를 즐길 수 있고, 또 몸으로 배우지 않아도 이를 익숙하게 만들 수 있다. 그러므로 부귀는 바라고, 꺼리고, 피하고, 다가가는 걸 굳이 스승에게 의지하지 않게끔 하는데 이것은 사람의 타고난 본성에 속한다고 말할 수 있다. 이에 무족은 온 천하가 자신을 비난해도 누가 부귀를 사양하겠느냐며 자신의 평소 주장을 강하게 펼쳤다.

그러자 지화는 지자(知者), 즉 참으로 지혜로운 사람은 행동의 표준을 본디 백성으로 삼아서 그들의 법도를 어기지 않아 늘 만족해하며 다투지 않고, 또 하려는 바가 없어 뭔가 추구하지 않는다고 말했다. 반면 만족하지 않는 사람은 이런 까닭으로 오히려 부귀를 추구하고, 또 도처에서 부귀를 위해 다투는데도 스스로 탐욕스럽다고 여기지 않는다. 그런데 지화는 지혜로운 사람의 행동에 넉넉함이 있어 남이 추구하는 걸 사양하며, 온 천하를 버려도 스스로 청렴하다고 여기지 않는다고 말했다. 청렴과 탐욕의 실제 속내는 바깥을 다그쳐서 결정되는 게 아니라 돌이켜서 자기 마음의 법도를 살펴야 알 수 있어서이다. 그래서 지혜로운 사람은 천자의 권세를 누려도 남에게 교만하지 않고, 천하의 부를 지녀도 사람을 희롱하지 않는다. 그만큼 지혜로운 사람은 겸손하다. 그리고 지혜로운 사람은 권세와 부로 인해 닥칠 환난을 미리 헤아리며 원래 상태로 되돌아감을 늘 염두에 둔다. 이는 권세와 부가 자연스런 모습을 해친다고 보아서이다.

따라서 참으로 지혜로운 사람이 천자 자리를 사양하며 받지 않는 건 단지 명예를 구하자고 해서 그런 게 아니다. 요와 순이 임금 자리에 올라도 백성과 화목할 수 있는 건 천하에 어진 정사를 편 결과가 아니라 어진 정사라는 이름하에 자신의 생명을 다치지 않으려고 노력한 결과이다. 그래서 선권(善卷)과 허유(許由)가 임금 자리 제안을 받고도 수락하지 않은 건 그저 빈 말로 사양한 게 아니라 임금의 번거로운 일로 인해 자신의 생명을 다치지 않게 하기 위해서였다. 이처럼 선권과 허유는 자신에게 이로운 방향으로 나아가고 자신에게 해로운 걸 사양했는데 천하 사람은 이를 가리켜 이들의 어짊이라고 칭송했다. 따라서 선권과 허유가 천하를 가질 수 있었음에도 그렇게 하지 않은 건 이들이 명예를 일으키고자 그런 게 결코 아니다.

무족이 말했다.

"사람은 자기의 명예를 유지하려고 필히 몸을 괴롭히고, 단 것을 끊고,
보양을 대충대충 하며 생명을 유지하고자 하는데
이 또한 오래 앓아서 긴 고통을 겪으며 죽지 않고 사는 것과 같지 않은가."

지화가 말했다.

"평범한 건 행복이 되지만 분에 넘쳐 넉넉한 건 해가 된다.
모든 사물이 다 그러한데 재물의 경우는 특히 심하다.
요즘 부자는 그들의 귀가 종, 북, 피리, 퉁소 소리에 현혹되어 있고,
그들의 입은 고기와 술 맛에 만족해함으로써
자신의 뜻이 흔들려 그가 할 일을 잊으니까 혼란스럽다고 말할 뿐이다.
이는 왕성한 기운에 이상하게 빠져 무거운 짐을 짊어지고
오르막을 올라가는 것과 같으니 고통스럽다고 말할 뿐이다.
재물을 탐하다가 병을 얻고, 권세를 탐하다가 기력을 소진하고,
한가롭게 지내다가 쾌락에 빠지고,
몸에 윤이 나는 걸 뽐내다가 병들었다고 말할 뿐이다.
부유해지길 원해 이득 있는 곳으로 나아가므로
탐욕이 마음을 채우는데도 귀를 막고 있는 것처럼 피할 줄 모르고,
부유함에 의지하는데도 이를 버리지 못하니 수치스럽다고 말할 뿐이다.
재물이 쌓여서 쓸 데가 없어도 재물 쌓을 생각을 잠시도 잊지 못한 채
이를 버리지 않고,
또 마음은 근심과 야윔으로 가득 차 있는데도 재산을 더 모으는 걸

그치지 않으니 걱정스럽다고 말할 뿐이다.

집안에 있으면 도둑이 들어와 강탈당할까 걱정하고,

집 바깥에 나가면 도적의 피해를 두려워해

집을 빙 둘러 망루를 설치하고,

밖으론 함부로 혼자 다니지 않으니까 두려움에 떤다고 말할 뿐이다.

이 여섯 가지, 혼란·고통·병·수치·걱정·두려움은

천하의 지극한 해로움인데 이를 모두 잊고서 깊이 생각할 줄 모른다.

이에 재앙이 닥쳐야 지금까지 재물을 모으는 데 들인 본성을 다 쏟아붓고,

지금까지 모은 재물을 다 털어놓고 단 하루라도 무사함으로 돌아가길

바라지만 그때는 이걸 얻을 수 없다.

따라서 명예(名)의 관점에서도 드러나는 게 없고,

이득(利)의 차원에서도 추구해도 얻어지는 게 없는데

사람들은 자기 생각과 몸을 옥죄면서 이런 걸 두고 다투니

이 또한 미혹된 일이 아니겠는가?"

• • •

無足曰: 「必持其名, 苦體絶甘, 約養以持生, 則亦久病長阨而不死者也.」

知和曰: 「平爲福, 有餘爲害者, 物莫不然, 而財其甚者也.

今富人, 耳營於鐘鼓管籥之聲, 口嗛於芻豢醪醴之味, 以感其意, 遺忘其業, 可謂亂矣.,

侅溺於馮氣, 若負重行而上坂也, 可謂苦矣.,

貪財而取慰, 貪權而取竭, 靜居則溺, 體澤則馮, 可謂疾矣.,

爲欲富就利, 故滿若堵耳而不知避, 且憑而不舍, 可謂辱矣.,

財積而無用, 服膺而不舍, 滿心戚醮, 求益而不止, 可謂憂矣.,

內則疑刦請之賊, 外則畏寇盜之害, 內周樓疏, 外不敢獨行, 可謂畏矣.

此六者, 天下之至害也, 皆遺忘而不知察, 及其患至, 求盡性竭財, 單以反一日之無故
而不可得也. 故觀之名則不見, 求之利則不得, 繚意體而爭此, 不亦惑乎!」

부자는 명예의 관점에서 드러나지 않고
이득의 차원에서도 얻는 게 없다

———

그러자 무족은 지화에게 사람은 자기의 명예를 유지하려고 필히 몸을 괴롭히거나 단 걸 끊거나 몸을 대충대충 보양하면서 생명을 유지하는데 이 또한 오래 앓아 긴 고통을 겪으면서 죽지 않고 사는 것과 다르지 않다고 말했다. 이는 앞서 지화의 주장에 대한 무족의 답변에 해당한다. 이에 지화는 평범한 게 행복이 되고, 분에 넘쳐 넉넉한 게 해가 되는 건 모든 사물이 다 그러한데 재물의 경우가 특히 심하다며 재물의 미혹됨을 경계하며 말했다. 그러면서 재물을 많이 쌓아둔 부자들이 재물에 의해 어떻게 미혹되는지의 예를 소개했다.

먼저 요즘 부자들은 그들의 귀가 종, 북, 피리, 통소 소리에 현혹되고, 그들의 입이 고기와 술 맛에 만족해함으로써 자신의 뜻이 흔들려 그가 할 일을 잊으니까 혼란스럽다(亂). 또 요즘 부자들은 왕성한 기운에 기이하게 빠져 무거운 짐을 짊어지고 오르막을 오르는 것과 같으니 고통스럽다(苦). 또 요즘 부자들은 재물을 탐하다가 병을 얻고, 권세를 탐하다가 기력을 소진하고, 한가롭게 지내다가 쾌락에 빠지고, 몸에 윤이 나는 걸 뽐내다가 질병(疾)에 든다. 또 요즘 부자들은 부유해지길 원해 이득 있는 곳으로 나아가는데 탐욕이 마음을 채우는데도 귀를 막고 있는 것처럼 피할 줄 모르고, 부유함에 의지하는데도 이를 버리지 못해 수치스럽다(辱). 또 요즘 부자들은 재물이 쌓여서 쓸 데가 없는데도 재물 쌓을 생각을 잠시도 잊지 않은 채 이를 버리지 못하고, 또 마음은 근심과 야윔으로 가득 차 있는데도 재산을 더 모으는 걸 그치지 않으니까 걱정스럽다(憂). 또 요즘 부자들은 집안에 있으면 도둑이 들어와 강탈당할까 걱정하고, 집 바깥에 나가면 도적의 피해를 두려워해 집안을 빙 둘러 망루와 창을 설치하고, 밖으론 함부로 혼자 다니지 않으므로 두려움(畏)에 떤다.

이 여섯 가지, 즉 혼란(亂)·고통(苦)·질병(疾)·수치심(辱)·걱정(憂)·두려움(畏)이 천하의 지극한 해로움(至害)인데 요즘 부자들은 이를 모두 잊고 깊이 생각할 줄 모른다. 이에 요즘 부자들은 재앙이 닥쳐야 지금까지 재물을 모으는 데 들인 본성(性)을 다 쏟아붓고, 또 지금까지 긁어모은 재물도 죄다 털어놓고서 단 하루라도 무사함으로 돌아가길 바라지만 그때는 이미 늦어서 이걸 얻을 수 없다. 따라서 명예(名)의 관점에서도 드러나는 게 없고, 이득(利)의 차원에서도 추구해도 얻어지는 게 없는데도 요즘 부자들은 자기 생각과 몸을 옥죄면서 이런 걸 두고 다투니까 이는 미혹된 일임에 분명하다.

설검

說劍

─ 설검 ─

  설검(說劍)은 칼(劍)싸움을 좋아하는 조나라 문왕을 장자가 설복(說)시킨다는 내용을 담고 있다. 문왕이 좋아하는 칼은 보통 사람들이 사용하는 평민의 칼인데 반해 장자가 사용하는 칼은 천자의 칼이나 제후의 칼이다. 그런데 천자의 칼과 제후의 칼은 평민의 칼과 어떻게 다를까? 천자의 칼은 천하처럼 크고, 또 자연의 원리에 따라 그 사용이 이루어진다. 또 제후의 칼은 훌륭하면서 어진 선비의 마음과 같고, 또 그 사용도 자연의 원리에 따라 이루어진다. 그래서 천자의 칼과 제후의 칼은 천하와 세상을 위해 사용되는 반면 평민의 칼은 상대방 검객만 제압하기 위해 사용된다. 「설검」은 다른 편에 비해 동원된 우화의 뜻이 부족해 설득력이 떨어질 뿐 아니라 내용도 장자 사상과는 거리가 있다.

설검 1-1

옛날에 조(趙)나라 문왕(文王)은 칼싸움을 좋아해 문이 비좁도록
검객이 찾아오고 손님도 삼천여 명이나 되었다.
또 왕 앞에서 밤낮으로 칼싸움 해 사상자가 해마다 백여 명씩 되었는데
문왕은 이를 싫증내지 않고 즐겨했다.
이렇게 삼 년이 흐르면서 나라가 쇠하자
이웃나라 제후들이 조나라를 멸망시키려고 모의했다.
태자 회(悝)가 이를 걱정해 좌우의 가까운 신하들을 모아놓고 말했다.
"누구든 왕의 마음을 달래어 검객이 몰려드는 걸 멈추게 할 수 있는
사람에게 천금의 상을 내리겠다."
좌우의 가까운 신하들이 말했다. "장자가 마땅히 할 수 있을 겁니다."
이에 태자가 사람을 시켜 천금으로 장자를 모셔오도록 명령했다.
그런데 장자는 천금을 받지 않고 사자와 함께 와서 태자를 보고 말했다.
"태자는 제게 무얼 알려고 천금을 내리셨나요?"
태자가 말했다.
"사리에 밝은 성인으로 들어 천금의 예물을 받들어 종자 편에 보냈는데
선생이 받지 않으니 제가 오히려 무슨 말씀을 드릴 수 있겠습니까!"
장자가 말했다.
"듣건대 태자가 저를 쓰려는 이유가 왕이 기뻐하고 좋아하는 일을

중단하려는 거지요.

신이 위론 대왕을 달래다 뜻을 거스르면 아래론 태자의 뜻이 아니므로

저는 사형을 받게 될 텐데 그럼 돈을 어디에 쓸 수 있겠습니까?

또 신이 위론 대왕을 달래는 데 성공하면 아래론 태자의 뜻과 맞게 될 텐데

그럼 제가 조나라에서 무얼 구한들 얻지 못할 게 어디 있겠습니까?"

태자가 말했다. "그렇습니다. 왕이 만나는 사람은 오직 검객뿐입니다."

장자가 말했다. "네. 저도 검술을 좋아합니다."

태자가 말했다.

"왕이 만나는 검객은 모두 머리가 덥수룩하고, 귀에 털이 쑥 삐져나오고,

갓을 낮게 눌러 쓰고, 장식 없는 갓끈을 매고, 뒤가 짧은 저고리를 입는데

왕은 눈을 부릅뜨며 더듬더듬 말하는 그런 검객을 만나길 좋아합니다.

지금 선생은 분명히 선비 옷(儒服)을 입고 왕을 뵐 텐데

그러면 일이 필히 크게 어긋납니다."

장자가 말했다.

"그럼 칼싸움 할 때 입는 검복(劍服)을 마련해 주시길 부탁합니다."

사흘 걸려 검복이 마련되자 장자는 이내 태자를 만났고,

태자는 이내 장자와 함께 왕을 찾아가서 만났다.

왕은 흰 칼을 빼어들고 기다리고 있었다.

장자는 궁궐 대전 문을 들어오면서 종종걸음의 예의를 지키지 않고,

왕을 보고도 절하지 않았다.

왕이 물었다.

"당신은 과인에게 무얼 가르쳐주려고 태자를 앞세우고 왔는가?"

장자가 대답했다.

"신은 대왕께서 칼을 좋아한다고 들었기에 칼로 왕을 만나려고 합니다."

왕이 물었다. "당신의 칼은 몇 사람을 제압할 수 있는가?"

장자가 말했다.

"제 칼은 열 걸음에 한 사람씩 베는데 천리를 가도 신을 막지 못합니다."

왕이 크게 기뻐하며 말했다. "천하무적이다!"

장자가 말했다.

"검술이란 허점을 보여주어 상대방이 그 이로움으로 벌리게 하고,
상대방보다 칼을 늦게 뽑아 상대방 칼이 내게 먼저 이르게 하는 겁니다.
시범해 보일 수 있기를 바랍니다."

왕이 말했다.

"객사에 가 쉬면서 명령을 기다리시오.
시합 준비를 갖추고서 선생을 부를 거요."

왕은 검객들에게 칠 일 동안 시합을 시켜 사상자가 육십여 명에 달했는데
산 검객 중 대여섯 명을 골라 대전에서 칼을 들게 한 뒤 장자를 불렀다.

· · ·

昔趙文王喜劍, 劍士夾門而客三千餘人, 日夜相擊於前, 死傷者歲百餘人, 好之不厭.
如是三年, 國衰, 諸侯謀之.
太子悝患之, 募左右曰:「孰能說王之意止劍士者, 賜之千金.」
左右曰:「莊子當能.」
太子乃使人以千金奉莊子.
莊子弗受, 與使者俱, 往見太子曰:「太子何以敎周, 賜周千金?」
太子曰:「聞夫子明聖, 謹奉千金以幣從者. 夫子弗受, 悝尙何敢言!」
莊子曰:「聞太子所欲用周者, 欲絕王之喜好也.
使臣上說大王而逆王意, 下不當太子, 則身刑而死, 周尙安所事金乎?
使臣上說大王, 下當太子, 趙國何求而不得也!」
太子曰:「然, 吾王所見, 唯劍士也.」
莊子曰:「諾. 周善爲劍.」

太子曰：「然吾王所見劍士, 皆蓬頭突鬢垂冠, 曼胡之纓, 短後之衣, 瞋目而語難, 王乃說之.

今夫子必儒服而見王, 事必大逆.」

莊子曰：「請治劍服.」

治劍服三日, 乃見太子.

太子乃與見王, 王脫白刃待之.

莊子入殿門不趨, 見王不拜.

王曰：「子欲何以敎寡人, 使太子先焉?」

曰：「臣聞大王喜劍, 故以劍見王.」

王曰：「子之劍何能禁制?」

曰：「臣之劍, 十步一人, 千里不留行.」

王大悅之, 曰：「天下無敵矣!」

莊子曰：「夫爲劍者, 示之以虛, 開之以利, 後之以發, 先之以至. 願得試之.」

王曰：「夫子休就舍, 待命設戲請夫子.」

王乃校劍士七日, 死傷者六十餘人, 得五六人, 使奉劍於殿下, 乃召莊子.

칼싸움을 좋아하는
조나라 문왕

옛날 조(趙)나라 문왕(文王)은 칼싸움을 좋아했다. 문왕이 칼싸움을
좋아하니까 문이 비좁을 정도로 검객들이 많이 찾아왔고, 칼싸움에 관
심을 지닌 손님도 삼천여 명에 이를 정도로 많았다. 전국에서 모여든
검객들이 밤낮을 가리지 않고 왕 앞에서 칼싸움을 벌이자 사망자가 해
마다 백여 명에 이르렀는데도 문왕은 칼싸움을 싫증내지 않고 즐겼다.
이렇게 삼 년이 흐르자 국력이 쇠해져 이웃나라 제후들이 조나라를 멸
망시키려고 모의했다. 이를 걱정한 태자 회(悝)가 가까운 신하들에게
누구든지 왕의 마음을 달래어 검객이 몰려드는 걸 멈추게 할 수 있다
면 천금의 상을 내리겠다고 약속했다. 그러자 신하들이 장자라면 마땅
히 할 수 있을 거라고 이구동성으로 말했다. 이에 태자는 사람을 시켜
천금이란 거금으로 장자를 모셔오도록 명령했다.

그런데 장자는 천금을 받지 않고 사자와 함께 와선 어째서 천금을
자신에게 내리느냐고 태자에게 물었다. 태자는 장자가 사리에 밝은 성
인이라고 들어 천금의 예물을 받들어서 종자 편에 보냈는데 이를 받지
않으니 오히려 자신이 무슨 말을 해야 할지 모른다며 난처해했다. 그러
자 장자는 문왕이 기뻐하고 좋아하는 일, 즉 칼싸움 벌이는 일을 중단

하기 위해 자신을 대접한 게 아니냐고 물었다. 그러면서 문왕을 달래다가 문왕의 뜻을 거스르면 결국 자신은 태자의 뜻을 이루지 못해 사형을 받게 될 텐데 그러면 죽은 뒤에 천금이란 큰돈을 어떻게 쓸 수 있느냐고 따졌다. 반대로 문왕을 달래는 데 성공하면 마땅히 태자의 뜻과 맞게 될 텐데 그러면 자신이 조나라에서 무얼 구한들 얻지 못할 게 어디 있느냐고 따졌다.

태자는 장자의 이 말에 수긍했다. 그리고 자신의 부왕이 만나는 사람은 오로지 검객뿐이라는 것도 시인했다. 이에 장자가 자신도 검술을 좋아한다고 말하자 태자는 자신의 부왕이 만나는 검객들은 모두 머리가 덥수룩하고, 귀 털은 쑥 삐져나오고, 갓은 낮게 눌러 쓰고, 장식이 없는 갓끈을 매고, 뒤가 짧은 저고리를 입고 있는데 그들은 눈을 부릅뜨며 더듬더듬거리면서 말한다고 했다. 문왕은 이런 검객을 만나길 좋아하는데 장자가 문왕을 만날 때 분명 선비의 옷을 입고 있을 텐데 그러면 일이 크게 어긋날 거라고 태자가 걱정하며 말했다. 이에 장자는 칼싸움 할 때 입을 검복(劍服)을 마련해주길 태자에게 부탁했다. 사흘이 걸려 검복이 마련되자 장자는 이내 태자를 만난 뒤 태자와 함께 왕을 찾아가 만났다.

왕은 흰 칼을 빼어들고 위협적으로 장자 일행을 기다리고 있었다. 그런데도 장자는 궁궐의 대전 문을 들어오며 종종걸음으로 걸어야 하는 신하로서의 예의를 지키지 않을뿐더러 왕을 보고도 절하지 않았다. 그만큼 자신이 있었던 거다. 왕은 장자에게 무얼 가르쳐주려고 태자를 앞세우고 왔는가에 대해 물었다. 그러자 장자는 문왕이 칼을 좋아한다고 들었기에 칼로 왕을 만나려고 한다고 대답했다. 왕이 장자에게 그 칼로 몇 사람을 제압할 수 있느냐고 묻자 장자는 자신의 칼은 열 걸음에 한 명씩 벨 정도인데 이렇게 천리를 가도 아무도 자신을 막지 못한다고 큰소리쳤다. 이에 왕은 장자야말로 천하무적이라고 크게 기뻐하며 말했다.

그러자 장자는 문왕에게 검술이란 자신의 허점을 보여주어 상대방이 그 이로움으로 벌리게 하고, 또 상대방보다 칼을 늦게 뽑아 상대방 칼이 자신에게 먼저 이르게 하는 거라고 하면서 왕 앞에서 이런 검술을 시범해 보이길 바란다고 말했다. 이에 왕은 장자에게 일단 객사에 가서 쉬면 시합놀이 준비를 갖춘 뒤에 다시 부를 거라고 말했다. 왕은 검객들에게 일주일 동안 칼 시합을 벌이도록 해 사상자가 육십여 명에 이르렀다. 그리고 산 검객 중에 대여섯 명을 골라 궁궐의 대전에서 칼을 들게 한 뒤 장자를 불렀다.

설검 1-2

왕이 말했다. "선비인 장자가 오늘 검객들과 검술을 겨룬다."

장자가 말했다. "오랫동안 기다려왔습니다."

왕이 물었다. "선생이 쓰는 칼의 길이는 얼마인가?"

장자가 말했다.

"신이 쓸 칼의 길이는 어떻든 상관없습니다.

그런데 신에게 세 가지 칼이 있는데 왕이 원하는 걸 쓰겠습니다.

세 가지 칼을 먼저 설명한 뒤 시범해 보일 수 있게 해 주길 바랍니다."

왕이 물었다. "세 가지 칼이 무엇인지 듣고 싶다."

장자가 말했다.

"천자(天子)의 칼, 제후(諸侯)의 칼, 평민(庶人)의 칼이 각각 있습니다."

왕이 물었다. "천자의 칼은 어떤 것이오?"

장자가 말했다.

"천자의 칼은 연나라 국경 계곡의 돌성(石城)을 칼끝으로 삼고,

제나라 태산을 칼날로 삼고, 진나라와 위나라를 칼등으로 삼고,

주나라와 송나라를 칼코등이로 삼고,

한나라와 위나라를 칼자루로 삼습니다.

그것을 동이·서융·남만·북적의 사방 오랑캐(四夷)로 겉을 싼 뒤,

춘하추동의 사철(四時)로 안을 다시 쌓으며,

발해(渤海)란 끈으로 두르고, 항산(恒山)이란 띠를 허리에 찹니다.

칼을 쓰는 데 오행(五行)의 변화로 제어하고,

형벌과 은덕으로 잘잘못을 따지며, 음양의 움직임으로 칼을 꺼내며,

봄과 여름으로 칼을 잡으며, 가을과 겨울로 칼을 움직입니다.

곧게 세우면 앞에 걸리는 게 없고, 들어올리면 위에 걸리는 게 없고,

내리누르면 밑에 걸리는 게 없고, 휘두르면 옆에 걸리는 게 없고,

위로는 뜬 구름도 끊고, 아래로는 땅을 붙잡아맨 밧줄도 자릅니다.

이 칼은 한 번만 써도 제후들을 바로잡으며 천하가 복종합니다.

이것이 천자의 칼입니다."

문왕은 망연자실한 채 물었다. "제후의 칼은 어떻소?"

장자가 대답했다.

"제후의 칼은 지혜롭고 용감한 선비를 칼끝으로, 청렴한 선비를 칼날로,

현명하고 어진 선비를 칼등으로, 충성스럽고 거룩한 선비를 칼코등이로,

호걸스런 선비를 칼자루로 삼습니다.

곧게 세우면 앞에 걸리는 게 없고, 들어올려도 위에 걸리는 게 없고,

내리눌러도 밑에 걸리는 게 없고, 휘둘러도 옆에 걸리는 게 없습니다.

위론 둥근 하늘을 법도로 삼아 해·달·별 빛에 순응하고,

아래론 네모반듯한 땅을 법도로 삼아 사철의 추이를 따르고,

가운데론 백성의 뜻과 화합함으로써 사방의 온 나라를 안정시킵니다.

이 칼은 한 번 써도 우레와 천둥이 진동하는 것 같아

복종하지 않는 사람이 없지만 군주의 명령을 따를 뿐입니다.

이것이 제후의 칼입니다."

왕이 물었다. "평민의 칼은 어떻소?"

장자가 대답했다.

"평민의 칼은 머리가 덥수룩하고, 귀에 털이 쑥 삐져나오고,

갓을 낮게 눌러 쓰고, 장식 없는 거친 갓끈을 매고,

뒤가 짧은 저고리를 입고 눈을 부릅뜨면서 더듬더듬 말합니다.

또 왕 앞에서 서로 치고 싸우면서

위로는 사람의 목을 베고 아래로는 간과 폐를 찢습니다.

이 평민의 칼은 닭싸움과 다를 게 없어 하루아침에 목숨이 끊어지므로

나라 일에는 소용이 없습니다.

지금 대왕은 천자의 위치에 있는데도 평민의 칼을 좋아하므로

신은 마음속으로 대왕을 가벼이 여겨왔습니다."

그러자 왕은 이내 장자를 잡아끌고 대전에 올라갔다.

요리사가 왕에게 음식을 바쳤지만 왕은 세 번이나 상 주위를 빙빙 돌았다.

장자가 말했다. "대왕은 편히 앉아 기운을 안정시키시지요.

칼에 관한 일에 대해 아뢰기를 이미 마쳤습니다."

이에 문왕은 석 달간 궁궐 밖으로 나가지 않자

검객들은 예우를 받지 못함을 걱정한 나머지 그 자리에서 모두 자결했다.

• • •

王曰:「今日試使士敦劍.」

莊子曰:「望之久矣.」

王曰:「夫子所御杖, 長短何如?」

曰:「臣之所奉皆可. 然臣有三劍, 唯王所用, 請先言而後試.」

王曰:「願聞三劍.」

曰:「有天子之劍, 有諸侯之劍, 有庶人之劍.」

王曰:「天子之劍何如?」

曰:「天子之劍, 以燕谿石城爲鋒, 齊岱爲鍔, 晉衛爲脊, 周宋爲鐔, 韓魏爲夾.,

包以四夷, 裹以四時, 繞以渤海, 帶以恒山., 制以五行, 論以刑德., 開以陰陽, 持以

春夏, 行以秋冬, 此劍, 直之無前, 擧之無上, 案之無下, 運之無旁,

上決浮雲, 下絕地紀.

此劍一用, 匡諸侯, 天下服矣. 此天子之劍也.」

文王芒然自失, 曰:「諸侯之劍何如?」

曰:「諸侯之劍, 以知勇士爲鋒, 以淸廉士爲鍔, 以賢良士爲脊, 以忠聖士爲鐔, 以豪

桀士爲夾. 此劍, 直之亦無前, 擧之亦無上, 案之亦無下, 運之亦無旁.,

上法圓天以順三光, 下法方地以順四時, 中和民意以安四鄕.

此劍一用, 如雷霆之震也, 四封之內, 無不賓服而聽從君命者矣. 此諸侯之劍也.」

王曰:「庶人之劍何如?」

曰:「庶人之劍, 蓬頭突鬢垂冠, 曼胡之纓, 短後之衣, 瞋目而語難.

相擊於前, 上斬頸領, 下決肝肺.

此庶人之劍, 無異於鬪鷄, 一旦命已絕矣, 無所用於國事.

今大王有天子之位而好庶人之劍, 臣竊爲大王薄之.」

王乃牽而上殿.

宰人上食, 王三環之.

莊子曰:「大王安坐定氣, 劍事已畢奏矣.」

於是文王不出宮三月, 劍士皆服斃其處也.

천자의 칼, 제후의 칼, 평민의 칼

———

왕은 선발된 검객들을 향해 오늘은 선비 장자와 검술을 겨룰 거라고 말했다. 그러자 장자도 이 겨룸을 오랫동안 기다려왔다고 화답했다. 먼저 왕은 장자에게 칼싸움을 위해 사용할 칼의 길이를 어느 정도로 할 것인지에 대해 묻자 장자는 사용할 칼의 길이가 어떻든 상관하지 않지만 자신에게 세 가지 종류의 칼이 있는데 왕이 원하는 칼을 쓰겠다고 말했다. 그리고 세 가지 종류의 칼이 무엇인지 왕에게 설명한 뒤 검객들과 칼싸움 할 수 있기를 바란다고 말했다. 왕이 세 가지 종류의 칼이 무어냐고 묻자 장자는 천자(天子)의 칼이 있고, 제후(諸侯)의 칼이 있고, 평민(庶人)의 칼이 있다고 대답했다.

왕은 천자의 칼이 어떤 거냐고 물었다. 그러자 장자는 천자의 칼은 천하와 함께 한다는 식으로 대답했다. 즉 천자의 칼은 연(燕)나라 국경 계곡의 돌로 쌓은 성을 칼끝으로 삼고, 제(齊)나라의 태산(泰山)을 칼날로 삼고, 진(晉)나라와 위(衛)나라를 칼등으로 삼고, 주(周)나라와 송(宋)나라를 칼코등이로 삼고, 한(韓)나라와 위(魏)나라를 칼자루로 삼는다. 또 동이·서융·남만·북적의 사방 오랑캐로 칼의 겉을 싼 뒤, 춘하추동의 사철로 칼의 안을 다시 쌓으며, 발해(渤海)란 끈으로 두르고, 항산

(恒山)이란 띠를 통해 허리에 찬다. 또 칼을 쓰는 데 있어선 오행(五行)의 변화로 제어하고, 형벌과 은덕으로 잘잘못을 따지며, 음양의 움직임으로 칼을 꺼내며, 봄과 여름으로 칼을 잡으며, 가을과 겨울로 칼을 움직인다.

그래서 천자의 칼을 곧게 세우면 앞에 걸리는 게 없고, 들어올리면 위에 걸리는 게 없고, 내리누르면 밑에 걸리는 게 없고, 휘두르면 옆에 걸리는 게 없다. 또 위로는 떠다니는 구름을 끊고, 아래로는 땅을 붙잡아맨 밧줄까지 자른다. 그래서 천자의 칼은 한 번만 사용해도 제후들을 바로잡을 수 있으며 천하도 복종하게 마련이다.

이 말을 들은 문왕은 망연자실한 채 제후의 칼은 어떤 거냐고 힘없이 물었다. 그러자 장자는 제후의 칼은 지혜로우면서 용감한 선비를 칼 끝으로 삼고, 청렴한 선비를 칼날로 삼고, 현명하고 어진 선비를 칼등으로 삼고, 충성스러우면서 거룩한 선비를 칼코등이로 삼고, 호걸스런 선비를 칼자루로 삼는다고 말했다. 그래서 이 칼도 천자의 칼처럼 곧게 세우면 앞에 걸리는 게 없고, 들어올려도 위에 걸리는 게 없고, 내리눌러도 밑에 걸리는 게 없고, 휘둘러도 옆에 걸리는 게 없다. 또 위로는 둥근 하늘을 법도로 삼아 햇빛, 달빛, 별빛에 순응하고, 아래로는 네모 반듯한 땅을 법도로 삼아 사철의 추이를 따르고, 가운데로는 백성의 뜻과 화합함으로써 사방의 온 나라를 안정시킨다. 그래서 제후의 칼은 한 번만 사용해도 우레와 천둥이 진동하는 것 같아 복종하지 않는 사람이 없이 오로지 군주의 명령만 따를 뿐이다.

마지막으로 왕은 평민의 칼은 어떤 거냐고 물었다. 그러자 장자는 평민의 칼은 머리가 덥수룩하고, 귀에 털이 쑥 삐져나오고, 갓은 낮게 눌러 쓰고, 장식 없는 거친 갓끈을 매고, 뒤가 짧은 저고리를 입고, 눈을 부릅뜨며 더듬더듬 말한다고 했다. 또 왕 앞에서 서로 치고 싸우며, 위로는 사람의 목을 베고 아래로는 간과 폐를 찢는다. 또 이 칼로 하는 싸움은 닭싸움과 하등 다를 바 없어 하루아침에 목숨이 끊어지므로 나라 일에는 아무런 소용이 없다. 지금 문왕 앞에서 검객들이 휘두르는 칼이 평민의 칼이다. 문왕은 천자의 위치에 있는데도 평민의 칼을 좋아하므로 장자는 마음속으로 문왕을 가벼이 여긴다고 말했다.

그러자 문왕은 장자를 이내 잡아끈 뒤 대전 위에 오르도록 했다. 이때 요리사가 왕에게 음식을 바쳤는데 문왕은 상 주위를 세 번씩이나 빙빙 돌 뿐이다. 이에 장자는 문왕에게 편히 앉아 기운을 안정시키라고 한 뒤 칼에 관한 일은 모두 마쳤다고 말했다. 그 후 문왕이 석 달간 궁궐 밖에 나가지 않자 검객들은 자신들이 제대로 예우받지 못하는 걸 걱정한 나머지 그 자리에서 모두 자결하고 말았다. 이럼으로써 문왕은 칼싸움 좋아하는 걸 끊을 수 있었다.

어부

漁父

어부

「어부」는 공자의 생각이 참되지(眞) 못해 도에서 너무 벗어나 있다는 걸 비판하는 내용이다. 왜 참되지 못하다고 여길까? 그건 공자의 생각이 인위적이어서 자연의 원리(天理)와 어긋나 있어서이다. 어째서 그렇게 여길까? 한 나그네 어부가 볼 때 공자는 위로는 군주나 제후나 유사(有司)의 권세도 없고, 아래로는 대신이나 관리의 벼슬도 없는데 멋대로 예악을 꾸미고 인륜을 가려서 정해 백성을 교화시키려고 해서이다.

공자의 이런 처신은 사람들이 흔히 저지르는 여덟 가지 흠과 네 가지 재앙과 관련이 있다. 여덟 가지 흠이란 자기가 해야 할 일이 아닌데도 하는 넓은 오지랖(摠), 상대방이 관심을 보이지 않는데도 간곡히 진언하는 사특함(佞), 남의 생각에 맞게끔 말을 이끄는 아첨(諂), 잘잘못을 따지지 않는 알랑거림(諛), 다른 사람의 단점을 말하길 좋아하는 모함(讒), 친지 사이를 가르거나 친척 사이를 멀어지게 하는 중상모략(賊), 겉으론 칭찬하고 속으론 기만함으로써 남을 망가뜨리는 간사함(慝), 좋고 나쁨을 가리지 않고서 양쪽 모두를 받아들여 남의 비위를 맞추고자 하는 바를 남이 모르게 가리는 음흉함(險)이다. 지금 공자가 조심하고 경계해야 할 점이 이런 흠들이다.

네 가지 재앙(患)은 큰일을 맡아 처리하기 좋아하거나 원칙을 변경해

달라지게 해 공명을 남과 구분해서 분명히 하는 외람됨(叨), 오로지 자신의 앎으로 일을 멋대로 처리하면서 남의 영역을 침범해 자기 것으로 활용하는 탐욕스러움(貪), 잘못을 알고도 고치지 않거나 간(諫)하는 말을 들어도 오히려 더 심하게 어기는 삐뚤어짐(很), 남이 자기에게 찬동하면 괜찮지만 찬동하지 않으면 좋은 일이라도 좋지 않다고 하는 교만함(矜)이다. 한 나그네 어부는 이 여덟 가지 흠을 버리고, 또 네 가지 재앙을 행하지 않아야 공자를 가르칠 수 있다고 한다. 그런데 여덟 가지 흠을 버리고, 네 가지 재앙을 행하지 않는 게 공자로선 쉽지 않다.

그러자 공자는 자신의 쓰라린 경험, 즉 노나라에서 두 번 쫓겨나고, 위나라에선 종적을 감추고, 송나라에선 나무가 베어져 깔려 죽을 뻔하고, 진나라와 채나라 사이에선 포위를 당한 경험을 말하면서 어째서 자신이 이런 고통을 겪어야 하는지 그 이유를 알지 못한다고 하소연했다. 발이 움직일수록 발자국이 더 많아지고, 발이 달릴수록 더 빨라져 그림자가 사람의 몸을 떠나지 않는다. 그런데 오히려 더디게 달려서 그런 거라고 여기고 쉬지 않고 빨리 달리다가 힘이 떨어져 죽은 사람이 있는데 공자가 바로 그러하다. 삼가 몸을 닦고 참됨(眞)을 지키면 본래의 자기로 돌아오기에 걱정할 필요가 없다. 그런데도 공자는 몸을 닦지 않고 남에게서 화를 면할 이유만 찾고 있다.

이처럼 「어부」에선 공자를 철저히 구제불가능한 사람으로 묘사한다. 이런 점들이 『장자』의 가치를 떨어뜨린다고 보인다.

어부 1-1

공자(孔子)가 울창한 숲에서 노닐다가 행단(杏亶) 위에 앉아 쉬었다.

제자들은 책을 읽고 공자는 거문고를 뜯으며 현악기를 타며 노래했다.

연주하던 곡의 반이 채 끝나지 않았을 때 한 어부가 배에서 내려왔다.

어부의 수염은 희고, 눈썹은 하얗고, 머리는 풀어헤쳐져 있는데

소매를 휘저으며 늪지대를 걸어 올라와 언덕에 걸터앉았다.

왼손은 무릎 위에 올려놓고 오른손은 턱을 괴고선 공자 연주를 들었다.

곡이 끝나자 어부는 자공과 자로를 불러 함께 마주하다가

공자를 가리키며 말했다. "저분은 무얼 하는 분이오?"

자로가 응답했다. "노(魯)나라의 군자(君子)입니다."

나그네가 그의 성을 묻자 자로가 응답했다. "성은 공씨(孔氏)입니다."

나그네가 물었다. "공씨란 사람은 무슨 일을 담당하나요?"

자로가 미처 응답하기도 전에 자공이 대응했다.

"공씨란 분은 타고난 본성이 충신(忠信)을 따르며,

몸은 인의(仁義)를 행하면서 예악(禮樂)을 꾸미고,

인륜(人倫)을 격에 맞게끔 단정히 정리해 놓은 사람입니다.

위로는 군주에게 충성하고 아래로는 백성을 교화시켜

온 천하를 이롭게 하는데 이것이 공씨가 담당해 온 일입니다."

나그네가 다시 물었다. "그는 다스리는 영토가 있는 군주인가요?"

자공이 대답했다. "아닙니다."

나그네가 다시 물었다. "제후나 왕을 돕는 신하인가요?"

자공이 말했다. "아닙니다."

그러자 나그네는 웃으며 돌아가면서 중얼거렸다.

"어질기는 하지만 몸은 아마 화를 면치 못할 것이다.

마음을 괴롭히고, 몸을 수고롭게 해 참됨(眞)을 위태롭게 한다.

아아, 그는 도(道)에서 너무 멀리 떨어져 있다!"

자공이 돌아와 공자에게 이런 사실을 알리니까

공자는 거문고를 밀치고 일어나면서 말했다. "그분은 성인이다!"

이에 공자는 당장 내려가서 그를 찾아 못가에 이르렀더니

나그네는 막 삿대를 붙잡고서 배를 끌어내리려 했다.

나그네가 공자를 돌아보고는 몸을 돌려 그를 향해 서니까

공자는 물러서며 두 번 절하고 나아갔다.

나그네가 물었다. "선생은 내게 무슨 용무가 있나요?"

공자가 말했다.

"조금 전 선생께서 단서의 말씀(緒言)만 남기고 떠나셨습니다.

저는 미련해서 말씀하신 바를 잘 알지 못합니다.

선생의 가르침을 낮은 곳에서 가만히 대비해 왔는데

다행히 귀한 말씀을 들을 수 있어 배움을 마치게끔 도와주십시오."

나그네가 말했다. "흠! 선생은 배우기를 너무 좋아하는군요!"

공자는 두 번 절하고 일어서며 말했다.

"전 젊어서부터 배움을 닦아 지금에 이르러 나이 69세가 되었습니다.

그런데 지극한 가르침을 듣지 못한 터여서

지금 마음을 텅 비워 감히 선생의 가르침을 기다리고 있지 않습니까!"

나그네가 말했다.

"같은 무리의 사람들이 서로 친하게 지내고,

같은 종류의 소리가 화음을 이루는 건 본디 자연의 원리(天理)입니다.

지금 내가 지닌 도를 내려놓고 선생이 하는 일을 따르고자 하는데

선생이 하는 일은 사람에 관한 일(人事)입니다.

천자, 제후, 대부, 서민 네 계층이 스스로 알아서

올바른 길을 가도록 하는 게 가장 좋은 다스림이지요.

그러니 네 계층이 제 자리를 벗어나면 이보다 더 큰 혼란이 없습니다.

관리는 직무를 잘 수행하고, 사람은 맡은 일에 머물러서

이에 위아래가 서로 넘보는 일이 없도록 해야 합니다.

그래서 밭이 황폐해지고, 집이 무너지고, 입고 먹는 게 부족하고,

세금을 제대로 내지 못하고, 처와 첩이 서로 화목하지 못하고,

어른과 아이 사이의 질서가 없어지면 이는 서민의 걱정입니다.

능력이 소임을 감당하지 못해서 관청 일을 잘 처리하지 못하고,

행동이 맑고 깨끗하지 못해서 신하가 일을 태만히 하며,

내세울 만한 공로가 없어서 벼슬과 녹봉을 지키지 못하면

이는 대부의 걱정입니다.

조정엔 충성스런 신하가 없고, 국가는 혼란하며,

장인과 기술자는 솜씨가 없어 바치는 직물이 좋지 못하고,

봄가을 조근에서 뒤져 천자와 좋은 관계를 유지하지 못하면

이는 제후의 걱정입니다.

음양 기운이 조화를 못 이뤄 추위 더위가 때에 맞지 않아 만물이 다치고,

제후가 사납게 난리를 일으켜 마음대로 서로를 물리쳐 백성을 해치며,

예악이 관습에 맞지 않고, 쓸 재물이 궁핍하고,

인륜이 정비되지 않아 백성이 음란하면 이는 천자의 걱정입니다.

지금 선생은 이미 위로는 군주, 제후, 유사(有司)의 권세도 없고,

아래로는 대신이나 관리의 벼슬도 없습니다.

그런데 멋대로 예악을 꾸미고, 인륜을 가려서 백성을 교화시키려 하니

일을 쓸데없이 많이 하는 게 아닌가요.

사람에겐 여덟 가지 흠(疵)이 있고, 일에는 네 가지 재앙(患)이 있으니

이를 잘 살피지 않으면 안 됩니다.

자기가 해야 할 일이 아닌데 그 일을 하면 오지랖이 넓다(摠) 하지요.

상대가 관심을 보이지 않는데 간곡히 진언하면 사특하다(佞) 하지요.

남의 생각에 맞게끔 말을 이끌면 아첨이라(諂) 하지요.

잘잘못을 따지지 않고 말하면 알랑거림이라(諛) 하지요.

다른 사람의 단점을 말하길 좋아하면 모함이라(讒) 하지요.

친지 사이를 가르고, 친척과 멀어지게 하면 중상모략이라(賊) 하지요.

겉으론 칭찬하고 속으론 기만해서 남을 망가뜨리면 간사함이라(慝) 하지요.

좋고 나쁨을 가리지 않고 양쪽 모두를 받아들여 남의 비위를 맞추어

하고자 하는 바를 남이 모르게 가리면 음흉함이라(險) 하지요.

이 여덟 가지 흠은 밖으론 사람을 어지럽히고 안으론 몸을 다치게 하니

군자는 이런 사람을 친구로 삼지 않고 명군(明君)은 신하로 삼지 않습니다.

이른바 네 가지 재앙(患)도 마찬가지입니다.

큰일을 맡아서 처리하기 좋아하고, 원칙을 변경해서 달라지게 해

이럼으로써 공명을 남과 구분해서 분명히 하면 외람됨이라(叨) 하지요.

자신의 앎으로만 일을 멋대로 처리해 남의 영역을 침범하여

자기 것으로 활용하면 탐욕스러움이라(貪) 하지요.

잘못을 알고도 고치지 않고, 간(諫)하는 말을 들어도 더 심하게 어기면

삐뚤어짐이라(很) 하지요.

남이 자기에게 찬동하면 괜찮지만 찬동하지 않으면

좋은 일도 좋지 않다고 하는 걸 교만함이라(矜) 하지요.

이것이 네 가지 재앙입니다.

여덟 가지 흠을 버리고, 네 가지 재앙을 행하지 않아야만

비로소 가르칠 수 있습니다."

• • •

孔子遊於緇帷之林, 休坐乎杏壇之上. 弟子讀書, 孔子絃歌鼓琴, 奏曲未半.

有漁父者, 下船而來, 須眉交白, 被髮揄袂, 行原以上, 距陸而止, 左手據膝, 右手持

頤以聽. 曲終而招子貢子路, 二人俱對.

客指孔子曰: 「彼何爲者也?」

子路對曰: 「魯之君子也.」

客問其族.

子路對曰: 「族孔氏.」

客曰: 「孔氏者何治也?」

子路未應, 子貢對曰:

「孔氏者, 性服忠信, 身行仁義, 飾禮樂, 選人倫, 上以忠於世主, 下以化於齊民,

將以利天下. 此孔氏之所治也.」

又問曰: 「有土之君與?」

子貢曰: 「非也.」

「侯王之佐與?」

子貢曰: 「非也.」

客乃笑而還, 行言曰: 「仁則仁矣, 恐不免其身., 苦心勞形以危其眞.

嗚呼, 遠哉其分於道也!」

子貢還, 報孔子.

孔子推琴而起曰: 「其聖人與!」

乃下求之, 至於澤畔, 方將杖拏而引其船, 顧見孔子, 還鄕而立.

孔子反走, 再拜而進.

客曰:「子將何求?」

孔子曰:「曩者先生有緒言而去, 丘不肖, 未知所謂, 竊待於下風,

幸聞咳唾之音以卒相丘也.」

客曰:「嘻! 甚矣子之好學也!」

孔子再拜而起曰:「丘少而修學, 以至於今, 六十九歲矣, 無所得聞至教, 敢不虛心!」

客曰:「同類相從, 同聲相應, 故天之理也. 吾請釋吾之所有而經子之所以.

子之所以者, 人事也.

天子諸侯大夫庶人, 此四者自正, 治之美也, 四者離位而亂莫大焉.

官治其職, 人處其事, 乃無所陵.

故田荒室露, 衣食不足, 徵賦不屬, 妻妾不和, 長少無序, 庶人之憂也.,

能不勝任, 官事不治, 行不清白, 群下荒怠, 功美不有, 爵祿不持, 大夫之憂也.,

廷無忠臣, 國家昏亂, 工技不巧, 貢職不美, 春秋後倫, 不順天子, 諸侯之憂也.,

陰陽不和, 寒暑不時, 以傷庶物, 諸侯暴亂, 擅相攘伐, 而殘民人, 禮樂不節,

財用窮匱, 人倫不飭, 百姓淫亂, 天子之憂也.

今子既上無君侯有司之勢, 而下無大臣職事之官, 而擅飾禮樂, 選人倫, 以化齊民,

不亦泰多事乎.

且人有八疵, 事有四患, 不可不察也.

非其事而事之, 謂之摠., 莫之顧而進之, 謂之佞., 希意道言, 謂之諂.,

不擇是非而言, 謂之諛., 好言人之惡, 謂之讒., 析交離親, 謂之賊.,

稱譽詐僞以敗惡人, 謂之慝., 不擇善否, 兩容頰適, 偷拔其所欲, 謂之險.

此八疵者, 外以亂人, 內以傷身, 君子不友, 明君不臣.

所謂四患者., 好經大事, 變更易常, 以挂功名, 謂之叨.,

專知擅事, 侵人自用, 謂之貪, 見過不更, 聞諫愈甚, 謂之很., 人同於己則可,

不同於己, 雖善不善, 謂之矜.

此四患也. 能去八疵, 無行四患, 而始可教已.」

여덟 가지 흠과
네 가지 재앙

———

　공자(孔子)가 울창한 숲에서 노닐다가 은행나무 단(杏亶) 위에 앉아서 쉬자 제자들은 책을 읽고, 공자는 거문고를 뜯고 현악기를 타며 노래를 불렀는데 연주하던 곡의 반이 채 끝나지 않았을 때 한 어부(漁夫)가 배에서 내려왔다. 그의 수염은 희고, 눈썹은 하얗고, 머리는 풀어헤치고 있었는데 소매를 휘저으며 늪지대를 걸어 올라와 언덕에 걸터앉았다. 그리고는 왼손은 무릎 위에 올려놓고, 오른손은 턱을 괴고서 공자의 연주를 들었다.

　공자의 연주가 끝나자 어부는 자공(子貢)과 자로(子路)를 불러 함께 마주하다가 공자를 가리키며 누구냐고 물었다. 그러자 자로가 노(魯)나라의 군자(君子)라고 대답했다. 이에 나그네가 공자의 성을 묻자 자로는 공씨(孔氏)라고 대답했다. 또 나그네가 공씨란 사람이 무슨 일을 담당하느냐고 묻자 자공은 공씨란 분은 타고난 본성이 충신(忠信)을 따르고, 몸은 인의(仁義)를 행하면서 예악(禮樂)을 꾸며 인륜(人倫)을 격에 맞게끔 단정히 정리해 놓은 사람이라고 말했다. 그래서 위로는 군주에게 충성하고, 아래로는 백성을 교화시켜 온 천하를 이롭게 하는 게 그동안 공씨가 담당해온 일이라고 설명했다.

그러자 나그네는 공씨가 자신이 다스리는 영토를 가진 군주냐고 물었는데 자공이 아니라고 대답했다. 나그네가 그러면 공씨는 제후나 왕을 돕는 신하냐고 묻자 자공이 아니라고 대답했다. 그러자 나그네는 웃으며 돌아가면서 공씨는 어질기는 하지만 몸은 화를 면치 못하고, 또 마음을 괴롭히거나 몸을 수고롭게 해 참됨(眞)을 위태롭게 할 거라고 속으로 중얼거렸다. 그건 공자가 도(道)에서 너무 멀리 떨어져 있어서이다. 자공이 돌아와 스승에게 이 사실을 알리자 공자는 거문고를 밀치고 일어나면서 그분은 성인이라고 외쳤다. 그리고 당장 내려가 나그네를 찾아 못가에 이르렀더니 삿대를 막 붙잡고서 배를 끌어내리고 있는 중이었다. 나그네가 몸을 돌려 공자를 향해서 서자 공자는 물러서며 두 번 절한 뒤 나그네 쪽으로 다가갔다.

나그네가 공자에게 무슨 용무가 있느냐고 묻자 공자는 조금 전 단서의 말(緒言)만 남기고 떠나셨는데 자신이 미련해 말한 바를 잘 알지 못한다고 밝혔다. 그러면서 공자는 나그네의 가르침을 낮은 곳에서 가만히 대비해 왔는데 다행히 귀한 말씀을 들을 수 있어 배움을 마치게 도와달라고 간곡히 부탁했다. 이에 나그네는 공자에게 배우기를 너무 좋아한다고 지적하면서 말했다. 이 말은 "배우고 때때로 익히면 즐겁지 아니한가(學而時習之 不亦說乎)"라는 『논어』의 시작을 꼬집어서 하는 말이다. 그럼에도 공자는 두 번 절하고 일어서면서 젊어서부터 배움을 닦아 벌써 나이 69세가 되었지만 여전히 지극한 가르침을 듣지 못한 터이니 지금 마음을 텅 비워 나그네의 가르침을 기다린다고 힘줘 말했다.

그러자 나그네는 같은 무리 사람들이 서로 친하게 지내고, 같은 종류 소리가 화음을 이루는 건 본디 자연의 원리(天理)라고 말했다. 그런데 나그네는 이런 자연의 원리에 따른 도를 잠시 내려놓고 공자가 하는 일을 따르겠다고 하는데 그건 인사(人事), 즉 사람에 관한 일이다. 사람에 관한 일은 천자, 제후, 대부, 서민 네 계층에 관한 일로 이들이 스스로 알아서 올바른 길을 가도록 하는 게 가장 좋은 다스림(治)이다. 그러므로 네 계층이 제 자리를 벗어나면 이보다 더 큰 혼란이 없다. 그래서 관리는 직무를 잘 수행하고, 일반인은 맡은 일에 머물러서 위아래가 서로 넘보는 일이 없도록 해야 인사가 잘 이루어진다.

만약 밭이 황폐해지고, 집이 무너지고, 입고 먹을 게 부족하고, 세금을 제대로 내지 못하고, 처와 첩이 서로 화목하지 못하고, 어른과 아이 사이의 질서가 없어지면 이것은 서민의 걱정이다. 또 자신의 능력이 소임을 감당하지 못해 관청 일을 제대로 처리하지 못하고, 행동이 맑고 깨끗하지 못해 신하가 일을 태만히 하며, 내세울 만한 공로가 없어 벼슬과 녹봉을 지키지 못하면 이것은 대부의 걱정이다.

조정에는 충성스런 신하가 없고, 국가는 혼란하며, 장인과 기술자는 솜씨가 없어 갖다 바치는 직물이 좋지 않고, 봄가을의 조근에서도 뒤져 천자와 좋은 관계를 유지하지 못하면 이것은 제후의 걱정이다. 또 음양의 기운이 조화를 이루지 못해 추위와 더위가 때에 맞지 않아 만물이 다치고, 제후들이 사납게 난리를 일으켜 마음대로 서로를 물리쳐서 백성을 해치며, 예악이 관습에 맞지 않고, 쓸 재물이 궁핍하고, 인륜이 정비되지 않아 백성이 음란하면 이것은 천자의 걱정이다.

지금 공자는 위로는 군주나 제후나 유사(有司)의 권세도 없고, 아래로는 대신이나 관리의 벼슬도 없다. 그런데도 멋대로 예악을 꾸미고, 인륜을 가려서 정해 백성을 교화시키려고 하니 나그네는 일을 쓸데없이 많이 하는 게 아니냐고 공자를 향해 물었다.

나그네는 사람에게는 여덟 가지 흠이 있고, 일에는 네 가지 재앙이 있으니 이를 잘 살펴야 한다고 공자에게 권했다. 그래서 자기가 해야 할 일이 아닌데도 그 일을 하면 오지랖이 넓다고(摠) 한다. 상대방이 관심을 보이지 않는데 간곡히 진언하면 사특하다고(佞) 한다. 남의 생각에 맞도록 말을 이끌면 아첨이라고(諂) 한다. 잘잘못을 따지지 않으면 알랑거림이라고(諛) 한다. 다른 사람의 단점을 말하길 좋아하면 모함이라고(讒) 한다. 친지 사이를 가르거나 친척 사이를 멀어지게 하면 중상모략이라고(賊) 한다. 겉으론 칭찬하고 속으론 기만해서 남을 망가뜨리면 간사함이라고(慝) 한다. 좋고 나쁨을 가리지 않고 양쪽 모두를 받아들여 남의 비위를 맞추어 하고자 하는 바를 남이 모르게 가리면 음흉함이라고(險) 한다. 이 여덟 가지 흠은 밖으론 사람을 어지럽히고 안으론 몸을 다치게 해 군자는 이런 짓을 하는 사람을 친구로 삼지 않고, 명군(明君)은 신하로 삼지 않는다.

네 가지 재앙(患)도 마찬가지이다. 큰일을 맡아서 처리하기 좋아하고, 원칙을 변경해서 달라지게 해 이럼으로써 공명을 남과 구분해서 분명히 하면 이를 외람됨이라고(叨) 한다. 오로지 자신의 앎으로만 일을 멋대로 처리하여 남의 영역을 침범해서 자기 것으로 활용하면 이를 탐욕스러움이라고(貪) 한다. 잘못을 알고도 고치지 않거나 간(諫)하는 말을 들어도 오히려 더 심하게 어기면 삐뚤어짐이라고(很) 한다. 남이 자기에게 찬동하면 괜찮지만 찬동하지 않으면 좋은 일도 좋지 않다고 하는 걸 교만함이라고(矜) 한다. 이것이 네 가지 재앙이다. 그래서 여덟 가지 흠을 버리고, 네 가지 재앙을 행하지 않아야만 비로소 누군가를 가르칠 수 있다.

어부 1-2

공자가 수심에 잠겨 안색이 달라지며 한숨을 쉬다가 두 번 절한 뒤
일어서면서 말했다.

"저는 노나라에서 두 번 쫓기었고, 위나라에선 종적을 감추어야 했고,
송나라에선 나무가 베어져 깔려 죽을 뻔했고,
진나라와 채나라 사이에선 포위를 당했습니다.
잘못한 이유를 모르는데 전 어째서 이런 고통을 네 번씩 겪어야 하나요?
나그네는 슬픈 듯 얼굴빛을 바꾸며 말했다.

"심합니다. 선생은 정말로 제대로 깨우치지 못하는군요!
그림자(影)가 두렵고, 자기 발자국이 싫어
이것들을 떠나서 멀리 달아나려고 한 사람이 있었습니다.
근데 발이 움직일수록 발자국이 더 많아지고,
달릴수록 발이 더 빨라져 그림자가 그의 몸을 떠나지 못했습니다.
자신은 오히려 더디게 달리는 것 때문이라고 여기고서
쉬지 않고 빨리 달리다가 결국 힘이 다 해 죽고 말았습니다.
그늘에 머물면 그림자가 사라지고, 조용히 머물면 발자국이 없어지는 걸
몰라서인데 어리석음도 지나치지요!
선생은 어짊(仁)과 의로움(義)의 간격을 살피고,
같음(同)과 다름(異)의 차이를 살피고,
움직임(動)과 고요함(靜)의 변화를 관찰하고,
받고(受) 주는(與) 것의 정도를 알맞게 하고,
좋아하고(好) 싫어하는(惡) 감정을 다스리고,

기쁨(喜)과 노여움(怒)의 절도를 조화시키지만 화를 면치 못합니다.

삼가 몸을 닦고 참됨(眞)을 지키면 사물은 그걸 준 사람에게 돌려주어 본래의 자기로 돌아오도록 하는데 그러면 걱정할 일이 없습니다.

그런데 지금 몸을 닦지 않고 남에게서 화를 면할 이유를 찾으니까 이 또한 빗나간 행동이 아닌가요!"

공자가 수심에 잠겨 안색이 달라지며 말했다.

"무엇을 참됨이라고 말하나요?"

나그네가 말했다.

"참됨은 정성됨(誠)의 지극함이어서 정성스러움(精)이 없거나 정성됨(誠)이 없으면 남을 감동시키지 못합니다.

그래서 억지로 곡하면 슬퍼 보여도 슬프게 느껴지지 않고,

억지로 화나면 엄하게 보여도 두려움이 느껴지지 않고,

억지로 친하면 비록 웃음을 내보여도 따뜻하게 느껴지지 않습니다.

정말로 슬프면 소리 내어 울지 않아도 슬프게 느껴지고,

정말로 화나면 화가 겉에 드러나지 않아도 두려움이 느껴지고,

정말로 친하면 웃음을 내보이지 않아도 따뜻함이 느껴집니다.

참됨이 마음속에 있으면 영험한 작용이 바깥으로 뻗어 나와 활동하므로 이것이 참되다는 게 귀중한 이유입니다.

참되다는 걸 인륜의 이치(人理)에 적용하면

부모를 섬길 땐 자애롭고 효성스러워야 하며,

군주를 섬길 땐 충직(忠貞)해야 하며, 술 마실 땐 기쁘고 즐거워야 하며,

상을 당할 땐 슬프고 애통해야 합니다.

그리고 충직에 있어선 공(功)을 으뜸으로 삼고,

술을 마심에 있어선 즐거움(樂)을 으뜸으로 삼고,

상을 당함에 있어선 슬픔을 으뜸으로 삼고,

부모를 섬김에 있어선 부모 마음에 드는 걸 으뜸으로 삼아야 합니다.

공을 훌륭히 이루는 데 있어 본받아 따르는 걸 하나만 고집해선 안 되고,

부모를 섬겨 부모 마음에 들도록 하는 데 있어 방법을 논해선 안 되고,

술을 마셔 즐기는 데 있어 술 잔을 가려선 안 되고,

상을 당해 슬퍼하는 데 있어 예의를 따져선 안 됩니다.

예의는 세속의 사람이 하는 짓이지만 참됨은 자연에서 받는 방법이어서

이런 자연스러움은 어떤 것과도 바꿀 수 없습니다.

그래서 성인은 자연을 법도로 삼고, 참됨을 귀하게 여기며

세속의 사람에게 억매이지 않는데 어리석은 사람은 이와 반대입니다.

어리석은 사람은 자연을 법도로 삼을 수 없어 인위적인 것에 근심합니다.

또 참됨을 귀히 여길 줄 모르고, 세속 사람들의 걸 받아들여 변화하면서

주체성 없이 남에게 끌려 다니므로 참됨이 부족합니다.

아깝습니다!

선생은 일찍이 인위적인 허례를 즐기느라 큰 도에 대해 늦게 들었습니다.”

공자가 다시 두 번 절하고 일어서며 말했다.

“지금 제가 선생을 뵙게 된 건 자연이 준 행운(天幸)이라고 하겠습니다.

선생은 부끄러워하시지 않고 저를 문하의 제자와 똑같이 대하면서

몸소 가르치고 계십니다.

선생이 계신 곳이 어딘지 감히 여쭙겠습니다.

선생께 가르침을 받아 큰 도(大道)를 완전히 배우고 싶습니다.”

나그네가 말했다.

“함께 갈 사람과 어울리면 오묘한 도에 이릅니다.

그렇지만 함께 가서 안 될 사람은 도를 알지 못해 함께 어울릴 수 없지요.

그래야 몸에 아무런 재앙이 닥치지 않는다고 들었습니다.

선생은 노력하시오! 나는 선생과 작별하겠습니다!"

그리곤 배를 노 저으며 떠나가 갈대밭 사이로 사라졌다.

안회가 수레를 돌리고, 자로는 수레의 손잡이 끈을 공자에게 주었으나

공자는 이들을 돌아보지 않다가 배 떠나간 물결이 잠잠해지길 기다리며

노 젓는 소리가 들리지 않은 후에야 수레에 올랐다.

자로가 수레 곁으로 다가와 물었다.

"제가 선생님을 모신 지 오래지만 선생님께서 사람을 만나

상대방을 이처럼 어려워하시는 걸 여태 보지 못했습니다.

만승의 군주나 천승의 제후도 선생님을 뵈올 땐

뜰에 자리를 따로 마련해서 대등한 예로 모셨습니다.

그런데도 저 어부는 오히려 거만한 모습을 지녔습니다.

아까 어부는 지팡이를 짚고 선생님과 마주 섰는데

선생님은 허리를 구부리며 몸을 굽혀 말할 때마다 절하고 대답했습니다.

선생님께서 너무 지나치게 행동하신 게 아닌가요?

선생님 문하의 제자 모두는 선생님을 이상하게 여기고 있습니다.

어부 따위가 감히 어떻게 이럴 수가 있습니까?"

공자는 수레 앞턱 가로나무에 엎드려 한숨을 쉬며 말했다.

"자로를 바른 길로 이끌기에 너무 힘들구나!

예의를 익힌 지 오래여도 거칠고 비루한 마음이 여전히 없어지지 않네.

이리 와라. 내가 너에게 말해주마!

어른을 만나서 공경하지 않으면 예의(禮)를 잃는다.

어진 이를 보고도 숭상하지 않으면 어질지(仁) 않다.

그가 지인(至人)이 아니라면 남에게 머리를 숙이게끔 할 수 없다.

남에게 머리를 숙이게끔 해도 정성스럽지 않으면 참됨이 통하지 않아

어른은 늘 자신의 마음을 다친다. 참으로 애석한 일이다!

남에게 어질지 않은 것보다 더 큰 재앙이 없는데 자로만 멋대로 행동한다.

도란 만물의 근원이어서 만물이 이걸 잃으면 죽지만 이걸 얻으면 산다.

일을 함에 있어서도 도를 거스르면 실패하고, 도에 순응하면 성공한다.

그래서 도를 지닌 사람은 성인(聖人)도 그를 숭상한다.

아까 어부는 도를 터득했다고 말할 수 있는데

내가 어찌 그분을 감히 공경하지 않을 수 있겠는가!"

* * *

孔子愀然而歎, 再拜而起曰:

「丘再逐於魯, 削迹於衛, 伐樹於宋, 圍於陳蔡. 丘不知所失, 而離此四謗者何也?」

客悽然變容曰: 「甚矣子之難悟也! 人有畏影惡迹而去之走者,

擧足愈數而迹愈多, 走愈疾而影不離身, 自以爲尙遲, 疾走不休, 絕力而死.

不知處陰以休影, 處靜以息迹, 愚亦甚矣!

子審仁義之間, 察同異之際, 觀動靜之變, 適受與之度, 理好惡之情, 和喜怒之節,

而幾於不免矣. 謹修而身, 愼守其眞, 還以物與人, 則無所累矣.

今不修之身而求之人, 不亦外乎!」

孔子愀然曰: 「請問何謂眞?」

客曰: 「眞者, 精誠之至也. 不精不誠, 不能動人.

故强哭者雖悲不哀, 强怒者雖嚴不威, 强親者雖笑不和.

眞悲無聲而哀, 眞怒未發而威, 眞親未笑而和.

眞在內者, 神動於外, 是所以貴眞也.

其用於人理也, 事親則慈孝, 事君則忠貞, 飮酒則歡樂, 處喪則悲哀.

忠貞以功爲主, 飮酒以樂爲主, 處喪以哀爲主, 事親以適爲主.

功成之美, 無一其迹矣, 事親以適, 不論所以矣., 飮酒以樂, 不選其具矣.,

處喪以哀, 無問其禮矣. 禮者, 世俗之所爲也., 眞者, 所以受於天也, 自然不可易也.

故聖人法天貴眞, 不拘於俗. 愚者反此.

不能法天而恤於人, 不貴眞, 祿祿而受變於俗, 故不足.

惜哉, 子之蚤湛於人僞而晩聞大道也.」

孔子又再拜而起曰:「今者丘得遇也, 若天幸然. 先生不羞而比之服役, 而身敎之.

敢問舍所在, 請因受業而卒學大道.」

客曰:「吾聞之 可與往者與之, 至於妙道. 不可與往者, 不知其道, 愼勿與之, 身乃無

咎. 子勉之! 吾去子矣, 吾去子矣!」

乃刺船而去, 延緣葦間.

顔淵還車, 子路授綏, 孔子不顧, 待水波定, 不聞拏音而後敢乘.

子路旁車而問曰:「由得爲役久矣, 未嘗見夫子遇人如此其威也.

萬乘之主, 千乘之君, 見夫子未嘗不分庭伉禮, 夫子猶有倨傲之容.

今漁父杖拏逆立, 而夫子曲要磬折, 言拜而應, 得無太甚乎?

門人皆怪夫子矣, 漁人何以得此乎?」

孔子伏軾而歎曰:「甚矣由之難化也! 湛於禮義有間矣, 而樸鄙之心至今未去.

進, 吾語汝!

夫遇長不敬, 失禮也., 見賢不尊, 不仁也.

彼非至人, 不能下人, 下人不精, 不得其眞, 故長傷身.

惜哉! 不仁之於人也, 禍莫大焉, 而由獨擅之.

且道者, 萬物之所由也, 庶物失之者死, 得之者生, 爲事逆之則敗, 順之則成.

故道之所在, 聖人尊之. 今漁父之於道, 可謂有矣, 吾敢不敬乎!」

달릴수록 빨라져 그림자가 몸을 떠나지 못하는데 더디게 달린다고 여겨 더 빨리 달린다

———

공자는 수심에 잠겨 안색이 달라졌다. 나그네는 여덟 가지 흠을 버리고, 네 가지 재앙을 행하지 않아야 공자를 가르칠 수 있다고 했는데 이 일이 공자로서 결코 쉬운 일이 아니어서이다. 공자는 한숨을 깊이 쉬고 두 번 절한 뒤 일어나면서 자신은 노나라에서 두 번 쫓기었고, 위나라에선 종적을 감추어야 했고, 송나라에선 나무가 베어져 깔려 죽을 뻔했고, 진나라와 채나라 사이에선 포위를 당했지만 여전히 잘못한 이유를 모르는데 이런 고통을 네 번씩 겪는 건 어째서냐고 나그네에게 물었다.

나그네는 슬픈 듯 얼굴빛을 바꾸면서 공자를 향해 정말로 깨우치게 하기 힘들다며 안타까워했다. 그러면서 그림자가 두렵고 자기 발자국이 싫어 이것들을 떠나 멀리 달아나려고 한 사람의 예를 들었다. 그 사람은 발이 움직일수록 발자국이 더 많아지고, 또 달릴수록 발이 더 빨라져 그림자가 그의 몸을 떠나지 못하는데도 오히려 더디게 달리는 것 때문이라고 여기고 쉬지 않고 빨리 달리다가 결국 힘이 다해 죽고 말았다. 이는 그늘에 머물면 그림자가 사라지고, 조용히 머물면 발자국이 없어진다는 걸 알지 못해서이다. 그러니 그 사람의 어리석음은 지나칠 뿐인데 나그네가 볼 때 지금 공자가 그러하다.

공자는 어짊과 의로움의 간격을 살피고, 같음과 다름의 차이를 살피고, 움직임과 고요함의 변화를 관찰하고, 받고 주는 것의 정도를 알맞게 하고, 좋아하고 싫어하는 감정을 다스리고, 기쁨과 노여움의 절도를 조화시키는데 화를 면치 못한다. 이는 마치 발을 움직일수록 발자국이 더 많아지고, 달릴수록 더 빨라져서 그림자가 몸을 떠나지 못하는데도 오히려 더디게 달리는 것 때문이라고 여겨 쉬지 않고 빨리 달리는 사람의 행동과 같다. 그래서 삼가 몸을 닦고 참됨(眞)을 지키면 사물은 그걸 준 사람에게 돌려주어 본래의 자기로 돌아오게 한다. 그러면 걱정할 필요가 없는데 지금 공자는 몸을 닦지 않고 남에게서 화를 면할 이유만 찾고 있으니 이 또한 빗나간 행동임에 분명하다.

　공자는 다시 수심에 잠겨 안색이 달라지면서 무엇을 참됨이라고 말하는지에 대해 물었다. 그러자 나그네는 참됨은 정성됨(誠)의 지극함이어서 정성스러움(精)이 없거나 정성됨(誠)이 없으면 남을 감동시키지 못한다고 대답했다. 그래서 억지로 곡하면 슬퍼 보여도 슬프게 느껴지지 않고, 억지로 화나면 엄하게 보여도 두려움이 느껴지지 않고, 억지로 친하면 비록 웃음을 내보여도 따뜻하게 느껴지지 않는다. 정말로 슬프면 소리 내어 울지 않아도 슬프게 느껴지고, 정말로 화나면 화가 겉에 드러나지 않아도 두려움이 느껴지고, 정말로 친하면 웃음을 내보이지 않아도 따뜻함이 느껴진다. 참됨이 마음속에 있으면 영험한 작용이 바깥으로 뻗어 나와 활동하기에 이것이 참됨이 귀중한 까닭이다.

　이런 참됨을 인류의 이치(人理)에 적용하면 부모를 섬길 때는 자애롭고 효성스러워야 하며, 군주를 섬길 때는 충직해야 하며, 술을 마실 때는 기쁘고 즐거워야 하며, 상을 당할 때는 슬프고 애통해야 한다. 그리고 충직에 있어선 공(功)을 으뜸으로 삼고, 술을 마심에 있어선 즐거움을 으뜸으로 삼고, 상을 당함에 있어선 슬픔을 으뜸으로 삼고, 부모를 섬김에 있어선 부모의 마음에 들게 하는 걸 으뜸으로 삼아야 한다. 그러니 공을 훌륭히 이루는 데 있어 본받아 따라야 하는 걸 하나만 고집해선 안 되고, 부모를 섬겨 부모의 마음에 들도록 하는 데 있어 방법을 논해선 안 되고, 술을 마셔 즐기는 데 있어 술잔을 가려선 안 되고, 상을 당해 슬퍼하는 데 있어 예의를 따져선 안 된다. 예의란 세속의 사람이 하는 짓이지만 참됨은 자연에서 받는 방법이므로 이런 자연스러움은 그 어떤 것과도 바꿀 수 없다.

이 때문에 성인은 자연을 법도로 삼고, 참됨을 귀하게 여기며 세상 사람에게 억매이지 않고 사는데 어리석은 사람은 이와 정반대이다. 그래서 어리석은 사람은 자연을 법도로 삼지 못해 인의적인 것에 근심하면서 참됨을 귀하게 여길 줄 모른다. 그리고 세상 사람의 것을 수용해 변화하면서 주체성 없이 남에게 끌려 다니므로 참됨이 부족하다. 나그네가 볼 때 공자가 바로 그러하다. 이에 나그네는 공자를 가리켜 인위적인 허례를 일찍이 즐기느라 큰 도에 대해 늦게 들었다고 하며 정말로 안타깝다고 말했다.

공자는 다시 두 번 절하고 일어서면서 나그네를 가리켜 선생이라고 불렀다. 그러면서 늦었지만 지금이라도 선생을 뵙게 된 건 천행(天幸), 즉 자연이 준 행운이라고 말했다. 공자는 선생이 자신을 문하의 제자와 똑같이 대하며 몸소 가르친다고 고마워하면서 계신 곳이 어딘지에 대해 물었다. 선생으로부터 가르침을 받아 큰 도(大道)를 제대로 배우고 싶어서이다. 이에 나그네는 함께 갈 사람과 어울리면 오묘한 도에 이르지만 함께 가서 안 될 사람은 도를 알지 못해 함께 어울릴 수 없다고 공자의 청원을 거절했다. 그래야만 자신의 몸에도 아무런 재앙이 닥치지 않는다고 들었다고 말했다. 나그네가 볼 때 공자는 여전히 함께 가선 안 될 사람이다. 그러면서 더 노력하라고 당부한 뒤 작별을 고하고서 배를 노 저으며 떠나가 갈대밭 사이로 유유히 사라졌다.

안회가 수레를 돌리고서 자로가 수레의 손잡이 끈을 공자에게 건넸는데도 공자는 이들을 돌아보지 않고서 배가 떠나간 물결이 잠잠해지길 기다리다가 노 젓는 소리가 들리지 않자 그제야 수레에 올랐다. 자로가 수레 곁으로 다가와 공자를 모신 지 오래이지만 누군가를 만나서 상대방을 이처럼 어렵게 대하는 걸 여태 보지 못했다고 투덜거렸다. 게다가 만승의 군주나 천승의 제후도 공자를 만날 때는 뜰에 자리를 따로 마련해서 대등한 예로 모시는데 나그네는 오히려 거만한 모습을 보였다. 아까 나그네는 지팡이를 짚고 마주 섰는데도 공자가 허리를 구부리고 몸을 굽혀서 말할 때마다 절하고 대답한 걸 두고 자로는 지나친 행동이 아니냐고 따졌다. 그러면서 제자들이 선생의 행동을 이해할 수 없어 이상하게 여긴다면서 어부 따위가 감히 이럴 수 있느냐고 스승에게 항의했다.

공자는 수레 앞턱의 가로나무에 엎드려 한숨을 쉬면서 자로에게 바른 길로 이끌기가 너무 힘들다고 한탄해하며 말했다. 자로가 예의를 익힌 지 오래이지만 거칠고 비루한 마음이 여태 없어지지 않아서이다. 이에 공자는 자로에게 또다른 가르침을 전했다. 그건 어른을 만나서 공경하지 않으면 예의(禮)를 잃고, 어진 이를 보고 숭상하지 않으면 어질지(仁) 않는다는 가르침이다. 그리고 지인(至人)이 아니면 남에게 머리를 숙이게끔 할 수 없고, 또 남에게 머리를 숙이게끔 해도 정성스럽지 않으면 참됨이 통하지 않는다는 가르침이다. 그래서 어른은 늘 자신의 마음을 다치므로 심히 애석할 뿐이다. 남에게 어질지 않은 것보다 더 큰 재앙은 없는데 자로만 제멋대로 행동한다며 안타까워했다.

도(道)란 만물의 근원이어서 만물이 이걸 잃으면 죽지만 이걸 얻으면 산다. 일을 함에 있어서도 도와 거스르면 실패하지만 도에 순응하면 성공한다. 그래서 도를 지닌 사람은 성인(聖人)이라도 그를 숭상하게 마련이다. 아까 나그네 어부는 도를 터득했다고 말할 수 있다. 그래서 공자가 어찌 그분을 감히 공경하지 않을 수 있겠느냐며 감격해하면서 자로에게 말했던 거다.

열어구

列禦寇

「열어구」 전반에 걸쳐 있는 주제는 자연스런 덕(德)이다. 덕은 동아시아 고대사상을 이해하는 데 있어 매우 중요한 개념에 해당한다. 공자, 맹자, 노자, 장자, 순자 등 춘추전국시대의 제자백가들은 도(道)와 덕(德)을 중심으로 자신들의 사상을 전개했다. 여기서 도가 세상과 우주자연의 원리라면 덕은 이 원리에 따라 드러난 모습이라고 말할 수 있다. 그런데 도가와 유가는 덕의 개념을 두고 서로 다른 입장을 보인다. 도가는 덕을 자연스러운 거로 파악하는 반면 유가는 인의예지와 같이 인위적 요소가 개입되어야 한다고 보아서이다. 따라서 도가는 자연스런 덕을 강조하는 반면 유가는 상대적으로 인위적인 덕을 옹호한다. 「열어구」는 인위적인 덕을 비판하고 자연스런 덕을 옹호하는 내용으로 전개된다.

첫 번째 글의 주인공은 열어구이다. 열어구는 글의 첫 부분에선 자연스런 덕을 옹호하다가 자신에게 사람들이 많이 모여드는 걸 보곤 글 후반에는 자연스런 덕을 소홀히 하는 사람으로 묘사된다. 그래서 스승 격인 백혼무인조차 열어구에 대해 실망한다. 백혼무인이 볼 때 열어구에게 사람이 많이 모여드는 건 열어구가 사람들을 감동시키거나 기쁘게끔 한 탓인데 이런 느낌을 갖게 하려면 분명 남과 다른 방법을 써야 한다. 백혼무인이 볼 때 열어구가 사용한 남과 다른 방법이란 자연스러운 덕에 따른 게 아니라 그의 재주(巧)와 앎(知)이다. 이런 재주와 앎으로서 사람을 모으고자 하면 그 사람은 늘 수고롭고 늘 근심하게 마련이다.

두 번째 글도 자연스런 덕을 옹호하는 내용이다. 즉 도를 깨우치고도 말하지 않으면 그건 자연스런 덕을 실천하는 일이다. 그렇지만 도를 깨달았다고 말하면 그건 인위적인(人) 덕에 불과하다. 사실 도를 깨달았다고 말하면 그건 정말로 도를 깨달은 사람이 아니다. 「열어구」는 도를 깨달았다고 말해 인위적인 덕을 추구하는 데서 그친 사람으로 완(緩)이란 유학자를 든다. 여기서 유학자를 언급한 건 매우 상징적이다. 유학자는 인의예지와 같은 인위적인 덕을 옹호하기 때문이다.

세 번째 글도 자연스런 덕을 옹호하는 내용으로 그 설명이 가능하다. 주평만(朱泙漫)이란 사람이 엄청난 수업료를 지불하고 용을 잡는 기술을 배웠는데 막상 배우고 나니까 쓸 데가 없었다. 이는 용 잡는 기술을 꼭 배우겠다고 하는 사람의 고집이 빚어낸 참사이다. 이 역시 자연스럽지 못한 태도이다. 소인(小人)은 주평만처럼 그의 행동을 억지로 추구하는 경향이 있지만 성인(聖人)은 뭔가를 특별히 고집하지 않는다. 따라서 소인은 억지로 추구하면서 말다툼을 벌이지만 성인은 다른 사람과 말다툼을 하는 법이 없다. 이것도 자연스런 덕에 입각한 행동이다.

네 번째 글은 자연스런 덕을 옹호하는 내용과 다소 거리가 있어 보인다. 외물에 집착하는 사람을 비판하는 내용인데 넓은 의미에서 보면 자연스런 덕을 옹호하는 글이라고 할 수 있다. 여기서 외물에 집착하는 사람으로 등장한 주인공이 진나라 왕에게서 수레 백 대를 선사받은 송나라 사람인 조상이다. 조상은 의기양양해서 장자에게 이를 자랑했다. 이에 장자는 치료하는 데가 더러울수록 보상이 많아지는데 진나라 왕의 치질을 어떻게 고쳐주었기에 이렇게 많은 수레를 받았느냐고 조상을 나무란다. 다섯 번째 글은 인위적인 덕을 옹호하는 공자에 대한 비판을 담는다. 그런데 제자로 분한 안회를 통해 이 비판이 이루어지므로 유가로부터 비판받을 소지가 크다.

여섯 번째 글도 자연스런 덕과 관련한 내용이다. 자연은 사람에게 온갖 혜택을 베풀더라도 이런 베풂을 전혀 기억하지 못하는데 이것이 자연스런 덕에 따른 자연의 행동이다. 자연뿐만 아니다. 사람 중에도 이런 베풂을 기억하지 않아 자연스런 덕을 저절로 실천하는 사람이 있다. 심지어 장사아치 중에도 이런 자연스런 덕을 실천하는 사람이 있다. 일곱 번째 글은 진인(眞人)에 관한 내용이다. 진인은 몸 안팎으로부터의 형벌, 즉 물리적 형구에 의한 바깥으로부터의 형벌과 마음의 동요와 후회라는 안으로부터의 형벌을 모두 면죄받는다. 그런데 여기서 언급된 진인은 내편 「대종사」에서 본격적으로 언급되었던 진인의 의미와는 다소 거리가 있어 보인다.

여덟 번째 글은 자연스런 덕과 전혀 관련이 없는 내용처럼 보인다. 오히려 여기서 말하는 내용은 유가가 강조하는 것에 보다 가깝다고 보아진다. 사람의 마음(人心)은 깊고, 또 깊어 산천보다 더 험할 뿐 아니라 자연을 아는 것보다 더 어렵다. 그래서 아홉 가지 정도의 증명을 마쳐야만 잘난 사람인지 못난 사람인지를 가려낼 수 있다. 아홉 번째 글은 높은 관직에 오를수록 겸손함을 보인 정고보란 사람에 관한 내용이다. 그런데 겸손함을 두고 자연적인 덕과 인위적인 덕을 구분하는 건 좀 무리인 듯싶어 글의 설득력이 떨어진다.

열 번째 글은 덕을 인위적으로 실천하는 흉덕(凶德), 사람을 곤궁함에 빠뜨리는 여덟 개 마룻대(八極), 일을 잘 풀리게 하는 세 개의 필연(三必), 사람을 그릇되게 하는 몸의 여섯 개 곳간(六府)에 관한 내용이다. 이것들에 비추어 보면 우리가 생명의 타고난 모습에 통하면 마음이 커지는 반면 앎에 통하면 마음이 흐트러진다고 말한다. 또 우리가 자연의 큰 명령(大命)에 통하면 자연의 변화를 따르는 반면 인간의 작은 명령(小命)에 통하면 어려움을 당한다고 말한다.

열한 번째 글은 군주의 칭찬에 우쭐해하지 말고 오히려 군주의 변덕스러움을 경계해야 한다는 내용이다. 그래서 자연스런 덕과는 크게 관련이 없어 보인다. 열두 번째 글은 제물로 쓰이는 소보다 부모를 잃은 송아지 신세가 차라리 낫다는 내용이다. 그러니 지금 당장의 호강을 위해 자신의 자연스런 삶을 희생하지 말라는 걸 강조하는 내용이다. 마지막 글은 자연스런 덕과 긴밀히 관련된 내용이다. 이 글은 총명함(明)이 영험함(神)을 이길 수 없다는 걸 강조하는데 여기서 총명함이 인의적인 덕에 입각해 있다면 영험함은 자연스런 덕에 입각해 있다.

열자(列禦寇)가 제나라로 가다 도중에 되돌아오면서

백혼무인(伯昏瞀人)을 만났다.

백혼무인이 물었다. "어째서 제나라로 가다 지금 되돌아오는가?"

열자가 말했다. "제가 놀라 두려워져서입니다."

백혼무인이 물었다. "어째서 놀라 두려워졌는가?"

열자가 말했다.

"제가 열 곳 주막에서 식사를 했는데 다섯 곳 주막에서

다른 손님보다 먼저 제게 식사를 제공해서입니다."

백혼무인이 물었다. "이런 정도라면 자네가 어째서 놀라 두려워하는가?"

열자가 말했다.

"주막 주인이 베푸는 내면의 정성이 흩어지지 않고,

몸은 공손해서 빛을 내어 바깥사람의 마음을 억눌러서입니다.

이는 정말로 대접받아야 할 귀한 이와 늙은이를 소홀히 하는 것이기에

제게 근심이 생겨난 겁니다.

주막 주인은 오로지 음식과 국을 팔아서 돈을 벌기에

돈벌이는 보잘 것 없고, 이익도 적고, 권한도 하찮습니다.

그런데도 주막 주인이 오히려 저를 이렇게 정성껏 대하니

하물며 만승의 군주는 저를 과연 어떻게 대하겠습니까?

만승의 군주인 제나라 군주는 그의 몸이 나라를 위해 애쓰고,

그의 앎은 정사를 처리하는 데 힘씁니다.

그러니 제나라 군주는 제게 나라 일을 맡기면 공을 세우길 바랄 텐데

이에 제가 놀라 두려워진 겁니다."

백혼무인이 말했다.

"잘 보았다! 자네가 주막 주인이 하는 것처럼 정성껏 처신하면
사람들이 자네를 믿고 모여들 거네!"

시간이 얼마 흐르지 않아 백혼무인이 열자를 찾아갔더니

열자의 집 문밖에는 신발이 가득했다.

백혼무인은 북쪽을 향해 서서 지팡이를 줄여 세워놓곤

거기에 턱을 괴고 잠시 있다가 아무 말도 않고 그냥 나왔다.

접대를 맡은 사람이 열자에게 알렸더니 열자가 신발을 손에 들고

맨발로 뛰어나와 문 앞에서 따라잡은 뒤 말했다.

"기왕 오셨는데 약이 될 만한 가르침을 왜 제게 말씀해주시지 않나요?"

백혼무인이 말했다.

"그만둬라.

본디 내가 자네에게 말하길 너를 믿고서 사람들이 모여들 거라고 했는데

지금 과연 자네를 믿고 많은 사람들이 모여들었네.

이는 자네가 사람들에게 자네를 믿게끔 해서 일부로 모여들게 한 건

물론 아닐 걸세.

그렇다고 자네가 사람들에게 자네를 믿게끔 해서 모여들지 못하게

말린 것도 물론 아닐 걸세.

그러니 사람들이 자네에게 감동하고, 기뻐하고, 출중하다고 느끼는 건

자네가 남과 다른 방법을 썼기 때문이 아니겠는가!

남을 반드시 감동시키려고 하면

자네의 근본 바탕(本才)이 흔들리는 건 어쩔 수 없네.

자네를 따라 공부하는 사람도 그런 사실을 말해주지 않고,

또 그들이 내뱉는 하찮은 말도 다른 사람을 해칠 걸세.

이처럼 남을 깨우치지 못하고, 또 자신도 깨치지 못하는 사람들과

어찌 서로 도타워질 수 있겠는가!

재주 있는 사람은 수고롭고, 아는 게 많은 사람은 근심하는 법이네.

능력 없는 사람은 추구하는 바가 없어 배불리 먹고 유유히 노닐면서

매이지 않은 배처럼 둥둥 떠다닐 뿐이니

이런 사람이 마음을 텅 비우고 유유히 노니는 사람일세."

· · ·

列禦寇之齊, 中道而反. 遇伯昏瞀人.

伯昏瞀人曰:「奚方而反?」

曰:「吾驚焉.」

曰:「惡乎驚?」

曰:「吾嘗食於十漿, 而五漿先饋.」

伯昏瞀人曰:「若是, 則汝何爲驚已?」

曰:「夫內誠不解, 形諜成光, 以外鎭人心, 使人輕乎貴老, 而齏其所患.

夫漿人特爲食羹之貨, 無多餘之贏, 其爲利也薄, 其爲權也輕, 而猶若是, 而況於萬

乘之主乎! 身勞於國而知盡於事, 彼將任我以事而效我以功, 吾是以驚.」

伯昏瞀人曰:「善哉觀乎! 汝處已, 人將保女矣!」

無幾何而往, 則戶外之屨滿矣.

伯昏瞀人北面而立, 敦杖蹙之乎頤, 立有間, 不言而出.

賓者以告列子, 列子提屨, 跣而走, 曁乎門, 曰:「先生旣來, 曾不發藥乎?」

曰:「已矣, 吾固告汝曰人將保汝, 果保汝矣.

非汝能使人保汝, 而汝不能使人無保汝也, 而焉用之感豫出異也!

必且有感搖而本才, 又無謂也.

與汝遊者又莫汝告也, 彼所小言, 盡人毒也. 莫覺莫悟, 何相孰也!

巧者勞而知者憂, 無能者無所求, 飽食而敖遊, 汎若不繫之舟, 虛而敖遊者也.」

재주가 많은 사람은 늘 수고롭고,
앎이 많은 사람은 늘 근심한다

———

열어구(列禦寇)가 제(齊)나라로 가다가 도중에 되돌아온 뒤 백혼무인
(伯昏瞀人)을 만났다. 열어구는 열자를 의미하는데 『장자』에 이미 여러
차례 등장한 바 있다.[39] 또 백혼무인은 「덕충부」와 「전자방」에서 백혼
무인(伯昏無人)으로 등장한 바 있다.[40] 백혼무인은 열자에게 제나라로
가다가 어째서 되돌아왔느냐고 물었다. 열어구는 놀라 두려워져서라고
대답하자 백혼무인은 어째서 놀라 두려워졌는지에 대해 물었다. 그러
자 열어구는 열 곳 주막에서 식사를 했는데 절반이나 되는 다섯 곳 주
막에서 다른 손님보다 먼저 자신에게 식사를 제공해서라고 대답했다.
즉 자신에 대한 서비스가 지나쳤다는 말이다. 그러자 백혼무인은 이 정
도라면 열어구가 어째서 놀라 두려웠는지 의아해서 다시 물었다.

이에 열어구는 주막 주인이 베푸는 내면의 정성이 흩어지지 않고, 또
몸은 공손해서 빛을 내기에 손님의 마음을 억눌러서라고 대답했다. 그
러면서 주막 주인의 이런 지극한 마음은 정말로 대접받아야 할 귀한

---

39) 열자는 「소요유」 2, 「응제왕」 5, 「지락」 6, 「달생」 2, 「전자방」 9에서 각각 등장한다.
40) 백혼무인은 「덕충부」 2와 「전자방」 9에서 등장한다.

사람이나 늙은 사람을 본의 아니게 소홀히 하게 하므로 열어구에게 새로운 근심이 생겨난다고 말했다. 또 열어구의 근심은 주막 주인이 오로지 밥과 국을 팔아 돈을 벌어서 그야말로 돈벌이는 보잘 것 없고, 이익도 적고, 권한도 하찮은데 자신을 이처럼 정성껏 대하므로 제나라 군주는 자신에게 더 큰 정성으로 대할 거라는 데서 오는 근심이다. 지금 제나라 군주는 자신의 몸을 나라를 위해 애쓰고, 자신의 앎을 정사를 처리하기 위해 힘쓴다. 이런 상황에서 제나라 군주가 열어구에게 나랏일을 맡기면 분명 공을 세우길 바랄 텐데 열어구는 제나라 군주의 이런 친절을 감당해 낼 수 없어 놀라 두려워진 것이다.

그러자 백혼무인은 열어구에게 잘 관찰했다고 칭찬하면서 열어구도 주막 주인이 하는 것처럼 정성껏 처신하면 사람들이 열어구를 믿고 모여들 거라고 격려했다. 그 후 시간이 얼마 흐르지 않아 백혼무인이 열어구를 찾아갔는데 열어구 집 문밖에는 신발이 가득해 백혼무인은 하는 수 없어 바깥에서 기다려야 했다. 그리고 북쪽을 향해 서서 지팡이를 줄여놓고 세운 뒤 거기에 턱을 괴며 잠시 앉아 있다가 아무 말도 하지 않고서 그냥 나왔다. 접대를 맡은 사람이 이 사실을 열어구에게 알렸더니 열어구가 다급한 나머지 손에 신발을 들고 맨발로 뛰어나와 문앞에서 백혼무인를 따라잡은 뒤 그 앞에 서서 기왕 오셨으니 약이 될 만한 가르침을 말씀해달라고 간곡히 청했다.

백혼무인은 열어구에 대한 가르침이 아무런 의미가 없으니까 하지 않겠다고 딱 잘라 거절했다. 그러면서 언젠가 사람들이 열어구를 믿고 모여들 거라고 예상했는데 지금 열어구를 믿고 많은 사람들이 모여들었음을 상기시켰다. 이런 모여듦은 열어구가 사람들에게 자신을 믿게끔 일부로 만들어서 이루어진 건 물론 아니다. 그렇다고 열어구가 사람들에게 자신을 믿게끔 만들어서 모여들지 못하게 말린 것도 물론 아니다. 그러니 사람들이 열어구에게 감동하거나, 기뻐하거나, 출중하다고 느끼는 건 열어구가 분명 남과 다른 방법을 썼기 때문이다. 그런데 남에게 감동과 기쁨을 주려고 하면 반드시 자신의 근본 바탕이 흔들리는 건 어쩔 수가 없다. 게다가 열어구를 따라 공부하는 사람도 그런 사실을 절대로 말해주지 않는다. 또 열어구를 따라 공부하는 사람이 내뱉는 하찮은 말도 다른 사람의 마음을 해치게 마련이다. 이처럼 남을 제대로 깨우치게 하지 못하고, 자신도 제대로 깨우치지 못하는 사람들은 서로 도타워질 수 없다.

그래서 교자(巧者), 즉 재주가 많은 사람은 늘 수고롭고, 지자(知者), 즉 앎이 많은 사람은 늘 근심하는 법이다. 즉 어떻게 하면 출세할까, 어떻게 하면 이득을 낼까 하면서 말이다. 반면 무능한(無能) 사람, 즉 능력이 없는 사람은 추구하는 바가 달리 없으므로 배불리 먹고 유유히 노닐면서 매이지 않은 배처럼 그저 둥둥 떠다닐 뿐이다. 이런 사람이 마음을 텅 비우고(虛) 유유히 노니는(敖遊) 사람인데 열어구는 지금 이와는 반대의 삶을 살아가고 있다. 참고로 열어구는 열자(列子)라고 불릴 정도로 도를 깊이 터득해 사람들에 의해 높이 받들어졌던 사람인데 여기선 여전히 부정적으로 묘사되고 있다.

정(鄭)나라 사람 완(緩)이 구씨(裘氏)란 고장에서 열심히 책을 읽어

삼 년 만에 유학자가 되었다.

유학자가 된 덕으로 황하가 9리 밖까지 땅을 적시듯이

은택이 삼족에 미쳐서 아우도 그 후 묵가의 학자가 되었다.

그리고는 형 유학자와 동생 묵학자는 서로 논쟁을 벌였는데

아버지는 동생인 묵학자의 편을 들었다.

십 년이 지나자 완은 자살하고 말았다.

그런데 큰아들 완이 아버지 꿈에 나타나서 말했다.

"아버님의 아들을 묵학자로 만든 건 저였는데

어째서 동생은 잠깐이라도 제 무덤에 와보지 않나요?

제 몸은 이미 무덤 위 측백나무 열매로 변해 있습니다."

조물자가 사람에게 뭔가 보답을 할 때엔 인위적(人)으로 보답하지 않고,

자연적(天)으로 보답한다.

이 때문에 그의 동생은 자연스런 본래의 천성에 따라 묵학자가 된 거지

형에 의해 그렇게 된 건 아니다.

그럼에도 완은 자신이 유학자가 된 건 다른 사람들보다 뛰어나다고 여겨

그의 부모까지 업신여기고 있다.

제나라 사람이 우물을 파 물을 마시면 자기가 팠다고 하며 서로 다툰다.

그래서 말하기를 지금 세상 사람들은 모두 완과 같은 사람이라고 한다.

이로부터 보면 덕(德)이 있다고 말하는 사람은 정말로 덕이 뭔지 모른다.

하물며 스스로 도(道)를 터득했다고 말하는 사람이야

더 말할 나위가 없지 않겠는가!

옛날엔 이런 사람을 가리켜서 둔천지형(遁天之刑),

즉 자연의 원리에서 벗어나서 받는 형벌을 받는 사람이라고 말했다.

성인(聖人)은 그가 편안히 지낼 곳에서 편안히 지내며,

편안하지 않은 곳에선 편안하게 지내지 않는다.

그런데 보통사람(衆人)은 편안하지 않은 곳에서 편안히 지내고,

편안한 곳에선 편안하게 지내지 않는다.

장자가 말했다.

"도(道)를 아는 건 쉽지만 그걸 말하지 않기란 어렵다.

도를 알면서도 말하지 않는 건 자연(天)으로 나아가는 바이고,

도를 안다고 말하는 건 인위(人)로 나아가는 바이다.

옛날의 지인은 자연스러웠지 인위적이지 않았다."

· · ·

鄭人緩也呻吟於裘氏之地.

祇三年而緩爲儒, 潤九里, 及三族, 其弟墨.

儒墨相與辯, 父助翟. 十年而緩自殺.

其父夢之曰:「使而子爲墨者子也. 闔嘗視其良, 旣爲秋柏之實矣?」

夫造物者之報人也, 不報其人而報其人之天. 彼故使彼.

夫人以己爲儒以異於人以賤其親, 齊人之井飮者相捽也. 故曰今之世皆緩也.

自是, 有德者以不知也, 而況有道者乎! 古者謂之遁天之刑.

聖人安其所安, 不安其所不安., 衆人安其所不安, 不安其所安.

莊子曰:「知道易, 勿言難. 知而不言, 所以之天也., 知而言之, 所以之人也.,

古之至人, 天而不人.」

도를 알아도 말하지 않아야 자연스럽고(天),
도를 알아서 말하면 인위적(人)이다

———

정(鄭)나라 사람 완(緩)이 구씨(裘氏)란 고장에서 열심히 책을 읽은 뒤 삼 년 만에 유학자가 되었다. 완이 유학자가 된 덕택으로 완씨 집안은 황하가 9리 밖까지 땅을 적셔주듯 삼족에 걸쳐서 은택이 미쳤다. 그 결과 완의 아우도 그 후 묵학자, 즉 묵가의 학자가 되었다. 유학자는 인애(仁愛)를 주장하는 반면 묵학자는 겸애(兼愛)를 주장하기에 유가의 형과 묵가의 동생도 이 논쟁에서 피해 나갈 수 없다. 그런데 아버지는 어쩐 일인지 묵가인 동생의 편을 들어서 십 년의 세월이 흐른 뒤 형 완은 견디지 못하고 그만 자살했다. 이에 큰아들 완이 아버지 꿈에 나타나서 동생을 학자로 만든 건 결국 자신인데 어째서 동생이 잠깐이라도 자신의 무덤에 와보지 않느냐고 따졌다. 그리고 자신의 몸은 이미 무덤 위 측백나무 열매로 변했다고 말했는데 이는 자신이 이미 도를 깨우쳤다는 걸 아버지에게 확인시켜 주는 말이다.

조물자(造物者)가 사람들에게 뭔가 보답할 때에는 인위적(人)으로 보답하지 않고 자연스럽게(天) 보답한다. 그렇다면 동생도 자연스런 본래의 천성에 따라 학자가 될 수 있었던 거지 형의 덕분으로 인위적인 힘이 작용해서 학자가 된 게 아니다. 그런데도 형 완은 동생이 학자가 된 건 오로지 자신의 덕택이고, 나아가 자신도 학자가 될 수 있었던 건 다른 사람들보다 능력이 탁월해서라고 믿는다. 즉 자신이 학자가 된 건 부모가 물려준 능력 때문이 아니라 오로지 자신의 능력 때문이라고 여기는 거다. 이렇게 함으로써 결과적으로 그의 부모까지 업신여기는데 이는 유학자로서 취할 도리는 분명 아니다. 유학자는 자신의 능력이 뛰어나더라도 오로지 부모의 덕이라고 말해야 하기 때문이다.

제나라 사람들이 우물을 파서 물을 마시면 그 물은 자연스러움 때문이 아니라 자기네들 덕분이라고 여겨 물의 소유권을 두고 다투기 일쑤이다. 그러니 지금 제나라 사람들도 모두 완과 같은 사람이다. 이로 미루어 보면 덕(德)이 있다고 말하는 사람은 정말로 덕이 무언지 모른다. 그러니 도(道)를 터득했다고 말하는 사람은 정말로 도를 터득한 게 아니다. 옛날에는 이런 사람, 즉 스스로 덕이 있다고 말하거나 도를 터득했다고 말하는 사람을 가리켜서 둔천지형(遁天之刑),[41] 즉 자연의 원리에서 벗어나서 받는 형벌을 받는 자라고 말했다. 이에 성인(聖人)은 그가 편히 지낼 곳에서 편안히 지내지만 편하지 않은 곳에선 편안히 지내지 못한다. 반면 보통사람(衆人)은 편하지 않은 곳에서 편안히 지내는 반면 정작 편한 곳에선 편안히 지내지 못한다.

그래서 장자는 도(道)를 아는 건 쉽지만 그걸 말하지 않는 건 정말로 어렵다고 말한다. 물론 도를 아는 것도 어려운 일이다. 그런데도 도를 깨우치는 게 상대적으로 쉽다고 말하는 건 도를 말하지 않는 게 그만큼 중요해서이다. 이처럼 도를 아는데도 도를 말하지 않는 건 정말로 힘든 일이다. 그래서 도를 알면서도 말하지 않는 건 자연스러움(天)으

---

41) 둔천지형(遁天之刑)은 「양생주」 3-2에 등장한다.

로 나아가는 바이고, 도를 안다고 말하는 건 인위적인(人) 것으로 나아가는 바이다. 옛날의 지인(至人)은 도를 알아도 말하지 않았기에 자연스러웠지 인위적이지 않았다. 결국 이 글은 도를 말하지 않는 걸 강조하는 내용인데 그 단서를 유학자인 완을 통해 밝히고 있다. 그런데 밝히는 작업이 뭔가 자연스럽지 못하다. 또 완이 측백나무 열매로 변함으로써 도를 터득했다는 걸 암시하지만 그가 정말로 도를 터득했는지도 여전히 의문으로 남는다.

주평만(朱泙漫)이 용(龍)을 잡는 기술을 지리익(支離益)에게 배웠다.

천금이나 되는 집을 수업료로 쏟아붇고 삼 년간 기술을 습득했는데

막상 배우고 나니까 그 솜씨를 쓸 데가 없었다.

성인(聖人)은 그런 거라도 꼭 그렇다고 고집하지 않아

다른 사람들과 말다툼하는 법이 없다.

보통사람들은 그렇지 않은 것도 꼭 그렇다고 고집하기에

다른 사람들과 말다툼하는 일이 많고, 또 거기에 길들여져 있다.

그래서 소인의 행동에는 억지로 추구하는 경향이 있는데

이렇게 말다툼에 의지하다 보면 망하게 마련이다.

소인의 앎은 선물과 편지를 주고받는 범위를 못 벗어나고,

비루하고 천박한 일로 그의 정신을 피폐하게 만든다.

그럼에도 도(道)와 사물(物) 모두에 능통하려고 들고,

또 드러난 형체와 드러나지 않은 비움을 큰 하나로 보려고 한다.

이런 소인은 넓은 우주에 미혹되고, 드러난 형체에 얽매여서

태초(太初)의 오묘한 이치를 모른다.

반면 지인(至人)은 그의 정신을 처음 이전(無始)의 상태로 돌아가도록 해

무하유지향(無何有之鄕)에서 단잠을 잔다.

그래서 지인의 정신은 아무런 형체가 없는 곳에서 물처럼 흘러나오거나

텅 비고 밝은 경지(太淸)에서 새어나온다.

슬프다!

소인의 앎이 터럭만한 데 있어 크게 편안한(大寧) 경지를 알지 못하니!

朱泙漫學屠龍於支離益, 單千金之家, 三年技成而無所用其巧.

聖人以必不必, 故無兵., 衆人以不必必之, 故多兵.,

順於兵, 故行有求. 兵, 恃之則亡.

小夫之知, 不離苞苴竿牘, 敝精神乎蹇淺, 而欲兼濟道物, 太一形虛.

若是者, 迷惑於宇宙, 形累不知太初.

彼至人者, 歸精神乎無始而甘冥乎無何有之鄕.

水流乎無形, 發泄乎太淸.

悲哉乎! 汝爲知在毫毛, 而不知大寧!

성인은 고집하지 않아
다른 사람과 말다툼하는 법이 없다

———

주평만(朱泙漫)이 지리익(支離益)으로부터 용(龍)을 잡는 엄청난 기술을 배웠다. 그래서 수업료로도 천금이나 되는 거금을 쏟아붓고, 또 삼년간에 걸쳐서 이 기술을 터득했다. 그런데 막상 배우고 나니까 그 기술을 써먹을 데가 마땅치 않았다. 그러니 엄청난 돈과 시간을 들이고도 아무 소용이 없는 일을 하고 만 셈이다. 오늘날 이런 일이 발생하면 주평만이란 사람은 지리익을 사기범으로 몰아 그를 관가에 고발했음이 분명하다. 하여간 이건 용을 잡는 기술을 반드시 배우고 말겠다고 다짐한 주평만이란 사람의 고집이 빚어낸 참사이다.

그런데 성인(聖人)은 주평만과 달라 그렇더라도 꼭 그렇다고 고집하지 않는다. 이에 다른 사람과 말다툼하는 법이 없다. 반면 보통사람은 주평만처럼 그렇지 않은 것도 꼭 그렇다고 고집한다. 그러므로 다른 사람과 말다툼하는 일이 자연 많아지고, 또 거기에 길들여져 있다. 그래서 소인의 행동에는 억지로 추구하는 경향이 있다. 억지로 추구하다 보면 말다툼이 생겨나는데 이런 말다툼에 의지하다 보면 망하게 마련이다. 또 소인의 얇은 선물과 편지를 주고받는 범위를 벗어나지 못하고, 또 비루하고 천박한 일로 그의 정신이 피폐해진다.

그럼에도 소인은 형이상학의 영역인 도(道)와 형이하학의 영역인 사물(物)에 모두 능통하려고 든다. 게다가 드러난 형체와 드러나지 않은 비움을 큰 하나로 보려고 한다. 그래서 소인은 넓은 우주에 미혹되게 마련이고, 또 드러난 형체에 얽매여서 태초(太初)의 오묘한 이치를 알지 못한다. 반면 지인(至人)은 그의 정신을 무시(無始), 즉 처음 이전의 상태로 돌아가게 해 무하유지향(無何有之鄕),[42] 즉 아무것도 없는 마을에서 단잠을 잔다. 그래서 지인의 정신은 아무런 형체가 없는 곳에서 물처럼 흘러나오거나 텅 비고 밝은 경지(太淸)에서 새어나온다. 반면 소인의 앎은 터럭만한 데 머물러서 크게 편안한(大寧) 경지를 알지 못하므로 오로지 슬플 뿐이다.

---

42) 무하유지향(無何有之鄕)은 「소요유」 4에 등장.

송(宋)나라 사람 중에 조상(曹商)이란 자가 있었는데

그는 송나라 왕의 사신이 되어 진(秦)나라에 갔다.

그가 진나라로 갈 때 송왕에게 수레 몇 대를 받았는데

진나라에 도착하자 진왕이 반기면서 수레 백 대를 더해 주었다.

그는 송나라에서 돌아와 장자를 만나고서 말했다.

"궁핍한 마을과 비좁은 거리에서 가난하고 고달픈 채 신을 짜며 생계를

잇고, 삐쩍 마른 목에 누런 낯빛으로 살아가는 일은 내게 적절치 않네.

그렇지만 만승 대국의 군주(萬乘之主)를 한 번에 깨우쳐서

수레 백 대를 받아 거느리는 일은 내가 잘하네."

장자가 말했다.

"진나라 왕이 병이 나 의사를 부르면 악창을 따 고름을 짜주는 자는 수레

한 대를 얻고, 치질을 핥아 고쳐주는 자는 수레 다섯 대를 얻는데

치료하는 데가 더러울수록 받는 수레가 많아진다는 거야.

자네는 치질을 어떻게 고쳐주었기에 그렇게 많은 수레를 받았는가?

자네는 더러우니까 당장 꺼지게!"

· · ·

宋人有曹商者, 爲宋王使秦.

其往也, 得車數乘., 王說之, 益車百乘.

反語宋, 見莊子曰:「夫處窮閭陋巷, 困窘織屨, 槁項黃馘者, 商之所短也.,

一悟萬乘之主而從車百乘者, 商之所長也.」

莊子曰:「秦王有病召醫, 破癰潰痤者得車一乘, 舐痔者得車五乘, 所治愈下, 得車愈

多. 子豈治其痔邪, 何得車之多也? 子行矣!」

치료하는 데가 더러울수록
보상이 많아진다

———

송(宋)나라 사람 중에 조상(曹商)이란 자가 있었는데 그는 송나라 왕의 사신이 되어 진(秦)나라에 갔다. 조상이 진나라로 갈 때 송나라 왕은 그에게 수레 몇 대를 주었는데 진나라에 도착하자 진나라 왕이 그를 반기면서 수레 백 대를 더해 주었다. 의기양양해진 조상은 송나라에 돌아오자마자 장자를 만났다. 그리고 궁핍한 마을과 비좁은 거리에서 가난하고 고달픈 채 신을 짜면서 생계를 잇고, 또 삐쩍 마른 목에 누런 낯빛으로 살아가는 장자의 삶이 자신에겐 적절치 않다고 거들먹거리며 말했다. 그러면서 만승 대국의 군주를 단박에 깨우쳐 수레 백 대를 한꺼번에 받아 이를 거느리는 일은 자신에게 적절하다고 말했다. 이런 식으로 조상은 장자의 궁핍한 삶을 깔보며 자신의 유복한 삶을 자랑했다.

이런 말에 기가 죽을 장자는 물론 아니다. 장자는 조상에게 진나라 왕이 의사에게 보상하는 방법에 대해 말해 주었다. 의사가 진나라 왕의 악창을 따서 고름을 짜주면 왕은 그에게 수레 한 대를 주고, 치질을 핥아서 고쳐주면 왕은 수레 다섯 대를 준다. 그리고 치료하는 데가 더러울수록 의사에게 주는 수레가 많아진다. 이에 장자는 조상에게 왕의 치질을 어떻게 고쳐주었기에 백 대나 되는 많은 수레를 받았느냐고 묻고는 더러우니까 대답도 듣기 싫다며 당장 꺼지라고 일갈했다.

노(魯)나라 애공(哀公)이 안합(顏闔)에게 물었다.

"내가 공자를 나라의 대신으로 삼으려는데 나라가 잘 다스려지겠소?"

안합이 대답했다.

"매우 위태롭습니다! 공자는 자신의 생각을 깃털과 채색으로 장식해

거짓으로 꾸며 진실하지 않은 말을 좇고, 지엽적인 걸 본지로 삼습니다.

이는 사람의 본성을 왜곡해서 백성을 가르치는 건데

공자는 정작 누구도 자신의 생각을 믿지 않는다는 걸 모릅니다.

이처럼 마음에서 엉뚱한 걸 받아들이고,

그런 것들이 그의 정신을 지배하니 어찌 백성 위에 올라설 수 있습니까!

군주께선 공자가 마음에 드나요?

아니면 그에게 녹봉을 주어 그를 돌봐주려고 하나요?

하여간 그에게 정사를 맡기면 그르칩니다.

공자는 지금 백성들에게 진실을 떠나 거짓을 배우도록 하는데

이는 백성을 올바로 가르치는 방법이 아닙니다.

그러니 후세를 위해 생각하면 그만두시는 게 좋습니다.

그가 나라를 다스리기는 어려울 겁니다."

· · ·

魯哀公問乎顏闔曰:「吾以仲尼爲貞幹, 國其有瘳乎?」

曰:「殆哉急乎! 仲尼方且飾羽而畫, 從事華辭, 以支爲旨, 忍性以視民而不知不信,

受乎心, 宰乎神, 夫何足以上民!

彼且女與? 予頤與? 誤而可矣.

今使民離實學僞, 非所以視民也, 爲後世慮, 不若休之. 難治也.」

스승 공자에 대한
안합의 비판

———

   노(魯)나라 애공(哀公)이 안합(顔闔)에게 공자(仲尼)를 대신으로 삼으면 노나라가 잘 다스려지겠느냐고 물었다. 이에 안합은 나라가 매우 위태로워질 거라는 뜻밖의 대답을 했다. 그러면서 그 이유를 밝혔는데 그건 공자가 자신의 생각을 깃털과 채색으로 장식해 거짓되게 꾸밈으로써 진실하지 않은 말을 좇거나 지엽적인 걸 본지로 삼아서이다. 안합은 공자의 이런 행동이 사람의 타고난 본성을 왜곡해서 백성을 가르치는 일인데 정작 공자 자신은 누구도 자신의 생각을 믿지 않는다는 사실을 모른다고 말했다. 그러면서 공자는 마음에서 엉뚱한 걸 받아들이고, 그리고 이런 것들이 공자의 정신을 지배하므로 공자가 어찌 백성의 위에 올라설 수 있겠느냐고 의아해하며 말했다.

   그럼에도 안합은 공자가 마음에 드느냐고 애공에게 물었다. 또 마음에 들지 않는다면 공자에게 녹봉이라도 주어 돌봐주려고 하는 거냐고 물었다. 그러면서 공자에게 정사를 맡기면 분명 그르칠 거리고 단언해서 말했다. 왜냐하면 공자가 지금 백성들에게 진실을 떠나 거짓을 배우도록 하는데 이는 백성을 올바로 가르치는 방법이 아니기 때문이다. 그러니 후세를 위해 생각하면 공자에게 나라를 맡긴다는 생각을 하지 않는 게 좋다면서 공자가 나라를 다스리기는 어려울 거라고 재차 강조했다. 이 글은 공자의 치도(治道), 즉 나라 다스림이 자연스럽지 못하고 인위적인 것에 입각해 있음을 비판하는 내용이다.

안합(顔闔)은 가상의 인물인데 공자의 수제자 안회(顔回)를 의미한다. 왜냐하면 안합의 합(闔)은 '문짝 합', 또는 '어찌아니할 합'이란 뜻을 지니기에 '안회와 짝한다' 또는 '어찌 안회가 아닌가'란 의미를 지녀서이다. 이런 안회를 통해 스승 공자를 크게 깎아내리고 있으니까 이 내용에 대한 유가의 비난이 만만치 않을 거다. 이 때문에 글의 품위도 떨어진다고 말할 수 있다.

누군가 남에게 혜택을 베풀면 이를 잊지 못하는데
이런 베풂은 자연(天)이 베푸는 혜택과 성격이 다르다.
장사아치도 그런 사람을 거들떠보지 않는다.
물론 장사아치가 일 때문에 어쩔 수 없이 거들떠본다 해도
그의 정신은 그런 사람을 여전히 거들떠보지 않는다.

· · ·

施于人而不忘, 非天布也.
商賈不齒, 雖以事齒之, 神者弗齒.

자연이 사람에게 혜택을 베풀어도
이를 기억 못한다

———

남에게 혜택을 베푼 뒤에 이를 잊지 못하면 이런 베풂은 자연(天)이 우리에게 베푸는 혜택과 그 성격이 다르다. 자연은 우리에게 혜택을 베풀어도 단 한 번도 내색하거나 생색을 내지 않아서이다. 그만큼 자연은 자신이 베푸는 걸 당연하다고 여긴다. 심지어 장사아치도 누군가가 혜택을 베풀고서 이를 잊지 못하는 사람에 대해선 거들떠보지 않는다. 장사아치가 주고받는 걸 직업으로 하는 사람인데도 말이다. 그래서 장사아치가 설령 자신이 하는 일 때문에 어쩔 수 없이 자신이 베푼 혜택을 잊지 못하는 사람을 거들떠본다 해도 장사아치의 정신만은 그런 사람을 일체 거들떠보지 않는다.

외부에서 형벌을 받으면 쇠와 나무로 만든 물리적 형구 탓이고,

내부에서 형벌을 받으면 동요와 후회 탓이다.

어리석은 사람이 외부에서 형벌을 받으면

쇠와 나무로 만든 물리적 형구에 의해 심문을 받고,

내부에서 형벌을 받으면

음양의 두 기운의 조화되지 않아서 마음을 갉아 먹는다.

그런데 몸 안팎으로부터 이런 형벌을 면하는 사람은

오로지 진인(眞人), 즉 참된 사람만이 가능하다.

• • •

爲外刑者, 金與木也., 爲內刑者, 動與過也.

宵人之離外刑者, 金木訊之., 離內刑者, 陰陽食之.

夫免乎外內之刑者, 唯眞人能之.

진인(眞人)은 몸 안팎으로부터
형벌을 면죄받는다

———

　사람이 외부에서 형벌을 받으면 쇠와 나무로 만든 물리적 형구 탓이다. 그건 물리적 형구가 우리를 힘들게 만들어서이다. 반면 사람이 내부에서 형벌을 받으면 동요와 후회 탓이다. 그건 마음의 동요와 후회가 우리를 힘들게 해서이다. 그래서 어리석은 사람이 외부에서 형벌을 받으면 쇠와 나무로 만든 물리적 형구에 의해 심문을 받지만 내부에서 형벌을 받으면 음양의 두 기운의 조화를 이루지 않아 마음을 갉아 먹는다. 그런데 몸 안팎으로부터 이런 형벌을 면제받는 사람은 오로지 진인(眞人), 즉 참된 사람만이 가능하다.

　내편 「대종사」에서 진인에 대해 본격적으로 설명한 바 있다. 「대종사」의 주제가 바로 진인이기 때문이다. 「대종사」에선 진인을 자연의 원리와 인간세상의 이치가 서로 다투지 않고 조화를 이루는 분[43]이라고 정의한 바 있다. 이렇게 보면 몸 안팎으로부터 물리적 형구와 마음의 동요와 후회로 인한 형벌을 면제받는 사람을 진인이라고 정의한 여기에서의 내용과는 그 뉘앙스가 좀 다르다.

---

43)　天與人不相勝也 是之謂眞人. (「대종사」 1-3)

공자가 말했다.

"모든 사람의 마음(人心)은 산천보다 더 험하고,

자연을 아는 것보다 더 어렵다.

자연에는 그나마 춘하추동과 아침저녁이란 하루의 주야가 있지만

사람은 두꺼운 얼굴에 감정을 깊이 감춘다.

그래서 겉이 성실해도 속이 교만한 사람이 있고,

겉이 잘남이 있어도 속이 못난 사람이 있고,

겉이 온순해도 속이 방자한 사람이 있고,

겉이 굳건해도 속이 느슨한 사람이 있고,

겉이 느긋해도 속이 급한 사람이 있다.

때문에 목마른 사람이 물을 찾는 것처럼 사람은 의로움으로 나아가도

뜨거운 걸 피하듯 의로움에서 이내 떠난다.

그래서 군자는 사람을 멀리 보내어 일을 시킨 뒤 충성됨(忠)을 살피고,

가까이서 일을 시킨 뒤 공경함(敬)을 살피고,

번거로운 일을 시킨 뒤 능력(能)을 살피고,

질문을 느닷없이 던진 뒤 앎(知)을 살피고,

다급하게 약속을 정해놓고서 신용(信)을 살피고,

재물을 맡겨놓고서 어짊(仁)을 살피고,

위험함을 알리고서 지조(節)를 살피고,

술에 취하게 해놓고서 법도(則)를 살피고,

남녀가 함께 머물러 섞이게 해놓고서 여색(色)에 대한 태도를 살핀다.

이렇게 아홉 가지 증명을 마치고 나야 못난 사람을 가려낼 수 있다."

. . .

孔子曰:「凡人心險於山川, 難於知天., 天猶有春秋冬夏旦暮之期, 人者厚貌深情.
故有貌愿而益, 有長若不肖, 有順懁而達, 有堅而縵, 有緩而釬.
故其就義若渴者, 其去義若熱.
故君子遠使之而觀其忠, 近使之而觀其敬, 煩使之而觀其能, 卒然問焉而觀其知,
急與之期而觀其信, 委之以財而觀其仁, 告之以危而觀其節, 醉之以酒而觀其則,
雜之以處而觀其色. 九徵至, 不肖人得矣.」

사람의 마음은 산천보다 더 험하고, 자연을 아는 것보다 더 어렵다

———

공자가 모든 사람의 마음(人心)은 산천보다 더 험하고, 자연을 아는 것보다 더 어렵다고 말했다. 그건 자연에는 춘하추동과 아침저녁이란 하루의 주야가 있지만 사람은 두꺼운 얼굴에 감정을 깊이 감추고 있어서이다. 그래서 온갖 사람들이 다 있다. 예를 들어 겉이 성실해도 속이 교만한 사람이 있고, 겉이 잘나도 속이 못난 사람이 있고, 겉이 온순해도 속이 방자한 사람이 있고, 겉이 굳건해도 속이 느슨한 사람이 있고, 겉이 느긋해도 속이 급한 사람이 있다. 따라서 목마른 사람이 물을 찾다가도 뜨거운 물은 피하는 것처럼 의로움으로 나아가다가 의로움에서 이내 떠나는 사람들이 많다.

이 때문에 군자는 사람을 멀리 보내어 일을 시킨 뒤 그의 충성됨(忠)을 살피고, 가까이에서 일을 시킨 뒤 공경함(敬)을 살핀다. 또 번거로운 일을 시킨 뒤 그의 능력(能)을 살피고, 느닷없이 질문을 던진 뒤 그의 앎(知)을 살핀다. 또 다급하게 약속을 정해놓고서 그의 신용(信)을 살피고, 재물을 맡겨놓고서 그의 어짊(仁)을 살핀다. 또 위험을 알리고서 그의 지조(節)를 살피고, 술에 취하게 해놓고서 그의 법도(則)를 살핀다. 또 남녀가 함께 머물러 섞이게 해놓고서 여색(色)에 대한 그의 태도를 살핀다. 이렇게 아홉 가지 증명을 마치고 나야만 비로소 못난 사람을 가려낼 수 있다. 그런데 이 내용은 장자의 무위자연관과 큰 관련이 없어 보인다.

정고보(正考父)가 처음 신하로 임명되자 머리를 굽히고,

다음에 대부로 임명되자 허리를 굽히고,

그 다음에 공경으로 임명되자 온몸을 구부려 담장에 붙어 빠르게 걸었다.

누가 감히 이런 태도를 본받지 않을 수 있겠는가!

그런데 보통 남자가 처음 신하로 임명되면 몸이 뻣뻣해지고,

다음에 대부로 임명되면 수레 위에서 춤추고,

그 다음에 공경으로 임명되면 친족 어른에게도 이름을 부를 정도로

태도가 바뀐다.

그러니 누가 요임금(唐)이나 허유(許)의 겸손함을 따를 수 있겠는가!

· · ·

正考父一命而傴, 再命而僂, 三命而俯, 循牆而走, 孰敢不軌!

如而夫者, 一命而呂鉅, 再命而於車上儛, 三命而名諸父, 孰協唐許!

관직이 오를수록 겸손한
정고보(正考父)

정고보(正考父)가 처음 신하로 임명되었을 때 그는 머리를 굽히고서
다녔다. 그 다음에 대부로 임명되자 그는 허리를 굽히고서 다녔다. 그
다음에 공경으로 임명되자 그는 온몸을 구부리고 담장에 붙어서 빠르
게 걸었다. 즉 관직이 오를 때마다 더욱 겸손한 태도를 보였다. 그러니
어느 누가 정고보의 이런 태도를 본받지 않을 수 없다. 그런데 보통의
남자들은 처음 신하로 임명되면 몸이 뻣뻣해지고, 그 다음에 대부로 임
명되면 수레 위에서 춤추고, 그 다음에 공경으로 임명되면 친족 어른에
게도 이름을 부를 정도로 태도가 건방져진다. 즉 관직이 오를수록 겸손
함과는 점점 멀어진다. 그러니 어느 누구도 요임금(唐)과 허유(許)의 겸
손함을 따를 수 없다.

덕(德)을 의식적으로 실천하거나 마음이 외물에 끌려 다니는 것보다
더 큰 해로움이 없다.

만약 마음이 외물에 끌려 다니면 제멋대로 판단하는데
제멋대로 판단하면 결국은 실패한다.

흉한 덕(凶德)은 다섯 개 있는데 그 중에서 으뜸가는 흉덕은 중덕(中德)이다.

무엇을 중덕이라고 하는가?

중덕은 좋아하는 것만 옳다고 여기고, 좋아하지 않는 건 헐뜯는 일이다.

사람이 곤궁함에 빠지는 데는 여덟 가지 마릇대가 있으며,

일이 잘 풀리는 데는 세 가지 필연적인 요인이 있으며,

몸에는 사람을 그릇되게 하는 여섯 군데 곳간이 있다.

아름다운 용모인 미(美), 멋진 수염인 염(髯), 큰 키인 장(長),

커다란 체격인 대(大), 굳센 모습인 장(壯), 빛나는 자태인 려(麗),

씩씩한 자세인 용(勇), 결단력이 있는 감(敢)은 여덟 가지 용마루이다.

이 여덟 가지 모두는 남보다 뛰어나면 이로 인해 곤궁함에 빠진다.

자신을 내세우지 않고 주위 상황에 따르는 연순(緣循),

다른 사람의 장단에 따라 내려보거나 우러러보는 언앙(偃佒),

타인과 비교되지 않을 정도로 나약하거나 겁이 많은 곤외(困畏)는
세 가지 필연적인 요인이다.

이 세 가지 모두는 일이 막히지 않도록 환하게 풀리도록 한다.

앎이 밖으로 통해 안을 손상시키는 지혜외통(智慧外通),

용맹스런 행동이 남에게 원망을 많이 사는 용동다원(勇動多怨),

인의가 오히려 남에게 책망을 많이 만들어내는 인의다책(仁義多責)은
사람을 그릇되게 하는 여섯 군데 곳간이다.
그래서 생명의 타고난 모습에 통하면 마음이 커지는 반면
앎에 통하면 마음이 흐트러진다.
또 자연의 큰 명령(大命)에 통하면 자연의 변화를 따르는 반면
인간의 작은 명령(小命)에 통하면 어려움을 당한다.

· · ·

賊莫大乎德有心而心有睫, 及其有睫也而內視, 內視而敗矣, 凶德有五, 中德爲首.
何謂中德?
中德也者, 有以自好也而吡其所不爲者也.
窮有八極, 達有三必, 形有六府.
美髥長大壯麗勇敢, 八者俱過人也, 因以是窮.
緣循偃佒, 困畏不若人, 三者俱通達.
智慧外通, 勇動多怨, 仁義多責.
達生之情者傀, 達於知者肖., 達大命者隨, 達小命者遭.

흉덕(凶德), 여덟 개 마룻대, 세 개의 필연, 여섯 개 곳간

——

눈에 비친 외물에 마음이 끌려 다니는 것보다 더 큰 해로움이 없다. 마음이 눈에 비친 외물에 끌려 다니면 제멋대로 판단하는데 제멋대로 판단하다 보면 우리는 결국 실패한다. 즉 사물의 겉만 보고 판단하면 우리의 삶은 실패하게 된다. 또 덕(德)을 의식적으로 실천하는 것보다 더 큰 해로움이 없다. 공자가 강조하는 인의예지(仁義禮智)의 덕이 바로 그러하다. 그래서 덕은 자연스러워야 하지 공자처럼 인위적이면 그것이 가져다주는 해악이 더 크다. 덕을 인위적으로 실천하는 걸 가리켜서 흉덕(凶德), 즉 흉한 덕이라고 말하는데 흉덕에는 다섯 가지가 있다. 그런데 이 흉덕 가운데 가장 나쁜 덕이 중덕(中德)이다. 중덕은 어떤 걸까? 좋아하는 것만 옳다고 여기고, 좋아하지 않는 걸 헐뜯는 게 바로 중덕이다.

또 사람이 곤궁함에 빠지는 데는 여덟 개의 마룻대(八極)가 있다. 아름다운 용모인 미(美), 멋진 수염인 염(髥), 큰 키인 장(長), 커다란 체격인 대(大), 굳센 모습인 장(壯), 빛나는 자태인 려(麗), 씩씩한 자세인 용(勇), 결단력이 있는 감(敢)이 여덟 개의 마룻대이다. 이 여덟 개의 마룻대는 유가가 우리의 외모와 관련해서 긍정적으로 보는 가치이다. 그런데 이 여덟 개의 마룻대 모두는 남보다 뛰어나면 이로 인해 곤궁함에 빠진다. 사람들이 아름다운 용모, 멋진 수염, 큰 키, 커다란 체격, 굳센 모습, 빛나는 자태, 씩씩한 자세, 결단력을 좋게 평가하지만 반드시 좋은 것만은 아니다.

반면 우리의 일이 잘 풀리는 데는 세 개의 필연(三必)이 있다. 자신을 내세우지 않고 주위 상황에 따라 처신하는 연순(緣循), 다른 사람의 장단에 따라 내려보거나 우러러보는 언앙(偃佒), 다른 사람과 비교되지 않을 정도로 나약하거나 겁이 많은 곤외(困畏)가 그것이다. 이것들은 어쩌면 유가가 기피하는 것들이다. 이 세 가지 필연적 요인은 결국 겸손함을 강조하는 건데 이 모두는 일이 막히지 않도록 환하게 풀리도록 한다.

또 사람을 그릇되게 하는 데는 몸에 여섯 군데의 곳간(六府)이 있다. 앎이 밖으로 통해 오히려 안을 다치게 하는 지혜외통(智慧外通), 용맹스런 행동이 오히려 남에게 원망을 많이 사는 용동다원(勇動多怨), 인의가 오히려 남으로부터 책망을 많이 만들어내는 인의다책(仁義多責)이 사람을 그릇되게 하는 여섯 군데의 곳간이다. 여섯 군데의 곳간이 우리를 그릇되게 하지 않게 하려면 앎이 밖으로 지나치게 통해 마음을 다치게 해선 안 되고, 용맹스러운 행동이 남에게 원망을 살 정도가 되어선 안 되고, 인의를 강조한 나머지 책망을 많이 받아선 안 된다.

이처럼 흉덕(凶德)이나 여덟 개 마룻대(八極)나 세 개의 필연(三必)이나 여섯 군데의 곳간(六府)에 비추어 보면 우리가 생명의 타고난 모습에 통하면 마음이 커지는 반면 앎에 통하면 마음이 흐트러진다. 또 우리가 자연의 큰 명령(大命)과 통하면 자연의 변화를 따르는 반면 인간의 작은 명령(小命)과 통하면 어려움을 당한다.

어떤 사람이 송(宋)나라 왕을 뵙고 수레 열 대를 하사받자

장자(莊子)에게 수레 열 대 받은 사실을 뽐냈다.

장자가 말했다.

"황하 강변에 집이 가난해 산 쑥으로 발을 짜서 먹고사는 사람의 아들이

어느 날 깊은 연못에 잠수해서 천금의 진주를 얻었소.

아버지가 아들에게 말했네. '돌을 가져다 그 진주를 쇠망치로 깨뜨려라!

천금의 진주는 분명 깊은 연못 속에 사는 검은 용 턱 밑에 붙어 있었다.

네가 그 진주를 주울 수 있었던 건 분명 용이 마침 잠자고 있어서이다.

만약 검은 용이 깨어 있었다면 네가 어찌 뼈마디라도 추릴 수 있겠는가!'

지금 송나라의 깊이는 깊은 연못에 비할 바가 아니고,

또 송나라 왕의 사나움은 검은 용에 비할 바가 아니다.

그러니 자네가 수레를 얻을 수 있었던 건

분명 송나라 왕이 잠자고 있었기 때문일 거다.

만약 송나라 왕이 깨어 있었다면 너는 갈기갈기 찢겨져

가루가 되었을 거네!"

• • •

人有見宋王者, 錫車十乘, 以其十乘驕穉莊子.

莊子曰:「河上有家貧恃緯蕭而食者, 其子沒於淵, 得千金之珠.

其父謂其子曰『取石來鍛之! 夫千金之珠, 必在九重之淵而驪龍頷下, 子能得珠者,
必遭其睡也. 使驪龍而寤, 子尙奚微之有哉!』

今宋國之深, 非直九重之淵也., 宋王之猛, 非直驪龍也., 子能得車者, 必遭其睡也.
使宋王而寤, 子爲齏粉矣!」

군주의 칭찬에 우쭐해하지 말고
군주의 변덕스러움을 경계해야 한다

―――

어떤 사람이 송(宋)나라 왕을 뵙고 수레 열 대를 하사받자 장자(莊子)에게 수레 열 대 받은 걸 뽐냈다. 이에 장자는 황하 강변에서 산 쑥으로 발을 짜서 먹고사는 가난한 사람의 자식이 어느 날 깊은 연못으로 잠수해 천금의 진주를 얻었는데 아버지가 그 진주를 쇠망치로 깨뜨리라고 한 얘기를 전했다. 아버지는 진주를 왜 깨뜨리라고 한 걸까? 그 진주는 깊은 연못 속에 사는 검은 용의 턱 밑에 붙어 있었던 건데 마침 용이 잠을 자고 있어 자식이 주울 수 있어서이다. 만약 용이 깨어 있었다면 자식은 뼈마디도 추릴 수 없었을 것이다.

지금 송나라의 깊이는 깊은 연못에 비할 바가 아니고, 송나라 왕의 사나움도 검은 용에 비할 바가 아니다. 그래서 송나라 왕으로부터 수레를 얻을 수 있었던 건 송나라 왕이 분명히 잠자고 있어서이다. 만약 송나라 왕이 깨어 있었다면 그는 갈기갈기 찢겨져서 가루가 되었을 것임에 분명하다.

이 글은 군주로부터 능력을 인정받는 게 꼭 좋은 일이 아니라는 걸 말해주는 내용이다. 송나라 왕으로부터 수레 열 대를 하사받은 건 분명 자신의 능력을 뽐냈기에 가능한 일이다. 그렇지만 그 뽐냄이 오래 가리라는 보장이 없다. 왜냐하면 군주의 마음이 변덕스러워서이다. 그래서 군주가 또 다른 사람의 얘기를 듣고서 그 말을 옳다고 여겨 이전에 수레 열 대 준 걸 후회할는지 모른다. 만약 군주가 후회한다면 수레 열 대 받은 사람의 목숨은 보장받기 힘들다.

어떤 군주가 장자를 초빙했다. 그때 장자가 사자에게 말했다.

"당신은 제물로 쓰이는 소를 보았지요?

그리고 수놓은 무늬로 만든 옷을 입고, 좋은 꼴과 콩을 먹고 지내지만

그 소가 끌려 태묘로 들어가는데 이르러선

돌봐주는 어미가 없는 불쌍한 송아지가 되고 싶어도

그때 가서 그게 되겠는가!"

• • •

或聘於莊子. 莊子應其使曰:

「子見夫犠牛乎? 衣以文繡, 食以芻菽, 及其牽而入於大廟, 雖欲爲孤犢, 其可得乎!」

제물로 쓰이는 소보다
부모 잃은 송아지 신세가 차라리 낫다

―――

어떤 군주가 사자를 통해 장자를 초빙하려고 하자 장자가 이를 거절했다. 그리고 거절한 이유로 제물에 쓰이는 소의 처량한 운명을 들었다. 제물로 쓰이는 소는 평소 좋은 대접을 받으므로 입는 건 수놓은 무늬로 만든 옷이고, 먹는 건 좋은 꼴과 콩이다. 그렇지만 그 소가 끌려가서 제사를 위해 태묘로 들어갈 때는 돌봐주는 어미가 없는 불쌍한 송아지보다 못한 신세로 전락하고 만다. 장자도 군주의 초청을 받으면 결국 제사용 소의 신세로 떨어진다는 걸 알기에 초빙의 제안을 거절한 거다.

이와 같은 내용은 외편 「추수」에도 등장한 바 있다.[44] 초나라 왕 사절로 두 대부가 찾아와서 초나라로 들어와 큰일을 맡아달라는 제안을 장자는 일언지하에 거절했다. 그리고 장자는 거절의 이유를 3천 년씩이나 묘당에 소중히 보관된 초나라의 영험한 거북과 같은 신세가 되고 싶지 않아서라고 밝혔다. 이는 죽어서 편안히 뼈만 남아 귀하게 대접받기보다는 살아서 진흙 속에서 꼬리를 끌고 자유롭게 살고 싶어서이다.

―――

44) 「추수」5를 참조하길.

장자가 죽을 때가 되자 그 제자들이 성대하게 장사지내고 싶어했다.

장자가 말했다.

"나는 하늘과 땅을 속 관과 겉 관으로 각각 삼고,

해와 달을 한 쌍의 둥근 옥으로 삼고,

별들을 구슬로 삼으면서 만물을 부장품으로 하려고 하니

내 장례를 위한 준비는 이미 끝난 게 아닌가? 여기에 뭘 더 보태겠는가!"

한 제자가 말했다.

"저희들은 까마귀나 솔개가 선생님 시신을 뜯어 먹을까 염려합니다."

장자가 대답했다.

"시체가 땅 위에 있으면 까마귀나 솔개의 밥이 되고,

땅 속에 있으면 땅강아지와 개미의 밥이 될 것이다.

그러니 위쪽에서 먹이를 빼앗아 아래쪽에 먹이주는 걸 두고

어찌 불공평하지 않다고 여길 수 있겠는가!"

공평하지 않은 기준으로 세상을 공평히 하려고 하면

그건 참말로 공평한 게 아니다.

마찬가지로 신뢰가 없는 방법으로 사실을 입증하려 하면

그건 참말로 입증하는 게 아니다.

총명함(明者)은 오로지 사물에 끌려 다니고,

영험함(神者)은 세상사를 자연스럽게 입증한다.

총명함이 영험함을 이기지 못한 지 이미 오래되었는데

어리석은 사람은 자기 소견만 고집해서 인위에 빠지고 만다.

그런데 어리석은 사람이 낸 성과란 그저 외적인 것뿐이니
이 또한 어찌 슬프지 아니한가!

* * *

莊子將死, 弟子欲厚葬之.
莊子曰:「吾以天地爲棺槨, 以日月爲連璧, 星辰爲珠璣, 萬物爲齎送.
吾葬具豈不備邪? 何以加此!」
弟子曰:「吾恐烏鳶之食夫子也.」
莊子曰:「在上爲烏鳶食, 在下爲螻蟻食, 奪彼與此, 何其偏也!」
以不平平, 其平也不平., 以不徵徵, 其徵也不徵. 明者唯爲之使, 神者徵之.
夫明之不勝神也久矣, 而愚者恃其所見入於人, 其功外也, 不亦悲乎!

총명함(明)이 영험함(神)을 이기지 못한 건 이미 오래되었다

———

장자가 죽을 때가 되자 제자들은 성대하게 장사지내고 싶어 했는데 장자는 제자들을 말렸다. 그건 자신의 장례 준비가 모두 끝났다고 생각해서이다. 즉 장자는 하늘을 속 관으로 땅을 겉 관으로 각각 삼고, 해와 달을 한 쌍의 둥근 옥으로 삼고, 별들을 구슬로 삼고, 나아가 만물을 부장품으로 삼으려고 하니까 장례를 위한 모든 준비가 마쳤다고 보아서이다. 그러면서 여기에 무얼 더 보탤 게 있느냐고 제자들을 꾸짖었다. 그러자 한 제자가 까마귀나 솔개가 선생님 시신을 뜯어 먹을까봐 걱정된다고 말했다. 이에 장자는 시체가 땅 위에 있으면 까마귀와 솔개의 밥이 되고, 땅 속에 있으면 땅강아지와 개미의 밥이 될 거라고 말했다. 그러니 자신의 시신을 땅에 묻으면 이는 위쪽에서 먹이를 빼앗아서 아래쪽에 먹이를 주는 일인데 이는 결코 불공평한 일이 아니라고 말했다. 즉 까마귀와 솔개의 밥이 되든 땅강아지와 개미의 밥이 되든 아무런 상관이 없다는 태도이다.

따라서 공평하지 않은 기준으로 세상을 공평히 하려고 하면 그 공평함은 참말로 공평한 게 아니다. 마찬가지로 신뢰가 없는 방법으로 사실을 입증하려고 하면 그건 참말로 입증하는 게 아니다. 이에 장자는 총명함(明者)과 영험함(神者)을 구분해서 비교한다. 즉 우리들은 총명함을 통해선 사물에 끌려 다니지만 영험함을 통해선 세상사를 자연스럽게 입증한다. 따라서 총명함보다는 영험함이 세상사를 파악하는 데 훨씬 더 바람직하다. 이처럼 총명함이 영험함을 이길 수 없고, 또 이런 사실들은 오랜 세월이 흐르면서 이미 증명되었다. 그런데도 어리석은 사람은 자기 소견만 고집해서 인위적인 총명함에 빠지고 만다. 그럼에도 총명함을 숭상하는 소위 어리석은 사람이 낸 성과란 그저 외적인 것뿐이어서 정말로 아쉽다.

그런데 이 글과 관련해서 보탤 내용들이 있다. 먼저 이 글을 사람들이 그동안 해석해 왔을 때 장자의 자연스러움에 따른 장사지냄(葬)에 초점을 맞추었다. 그래서 장자 아내가 죽었을 때 장자가 보여준 모습, 즉 두 다리를 뻗고 앉아 웅크리고서 질그릇을 두드리며 노래 부른 일과 연결해 이 글을 해석해 왔다.[45] 장자가 이런 행동을 보일 수 있었던 건 어둠 속에서 뭔가에 섞여 있다 그게 변해 기(氣)가 생기고, 그 기가 변해 형체가 생기고, 형체가 변해 생명이 생기고, 그것이 변해 죽음으로 돌아간 거라고 보아서이다. 즉 태어남과 죽음을 사계절의 운행과 같은 자연의 원리로 보아서이다. 그래서 이 글도 그런 관점에서 주로 해석해 왔다. 그런데 이 글을 꼼꼼히 살펴보면 장자의 자연스러움에 따른 장사지냄은 하나의 단서일 뿐 주제가 아니다. 이 글의 주제는 인위에 따른 총명함(明)이 자연스런 영험함(神)을 이길 수 없다는 것이고, 이런 사실을 보여주기 위해 장자의 자연스런 장사지냄을 동원한 거라고 보인다.

---

45) 이와 관련해선 외편 「지락」 2를 참조하길.

두 번째로 보탤 내용은 명(明)과 관련한 사항이다. 여기선 명을 신(神)과 대비해서 부정적으로 사용했다. 즉 명을 인위적인 것으로, 신을 자연스러운 것으로 해석했다. 그런데 『장자』의 가장 핵심적인 내용을 담고 있는 내편 「제물론」에선 명(明)을 매우 긍정적인 의미로 사용한다. 그래서 「제물론」의 뼈대가 이명(以明), 즉 자연스런 밝음을 중심으로 형성되고 있다. 이런 사실은 내편과 잡편의 저자가 일치하지 않는다는 걸 확실히 보여준다. 그렇지만 더 큰 문제는 명의 개념을 내편과 잡편이 서로 반대되는 의미로 사용한다는 점이다. 이 역시 글의 품격을 떨어뜨린다고 말할 수 있다.

천하

天下

─ 천하 ─

「천하」는 『장자』를 마무리하는 장이다. 「천하」가 구성상으로 볼 때 내편, 외편, 잡편의 총 33편의 마지막을 장식해서 그러하지만 「천하」가 다루는 내용이 앞의 장들과 달리 특정한 주제가 없고 당시 중국 사상을 전반적으로 정리해서 다루어서이다. 그렇다면 『장자』는 책의 마지막을 어째서 당시의 중국 사상을 정리하는 것으로 장식했을까? 그건 도술(道術), 즉 도학이 말하는 도(道)는 하나여야 하는데 관련 학자들마다 주장하는 바가 서로 다르다는 걸 보여주기 위해서이다. 나아가 장자가 말하는 도술이 그나마 도(道)에 가장 근접해 있음을 보여주기 위해서이다.

그렇다면 장자가 책을 쓴 이유가 보다 분명히 드러난다. 그건 도학자마다 자신의 도술만이 옳다고 주장하는 데서 비롯되는 시비를 잠재우기 위해서이다. 이런 점은 내편 「제물론」에서 이미 드러난 바 있다. 장자는 「제물론」에서 인애(仁愛)를 주장하는 유가와 겸애(兼愛)를 주장하는 묵가의 시비다툼은 애(愛)로 간단히 해결될 수 있다는 걸 밝힌 바 있다. 그리고 이런 식 해결방식이 이명(以明), 즉 자연스런 밝음에 따른 거라고 말했다. 그러니 자연스런 밝음에 따른 시비의 잠재움을 통해 소통을 모색하려는 게 장자가 책을 쓴 이유라고 본다. 「천하」에 와선 유가와 묵가 간 시비다툼의 잠재움을 넘어서서 춘추전국시대 및 그 이전의 도학자들로까지 그 범위를 확장하면서 이명(以明) 대신 신명(神明), 즉 영험한 밝음을 그 해결책으로 든다.

옛날 사람들은 지금 사람들과 달리 이런 영험한 밝음과 짝을 이루었다. 그래서 천지를 본받아서 만물을 키우거나 천하를 화합케 해 천지의 은덕이 온 백성에 미치게끔 했다. 또 근본적 이치에도 밝아 구체적인 법도를 이치에 잘 연결시켜 동서남북이나 상하로 모두 통하게 하고, 춘하추동으로도 모두 통하게 했다. 그 결과 만물이 크든 작든 촘촘하든 거칠든 관계없이 도의 운행이 미치지 않은 곳을 없게 만들어서 만물이 고루 자라날 수 있었다. 이런 도술의 근본 이치가 천하에 흩어져서 그중에 중국에 베풀어진 게 제자백가의 학문인데 지금 천하는 오히려 크게 어지러워져 현인과 성인이 모습을 감추고, 또 도덕은 하나로 통일되지 못하고 있다.

그런데도 지금 학자들은 제자백가가 했던 것처럼 각자 바라는 바를 닦아 그걸 자신들의 방술이라고 주장한다. 장자가 볼 때 제자백가는 각자 자기들이 생각하는 바대로 가선 불행히도 근본으로 되돌아오지 못해 도와 짝하질 못한다. 이 때문인지 지금 학자들도 천지의 순수한 모습과 옛날 사람의 소박한 바탕을 보지 못한다. 천지의 순수한 모습과 옛날 사람의 소박한 바탕에 도가 깃들여져 있는데도 말이다. 그러니 도술이 천하를 위한다는 사람들에 의해 오히려 분열되어 갈기갈기 찢겨져 있다.

이에 따라 「천하」가 첫 번째로 소개하는 도술은 묵적과 금활리가 듣고 기뻐했던 도술이다. 이 도술은 물질적인 삶과 관련해선 사치에 빠지지 않게끔 해 만물을 절약하도록 하는 습관을 들이게 하고, 또 사회생활과 관련해선 근본적인 이치와 구체적인 법도를 번드레하게 꾸미지 않게끔 해 가벼운 준칙 정도로 스스로를 바로잡으며 세상의 위급함에 대비케 하는 도술이다.

그런데 이 방면의 가르침은 엄격함을 요구하기에 실천하기가 여간 어렵지 않다. 그렇다고 실천을 포기하면 가르침이 설득력을 잃어 포기가 망설여진다. 또한 묵적과 금활리의 생각이 아무리 옳아도 생각이 행동으로 옮겨지는 경우 옳지 못한 경우가 생겨날 수 있다. 예를 들어 묵가 추종자들에게 장딴지엔 솜털이 빠지고, 정강이엔 털이 닳아 없어지게 할 정도의 경쟁을 유도해 고생을 시키기 때문이다. 따라서 묵자의 도술은 세상을 어지럽히는 계책으론 상책일 수 있지만 세상을 다스리는 계책으론 하책이다. 그렇더라도 묵자는 천하를 진실로 사랑했기에 천하를 구하는 도를 얻지 못하면 자신의 몸이 아무리 야위어도 도를 구하는 일을 결코 포기하지 않았다.

두 번째로 소개하는 도술은 준 묵가쯤에 해당하는 송견(宋鈃)과 윤문(尹文)이 듣고 기뻐했던 도술이다. 이 도술은 세속에 얽매이지 않을뿐더러 외물로서 자신을 돋보이게 하지 않고, 남에게도 가혹하게 굴지 않고, 많은 사람들의 마음도 거스르지 않게 하는 도술이다. 나아가 천하의 안녕을 도모해서 전쟁을 부질없이 일으키지 않게끔 해 백성의 목숨을 살리는 데 주력하는 도술이다. 게다가 먹고사는 문제만 해결하면 그것으로 충분하다고 보는 도술이다.

송견과 윤문은 만물을 구분지어 대하더라도 만물이 서로 범하지 않게끔 하는 걸 으뜸으로 삼았다. 이에 모든 사물들이 서로 연결되어 있음을 밝혀 이들을 화합시킴으로써 온 세상을 고르게 조절했다. 그리고 이것을 자신들의 근본으로 확립했다. 이들은 밤낮 없이 쉬지 않고 천하를 두루 돌아다니면서 백성을 반드시 살릴 수 있다고 위로는 군주에게 유세하고, 아래론 백성을 가르쳤지만 천하는 이들의 도술을 좀체 받아들이지 않았다. 그럼에도 꿋꿋하게 떠들면서 이를 그치지 않았다. 그러니 세상을 건지겠다고 나선 이들 선비들의 시도가 참으로 성급했을 뿐이다.

세 번째로 소개하는 도술은 법가인 팽몽(彭蒙), 전병(田騈), 신도(愼到)가 듣고 기뻐했던 도술이다. 이 도술은 공평무사해 한쪽으로 치우치는 법이 없고, 편편해서 사사로움이 없고, 또 단호하게 내세우는 주장도 없는 도술이다. 그리고 사물을 대할 때는 자기와 사물을 주체와 객체라는 식으로 둘로 나누지 않을뿐더러 생각도 깊게 하지 않고, 지혜도 짜내지 않아 늘 만물과 동화되는 도술이다.

팽몽, 전병, 신도는 만물을 가지런히(齊) 해서 이를 으뜸의 원칙으로 삼았다. 그래서 큰 도(大道)의 중요성만 강조하고 앎을 중시하지 않았다. 신도는 사물의 변화를 그대로 따라 이를 올바른 도리로 삼으면서 알 수 없는 걸 알려고 하면 앎에 덮여져 가려지고, 나중에는 그 앎에 억눌려서 상처를 입는다고 여겼다. 반면 앎이 없는 사물의 경지에 이르면 현인과 성인의 지혜조차 쓸 필요가 없다고 여겼다. 그러자 재덕이 뛰어난 사람들이 신도를 비웃으며 그의 도술은 산 사람은 실천할 수 없지만 죽은 사람에겐 도리의 지극함이라고 비판했다. 그렇더라도 팽몽, 전병, 신도의 도술은 큰 도의 입장에서 볼 때 크게 벗어난 게 아니다.

네 번째로 소개하는 도술은 도가인 관윤(關尹)과 노담(老聃)이 듣고 기뻐했던 도술이다. 이 도술은 만물의 근본을 순수한 것으로 보는 반면 구체적인 사물을 조잡한 것으로 본다. 또 아무리 배워도 충분하지 않다고 보고 홀로 조용히 천지의 영험한 밝음(神明)과 함께 살아간다. 관윤과 노담은 영원한 없음(常無)을 내세우고, 커다란 하나(太一) 됨을 으뜸으로 삼았다. 그럼으로써 유약함에 머물면서 스스로를 겸손하게 나타내어 만물이 훼손되지 않는 상태인 공허(空虛)함을 실질로 삼았다. 관윤과 노담은 옛날에 훌륭했던 진인(眞人)임에 틀림없다. 그래서 그들의 도술은 큰 도에 입각해 있다고 볼 수 있다.

다섯 번째로 소개하는 도술은 도가인 장주(莊周)가 듣고 기뻐했던 도술이다. 이 도술은 흐릿하거나 어두워서 형체가 없고, 늘 변화해서 그 모습에 일정함이 없다. 또 이 도술은 죽음과 삶이 분리되지 않고 하늘과 땅처럼 나란히 있어 천지의 영험한 밝음과 함께 간다. 그러나 이 도술은 어디에서 왔는지 아득하기만 하고, 또 어디로 가는지 헤아릴 수가 없어 있는 듯하고 없는 듯하다. 그런데도 만물이 이 도술 안에 모두 펼쳐져 있어 딱히 돌아갈 데도 마땅치 않다.

장주는 터무니없는 주장과 황당한 말과 종잡을 수 없는 언사로 때로 방자하고 제멋대로이긴 했다. 그렇지만 그의 생각에는 치우침이 없어 한쪽 견해만으로 자신의 의견을 내세우지 않았다. 또 장주는 홀로 천지의 정신과 교류하면서 만물을 경시하지 않았다. 또 옳고 그름을 따지지 않아도 세속과 잘 어울려서 살았다. 따라서 장주는 도의 근본을 넓히거나 크게 열고, 또 심원하고 광대하게 펴서 도의 밑동을 제대로 규명해 높은 경지에까지 올랐다.

마지막으로 소개하는 도술은 명가인 혜시(惠施)가 듣고 기뻐했던 도술이다. 혜시의 학문은 여러 방면에 걸쳐 있고, 소장한 책도 다섯 수레나 될 정도로 많지만 그의 도술은 잡다한 것들로 뒤섞여 있다. 게다가 그의 말은 사리에 맞지 않는다. 명가에 속하는 변자(辯者)들은 혜시(惠施)와 상응하며 평생토록 논쟁을 벌였다. 환단(桓團)과 공손룡(公孫龍)이 이런 변자의 무리인데 이들은 사람의 마음(人心)을 교묘하게 현혹시켜 사람의 생각을 바꾸었다. 그러나 이들은 사람의 입은 이길 수 있어도 사람의 마음은 승복시키지 못했으므로 이것이 변자의 한계이다.

혜시는 자신의 존재를 천하에 드러내려고 했지만 이를 뒷받침할 만한 아무런 방술이 없었다. 이처럼 혜시는 덕(德)을 닦는 일에는 약한 반면 사물을 추구하는 일에는 강했으므로 그의 도는 비뚤어졌다고 말할 수 있다. 혜시의 재능을 천지의 도(天地之道)라는 관점에서 보면 한 마리 모기나 한 마리 등에가 수고하는 것에 지나지 않는다. 그러니 그의 학설이 사물에 대해 쓸모가 있을 리 만무하다. 혜시가 자신의 주장을 하나의 학설 정도로 말하면 차라리 괜찮을 수 있지만 도(道)보다 더 귀하다고 말하면 그건 위태로운 발상이다.

천하에는 방술(方術), 즉 한 분야 학술을 익힌 사람들이 많은데
이들은 모두 자신이 익힌 방술을 최고라고 여긴다.
옛날에는 이른바 도술(道術)이라는 게 어찌 있을 수 있었겠는가?
옛날에는 "도술은 어디에든 있다."라고 말했다.
도술이 있지 않다고 말하면 "영묘함(神)은 어디에서 내려오고,
밝음(明)은 어디에서 나오겠는가?"라고 되묻는다.
"성인이 태어나는 데 이유가 있고, 왕이 되는 데 까닭이 있는 것처럼
도술도 하나의 도에서 근원한다."라고 말한다.
그래서 근원(宗)에서 이탈하지 않은 사람을 천인(天人)이라 부르고,
순수함(精)에서 이탈하지 않은 사람을 신인(神人)이라 부르고,
참됨(眞)에서 이탈하지 않은 사람을 지인(至人)이라 부르고,
자연을 근원으로, 덕을 근본으로, 도를 출입문으로 삼아
변화를 예견하는 사람을 성인(聖人)이라 부른다.
또 은혜를 인(仁)으로 베풀고, 도리를 의(義)로 삼고,
행동의 준칙을 예(禮)로 삼고, 화합의 도구를 악(樂)으로 삼아
온화한 모습을 지니고서 자애롭고 어진 사람을 군자(君子)라고 부른다.
또 군자는 직분을 법(法)으로 정하고, 직무를 관명(名)으로 나타내고,
일처리 결과를 대조해 점검하고, 점검 결과를 헤아려 상벌을 결정한 뒤
첫째, 둘째, 셋째, 넷째의 등급을 정한다.
또 이런 방법으로 백관(百官)의 관리에게 능력에 맞게끔 관직을 맡긴 뒤
각자 맡은 일을 쉬지 않게끔 한다.

그리곤 이들에게 백성의 먹고 입는 일을 으뜸으로 삼게 하고,

가축을 번식시켜 재물을 쌓는 데 마음을 두게 하고,

노인, 어린아이, 고아, 과부 모두를 잘 보살피도록 한다.

이것이 백성을 다스리는 이치(理)이다.

옛날 사람은 사람으로서 이런 자연스런 본성을 고스란히 갖추었다!

그래서 이들은 천지의 신명(神明), 즉 영험한 밝음과 짝을 이루어서

천지를 본받아 만물을 키우고,

천하를 화합케 해 은덕이 온 백성에게 미치도록 했다.

이들은 근본적 이치에도 밝아 구체적인 법도를 여기에 잘 관련시켜

동서남북상하 및 춘하추동으로 모두 통하게 해서

만물이 크든 작든, 촘촘하든 거칠든 관계없이

도의 운행이 미치지 않는 곳이 없도록 했다.

도술에 이런 이치와 법도가 있다는 게 밝혀질 수 있었던 건

법전(法)과 사서(史)에 그나마 많이 남아 있어서이다.

이런 이치와 법도는 『시(詩)』, 『서(書)』, 『예(禮)』, 『악(樂)』에도 기록되었다.

추노지사(鄒魯之士), 즉 맹자·공자가 태어난 곳의 선비와 경대부와 유자는

이런 시, 서, 예, 악에 통달했다.

이들은 시(詩)로 사람의 마음을 말하고, 서(書)로 세상일을 말하고,

예(禮)로 행실을 말하고, 악(樂)으로 사람의 화합을 말하고,

역(易)으로 음양(陰陽)을 말하고, 춘추(春秋)로 군신의 명분(名分)을 말했다.

이런 근본 이치가 천하에 흩어져서 그 중 중국에 베풀어진 게

제자백가의 학문인데 제자백가는 이런 사실을 간혹 들먹거리곤 했다.

그런데 천하가 크게 어지러워져 현인과 성인이 그 모습을 감추고,

도덕도 하나로 통일되지 못했다.

이에 천하는 한 방면에만 집착해 뭔가 터득함으로써 스스로를 뽐냈다.

이를 얼굴에 비유하면 귀, 눈, 입, 코 모두 그 작용이 제각각 분명해서

서로 통하지 못하는 것과 같다.

그러니 제자백가의 뭇 재주들은 설령 각자 뛰어난 바가 있어

때론 소용이 있더라도 모든 걸 포괄하지 못하거나 두루 적용되지 못해

어느 한 분야에 치우친 선비(一曲之士)와도 같다.

제자백가는 천지의 아름다움을 조각내어 분별하고,

만물의 이치를 하나씩 식별해서 옛사람의 온전함을 흩트려서 살폈다.

그래서 이들은 천지의 아름다움을 온전히 갖추는 경우가 드물고,

천지의 신령한 모습을 드러내는 경우가 적다.

이렇기 때문에 내성외왕(內聖外王)의 도가 굳게 닫혀 뚜렷하지 않고,

또 단단히 막혀 드러나지 않는다.

천하 사람들은 각자 바라는 바를 닦아 그걸 스스로 방술(方)이라고 여긴다.

슬프다! 제자백가는 생각하는 바대로 가선 근본으로 되돌아오지 못한다.

그러니 도와 분명히 짝하지 못한다.

후세 학자들도 불행하게 천지의 순수한(純) 모습을 보지 못한다.

또 옛날 사람의 소박한 바탕(大體)도 보지 못한다.

도술(道術)이 천하를 위한다는 사람들에 의해 분열되어져 찢겨졌다.

· · ·

天下之治方術者多矣, 皆以其有爲不可加矣.

古之所謂道術者, 果惡乎在?

曰:「無乎不在.」

曰:「神何由降? 明何由出?」

「聖有所生, 王有所成, 皆原於一.」

不離於宗, 謂之天人.

不離於精, 謂之神人.

不離於眞, 謂之至人.

以天爲宗, 以德爲本, 以道爲門, 兆於變化, 謂之聖人.

以仁爲恩, 以義爲理, 以禮爲行, 以樂爲和, 薰然慈仁, 謂之君子.

以法爲分, 以名爲表, 以參爲驗, 以稽爲決, 其數一二三四是也, 百官以此相齒,

以事爲常, 以衣食爲主, 以蕃息畜藏爲意, 老弱孤寡皆有以養, 民之理也.

古之人 其備乎!

配神明, 準天地, 育萬物, 和天下, 澤及百姓, 明於本數, 係於末度, 六通四辟,

小大精粗, 其運無乎不在.

其明而在數度者, 舊法世傳之史, 尙多有之.

其在於詩書禮樂者, 鄒魯之士搢紳先生, 多能明之.

詩以道志 書以道事 禮以道行 樂以道和 易以道陰陽 春秋以道名分

其數散於天下而設於中國者, 百家之學時或稱而道之.

天下大亂, 賢聖不明, 道德不一, 天下多得一察焉以自好.

譬如耳目口鼻, 皆有所明, 不能相通.

猶百家衆技也, 皆有所長, 時有所用.

雖然, 不該不徧, 一曲之士也.

判天地之美, 析萬物之理, 察古人之全, 寡能備於天地之美, 稱神明之容.

是故內聖外王之道, 闇而不明, 鬱而不發, 天下之人各爲其所欲焉以自爲方.

悲夫, 百家往而不反, 必不合矣!

後世之學者, 不幸不見天地之純, 古人之大體, 道術將爲天下裂.

제자백가는 어째서
자신의 도술이 옳다고 서로 경쟁하는가?

———

　천하에는 방술(方術), 즉 한 분야의 학설을 익힌 사람들이 많다. 이들은 모두 자신들이 익힌 방술을 최고라고 여긴다. 예를 들어 싸움을 하는 데 있어 칼을 잘 다루는 사람은 검술을 최고라고 여기고, 활을 잘 다루는 사람은 궁술을 최고라고 여기듯이 사람의 병을 고치는 데 있어 침을 잘 놓는 사람은 침술(鍼術)을 최고라고 여기고, 뜸을 잘 들이는 사람은 구술(灸術)을 최고라고 여긴다. 마찬가지로 사회를 권력으로 설명하는 사람은 정치학을 최고로 치고, 재화로 설명하는 사람은 경제학을 최고로 치고, 커뮤니케이션으로 설명하는 사람은 소통학을 최고로 친다.

　그런데 도술(道術)은 방술과 달라 어느 게 낫고 어느 게 못하다는 식으로 서로 비교할 수 없다. 예를 들어 유가의 도가 묵가의 도보다 낫다고 말할 수 없다. 유가든 묵가든 여기에는 영묘함(神)과 밝음(明)이라는 도의 진실이 담겨져 있어야 하고, 또 이런 진실이 담겨져야만 올바른 도술이 될 수 있다. 그러니 검술, 궁술, 침술, 구술 등에도 영묘함과 밝음이라는 도의 진실이 담겨져야만 훌륭한 방술로 거듭날 수 있다. 마치 주위에 널브러진 모든 길들이 신기할 정도로 목적지에 가장 쉽고 빠르게 가는 영묘함과 밝음의 진실을 담고 있는 것처럼 말이다. 그래서 '형이하학

적 길(道)'의 개념에서 '형이상학적 도(道)'의 개념이 생겨난 거다.[46]

그렇다면 영묘함은 어디에서 내려오고, 밝음은 어디에서 나오는가? 이것들은 모두 하나의 도에서 근원한다. 마치 성인이 태어나는 데는 그 이유가 있고, 왕이 이루어지는 데는 그 까닭이 있는 것처럼 말이다. 이 때문에 근원(宗)에서 이탈하지 않은 사람을 천인(天人)이라고 하고, 순수함(精)에서 이탈하지 않은 사람을 신인(神人)이라고 하고, 참됨(眞)에서 이탈하지 않은 사람을 지인(至人)이라고 하고, 자연(天)을 근원으로 덕(德)을 근본으로 도(道)를 들락거리는 문으로 삼아 변화를 예견하는 사람을 성인(聖人)이라고 부른다. 그러니 근원(宗), 순수함(精), 참됨(眞) 등이 영묘함과 밝음의 근원에 해당된다.

참고로 「소요유」에선 신인, 지인, 성인만 다루고 신인을 무공(無功)으로, 지인을 무기(無己)로, 성인을 무명(無名)을 실천하는 사람으로 정의한 바 있다.[47] 여기에선 이런 구분과는 좀 차이가 있다. 게다가 여기선 군자(君子)로까지 확장해 영묘함과 밝음의 근원에 대해 설명한다.

군자는 은혜를 인(仁)으로 베풀고, 도리를 의(義)로 삼고, 행동의 준칙을 예(禮)로 삼고, 화합의 도구를 악(樂)으로 삼아 온화한 모습을 지닌 자애롭고 어진 사람이다. 물론 군자는 이런 자애롭고 어진 모습만 지니지 않는다. 엄격한 모습도 지닌다. 그래서 군자는 법(法)으로 직분을 정하고, 관명(名)으로 직무를 나타내고, 일처리 결과를 일일이 대조해 점검하고, 점검의 결과를 헤아린 뒤 상벌의 결정을 내려 첫째, 둘째, 셋째, 넷째의 등급을 정한다. 또 이런 방법을 통해 백관(百官)의 관리에게 능력에 맞게끔 관직을 맡긴 뒤 각자 맡은 일을 쉬지 않게끔 해야 한다. 그리고 관리

---

46) 이에 대한 자세한 설명은 내편 「제물론」 4-2를 참조하길.

47) 故曰 至人無己 神人無功 聖人無名. (「소요유」 2-3)

에게는 백성의 먹고 입는 일을 으뜸으로 삼게 하고, 백성에게는 가축을 기르도록 해 재물을 쌓는 데 마음을 두게 하고, 노인, 어린아이, 고아, 과부 모두를 잘 보살피게 해야 한다. 이것이 백성을 다스리는 이치이다.

옛날 사람들은 사람으로서 지녀야 하는 이런 자연스런 본성을 고스란히 갖추었다. 그래서 이들은 천지의 신명(神明), 즉 천지의 영험한 밝음과 짝을 이루어서 천지를 본받아 만물을 키우거나, 또 천하를 화합케 해서 은덕이 온 백성에게 미치도록 했다. 또 옛날 사람들은 근본적 이치에도 밝아 구체적인 법도를 이치에 잘 연결시켜 동서남북 및 상하, 그리고 춘하추동으로 모두 통하게 했다. 그 결과 만물이 크든 작든, 촘촘하든 거칠든 관계없이 도의 운행이 미치지 않은 곳이 없게끔 만들어서 만물이 고루 자라날 수 있도록 했다. 오늘날 도술에도 옛날 사람들의 이런 이치(數)와 법도(度)가 있었다는 게 지금 세상에 전해지는 법전과 역사서에 많이 기록되어서 다행히 밝혀질 수 있었다.

또 도술의 이런 이치와 법도는 『시경(詩經)』, 『서경(書經)』, 『예경(禮經)』, 『악경(樂經)』에도 기록되었다. 추노지사(鄒魯之士), 즉 맹자와 공자가 태어난 곳의 선비와 경대부 및 유자들은 이런 『시경』·『서경』·『예경』·『악경』 모두에 통달했다. 그래서 이들은 시(詩)로 사람의 마음을 말하고, 서(書)로 세상의 일을 말하고, 예(禮)로 사람의 행실을 말하고, 악(樂)으로 사람들끼리의 화합을 말하고, 역(易)으로 도의 음양(陰陽)을 말하고, 춘추(春秋)로 군신의 명분(名分)을 말했다.

또 이런 도술의 근본 이치가 천하에 흩어져서 그 중에 중국에 베풀어진 게 제자백가의 학문이다. 이에 제자백가는 이런 사실을 간혹 들먹거리면서 자신의 정통성을 내세운다. 그런데 지금 천하가 크게 어지러워져 현인과 성인이 그 모습을 감추고, 또 도덕은 하나로 통일되어 있지 못하다. 이는 천하 사람들이 한 방면의 공부에만 집착해서 뭔가를 터득해 스스로 뽐내고 있어서이다. 이것이 제자백가가 등장한 배경이자 이들 사이에 시비논쟁이 벌어지는 까닭이다.

이런 상황을 우리 얼굴에 비유하면 귀, 눈, 입, 코 모두 그 작용이 제각각 분명해서 서로 통하지 못하는 것과 같다. 즉 귀는 듣고, 눈은 보고, 입은 먹고, 코는 숨 쉬는 작용이 제각각 분명하지만 이것들의 작용이 서로 연결되지 못해서이다. 제자백가의 뭇 재주도 귀, 눈, 입, 코의 경우처럼 각자 뛰어난 바가 있는 건 분명하다. 그렇더라도 하나의 작용에만 충실하기에 그 쓸모가 줄어드는 경우가 있다. 따라서 제자백가는 그들의 도술이 모든 걸 포괄하지 못하거나 두루 적용되지 못해 마치 어느 한 분야에 치우친 선비(一曲之士)와도 같다.

또 제자백가는 천지의 아름다움을 조각내어 분별하거나 만물의 이치를 하나씩 식별해서 옛날 사람들의 온전함을 흩트려서 살핀다. 그래서 이들의 학문은 천지의 아름다움을 온전히 갖추는 경우가 드물고, 또 천지의 영험한 밝은 모습을 드러내는 경우도 적다. 이 때문에 내성외왕(內聖外王)의 도, 즉 안으로는 성덕(聖德)을 갖추어야 하고, 밖으로는 왕도(王道)를 갖추어야 하는 도가 굳게 닫혀 뚜렷하지 못하고, 또 단단히 막혀 드러나지 않는다.

그런데도 지금 학자들은 제자백가가 했던 것처럼 각자가 바라는 바를 닦아 그것을 자신들의 방술이라고 주장한다. 옛날의 제자백가는 각자 자기들이 생각하는 바대로 가선 불행히도 그 근본으로 되돌아오지 못해 도와 분명히 짝하지를 못했다. 이 때문인지 후세의 지금 학자들도 천지의 순수한 모습(天地之純)과 옛날 사람들의 소박한 바탕(古人之大體)을 보지 못한다. 천지의 순수한 모습과 옛날 사람들의 소박한 바탕에 도가 깃들여져 있는데도 말이다. 그러니 도술(道術)이 오히려 천하를 위한다는 사람들에 의해 분열되어져 갈기갈기 찢겨지고 있으니 정말로 슬픈 일이다.

후세 사람들에게 사치에 빠지지 않게 하고, 만물을 절약케 하고,

이치(數)와 법도(度)를 번드레하게 꾸미지 않도록 해

스스로를 준칙(繩墨) 정도로 바로잡으면서 세상의 위급함에 대비한다.

옛날에 이 방면에 집중한 도술이 있었다.

묵적(墨翟)과 금활리(禽滑釐)는 이 방면의 가르침을 듣고 기뻐했다.

그런데 이 방면의 가르침을 실천하기란 어렵다.

그렇지만 이 방면의 가르침의 실천을 막상 그치려고 하면 망설여진다.

또 이 방면의 가르침은 음악을 부정하는 이론을 굳이 만들어

이를 절약을 주장하는 절용(節用)이라고 명했다.

그래서 살아선 노래를 부르지 않고, 죽어서도 상복을 입지 않았다.

묵가는 사람을 차별 없이 사랑하고, 다함께 이롭고, 싸워서도 안 되며,

심지어 누군가 자신들의 도술(道)을 모욕해도 화를 내지 않았다.

또 널리 배우기를 좋아하면서 남들의 학설과 다르지 않다고 주장했다.

그런데 이들의 학설은 선왕들의 법도와 같지 않고,

또 옛날의 예악(禮樂)도 무너뜨렸다.

황제에겐 함지(咸池)란 음악이, 요임금에겐 대장(大章)이란 음악이 있고,

순임금에겐 대소(大韶)란 음악이, 우임금에겐 대하(大夏)란 음악이 있고,

탕임금에겐 대호(大濩)란 음악이, 문왕에겐 벽옹(辟雍)이란 음악이 있다.

그리고 무왕(武王)과 주공(周公)은 무(武)란 음악을 만들었다.

옛날의 상례(喪禮)에는 귀천에 따른 예의가 있고, 상하에 따른 등급이 있어

천자는 널을 일곱 겹으로, 제후는 다섯 겹으로, 대부는 세 겹으로,

선비는 두 겹으로 했다.

지금 묵자만 살아서는 노래하지 않고, 죽어서도 상복을 입지 않으며,

세 치 두께의 오동나무 속관만 쓰고 겉관을 쓰지 않는 걸 법식으로 한다.

이런 방식으로 사람을 가르치면 아마도 사람들도 남을 사랑하지 않는다.

이런 방식으로 자신도 행동하면 틀림없이 자기를 사랑하지 않는다.

묵자의 도술을 손상시키려는 건 물론 아니다.

그렇지만 노래할 때 노래하지 않고, 울 때 울지 않고, 즐거울 때 즐겁지

않으면 이런 도를 인지상정에 부합하는 부류의 도라 할 수 있을까?

살아서 열심히 일해도 죽어서도 대접을 제대로 못 받으니

이런 도는 너무 각박해서 사람을 걱정케 하거나 슬프게 한다.

이런 행동은 실행하기도 어려워 아마도 성인(聖人)의 도라고 할 수 없다.

묵자의 도술은 천하의 마음에 반하므로 천하가 이를 감당해낼 수 없다.

묵자 혼자 감내한다고 해도 천하가 이를 어찌 감내할 수 있겠는가!

천하의 마음에서 떠난다면 왕도(王)를 떠나 아득히 멀어지는 일이다.

묵자는 자신의 도를 일컬어서 다음과 같이 말한다.

"옛날에 우(禹)임금은 홍수를 막고, 장강과 황하의 물을 터 흐르게 해

사방 오랑캐의 땅과 중국을 통하게 했다.

그때 천하에 큰 강이 삼백 개, 작은 강이 삼천 개, 그 밖 작은 물줄기가

수없이 만들어졌다.

우임금은 손수 삼태기와 가래를 들고 천하의 강을 큰 강으로 모이게 해

장딴지에는 솜털이 남아 있지 않고, 정강이에도 털이 닳아 없어졌다.

또 소나기로 목욕하고, 거센 바람으로 머리를 빗으면서

수많은 나라의 경계들을 설정했다.

우는 큰 성인이었는데 천하를 위해 자기 몸을 이처럼 수고롭게 했다."

그래서 후세에 묵자를 추종하는 대부분의 사람들은 가죽옷과 털옷처럼

거친 옷을 입고, 나막신과 짚신을 신고, 밤낮으로 쉬지 않고 일함으로써

스스로 고통스러워하는 걸 최고라고 여기면서 말한다.

"이같이 하지 않으면 우임금의 도가 아니고, 묵가가 되기에도 부족하다."

그런데 상리근(相里勤)의 제자, 오후(五侯)의 문하생,

또 남방의 묵가인 고희(苦獲), 이치(己齒), 등룽자(鄧陵子) 무리는

함께 『묵경』을 읽고 외웠지만 더욱 어긋나서 서로의 주장들이 같지 않아

상대를 비정통묵가(別墨)라고 불렀다.

견백(見白)과 동이(同異)의 논변으로 서로를 헐뜯고,

상반되고 모순된 명제로 일일이 대응하는 걸 마다하지 않고,

각자 자기네 파의 우두머리를 성인으로 받들면서

모두 묵가의 종주가 되길 바라는데 아직도 이런 상태가 끝나지 않는다.

묵적과 금활리의 생각이 옳아도 그것이 행동으로 나타나면 옳지 못하다.

후세의 묵가들을 스스로 고생시켜 장딴지엔 솜털이 빠지고,

정강이엔 털이 닳아 없어지도록 해 필히 경쟁토록 할 뿐이다.

이것은 세상을 어지럽히는 계책으론 상책이지만

세상을 다스리는 계책으론 하책이다.

그렇더라도 묵자는 진실로 천하를 사랑해 천하 구하는 도를 찾지 못하면

그 몸이 아무리 야위어도 천하 구하는 도 찾는 일을 포기하지 않았다.

그는 재주가 많은 선비(才士)였다!

· · ·

不侈於後世, 不靡於萬物, 不暉於數度, 以繩墨自矯, 而備世之急.,
古之道術有在於是者. 墨翟禽滑釐聞其風而說之.
爲之大過, 已之大循. 作爲非樂, 命之曰節用., 生不歌, 死無服.

墨者氾愛兼利而非鬪, 其道不怒., 又好學而博, 不異, 不與先王同, 毀古之禮樂.
黃帝有咸池, 堯有大章, 舜有大韶, 禹有大夏, 湯有大濩, 文王有辟雍之樂,
武王周公作武.
古之喪禮, 貴賤有儀, 上下有等, 天子棺槨七重, 諸侯五重, 大夫三重, 士再重.
今墨子獨 生不歌, 死不服, 桐棺三寸而無槨, 以爲法式.
以此敎人, 恐不愛人., 以此自行, 固不愛己.
未敗墨子道, 雖然, 歌而非歌, 哭而非哭, 樂而非樂, 是果類乎?
其生也勤, 其死也薄, 其道大觳, 使人憂, 使人悲, 其行難爲也,
恐其不可以爲聖人之道,
反天下之心, 天下不堪. 墨子雖獨能任, 奈天下何! 離於天下, 其去王也遠矣.
墨子稱道曰:
「昔者禹之湮洪水, 決江河而通四夷九州也, 名川三百, 支川三千, 小者無數.
禹親自操橐耜而九雜天下之川, 腓無胈, 脛無毛, 沐甚雨, 櫛疾風, 置萬國.
禹大聖也, 而形勞天下也如此.」
使後世之墨子, 多以裘褐爲衣, 以跂蹻爲服, 日夜不休, 以自苦爲極,
曰:「不能如此., 非禹之道也, 不足謂墨.」
相里勤之弟子, 五侯之徒, 南方之墨子苦獲, 己齒, 鄧陵子之屬, 俱誦墨經,
而倍譎不同, 相謂別墨.,
以堅白同異之辯相訾, 以觭偶, 不仵之辭相應, 以巨子爲聖人, 皆願爲之尸,
冀得爲其後世, 至今不決. 墨翟‧禽滑釐之意則是, 其行則非也.
將使後世之墨者, 必自苦以腓無胈脛無毛, 相進而已矣.
亂之上也, 治之下也.
雖然, 墨子眞天下之好也, 將求之不得也, 雖枯槁不舍也, 才士也夫!

스스로에게 엄격해도
재주(才)가 많았던 묵적과 금활리

―――

이제부터 천하의 도술들에 대해 제각각 논하기 시작한다. 첫 번째로 등장하는 도술이 묵가인 묵적(墨翟)과 금활리(禽滑釐)가 듣고 기뻐했던 도술이다. 이 도술은 후세 사람들에게 물질적인 삶과 관련해선 사치에 빠지지 않도록 하고, 만물을 절약케 하는 습관을 들이도록 했다. 또 사회생활과 관련해선 근본적인 이치(數)와 구체적인 법도(度)를 번드레하게 꾸미지 않도록 해서 스스로를 가벼운 준칙(繩墨) 정도로 바로잡으면서 세상의 위급함에 대비케 했다. 옛날에 이 방면에 집중한 도술이 있었는데 묵적과 금활리가 이 방면의 가르침을 듣고 반가워서 기뻐했다.

그런데 이 방면의 가르침을 실천하기란 쉽지 않다. 가르침이 그만큼 엄격함을 요구해서이다. 그렇다고 가르침을 실천에 옮기는 걸 그친다면 이 또한 망설여진다. 가르침이 그만큼 설득력을 지녀서이다. 또 이 방면의 가르침은 음악을 부정하는 이론을 일부로 만들어서 이를 절약을 주장하는 절용(節用)의 범주에 포함시킨다. 그래서 살아선 노래를 부르지 않고, 죽어서도 상복을 입지 않는다. 이런 묵가는 사람을 차별 없이 똑같이 사랑해야 하고, 다함께 이로워야 하고, 싸워서도 안 되고, 심지어 자신들의 도술을 누군가가 모욕해도 화를 내지 않는다. 또 널리

배우기를 좋아하면서 남들의 다른 학설과 근본적으로 다르지 않다고
주장한다.

그런데 이들의 학설은 선왕의 법도와 같지 않을뿐더러 옛날의 예악
(禮樂)마저 무너뜨린다. 황제에겐 함지(咸池)란 음악이 있고, 요임금에겐
대장(大章)이란 음악이 있고, 순임금에겐 대소(大韶)란 음악이 있고, 우
임금에겐 대하(大夏)란 음악이 있고, 탕임금에겐 대호(大濩)란 음악이 있
고, 문왕에겐 벽옹(辟雍)이란 음악이 있다. 그리고 무왕과 주공은 무(武)
란 음악을 만들었다. 옛날의 상례(喪禮)는 신분 귀천에 따른 예의가 있
고, 신분 상하에 따른 등급이 있어 천자는 관을 일곱 겹으로, 제후는 다
섯 겹으로, 대부는 세 겹으로, 선비는 두 겹으로 각각 만들었다. 지금
묵자만 관 만드는 걸 잘못이라고 해 살아선 노래를 부르지 않고, 죽어
서도 상복을 입지 않으면서 세 치 두께의 얇은 오동나무 속관만 쓰고
겉 관을 쓰지 않는 걸 법식으로 삼는다. 이는 자연의 상례와도 어긋나
는 일이다.

또 이런 방식으로 사람을 가르치다 보면 사람들은 남을 사랑하지 않
는다. 또 이런 방식으로 자신도 행동하다 보면 틀림없이 자기를 사랑
하지 않는다. 이런 묵자의 도술을 일부로 상처 나게 만드려는 건 아니
지만 노래해야 할 때 노래하지 않고, 울어야 할 때 울지 않고, 즐거워
할 때 즐거워하지 않으면 이런 도술을 인지상정에 부합하는 도술이라
고 말할 수 없다. 살아서 열심히 일했는데 죽어서도 대접을 제대로 받
지 못한다면 이런 도술은 너무나 각박해서 사람을 걱정케 하거나 슬프
게 한다. 또 이런 행동은 실행하기도 어려우므로 성인(聖人)의 도가 될
수 없다. 그러니 묵자의 도술은 천하의 마음에 반하므로 천하가 이를
도저히 감당해낼 수 없다. 설령 묵자 혼자서 감내한다고 해도 천하는
이를 감내할 수가 없다. 천하의 마음에서 떠나면 마치 왕도를 떠나 아

득히 멀어지는 일이다.

옛날에 우임금은 홍수를 막고, 장강과 황하의 물을 터 흐르게 해서 사방 오랑캐의 땅과 중국을 서로 통하게 만들었다. 그때 천하에 큰 강이 삼백 개, 작은 강이 삼천 개, 그 밖의 작은 물줄기는 수없이 만들어졌다. 우임금이 직접 삼태기와 가래를 들고 천하의 강을 큰 강으로 모두 모여들게 해 그의 장딴지에는 솜털이 남아 있지 않았고, 그의 정강이에는 털이 닳아 없어졌다. 또 소나기로 목욕을 하고, 거센 바람으로 머리를 빗으면서 수많은 나라들의 경계들을 설정했다. 우임금은 큰 성인이었음에도 천하를 위해 자기 몸을 이처럼 수고롭게 했다. 그래서인지 그 후 묵자를 추종하는 후세 사람들도 가죽옷과 털옷처럼 거친 옷을 입고, 불편한 나막신과 짚신을 신고, 밤낮으로 쉬지 않고 일해 스스로 고통스러워하는 걸 최고로 여긴다. 이들은 이처럼 하지 않으면 우임금의 도가 아니고, 또 묵가가 되기에도 부족하다고 말한다.

상리근(相里勤)의 제자, 오후(五侯)의 문하생, 또 남방의 묵가인 고획(苦獲)와 이치(己齒)와 등릉자(鄧陵子)의 무리는 『묵경(墨經)』을 함께 읽고 외우면서 동문수학 한 사이이다. 그렇지만 이들은 『묵경』의 해석을 놓고 더욱 어긋나서 서로의 주장이 같지 않아 상대방을 별묵(別墨), 즉 정통묵가가 아니라고 비난했다. 게다가 견백(見白)과 동이(同異)의 논변으로 서로를 헐뜯고, 상반되고 모순된 명제로 일일이 대응하는 걸 마다하지 않았다. 그런 뒤 각자 자기네 파의 우두머리를 성인으로 받들면서 그가 묵가의 종주가 되길 모두가 바랐다. 그런데 아직까지도 이런 상태가 끝나지 않고 있다.

그래서 묵적과 금활리의 생각이 설령 옳다 하더라도 그것이 행동으로 나타나는 경우 옳지 못하다. 후세 묵가로 하여금 스스로 고생시켜 필히 장딴지에는 솜털이 빠지고, 정강이에는 털이 닳아 없어지도록 경쟁케 할 뿐이어서이다. 그래서 이것은 세상을 어지럽히는 계책으로는 상책이지만 세상을 다스리는 계책으로는 하책에 해당한다. 그렇더라도 묵자는 진실로 천하를 사랑했기에 천하를 구하는 도를 찾지 못하면 자신의 몸이 아무리 야위어도 천하를 구하는 도를 찾는 걸 포기하지 않았다. 묵자는 한마디로 재주가 많은 선비(才士)였다고 말할 수 있다.

세속에 얽매이지 않고, 외물로 돋보이게 하지 않고,

남에게 가혹하지 않고, 많은 사람들의 마음을 거스르지 않고,

천하의 안녕을 도모해서 부질없이 전쟁을 일으키지 않아

백성의 목숨을 살리고, 남과 내가 먹고사는 걸 해결하면

그것으로 충분하다고 그침으로써 자신의 마음을 분명히 한다.

옛날에 이 방면에 집중한 도술이 있었다.

송견(宋鈃)과 윤문(尹文)은 이 방면의 가르침을 듣고 기뻐했다.

이들은 위아래가 평평한 화산(華山) 모양의 갓을 만들어 쓰고

평등을 핵심으로 하는 자신들의 입장을 나타냈다.

또 만물을 구분지어 대하면서도 서로 범하지 않음을 으뜸으로 여겼다.

이들은 마음의 모습을 말하며, 이를 마음작용이라고 명명해 조화를 이뤄

친밀하게 지내는 사람을 화합시키고, 화합시킴으로써 세상을 고르게 해

이것이 확립되길 바라면서 이를 자신들의 근본으로 삼았다.

업신여김을 당해도 수치라고 여기지 않고, 사람 간의 싸움을 막고,

침략을 금하고, 군사를 잠재워 전쟁을 막으려고 했다.

이런 생각으로 천하를 두루 돌아다니며 위로는 군주에게 유세하고,

아래로는 백성을 가르쳤다.

천하가 이들을 받아들이지 않아도 꿋꿋하게 떠들며 이를 그치지 않았다.

그래서 말하길 군주나 백성이나 모두 만나기를 꺼려하는데도

자신들의 주장을 펴고자 억지로 만나러 다녔다.

그럼에도 불구하고 이들은 지나치게 많을 정도로 남을 위하고,

지나치게 적을 정도로 자신을 위했다.

고로 말한다. "진실로 하루에 다섯 되 정도 밥만 있으면 충분하다."

스승이 배부르지 않음을 걱정하지 제자들은 배고파도 천하를 잊지 않는다.

이들은 밤낮 없이 쉬지 않으며 말했다.

"우리는 반드시 백성을 살릴 수 있다!"

세상을 건질 선비(救世之士)들이여. 그대들의 도모가 성급하다!

세상은 말한다.

"군자는 지나치게 따지지 않고, 몸이 외물에 의해 지배당하지 않는다."

그러니 천하에 아무 보탬이 되지 않는 걸 밝히는 일을 그만두는 게 낫다.

침략을 금지하거나 군사를 잠재우는 걸 외적 활동의 목표로 삼고,

정욕을 줄이거나 얕게 하는 걸 내적 수양의 목표로 삼는다.

이런 주장의 작고 큰 것, 또 세밀하고 대략적인 것 간에 차이는 있지만

이들의 기행(紀行)은 결국 여기에서 그쳤다.

· · ·

不累於俗, 不飾於物, 不苛於人, 不忮於衆, 願天下之安寧 以活民命,
人我之養畢足而止, 以此白心,
古之道術有在於是者. 宋鈃尹文聞其風而悅之.
作爲華山之冠以自表, 接萬物以別宥, 爲始.,
語心之容, 命之曰心之行, 以聏合驩, 以調海內, 請欲置之以爲主.
見侮不辱, 救民之鬪, 禁攻寢兵, 救世之戰.
以此周行天下, 上說下教, 雖天下不取, 强聒而不舍者也, 故曰上下見厭而强見也.
雖然, 其爲人太多, 其自爲太少., 曰:「請欲固置五升之飯足矣.」
先生恐不得飽, 弟子雖飢, 不忘天下.
日夜不休, 曰:「我必得活哉!」
圖傲乎救世之士哉!
曰:「君子不爲苛察, 不以身假物,」以爲無益於天下者, 明之不如己也.
以禁攻寢兵爲外, 以情欲寡淺爲內, 其小大精粗, 紀行適至是而止.

남을 지나치게 많이 위하고,
자신을 지나치게 적게 위한 송견과 윤문

———

    두 번째로 소개하는 도술은 준묵가 계열인 송견(宋鈃)과 윤문(尹文)이 듣고 기뻐했던 도술이다. 이 도술을 터득한 사람들은 세속에 얽매이지 않을뿐더러 외물로 자신을 돋보이게 하지 않았다. 그래서 돈, 명예, 권력, 아름다움 따위를 추구하지 않았다. 그리고 남에게 가혹하게 굴지 않았고, 많은 사람들의 마음도 거스르지 않았다. 나아가 천하의 안녕을 도모해서 전쟁을 부질없이 일으키지 않도록 해 백성의 목숨을 살리는 데 주력했다. 게다가 남과 내가 먹고사는 문제만 해결하면 그것으로 충분하다고 보았다. 자신들의 마음을 이런 식으로 분명히 했는데 옛날 도술 중에 이런 방면에 집중한 도술이 있었다. 송견과 윤문은 이 방면의 가르침을 듣고 기뻐했다.

    이들은 위아래가 평평한 화산(華山) 모양의 갓을 만들어 쓰고는 평등을 핵심으로 하는 자신들의 입장을 밖으로 나타냈다. 또 이들은 만물을 구분지어 대해도 서로 범하지 않음을 으뜸으로 삼았다. 이에 모든 사물이 서로 연결되어 있음을 밝혀 이를 잘 화합시킴으로써 온 세상을 고르게 조절해 이를 자신들의 근본으로 확립했다. 또 이들은 사람들 간의 싸움을 막고, 침략을 금하고, 군사를 잠재워서 전쟁을 막으려고 했다.

또 이들은 별유(別宥), 즉 선입견의 제거를 최우선의 가치로 삼았다. 그래서 욕망이 본성상 무한하다는 건 잘못된 판단이고, 또 사람의 본성은 원래 소박하다고 보아 성선설(性善說)을 주장했다.

또 마음의 정화와 욕망의 제거를 의미하는 백심(白心), 즉 흰 마음이 생각의 골자여서 다른 사람들의 칭찬과 비난 따위에 구애받지 않는 초연한 삶을 살았다. 심지어 업신여김을 당해도 수치라고 여기지 않았다. 게다가 이들은 진실로 하루에 다섯 되 정도의 밥만 있으면 충분하다고 말했다. 그래서 제자들은 스승이 배불리 먹지 못하는 걸 걱정할 뿐 자신들은 배가 고파도 천하를 걱정하는 걸 끝내 잊지 않았다. 이처럼 지나치게 많을 정도로 남을 위하고, 지나치게 적을 정도로 자신을 위했다.

또 이들은 밤낮 없이 쉬지 않고 천하를 두루 돌아다녔다. 그러면서 우리는 반드시 백성을 살릴 수 있다며 위로는 군주에게 유세하고, 아래로는 백성을 가르쳤다. 그런데 천하는 이들의 도술을 받아들이지 않았다. 그럼에도 꿋꿋하게 떠들면서 이를 그치지 않았으니 세상을 건지겠다고 나선 선비들의 시도가 성급하다고 할 수 있다.

이에 세상 사람들은 군자는 지나치게 따지지 않으며, 또 자기 몸이 외물에 의해 지배당하지 않는다고 말한다. 그렇다면 송견과 윤문이 천하에 아무런 보탬이 되지 않는 걸 밝히는 일을 그만두는 게 차라리 낫다. 송견과 윤문은 침략을 금지하거나 군사를 잠재우는 걸 외적 활동의 목표로 삼았고, 또 정욕을 줄이거나 얕게 하는 걸 내적 수양의 목표로 삼았다. 이런 주장들의 작고 큰 것, 또 세밀하고 대략적인 것 간에는 차이가 있지만 이들의 돌아다니는 행동은 결국 여기에서 그치고 말았다.

공평무사해서 한쪽으로 치우치지 않고, 편편해서 아집이 없고,

또 단호하게 내세우는 주장이 없다.

사물을 대할 때는 나와 사물을 둘로 나누지 않고,

또 생각을 깊게 하지 않고, 지혜를 짜내지 않아 만물과 동화된다.

옛날 도술 중에 이런 방면에 집중한 도술이 있었다.

팽몽(彭蒙), 전병(田騈), 신도(愼到)는 이런 가르침을 듣고 기뻐했다.

이들은 만물을 가지런히 해 이를 으뜸으로 삼으면서 말했다.

"하늘은 만물을 덮지만 떠받치지 못하고,

땅은 만물을 떠받치지만 덮지 못한다.

그런데 큰 도(大道)는 만물을 모두 감싸 이들을 구별하지 않는다."

팽몽, 전병, 신도는 만물이 모두 저마다 적합한 바가 있고,

또 적합하지 않은 바가 있음을 인정한다.

그래서 "가려서 택하면 두루 미치지 않고, 가르치면 이르지 못해도

도는 어느 하나 누락시키지 않는다."라고 말한다.

이 때문에 신도(愼到)는 앎(知)에 따른 판단을 버리고,

자기에 대한 의식에서 벗어나 부득이한 것만 따랐다.

그래서 그는 사물의 변화를 그대로 따름으로써

이를 올바른 도리(道理)로 삼으면서 다음과 같이 말했다.

"알 수 없는 것을 알려고 하면 앎에 덮여 가리어지고,

나중에는 그 앎에 억눌러서 가엾은 상처를 입는다."

그래서 그는 게으름을 피우면서 아무 일도 맡지 않은 채

사람들이 천하의 현자를 숭상하는 것에 대해 비웃었다.

또 예의범절과 덕행을 무시하며 천하의 큰 성인(大聖)을 부정했다.

그렇지만 신도는 모퉁이는 몽치로 치고, 모난 데는 둥글게 다듬어서

세상을 둥글둥글하게 살아가고,

옳음과 그름의 생각을 버리면서 속박으로부터 겨우 벗어날 수 있었다.

그는 앎(知)과 생각(慮)을 스승으로 삼지 않고,

일의 원인과 결과를 따지지 않고 홀로 초연하게 지낼 뿐이다.

그래서 누가 떠밀어야 비로소 나아가고, 누가 끌어야 비로소 따라갔는데

회오리바람이 돌 듯, 깃털이 떨어져 날리듯, 맷돌이 돌아가듯

자연스럽게 변화했다.

그래서 항상 온전해서 그른 데가 없었고,

또 움직이건 조용하건 잘못이 없어 한 번도 죄를 범한 적이 없었다.

이것은 어째서 그러한가?

앎이 없는(無知) 사람은 자기를 내세워도 재앙을 입는 일이 없고,

앎을 사용해도 궁지에 빠지는 일이 없고,

또 움직이건 조용하건 간에 이치에서 벗어나는 일이 없어

평생 칭송을 받는 일이 없다.

그래서 신도는 말한다.

"앎이 없는 사물의 경지에 이르면 현인과 성인의 지혜도 쓸 필요가 없다.

저 흙덩이는 지각이 없어 오히려 자연의 도(道)를 잃지 않는다."

그러자 재덕이 뛰어난 사람들이 신도를 서로 비웃으며 말했다.

"신도의 도는 산 사람이 실천하지 못하지만

죽은 사람에겐 도리의 지극함이어서 기이하다고 여겨지는 게 마땅하다."

전변(田騈)도 이와 마찬가지이다.

그는 팽몽(彭蒙)에게 배워서 말로 가르치지 않는 진수를 터득했다.

팽몽의 스승이 말했다.

"옛날에 도인(道人)은 어느 것도 옳은 게 없고,

어느 것도 그른 게 없는 경지에 이를 뿐이다.

옛날 도인의 가르침은 획하고 부는 역풍과 같아 종잡을 수 없으니

어찌 말로 전할 수 있겠는가?"

팽몽, 전도, 신도는 세상 사람의 생각과 늘 상반되어서

사람들에게 주목을 받지 못했다.

그런데도 이들의 주장은 인위적인 상태에서 벗어나지 못했다.

그래서 팽몽, 전도, 신도가 말하는 도는 참된 도가 아니고,

그들이 주장하는 비결은 그름에서 벗어나지 못했다.

비록 이들이 참된 도를 알지 못했더라도

이들 모두는 도에 대해 대략적인 내용을 들은 바 있다.

• • •

公而不黨, 易而無私, 決然無主, 趣物而不兩, 不顧於慮, 不謀於知, 於物無擇,
與之俱往, 古之道術有在於是者. 彭蒙田騈慎到聞其風而悅之.
齊萬物以爲首,
曰:「天能覆之而不能載之, 地能載之而不能覆之, 大道能包之而不能辯之.」
知萬物皆有所可, 有所不可, 故曰:「選則不徧, 教則不至, 道則無遺者矣.」
是故慎到棄知去己, 而緣不得已, 冷汰於物, 以爲道理,
曰:「知不知, 將薄知而後隣傷之者也.」
謑髁無任, 而笑天下之尙賢也,, 縱脫無行, 而非天下之大聖.
椎拍輐斷, 與物宛轉, 舍是與非, 苟可以免.
不師知慮, 不知前後, 魏然而已矣.
推而後行, 曳而後往, 若飄風之還, 若落羽之旋, 若磨石之隧, 全而無非, 動靜無過,
未詳有罪. 是何故?

夫無知之物, 無建己之患., 無用知之累, 動靜不離於理, 是以終身無譽.

故曰:「至於若無知之物而已, 無用賢聖, 夫塊不失道.」

豪桀相與笑之曰:「愼到之道, 非生人之行而至死人之理, 適得怪焉.」

田駢亦然, 學於彭蒙, 得不敎焉.

彭蒙之師曰:「古之道人, 至於莫之是莫之非而已矣. 其風窢然, 惡可而言?」

常反人, 不見觀, 而不免於魭斷.

其所謂道非道, 而所言之韙不免於非.

彭蒙田駢愼到不知道. 雖然, 槩乎皆嘗有聞者也.

앎을 철저히 배격한
팽몽, 전병, 신도

———

세 번째로 소개하는 도술은 법가인 팽몽(彭蒙), 전병(田駢), 신도(愼到)
가 듣고 기뻐했던 도술이다. 이 도술을 터득한 사람은 공평무사해서 한
쪽으로 치우치는 법이 없고, 편편해서 사사로움이 없고, 단호하게 내세
우는 주장도 없다. 그리고 사물을 대할 때는 자기와 사물을 주체와 객
체로 나누지 않을뿐더러 생각도 깊게 하지 않고, 앎도 짜내지 않아 늘
만물과 동화된다. 옛날에 이 방면에 집중한 도술이 있었는데 팽몽, 전
병, 신도와 같은 법가가 이 도술을 듣고 기뻐했다. 참고로 법가에는 세
파가 있는데 이들은 각각 세(勢)를 중시하거나 술(術)을 중시하거나 법
(法)을 중시한다. 신도는 세를 중시한 반면 신불해(申不害)는 술을 중시
하고, 상앙(商鞅)은 법을 중시한다.[48]

팽몽, 전병, 신도는 만물을 가지런히(齊) 해서 이를 으뜸의 원칙으로
삼는다. 그래서 오리 다리가 짧아도 늘려주지 않고, 학의 다리가 길어
도 잘라주지 않은 채 그대로 둔다. 여여자연함 그 자체가 가지런하다고

———

48) 풍우란,『중국철학사』상, 박성규 옮김, 까치, 1999, 505~7쪽 참조.

보아서이다. 그래서 큰 도(大道)의 중요성만 강조한다. 하늘이 만물을 덮어도 떠받치지 못하고, 땅이 만물을 떠받쳐도 덮지 못하지만 큰 도는 만물을 모두 감싸 서로 구별하지 않아서이다. 이에 팽몽, 전병, 신도는 만물은 저마다 적합한 바가 있고, 또 적합하지 않은 바가 있음을 인정한다. 그래서 가려서 택하면 두루 미치지 않고, 가르치면 이르지 못하지만 도는 어느 하나 누락시키지 않는다고 말한다. 즉 도가 만물을 모두 감싼다는 말이다.

이 때문에 신도(愼到)는 앎(知)에 따른 판단을 버리고, 또 자기에 대한 의식에서 벗어나 부득이한 것만 따랐다. 그래서 그는 사물의 변화를 그대로 따라 이를 올바른 도리(道理)로 삼았다. 그러면서 알 수 없는 것을 알려고 하면 앎에 의해 덮여서 가려지고, 나중에는 그 앎에 억눌려서 가엾은 상처를 입는다고 여겼다. 이처럼 앎을 철저히 배격했다. 이는 공자와 너무나 다른 태도이다. 그래서 신도는 게으름을 피우고, 아무 일도 맡지 않으면서 세상 사람들이 천하의 현자(賢)를 숭상하는 것에 대해 비웃었다. 또 예의범절을 무시하고, 덕행을 무시하면서 천하의 큰 성인(大聖)을 부정했다.

그렇지만 신도는 모퉁이는 몽치로 치거나 모난 데는 둥글게 다듬어서 세상을 둥글둥글하게 살아갔다. 또 시비, 즉 옳음과 그름을 가리는 생각에서 해방되자 신도는 이런 속박으로부터 겨우 벗어날 수 있었다. 따라서 그는 앎(知)과 생각(慮)을 스승으로 삼지 않고, 또 일의 원인과 결과를 따지지 않고 홀로 초연히 지냈다. 그래서 누가 떠밀어야 그때서야 나아가고, 누가 끌어야 그때서야 따라갔다. 이런 행동은 마치 회오리바람이 돌 듯, 깃털이 떨어져 날리듯, 맷돌이 돌아가듯 자연스럽게 변화하며 이루어졌다.

이에 신도는 항상 온전해 그른 데가 없었고, 또 움직이건 조용하건 잘못이 없었다. 게다가 죄를 한 번도 범한 적이 없었다. 신도는 어떻게 이럴 수 있었을까? 앎이 없는(無知) 사람은 자기를 내세워도 재앙을 입지 않고, 앎을 사용해도 궁지에 빠지지 않아서이다. 또 움직이건 조용하건 이치에서 벗어나는 일이 없어 평생 칭송받는 일이 없어서이다. 그래서 신도는 우리가 앎이 없는 사물(無知之物)의 경지에 이르면 현인과 성인의 지혜조차 쓸 필요가 없다고 말한다. 신도에 따르면 앎이 없는 사물인 흙덩이의 경우 지각작용을 하지 않아 오히려 자연의 도(道)를 잃지 않는다. 그러자 재덕이 뛰어난 사람들이 신도를 비웃으며 그의 도술은 산 사람이 실천하기 힘들지만 죽은 사람에게는 도리(理)의 지극함이라고 말한다. 그래서 신도의 도술은 기이하다고 여겨지는 게 마땅하다.

전변(田騈)에 대한 세속의 평가도 신도와 크게 다르지 않다. 전변은 팽몽(彭蒙)에게서 배워 말로 가르칠 수 없는 도술의 진수를 터득했다. 팽몽을 가르친 스승도 옛날 도인(道人)은 어느 것도 옳은 게 없고, 어느 것도 그른 게 없는 경지에 이를 뿐이어서 그의 가르침은 획하고 부는 역풍과 같아 종잡을 수 없다고 말한 바 있다. 그러니 팽몽의 스승도 도술을 어찌 말로 전할 수 있겠느냐고 반문한다.

하여간 팽몽, 전도, 신도는 세상 사람들의 생각과 늘 상반되어 사람들로부터 큰 주목을 받지 못했다. 그런데 이들의 주장마저 인위적인 상태를 벗어나지 못한다. 그래서 팽몽, 전도, 신도가 말하는 도는 참된 도가 아니고, 그들이 주장한 비결은 올바른 바에서 벗어남이 있다. 비록 이들이 참된 도를 알지 못했어도 이들 모두는 도에 대해 대략적인 내용을 들은 바가 있다. 그러니 이들의 도술은 큰 도의 입장에서 볼 때 크게 벗어나지 않았다.

만물의 근본을 순수한 거로 보고, 구체적인 사물을 조잡한 거로 본다.

또 아무리 배워도 충분치 않다고 파악해

홀로 조용히 천지의 영험한 밝음(神明)과 함께 산다.

옛날의 도술 중에 이런 방면에 집중한 도술이 있었다.

관윤(關尹)과 노담(老聃)은 이런 가르침을 듣고 기뻐했다.

이들은 영원한 없음(常無)을 내세우고, 큰 하나 됨(太一)을 으뜸으로 삼아

유약함에 머물면서 스스로를 겸손하게 나타내어

만물이 훼손되지 않는 공허함을 실질로 삼았다.

관윤이 말했다.

"마음에 아무런 집착이 없자 사물의 이치가 저절로 뚜렷해진다.

사물의 움직임은 흐르는 물 같고 고요함은 거울 같고 반응은 메아리 같아

홀연히 없는 듯하고, 적막해 청정한 듯하다.

남과 동화하면 화합하지만 혼자 얻으면 잃는다.

또 남을 앞선 적이 없어 항상 남의 뒤를 따른다."

노담이 말했다.

"수컷(雄)을 알고 암컷(雌)을 지키면 천하 물줄기가 모여드는 시내가 된다.

정직해서 꾸밈없음(白)을 알고 더러운 욕됨(辱)을 지키면

천하의 물줄기가 모여드는 골짜기가 된다."

사람들은 모두 앞서려고 하지만 자신만 홀로 뒤에 처져

천하의 오욕(垢)을 받아들인다고 말한다.

또 모든 사람은 실속을 취하지만 자신만 홀로 비움을 취해

아무 것도 저장하지 않아 오히려 남음이 있다고 말한다.

노담은 느긋하게 처신해 심신을 소모하지 않아

무위(無爲)의 입장에서 온갖 재주를 비웃는다.

모든 사람은 복(福)을 추구하지만 자신만 홀로 굽혀서 온전함을 유지해

재앙에서 겨우 벗어난다고 말한다.

또 깊은 것을 근본으로 삼고, 간략함을 원칙으로 삼아야

단단한 게 꺾어지고, 날카로운 게 무뎌진다고 말한다.

항상 만물을 너그럽게 포용하고, 남을 깎아내리지 않으니

가히 지극한 도의 경치에 이르렀다고 말할 수 있다.

관윤과 노담!

그들은 옛날에 매우 위대했던 진인(眞人)이었다!

* * *

以本爲精, 以物爲粗, 以有積爲不足, 澹然獨與神明居, 古之道術有在於是者.
關尹老聃聞其風而悅之.
建之以常無有, 主之以太一, 以濡弱謙下爲表, 以空虛不毁萬物爲實.
關尹曰:「在己無居, 形物自著. 其動若水, 其靜若鏡, 其應若響, 芴乎若亡, 寂乎若淸.
同焉者和, 得焉者失. 未嘗先人而常隨人.」
老聃曰:「知其雄, 守其雌, 爲天下谿., 知其白, 守其辱, 爲天下谷.」
人皆取先, 己獨取後, 曰受天下之垢., 人皆取實, 己獨取虛, 無藏也故有餘.,
其行身也, 徐而不費, 無爲也而笑巧., 人皆求福, 己獨曲全, 曰苟免於咎.
以深爲根, 以約爲紀, 曰堅則毁矣, 銳則挫矣.
常觀於物, 不削於人, 可謂至極.
關尹老聃乎! 古之博大眞人哉!

위대했던 진인(眞人)인
관윤과 노담

―――

　네 번째로 소개되는 도술은 도가사상가인 관윤(關尹)과 노담(老聃)이 듣고서 기뻐했던 도술이다. 이 도술은 만물의 근본을 순수한 것으로 보는 반면 구체적인 사물을 조잡한 것으로 본다. 또 아무리 배워도 충분하지 않다고 보고, 홀로 조용히 천지의 영험한 밝음(神明)과 함께 살아간다. 옛날의 도술 중에 이런 방면에 집중한 도술이 있었는데 관윤과 노담이 이런 가르침을 듣고 기뻐했다. 관윤과 노담은 영원한 없음(常無)을 내세우고, 커다란 하나 됨(太一)을 으뜸으로 삼는다. 그럼으로써 유약함에 머물면서 스스로를 겸손하게 나타내어 만물이 훼손되지 않는 상태인 공허(空虛)함을 실질로 삼는다.

　관윤이 말하길 마음에 아무런 집착이 없자 사물의 이치가 저절로 뚜렷해진다. 또 사물의 움직임은 흐르는 물과 같고, 그 고요함은 거울과 같고, 그 반응은 메아리와 같아 홀연해서 마치 없는 듯하고, 적막해서 마치 청정한 듯하다. 또 남과 동화하면 화합할 수 있지만 혼자 얻으려고 하면 잃는다. 또 자신은 남을 앞선 적이 없어 항상 남의 뒤를 따른다.

　또 노담이 말하길 남성성(雄)을 알고, 여성성(雌)을 지키면 천하의 물줄기가 모여드는 시내가 된다. 또 정직해서 꾸밈없음(白)을 알고, 더러운 욕됨(辱)을 지키면 천하의 물줄기가 모여드는 골짜기가 된다. 사람들은 모두 앞서려고 하지만 노담 자신만 홀로 뒤에 처져 천하의 오욕을 받아들인다고 말한다. 또 모든 사람은 실속을 취하지만 노담 자신만 홀로 비움을 취해 아무것도 저장하지 않아 오히려 남음이 있다고 말한다.

노담은 이처럼 느긋하게 처신해서 심신을 소모하지 않아 무위(無爲)의 입장에서 다른 사람들이 행하는 온갖 재주들을 비웃는다. 그래서 노담은 모든 사람들이 복(福)을 추구해도 자신은 마음을 굽혀 온전함을 유지하기에 재앙에서 겨우 벗어날 수 있다고 말한다. 또 노담은 깊은 것을 근본으로 삼고, 간략함을 원칙으로 삼아야 단단한 게 꺾어지고, 날카로운 게 무뎌진다고 말한다. 노담은 이처럼 만물을 늘 너그럽게 포용하고, 또 남을 깎아내리지 않아 가히 지극한 도의 경치에 이르렀다고 말할 수 있다. 그래서 관윤과 노담 두 사람은 옛날에 매우 위대했던 진인(眞人)임에 틀림없다.

흐릿해 어두워서 형체가 없고, 변화해서 모습에 일정함이 없고,

죽음과 삶이 천지와 나란해서 천지 신령과 함께 간다!

어디서 왔는지 아득하기만 하고, 어디로 가는지 헤아릴 수 없고,

만물이 여기에 모두 펼쳐져 있어 딱히 돌아갈 데가 어디에도 마땅치 않다.

옛날의 도술 중에 이런 방면에 집중한 도술이 있었다.

장주(莊周)는 이런 가르침을 듣고 기뻐했다.

장주는 터무니없는 주장과 황당한 말과 종잡을 수 없는 언사로

때때로 방자하고 제멋대로였지만

치우침이 없어 한쪽 견해만으로 자신의 의견을 내세우지 않았다.

지금 천하가 미혹에 빠져 혼란스러워 엄정한 말(莊語)을 할 수 없어

장주는 치언(巵言)을 상황에 맞추는 자연스런 표현수단으로 삼고,

중언(重言)을 입장을 분명히 하는 표현수단으로 삼고,

우언(寓言)을 의미를 넓히는 표현수단으로 삼았다.

그는 홀로 천지정신과 교류하면서 만물을 경시하지 않았고,

또 옳고 그름을 따지지 않으면서 세속과 어울려 살았다.

그의 글이 비록 기이하고 진기했어도 자연스러움을 거스르지 않아

누구든 그에게서 다치지 않았다.

그의 말이 비록 허구와 사실이 뒤섞여 들쑥날쑥했어도

그 말의 기만은 가히 볼 만했다.

그는 내면에 충실히 쌓인 생각을 도저히 드러내지 않을 수 없었는데

위로는 조물자와 노닐고, 아래로는 삶과 죽음을 잊은 채

끝과 시작이 없다고 여기는 사람을 벗으로 삼았다.

그는 도의 근본을 넓고 크게 열고, 심원하고 광대하게 펴

도의 밑동을 제대로 규명해서 높은 경지에 올랐다.

비록 그렇더라도 사물의 변화에 순응하면서 사물의 진상을 풀어

그의 논리는 마르지 않고, 그가 제시하는 근거는 끊임없이 이어지면서

우리는 그의 생각을 다 이해할 수 없을 정도로 막막하고 어두울 뿐이다.

· · ·

芴漠無形, 變化無常, 死與生與, 天地竝與, 神明往與!

芒乎何之, 忽乎何適, 萬物畢羅, 莫足以歸, 古之道術有在於是者.

莊周聞其風而悅之.

以謬悠之說, 荒唐之言, 無端崖之辭, 時恣縱而不儻, 不以觭見之也.

以天下爲沈濁, 不可與莊語, 以巵言爲曼衍, 以重言爲眞, 以寓言爲廣.

獨與天地精神往來而不敖倪於萬物, 不譴是非, 以與世俗處.

其書雖環瑋而連抃無傷也.

其辭雖參差而諔詭可觀.

彼其充實不可以已, 上與造物者遊, 而下與外死生無終始者爲友.

其於本也, 弘大而辟, 深閎而肆, 其於宗也, 可謂稠適而上遂矣.

雖然, 其應於化而解於物也, 其理不竭, 其來不蛻, 芒乎昧乎, 未之盡者.

도(道)의 밑동까지
제대로 규명한 장주

———

다섯 번째로 소개하는 도술은 도가사상가인 장주(莊周)가 듣고 기뻐했던 도술이다. 이 도술은 흐릿하거나 어두워서 형체가 없고, 늘 변화해서 모습에 일정함이 없다. 또 이 도술은 죽음과 삶이 분리되지 않고, 하늘과 땅처럼 나란히 있어 천지의 영험한 밝음과 함께 간다고 말한다. 또 어디에서 왔는지 아득하기만 하고, 어디로 가는지 헤아릴 수 없어 존재가 있는 듯 없는 듯하다고 말한다. 그런데도 만물이 모두 여기에 펼쳐져 있으니 딱히 돌아갈 데가 어디에도 마땅치 않다. 옛날의 도술 중에 이런 방면에 집중한 도술이 있었는데 장주가 이런 가르침을 듣고 기뻐했다.

장주는 터무니없는 주장과 황당한 말과 종잡을 수 없는 언사로 때때로 방자하고 제멋대로였다. 그렇지만 그의 생각에 치우침이 없어 한쪽 견해만으로 자신의 의견을 내세우지 않았다. 지금 천하는 미혹에 빠져 혼란스러워져 엄정한 말(莊語)을 함부로 할 수가 없다. 엄정한 말을 하면 상대방은 이를 심각하게 듣고 시비를 다투려고 덤벼들기 때문이다. 그래서 장주는 사물에 저절로 응하는 임기응변의 치언(巵言)을 상황에 맞추어 가는 자연스런 표현수단으로 삼고, 옛날 성인의 말씀에 무게를 얹어서 전하는 중언(重言)을 입장을 분명히 하는 표현수단으로 삼고, 우화 형식을 빌려서 전하는 우언(寓言)을 의미를 넓히는 표현수단으로 삼았다.

장주는 홀로 천지의 정신과 교류하며 만물을 경시하지 않았다. 또 옳고 그름을 따지지 않으며 세속과 어울려서 살았다. 또 그의 글이 비록 기이하고 진기했어도 자연스러움을 거스르지 않아 누구든 그의 말에 다치지 않았다. 또 그의 말이 비록 허구와 사실이 뒤섞여서 들쑥날쑥했어도 그 말의 기만과 조롱은 가히 볼 만했다.

장주는 내면에 충실하게 쌓인 생각을 도저히 드러내지 않을 수 없어 위로는 조물자(造物者)와 노닐고, 아래로는 삶과 죽음을 잊은 채 끝과 시작이 없다고 여기는 사람을 벗으로 삼았다. 그래서 그는 도의 근본을 넓고 크게 열고, 또 심원하고 광대하게 펴 도의 밑동을 제대로 규명해서 높은 경지에 올랐다. 그럼에도 그의 도술은 사물의 변화에 순응하면서 사물의 진상을 풀어냈기에 그의 논리가 마르지 않았고, 또 그가 제시하는 근거는 끊임없이 이어졌다. 그래서인지 우리는 장주의 생각을 다 이해하지 못해 막막하고 어두운 상태로 있을 뿐이다.

혜시의 학문은 여러 방면에 걸쳐 있고, 소장한 책도 다섯 수레이지만
그의 도(道)는 잡다한 것들로 뒤섞여 있고, 말도 사리에 맞지 않는다.
혜시는 사물의 의미를 차례로 검토하고 다음과 같이 말한다.
"지극히 큰 건 바깥에 아무것도 없어 이를 태일(太一)이라고 부르고,
지극히 작은 건 안에 아무것도 없어 이를 소일(小一)이라고 부른다.
두께가 없어 쌓을 수 없어도 소일의 입장에선 크기가 천리에 이른다.
태일의 입장에선 하늘은 땅만큼 낮고, 산은 연못만큼 평평하다.
해가 중천에 떠 있으면 동시에 서쪽으로 기울고,
사물은 태어나면서 동시에 죽는다.
큰 견지에서 보면 모두 같지만 작은 견지에서 보면 같거나 다르거나 해
이를 소동이(小同異)라고 부른다.
만물은 모두 같으면서 동시에 모두 달라 이를 대동이(大同異)라고 부른다.
남쪽은 끝 없어도 끝이 있고, 오늘 월나라에 가 어제 월나라에 도착하고,
또 이어진 고리도 풀 수 있다.
나는 천하의 중앙이 어딘지를 아는데 연나라 북쪽이자 월나라 남쪽이다.
두루 만물을 사랑하면 사물의 차별이 없어지고 천지도 하나가 된다."
혜시는 이런 논법을 자랑으로 여겨 천하의 원리를 밝히면서
변자(辯者)를 가르치고, 변자들도 논하는 걸 다음과 같이 즐겼다.
계란 속에도 털이 있고, 닭에는 세 개의 다리가 있고,
천하도 초나라 서울인 영(郢) 안에 포함될 수 있다.
개나 양을 바꾸어서 불러도 좋고, 말에도 알이 있을 수 있고,

개구리에게도 꼬리가 있을 수 있다.

불 자체는 뜨겁지 않고, 산엔 입이 있고, 수레바퀴는 땅을 밟지 않는다.

눈은 사물을 보지 못하고, 손가락이 이르는 지점은 끊어지지 않고,

거북이는 뱀만큼 길다.

곱자는 네모나지 않고, 그림쇠로는 원을 그릴 수 없고,

끌은 나무 끝을 구멍에 맞추어 박기 위해 깎은 장부를 둘러싸지 못한다.

나는 새의 그림자는 움직이지 않고,

빨리 날아가는 화살의 빠름도 가지 않거나 멈추지 않을 때가 있다.

개 구(狗)는 개 견(犬)이 아니고, 누런 말(黃馬)과 검은 소(驪牛)는 셋이다.

흰 개(白狗)는 검고(黑), 고아가 된 망아지(孤駒)에겐 처음부터 어미가 없다.

한 자(尺) 길이의 채찍(捶)을 매일 반씩 잘라도 영원히 없어지지 않는다.

변자들은 이런 논제로 혜시와 상응하며 평생 논쟁을 해 그침이 없었다.

환단(桓團)과 공손룡(公孫龍)이 이런 변자의 무리인데

사람의 마음(人心)을 현혹시켜 사람들의 생각을 바꾸었다.

그러나 이들은 사람의 입은 이겨도 사람의 마음을 승복시키지 못해

이것이 변자들의 한계이다.

혜시는 날마다 자신의 아는 바로 사람들과 논쟁을 벌이고,

특이한 입장에서 천하의 변자들과 기이한 주장을 폈다.

이것이 혜시 학설의 밑바탕이다.

이처럼 혜시는 자신의 언변이 스스로 가장 현명하다 여기면서 말했다.

천지만 나보다 훌륭하다!

혜시는 천하에 자신의 존재를 드러내려고만 했지

이를 뒷받침할 만한 아무런 방술이 없었다.

남쪽에 황료(黃繚)란 기인이 있었다.

그가 혜시에게 하늘이 무너지지 않고, 땅이 함몰되지 않는 까닭과

또 바람, 비, 천둥이 일어나는 이유를 물었다.

혜시는 기다렸다는 듯 사양치 않고 응하면서 생각하지 않은 채로 말했다.

그리고선 만물에 대해 두루두루 말하는데 쉬지 않고 말하고,

또 많은 말을 하면서도 끝날 줄을 몰랐다.

오히려 부족하다고 여겨 기이한 주장을 보탬으로써

사람들의 정서에 반하는 걸 실질로 삼았다.

또 논변으로 남을 이김으로써 명성을 쌓으려고 해

그의 학설은 많은 사람들에게 맞지 않았다.

덕(德)을 닦는 데 약한 반면 사물을 추구하는 데 강해 그의 도는 비뚤었다.

천지의 도(天地之道)란 관점에서 혜시의 재능을 보면

한 마리 모기나 한 마리 등에가 수고하는 것과 같다.

그러니 그의 학설이 사물을 탐구하는 데 무슨 쓸모가 있는가?

하나의 학설로 행세하는 건 차라리 괜찮지만

도(道)보다 더 귀하다고 말하면 위태롭다!

그런데 혜시는 이것으로도 스스로 만족할 수 없어

자신의 관심을 만물에 분산시키면서 싫증을 내지 않다가

마침내 말 잘하는 사람으로서의 명성을 얻었으니 애석하다!

혜시는 그의 재능을 맘껏 발휘했지만 도를 얻지 못했고,

만물을 정신없이 뒤쫓아 가는 바람에 돌아올 줄 몰랐다.

이는 메아리를 없앨 요량으로 소리를 더 크게 지르고,

그림자를 떨친 요량으로 더 빨리 달리는 일이니 슬프다!

・ ・ ・

惠施多方, 其書五車, 其道舛駁, 其言也不中.

厤物之意, 曰:「至大無外, 謂之大一., 至小無內, 謂之小一.

無厚, 不可積也, 其大千里. 天與地卑, 山與澤平.

日方中方睨, 物方生方死.

大同而與小同異, 此之謂小同異., 萬物畢同畢異, 此之謂大同異.

南方無窮而有窮, 今日適越而昔來. 連環可解也.

我知天下之中央, 燕之北越之南是也. 氾愛萬物, 天地一體也.」

惠施以此爲大, 觀於天下而曉辯者, 天下之辯者相與樂之.

卵有毛., 雞三足., 郢有天下., 犬可以爲羊., 馬有卵., 丁子有尾., 火不熱., 山出口.,

輪不碾地., 目不見.,

指不至, 至不絕., 龜長於蛇., 矩不方, 規不可以爲圓.,

鑿不圍枘, 飛鳥之景未嘗動也, 鏃矢之疾而有不行不止之時.,

狗非犬., 黃馬驪牛三., 白狗黑., 孤駒未嘗有母., 一尺之捶, 日取其半, 萬世不竭.

辯者以此與惠施相應, 終身無窮.

桓團公孫龍辯者之徒, 飾人之心, 易人之意, 能勝人之口, 不能服人之心, 辯者之囿也.

惠施日以其知與人之辯, 特與天下之辯者爲怪, 此其柢也.

然惠施之口談, 自以爲最賢, 曰天地其壯乎!

施存雄而無術.

南方有倚人焉曰黃繚, 問天地所以不墜不陷, 風雨雷霆之故.

惠施不辭而應, 不慮而對, 徧爲萬物說, 說而不休, 多而無已, 猶以爲寡, 益之以怪.

以反人爲實, 而欲以勝人爲名, 是以與衆不適也.

弱於德, 強於物, 其塗隩矣.

由天地之道觀惠施之能, 其猶一蚊一蝱之勞者也. 其於物也何庸!

夫充一尚可, 曰愈貴道, 幾矣!

惠施不能以此自寧, 散於萬物而不厭, 卒以善辯爲名. 惜乎!

惠施之才, 駘蕩而不得, 逐萬物而不反, 是窮響以聲, 形與影競走也. 悲夫!

대표적인 변자(辯者)인 혜시

―――

　마지막으로 소개하는 도술은 혜시(惠施)의 도술이다. 그가 주장하는 도술의 특징은 다음과 같다. 혜시의 학문은 여러 방면에 걸쳐 있고, 소장한 책도 다섯 수레나 될 정도로 많지만 그의 도술은 잡다한 것들로 뒤섞여 있다. 게다가 그의 말은 사리에 맞지 않다. 그의 말이 왜 사리에 맞지 않을까? 혜시가 말하길 지극히 큰 건 그 바깥에 아무것도 없는데 이를 태일(太一)이라고 부르고, 지극히 작은 건 그 안에 아무것도 없는데 이를 소일(小一)이라고 부른다. 그런데 두께가 없어 쌓을 수 없어도 소일의 입장에서 보면 그 크기가 천리에 이른다. 또 태일의 입장에서 보면 하늘은 땅만큼 낮고, 산은 연못만큼 평평하다. 이는 전형적인 궤변에 속한다.

　혜시가 말하길 해가 중천에 떠 있으면 동시에 서쪽으로 기울고, 사물은 태어나면서 동시에 죽는다. 또 큰 견지에서 보면 모두가 같지만 작은 견지에서 보면 같기도 하고 다르기도 해 이를 소동이(小同異)라고 부른다. 또 만물은 모두 같으면서 동시에 모두 다르기도 해 이를 대동이(大同異)라고 부른다. 또 남쪽은 끝이 없지만 끝이 있고, 오늘 월(越)나라에 가서 어제 월나라에 도착했고, 또 이어진 고리도 풀 수 있다. 또 혜시는 천하의 중앙이 어딘지를 아는데 그곳은 연(燕)나라의 북쪽이자 월나라의 남쪽이다. 연나라는 춘추전국시대에 가장 북쪽에 위치했고, 월나라는 가장 남쪽에 위치했으므로 천하의 중앙이 연나라의 북쪽이자 월나라의 남쪽이란 건 도저히 이치에 맞지 않는다. 또 만물을 사랑하면 사물의 차별이 없어지고, 천지도 하나가 된다. 이 모두는 말장난에 가깝다.

그런데 혜시는 이런 논법을 자랑으로 여겨 천하의 원리를 밝히면서 변자(辯者)를 가르치고, 또 변자들도 논하는 걸 다음과 같이 즐겼다. 병아리 몸에 털이 있으면 계란 속에도 털이 있다. 닭에는 다리가 둘이지만 다리란 개념이 있어 닭에는 세 개의 다리가 있다. 우주의 크기에서 보면 천하는 일부분에 지나지 않고, 초나라 서울인 영(郢)도 우주의 일부분에 지나지 않아 천하도 초나라 서울인 영 안에 포함될 수 있다. 개나 양은 사람이 붙인 이름에 지나지 않으므로 개를 양으로 바꾸어 불러도 좋다. 말은 태생(胎生)이고, 새는 난생(卵生)이지만 태(胎)도 알을 낳는다는 점에선 같아 말에도 알이 있을 수 있다. 개구리는 올챙이가 커진 것이므로 그 본질에서 보면 개구리에게 꼬리가 있다. 뜨겁다고 느끼는 건 사람이므로 불 자체는 뜨겁지 않다. 메아리가 있으니 산에는 입이 있다.

그뿐만이 아니다. 수레바퀴는 한꺼번에 땅에 닿지 않고 일부만 닿는데도 전부가 동시에 닿는다고 보이는 건 자국에 지나지 않으므로 수레바퀴는 땅을 밟지 않는다. 빛이 없으면 사물이 보이지 않으므로 눈은 사물을 보지 못한다. 손가락이 가리키는 방향은 한 지점에 이르지 않고, 또 이르는 지점이 끊어지지 않아 손가락의 가리킴은 고정되지 않는다. 사물의 장단(長短)은 상대적이므로 거북이는 뱀만큼 길다. 네모나 동그라미는 개념일 뿐이어서 곱자는 네모나지 않고, 그림쇠로는 원을 그릴 수 없다. 구멍과 장부 사이에는 틈이 있으므로 끌은 나무 끝을 구멍에 맞추어 박기 위해 깎은 장부를 둘러싸지 못한다. 나는 새의 그림자는 날아가는 순간 없어지는데도 새의 그림자가 땅에 비치므로 나는 새의 그림자는 움직이지 않는다.

이런 말장난은 계속된다. 빠르더라도 가는 데 시간이 걸리므로 화살의 빠름도 가지 않을 때가 있고, 또 가는 이상 멈추지 않을 때가 있다. 형체는 같아도 이름이 다르므로 개 구(狗)는 개 견(犬)이 아니다. 색으로 말하면 누런 색, 검은 색, 누렇고 검은 색 세 가지이고, 형체로 보면 말, 소, 마소 세 가지이므로 누런 말(黃馬)과 검은 소(驪牛)는 셋이다. 희니 검으니 하는 건 형체가 아니라 색깔이므로 형체로 보면 흰 개(白狗)는 검은(黑) 개와 같다. 고구(孤駒), 즉 어미를 잃은 망아지는 어미가 있는 망아지와 다르므로 고구에겐 처음부터 어미가 있어본 적이 없다. 한 자(尺) 길이의 채찍(捶)도 매일 반씩 자르면 영원히 없어지지 않는다.

변자(辯者)들은 이런 논제로 혜시(惠施)와 상응하며 평생토록 논쟁하는데 그침이 없었다. 환단(桓團)과 공손룡(公孫龍)이 이런 변자의 무리인데 사람의 마음(人心)을 현혹시켜 사람들의 생각을 자주 바꾸었다. 그러나 이들은 사람의 입은 이겨도 사람의 마음을 승복시키지 못하기에 이것이 변자들의 한계이다. 혜시는 날마다 자신의 아는 바로 사람들과 논쟁을 벌이고, 특이한 입장에서 천하 변자들과 기이한 주장을 폈는데 이것이 혜시 학설의 밑바탕이다.

혜시는 자신의 언변이 스스로 가장 현명하다고 여기면서 천지만이 나보다 훌륭할 뿐이라고 자랑했다. 그런데 혜시는 천하에 자신의 존재를 드러내려고만 했지 이를 뒷받침할 만한 아무런 방술이 없었다. 남쪽에 황료(黃繚)란 기인이 혜시에게 하늘이 무너지지 않고, 땅이 함몰되지 않는 까닭과 또 바람, 비, 천둥이 일어나는 이유에 대해 물어본 적이 있었다. 혜시는 기다렸다는 듯 사양하지 않고 응하면서 제대로 생각하지 않은 채 말했다. 이처럼 만물에 대해 두루두루 말하지만 쉼이 없었고, 또 많은 말을 하면서도 끝날 줄 몰랐다. 심지어 부족하다고 여겨서 기이한 주장을 보태어 사람의 정서에 반하는 걸 실질로 삼았다. 그리고 논변으로 남을 이김으로써 명성을 쌓으려고 해 그의 학설은 많은 사람들에게 맞지 않았다.

따라서 혜시는 덕(德)을 닦는 일엔 약한 반면 사물을 추구하는 일엔 강했다. 그러니 그의 도는 비뚤어졌다고 말할 수 있다. 혜시의 재능을 천지의 도(天地之道)라는 관점에서 보면 한 마리 모기나 한 마리 등에가 수고하는 것에 지나지 않는다. 그러니 그의 학설이 사물을 탐구하는 데 쓸모 있을 리 만무하다. 물론 혜시가 자신의 주장을 하나의 학설이라고 말하면 차라리 괜찮다. 그렇지만 도(道)보다 더 귀하다고 말하면 이건 위태롭다.

그런데 혜시는 스스로 만족할 수 없었기에 관심을 만물에 분산하면서 싫증내지 않다가 마침내 말 잘하는 사람으로서의 명성을 얻었으니 애석한 일이다. 또 혜시는 자신의 재능을 마음껏 발휘했어도 끝내 도를 얻지 못했고, 만물을 정신없이 뒤쫓아 가는 바람에 본래의 위치로 돌아올 줄 몰랐다. 이는 메아리를 없앨 요량으로 소리를 더 크게 지르는 일이고, 그림자를 떨칠 요량으로 더 빨리 달리는 일이니까 슬플 일이다.